수학

정태진 편저

수업실연
A to Z

미래가치

PREFACE
개정판 머리말

수학수업실연 AtoZ 개정판으로 또 찾아뵙게 되었습니다.

2021년 책이 처음 나올 때만 해도 책이 잘 될 수 있을까 고민이 많았습니다. 지금까지 없던 무언가를 한다는 것은 설렘과 불안함이 함께 했습니다. 하지만 감사하게도 벌써 네 번째 책이 나오게 되었습니다. 꾸준히 책을 이어올 수 있었던 것은 모두 선생님들의 응원과 격려 덕분이라고 생각합니다. 항상 감사드립니다.

감사한 마음에 조금이나마 더 보답하고자 올해도 최선을 다해 준비했습니다. 2025년 기출문제를 추가하였으며, 45회 분량의 모의평가 문제를 56회로 추가했습니다. 기존문제 중에서도 수정된 내용이 꽤 있기 때문에 체감하는 변화는 클 것입니다. 가장 큰 변화는 지도안 내용의 확대입니다. 기존에는 수업실연문제만 있었지만, 올해의 경우 지도안 문제와 모의 답안을 추가해 총 10회의 지도안 문제를 추가로 구성했습니다. 지도안 문제는 지도안 문제와 수업실연 문제로 나누어져 있으며, 수업실연만 보는 지역에서는 기존과 동일하게 수업실연 문제로 준비하면 됩니다. 여전히 지도안을 보는 지역이 많기 때문에 큰 도움이 될 거라 믿습니다. 앞으로 개정판에서는 차츰 지도안 부분도 확대해 나가도록 하겠습니다.

872명이라는 정말 많은 티오가 나온 만큼, 마지막까지 조금 더 힘내신다면 분명 좋은 결과가 있을 겁니다. 선생님들의 간절한 그 마음이 합격으로 이끌어 나갈 것이라 저는 믿어 의심치 않습니다. 올해도 혼자서 책을 고군분투할 뻔 했지만, 바쁘신 와중에도 귀한 시간 내어 의견을 주신 정현쌤과 민규쌤 덕분에 완성도 높은 책을 출간할 수 있었습니다. 감사의 말을 전하며 마무리하겠습니다.

이 책이 시험을 준비하는 모든 분들에게, 힘이 될 수 있기를.

— 정태진(지니쌤)

PREFACE
머리말

선생님들 안녕하세요. 지니쌤(정태진)입니다.

이렇게 새로운 개정판으로 다시 인사드리게 되었습니다. 수학 수업실연 A to Z는 수학과목 유일의 임용2차 수학 수업실연책입니다. 처음에 책이 출간될 때만 하더라도 책이 잘 될 수 있을지에 대한 고민이 많았습니다. 비교할 수 있는 책이 있는 상황도 아니다 보니 처음이라는 어려움이 있었습니다. 좋은 아이디어로 시작했더라도 결과물이 어떻게 받아들여질지는 다른 의미이니까요. 하지만 감사하게도 선생님들의 꾸준한 사랑과 관심 덕분에 지금까지 책을 이어오게 되었습니다.

> "선생님 감사합니다. 이 책이 정말 도움이 되었어요."

합격한 선생님들이 가장 많이 해주시는 이야기입니다. 책을 쓰는 과정은 생각보다 지루하고 고통스러운 과정을 수반합니다. 아이디어 하나를 위해 몇날 며칠을 고민하기도 하고, 책에 사소한 부분 하나까지 신경 쓰다 보니 과정이 즐겁다고 보기는 어렵습니다. 그래도 선생님들의 따뜻한 말 한마디가 저에게는 참 큰 힘이 되었습니다. 서로 얼굴을 마주하는 사이는 아니지만, 책이라는 매개체를 통해 선생님들의 마음이 저에게 다가왔어요. 이 자리를 빌어 다시 한번 감사드립니다.

바쁜 학교생활을 하면서도 어떻게든 시간을 쪼개어 책을 준비했습니다. 작년에 1년을 쉬었던 만큼 더 좋은 책으로 보답하고 싶었거든요. '개정판 작업을 이 정도까지 해야 하나?' 싶을 정도로 열심히 준비했습니다. 문항수를 45문제로 대폭 늘렸고, 기존에 있는 문제도 수정과 교체작업을 많이 진행했습니다. 이전 책과 똑같은 문제는 10문제가 채 되지 않을 정도입니다. 24, 23, 15기출과 최신 경기도 수업나눔 내용을 추가로 반영했으며 불필요한 부분은 줄이고자 노력했습니다. 이전 개정판을 보신 분들은 크게 체감하실 수 있을 겁니다. 책이 선생님들에게 도움이 되기를 바랍니다.

하지만 올해는 조금 외로운 시기이기도 했습니다. 함께 해오던 선생님들의 여러 사정으로 혼자 작업을 해오게 되었거든요. 선생님들의 빈자리와 저의 부족함을 많이 느낀 시기이기도 했습니다. 그래도 마지막까지 은혜와 성현쌤, 협력교사 선생님들 덕분에 책을 무사히 마무리할 수 있었습니다. 언제나 꼼꼼하고 세심한 작업을 도와주는 미래가치 출판사와 가까운 곳에서 저를 응원하는 가족들에게도 깊은 감사의 말을 전합니다.

교사가 되기 위해 이제 딱 한 걸음이 남았습니다.
이 책이 선생님들에게 길잡이가 될 수 있기를 간절히 소망합니다.

— 정태진(지니쌤)

CONTENTS
차례

PART 01 수업실연 이렇게 준비하자

- 01 수업실연 시험과정 ·· 8
- 02 스터디 운영 방법 ·· 11
- 03 지도서 공부 방법 ·· 14
- 04 수업실연 꿀팁 ·· 16
- 05 수업 만능틀 ·· 20
- 06 지도안 작성 방법 ·· 23
- 07 공학도구 ·· 25
- 08 2022 개정 교육과정 ·· 33
- 09 임용고시 커트라인(2020~2025) ·· 35

PART 02 기출문제

- 10 역대 기출문제 요약 ·· 39
- 11 2025~2015학년도 기출문제 및 분석 ··································· 41

PART 03 수업실연 모의평가

- 12 단원 목차 정리 ····· 113
- 13 중학교 1학년 모의평가(1~18회) ····· 119
- 14 중학교 2학년 모의평가(19~30회) ····· 205
- 15 중학교 3학년 모의평가(31~40회) ····· 263
- 16 고등학교 1학년 모의평가(41~56회) ····· 313

부록

- 01 수업실연 문제지 양식 ····· 392
- 02 지도안 문제지 양식 ····· 395
- 03 수업실연 피드백 체크리스트 ····· 397

● 참고문헌 ····· 398

수학

수업실연 A to Z

PART

01
수업실연
이렇게 준비하자

01 수업실연 시험과정
02 스터디 운영 방법
03 지도서 공부 방법
04 수업실연 꿀팁
05 수업 만능틀
06 지도안 작성 방법
07 공학도구
08 2022 개정 교육과정
09 임용고시 커트라인(2020~2025)

수학 수업실연 A to Z

01 수업실연 시험과정

※ 최근 임용시험을 기준으로 작성하였습니다. 자세한 시험 진행 방식은 해마다 조금씩 차이가 있으므로 정확한 내용은 각 시·도 교육청 공고문을 확인하기 바랍니다.

1 수업실연이란?

수업실연은 임용고시 2차 시험 중 한 영역으로 교사의 수업 능력을 평가하는 시험입니다. 제시된 실연 조건과 유의 사항에 따라 수업을 신행하며 1~2차시 분량의 수업을 15~25분으로 압축해 수업합니다. 정해진 시간 동안 수업한 내용을 평가하며, 가상의 학생이 교실에 있다고 가정하고 수업합니다.

2 시험 준비물

(1) 필수 준비물
수험표, 신분증, 필기도구, 아날로그 손목시계, 중식

(2) 지도안 작성 지역의 필수 준비물
지워지거나 번지지 않는 검은색 필기구(답안 작성 시 연필이나 사인펜 종류 사용 불가)

(3) 선택사항
지도서 요약본, 물, 간식, 슬리퍼(혹은 편한 신발), 물티슈, 휴지, 마스크, 따뜻한 복장 등

3 유의사항

- 정해진 입실 시간을 반드시 지켜야 함.
- 수험표는 컬러로 출력해야 함.
- 모바일 신분증은 인정하지 않으며 실물 신분증을 반드시 지참해야 함.
- 시험장 안에서는 휴대전화, 스마트워치 등 모든 통신기기나 전자기기를 사용할 수 없으며 시험 시작 전 제출해야 함.
- 지역별로 차이나는 부분이 있으므로 해당 지역교육청 공고문을 반드시 확인해야 함.

4 지도안 지역

(1) 시험 순서

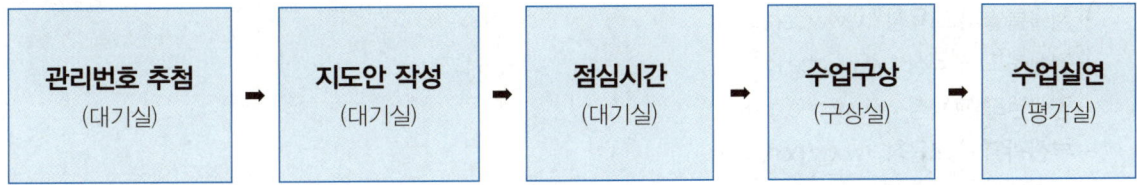

(2) 배점(지역별 상이)

	배점	시간
교수·학습 지도안 작성	15점	60분(9:00~10:00)
수업실연	45점	구상 20분, 실연 20분

(3) 지도안 작성 시 유의사항

- 문제지, 초안 작성 용지, 답안지가 배부됨.
- 검은색 필기구(연필, 번지거나 지워지는 펜 사용 불가)를 사용하여 작성함.
- 수정 테이프 또는 수정액을 사용할 수 없으며, 답안을 수정할 때는 두 줄을 긋고 수정할 내용을 작성함.
- 작성한 답안 및 답안지에 불필요한 표시(개인정보 노출 또는 암시) 등을 한 답안은 평가하지 않음.
- 문항에서 요구하는 내용의 가짓수가 제한된 경우, 요구한 가짓수까지의 내용만 채점됨.

5 비지도안 지역

(1) 시험 순서

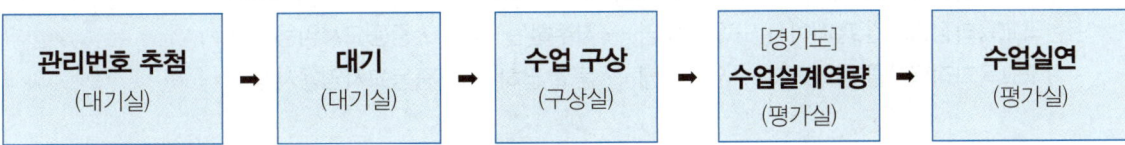

(2) 배점(지역별 상이)

	배점	시간
수업실연	50점 (40점, 60점인 곳도 있음)	구상 20분, 실연 20분 (15분, 25분인 곳도 있음)

- 경기

	배점	시간
수업실연	60점	구상 20분, 실연 15분
수업설계역량		5분

* 2026학년도부터 '수업설계역량'이 신설되었습니다. 경기도교육청 자체 출제이며, 책을 쓰는 시점에서 시간과 점수 이외에 구체적인 정보가 공개되지 않아 추후 공고되는 내용을 참고바랍니다.

6 참고 사이트

(1) **각 시·도 교육청 홈페이지**
- 서울특별시 교육청 : www.sen.go.kr
- 경상북도 교육청 : www.gbe.kr
- 경상남도 교육청 : www.gne.go.kr
- 부산광역시 교육청 : www.pen.go.kr
- 대전광역시 교육청 : www.dje.go.kr
- 울산광역시 교육청 : www.use.go.kr
- 경기도 교육청 : www.goe.go.kr
- 인천광역시 교육청 : www.ice.go.kr
- 충청북도 교육청 : www.cbe.go.kr
- 충청남도 교육청 : www.cne.go.kr
   세종특별자치시 교육청 : www.sje.go.kr
- 강원특별자치도 교육청 : www.gwe.go.kr
- 대구광역시 교육청 : www.dge.go.kr
- 전북특별자치도 교육청 : www.jbe.go.kr
- 전라남도 교육청 : www.jne.go.kr
- 광주광역시 교육청 : www.gen.go.kr
- 제주특별자치도 교육청 : www.jje.go.kr

(2) **교육과정 및 교과서 관련 사이트**
- 국가교육과정 정보센터 : www.ncic.re.kr
- 교과서민원바로처리센터 : www.textbook114.com

(3) **기타 자세한 사항은 한국교육과정평가원 홈페이지(www.kice.re.kr) 참조**
- 한국교육과정평가원 홈페이지 → 열린마당 → 자주하는 질문 → 중등교사임용시험
- 한국교육과정평가원 홈페이지 → 열린마당 → 묻고 답하기 → 중등교사임용시험

수학 수업실연 A to Z

02 스터디 운영 방법

1 스터디 계획 세우기

(1) 학년별 계획

학년별로 묶어 계획을 수립하면 교육과정의 흐름을 파악하기 쉽습니다. 학년별로 해당하는 모의고사와 기출 문제는 다음과 같습니다.

스터디 내용	관련 모의고사	관련 기출문제
중학교 1학년	1 ~ 18회	17년도, 20년도
중학교 2학년	19 ~ 30회	18년도
중학교 3학년	31 ~ 40회	15년도, 16년도, 22년도, 24년도
고1	41 ~ 56회	19년도, 21년도, 23년도, 25년도

(2) 영역별 계획

영역을 기준으로 수와 연산, 변화와 관계(문자와 식, 함수), 도형과 측정(기하), 자료와 가능성(확률과 통계)으로 나누어 계획을 세울 수 있습니다. 고등학교 내용은 단원을 기준으로 나누어 계획을 세우기도 합니다. 영역별로 계획을 세우면 각 영역에 대한 연계성, 계열성을 파악하기 쉽다는 장점이 있습니다.

2 스터디 인원

스터디 인원은 3~4명으로 구성하는 것을 추천합니다. 수업실연과 피드백 그리고 경기도 지역이라면 수업 나눔까지 진행해야 하기 때문에 한 명당 소요되는 시간이 많습니다. 인원이 너무 많으면 스터디 시간이 오래 걸려 효율적이지 못하고, 너무 적으면 피드백이 제대로 이루어지지 않을 수 있습니다. 다양한 피드백과 수업 기회, 효율성의 측면을 고려했을 때 3~4명이 가장 이상적인 스터디 인원이라고 봅니다.

3 장소 구하기

수업 실연은 판서를 위해 칠판 또는 화이트보드가 있는 장소가 필수입니다. 하지만 이러한 시설이 준비된 장소를 구하는 것은 쉽지 않습니다. 특히, 비슷한 시기에 2차 시험을 준비하기 때문에 미리 장소를 준비하지 않으면 연습이 어려워질 수 있습니다. 대학 강의실이나 칠판이 있는 스터디룸 등을 사전에 예약해두는 것이 좋습니다. 칠판이나 자석보드, 시트지 등을 구입해 집에서 연습하는 방법도 있습니다.

4 스터디 방법

(1) 계획 세우기

학년별 혹은 영역별로 큰 계획을 세웠다면, 이제 일 단위로 계획을 세웁니다. 2차 준비는 시간이 촉박하기 때문에, 일 단위의 공부계획에 세워져 있지 않으면 놓치는 부분이 많이 생깁니다. 전체 계획을 골고루 일 단위로 분배하고, 하루를 가득 채우는 계획보다는 조금의 여백을 두어 부족한 공부를 그때마다 추가하는 방식을 추천합니다.

(2) 투 트랙 전략

스터디는 수업실연과 지도서 2가지 방향을 나누어 투 트랙으로 전략을 세울 필요가 있습니다. 수업 경험이 있거나, 교육과정에 대한 이해가 풍부한 경우가 아니라면 1차 합격 전까지는 지도서 공부에, 1차 합격 후에는 수업실연에 좀 더 집중하는 것이 필요합니다. 지도서와 수업을 따로 준비하기보다는 지도서 진도와 수업실연 진도를 맞춰 함께 나가는 것이 효율적입니다.

간혹 1차 합격 전까지 지도서만 공부하는 경우가 있지만, 추천하지는 않습니다. 지도서만 봐도 내용이 이해되는 것 같지만, 막상 수업을 해보면 잘 안 되는 경우가 많습니다. 시간이 부족하고, 수업하는 것이 부담스럽더라도 수업과 병행하여 연습하기 바랍니다. 1차 합격자 발표 전 내가 수업한 차시와 그렇지 않은 차시를 잘 표시해두는 것도 좋은 방법입니다.

(3) 수업실연 스터디

스터디를 하는 방법은 다양합니다. 각자 자신의 상황이나 환경에 따라 다를 수 있지만, 참고를 위해 가장 기본적인 형태의 스터디 방법을 알아보겠습니다. 스터디는 단순하게 생각하면 수업 순서를 정하고, 구상을 한 뒤, 수업실연을 하고, 피드백을 하면 됩니다. 순서는 뽑기로 정하는 경우가 많으며, 수업 구상은 시기에 따라 각자 구상해 온 뒤 할 수도 있고, 실제 시험처럼 구상한 뒤 수업을 하기도 합니다. 시간 단축을 위해 구상을 모두 동시에 하는 경우도 있습니다.

보통 첫 주는 가볍게 시작하는 경우가 많으며, 이후부터는 본격적으로 수업실연을 준비하게 됩니다. 문제를 하나씩 준비해 온 뒤, 본인의 문제를 제외하고 랜덤으로 뽑은 뒤 수업하는 방식입니다. 스터디 초반에는 문제까지 만드는 것은 시간적으로 어려움이 많기 때문에 AtoZ책을 적극 활용하기 바랍니다.

(4) 지도서 스터디

지도서를 공부하는 구체적인 방법은 '03 지도서 공부 방법'을 참고 바랍니다. 여기에서는 스터디를 어떻게 할지에 초점을 맞췄습니다. 지도서 같은 경우 정해진 분량을 공부해 온 뒤, 스터디원들과 함께 지도서 내용을 함께 나누는 방식으로 진행합니다. 내용에 대한 이해뿐 아니라 지도서 내용 중 어떤 부분이 괜찮고, 어떤 부분이 오개념으로 나올 것 같고, 눈여겨볼 만한 탐구활동이나 동기유발을 함께 공유하면 좋습니다. 출제될 만한 요소나 차시에 대해서 이야기를 나눌 수도 있습니다. 서로 생각이 다르기 때문에 이것이 함께 모이면 좋은 시너지를 발휘합니다. 지도서는 보통 두산동아 지도서를 많이 보게 되지만, 출판사를 달리하여 내용을 공부하는 것도 좋은 방법이 될 수 있습니다.

(5) 정리 노트 만들기

시험장에 지도서를 통째로 들고 가는 경우도 있지만, 아무래도 휴대나 불필요한 내용들도 많아 보기에 효율적이지 않습니다. 그래서 직접 정리한 정리 노트를 들고 가기도 합니다. 전공 단권화 노트와 비슷하다고 생각하면 되겠습니다. 지도서 내용 중 좋았던 내용들을 간단히 축약하거나, 내가 수업을 하면서 자주 실수하는 부분 혹은 주의할 내용을 정리할 수도 있습니다. 처음부터 내용을 정리하기에는 시간이나 노력이 많이 듭니다. 스터디원들과 정리할 내용을 나누어서 정리하거나, 기존에 어느 정도 정리되어 있는 자료를 구할 수 있다면 이를 활용해 볼 수도 있습니다.

5 수업 성장하기

(1) 수업 촬영하기

자신의 수업을 영상으로 촬영해 분석하면 객관적인 시선으로 자신의 수업을 되돌아볼 수 있습니다. 촬영한 수업을 볼 때는 목소리 톤이나 속도를 확인하며 내용 전달이 명확하게 되는지, 시선 분배는 고르게 잘 되고 있는지, 안 좋은 말 습관이 있는지 등을 확인합니다. 수업을 하며 아쉬웠던 부분은 반복해서 볼 수도 있습니다. 이때, 다른 사람에게 받은 피드백 내용과 함께 비교하면 수업을 개선하는 데 큰 도움이 됩니다.

(2) 수업 보기

좋은 수업을 많이 보는 것은 수업실연에 도움이 됩니다. 합격자의 영상을 참고하여 좋은 점을 기록하고 자신의 수업에 적용해 봅시다. 유튜브에 올라와 있는 수업 영상이나, EBS를 참고하는 것도 좋습니다.

(3) 피드백 받기

합격자에게 피드백을 받는 것은 합격에 큰 도움이 됩니다. 실제 시험과 같은 긴장감 있는 분위기가 연출되며, 실제 시험을 겪은 사람이기 때문에 현장감 있고 도움이 되는 피드백을 받을 수 있습니다. 대면으로 하기 힘든 상황이라면 영상으로 피드백을 받아보는 것도 좋습니다.

(4) 자기장학

수업을 개선하기 위해 피드백 받은 내용을 수업에 적용하며 연습합니다. 모든 피드백 내용을 자신의 수업에 반영할 필요는 없습니다. 자신의 수업에서 적용할 만한 것을 적절히 선택하여 어떻게 반영할 것인지 고민하고, 이를 다음 수업에서 적용해 보며 점진적으로 수업을 개선해 나가기 바랍니다.

(5) 적극적인 피드백과 수용

스터디원은 실연자의 수업에 대해 적극적으로 피드백해야 합니다. 피드백은 수업내용 측면과 수업 태도 측면으로 나누어서 적절한 기준에 근거하여 제시합니다. 수업내용 측면에서는 실연 조건을 모두 충족하였는가, 지도서에 근거한 올바른 지도인가, 학생들의 수준을 적절히 고려한 수업인가 등을 기준으로 피드백합니다. 수업 태도 측면에서는 학생 중심의 수업이었는가, 학생 참여가 잘된 수업이었는가, 시선 분배가 적절했는가, 목소리 크기가 적절했는가, 말 속도가 적절했는가, 전달력이 명확했는가 등을 기준으로 피드백합니다. 피드백은 비난이 아니라 개선할 점과 구체적인 개선 방향을 함께 제시해주고, 장점을 구체적으로 언급해줘도 좋습니다. 실연자는 피드백 체크리스트와 스터디원의 피드백을 참고하여 자신의 수업을 개선할 수 있도록 노력해야 합니다.

수학 수업실연 A to Z

03 지도서 공부 방법

지도서란 출판사에서 효과적인 수업을 돕기 위해 만든 수업과 관련된 지도내용, 지도방법, 지도상의 유의점 등을 포함한 책입니다. 수업실연에서는 다양한 상황을 가정하기 때문에 지도서를 함께 공부할 필요가 있습니다. 지도서를 공부하는 방법과 어떤 부분을 중점적으로 공부하면 좋은지 함께 살펴보도록 하겠습니다.

1 단원 흐름 파악하기

개념의 전후 내용을 파악하는 것이 중요합니다. 지도순서뿐 아니라 단원의 위계를 정확히 기억할 필요가 있습니다. 수업의 흐름이 자연스러워질 뿐 아니라, 실연 조건에 제시되는 전시학습이나 차시 예고 등을 효과적으로 준비할 수 있습니다. 또한, 교육과정에 맞지 않은 개념이나 용어 혹은 기호를 사용하는 실수를 줄일 수 있습니다. 단원의 흐름을 파악할 때는 교과서에 나와 있는 목차를 그대로 기억하기보다는 영역으로 구분해 정리하거나, 개념 단위로 구별해 공부하면 효과적입니다.

2 지도상의 유의점 파악하기

지도서를 공부하면서 가장 중요한 부분이 지도상의 유의점을 파악하는 것입니다. 지도상의 유의점이란 수업에서 어떤 부분을 주의해야 할지를 알려주는 내용입니다. 지도서에 있는 지도상의 유의점은 교육과정 내용과 출판사 자체적으로 나와 있는 내용이 함께 작성되어 있습니다. 내용을 단순히 기억하는 것에서 나아가 수업 중 발문으로 활용하거나, 학생들이 어떤 부분을 오개념으로 가지고 있고 어려워하는지를 확인하는 용도로 사용하길 바랍니다.

3 동기유발 & 탐구활동

수업실연에서 동기유발이나 탐구활동이 포함되는 경우가 있습니다. 구체적인 자료를 바탕으로 할 때도 있지만, 실연자가 직접 활동을 구성해야 할 때도 있습니다. 모든 내용을 시험장에서 즉흥적으로 만들기는 어렵기 때문에 사전에 관련 내용을 정리해야 합니다. 지도서에는 동기유발 및 탐구활동에 대한 다양한 예시가 제시되어 있으므로 단원별로 관련 내용을 정리해 봅시다.

4　수업활동

수업활동이란 교과와 관련된 다양한 활동을 의미합니다. 수업실연에서는 모둠활동 상황에서 다양한 수업활동이 포함되는 경우가 많으므로 괜찮은 수업활동을 따로 정리해 두면 좋습니다. 협력학습, 프로젝트 학습, 토의·토론 학습, 매체 및 도구 활용 학습 등 수업의 형태가 어떻게 구성되어 있는지 살펴보는 것도 좋은 방법입니다.

5　내용 이해

지도서를 통해 교과 내용을 이해하는 것이 필요합니다. 교과 내용이 어려운 것은 아니지만, 교육과정이 바뀌면서 새롭게 추가된 내용이나 증명 과정이 까다로운 내용도 있습니다. 미리 내용을 공부해 두지 않으면 실제 수업실연에서 당황할 수 있으므로 주의 깊게 살펴보길 바랍니다.

6　오개념 정리

지도서에는 단원별로 학생들이 가지는 오개념을 정리해 두고 있습니다. 오개념은 수업실연 조건으로 자주 제시되고, 발문으로 유용하게 활용할 수 있으므로 수업실연에서 중요한 요소입니다. 지도서에 나오는 오개념을 관련 개념과 함께 엮어서 잘 정리해 두고 오개념을 어떻게 수정할지, 어떤 발문을 제시하면 효과적일지 함께 공부하길 바랍니다.

수학 수업실연 A to Z

04 수업실연 꿀팁

1 중요한 것은 내용

수업을 하다 보면 수업 외적인 활동에 집중하는 경우가 많습니다. 순회지도, 수학 노트 쓰기, 역할 배분(이끔이/기록이/칭찬이) 등이 여기에 해당합니다. 각 활동이 가지는 긍정적인 역할도 있지만, 가장 중요한 것은 수업내용입니다. 어떻게 하면 수업내용을 효과적으로 전달할 수 있는지를 고민해야 합니다. 수업내용과 연관성을 고려하지 않고 그저 의무감에 활동을 진행하면 수업흐름을 방해할 수 있습니다.

2 시험문제와 조건을 철저히 확인하기

수업실연은 다양한 조건이 제시됩니다. '~을 보이시오.', '~을 설명하시오.'와 같은 형태로 제시됩니다. 조건을 제대로 만족하지 못하거나, 누락한 경우 감점이 크기 때문에 주의가 필요합니다. 지도안을 작성하지 않는 지역의 경우 15~20분이라는 짧은 시간 동안 수업 구상을 마무리해야 하기 때문에 조건을 놓치지 않도록 실연조건을 구상지에 별도로 표시해두는 것이 좋습니다.

3 발문 많이 하기

발문이란 학생들이 답을 할 수 있도록 던져주는 물음을 뜻합니다. 발문을 효과적으로 사용하면 수업을 풍성하게 할 뿐 아니라, 학생들이 어려워하는 부분이나 개념지도에서 유의해야 할 부분을 평가자들에게 알리는 장치가 되기도 합니다. 실제 학생이 없는 수업이다 보니 많은 부분을 발문으로 보여줄 수밖에 없습니다. 수업에 기본적인 조건을 모두 충족한 상황이라면 결국 차이가 나는 부분은 발문입니다. 시험을 준비하면서 다양한 발문을 고민해보기 바랍니다. 학생들이 어려워하는 부분, 오개념, 인지적 장애가 생길 수 있는 부분, 자주 실수하거나 헷갈려하는 부분 등이 발문의 요소가 될 수 있습니다.

4 긍정적 피드백과 의사소통

수업은 학생과의 상호작용이 잘 드러나는 것이 중요합니다. 적절한 상호작용은 평가자에게 실연자와 학생 사이의 소통을 보여주는 장치가 되며, 학생이 수업을 이끌어 가는 느낌을 줍니다. 원활한 상호작용을 위해 중요한 것은 교사의 긍정적인 피드백입니다. 피드백은 '~에 대한 대답이 ~ 부분에서 ~해서 좋았다.'처럼 구체적이고 긍정적이면 좋습니다.

5 적절한 시선 처리와 동선

수업실연은 실제 학생들이 없는 상황에서 이루어지다 보니 교사의 행동이나 시선 처리가 어색해지기 쉽습니다. 가장 많이 보이는 현상이 '칠판이나 종이를 보면서 수업을 하는 경우', '수업 동선이 너무 짧거나, 너무 긴 경우' 등입니다. 칠판이나 종이만 보면서 수업하면 수업이 닫혀있다는 느낌이 들기 쉽습니다. 실제 학생이 없더라도 마치 여러 곳에 학생이 있다고 생각하고 시선을 두는 것이 필요하며, 판서를 할 때는 중간중간 학생들을 주시해야 합니다. 수업의 동선은 너무 짧으면 역동성이 떨어지고, 너무 길면 자칫 산만한 수업처럼 보일 가능성이 있으니 주의해야 합니다.

> **TIP** 수업 중 자신이 시선을 둘 곳을 미리 정해두면 시선 처리가 한결 자연스러워집니다. 왼쪽, 중간, 오른쪽 등으로 시선 처리할 곳을 정해두고 그곳을 바라보는 연습을 하길 바랍니다. 한 곳을 바라볼 때 시선을 적어도 3초 이상 준다는 마음으로 바라본다면 좀 더 안정적인 시선 처리가 가능합니다.

6 철저한 시간 전략

수업실연은 한정된 시간을 잘 활용하는 것이 중요합니다. 시간을 초과하는 경우 상대적으로 감점이 큰 편입니다. 시간을 초과해 감점되는 것에 더해, 마무리하지 못한 수업내용에 대한 감점이 포함되어 그러지 않을까 싶습니다. 따라서 시간 내에 수업을 마무리하도록 연습해야 합니다. 주어진 수업시간에서 2~3분 정도는 남겨두고 수업을 마친다고 생각하고 연습하기 바랍니다.

(1) 수업이 빨리 끝날 것 같다면?

수업이 빨리 끝날 것 같다면 남은 시간을 적절히 활용하면 좋습니다. '수업을 통해 느낀 점 말하기', '수업내용 정리하기', '질문받기', '다음 시간 차시 예고 및 과제 제시' 등의 활동을 통해 시간을 채울 수 있습니다. 시간을 억지로 늘리는 것이 아닌 수업내용을 좀 더 풍성하게 만들고, 자신의 역량을 드러내는 방향으로 접근하는 것이 핵심입니다.

(2) 수업시간이 부족할 것 같다면?

수업 중 제한된 시간을 초과할 것 같다면 수업내용을 간소화할 필요가 있습니다. '문제 푸는 시간을 따로 주는 것이 아니라 교사와 학생이 함께 풀기', '비슷한 패턴의 내용은 가볍게 넘어가기', '내용정리 생략하기', '다 하지 못한 내용은 과제로 제시하기', '순회지도 생략하기', '학생 발표 상황 줄이기' 등이 있습니다. 수업에서 제시된 조건을 우선 실연하고 나머지를 하나씩 줄이거나 생략하는 방식으로 생각하면 됩니다.

7 판서 꿀팁

평소 판서를 할 기회가 적다 보니 칠판에 글을 쓰는 것이 생각보다 어렵습니다. 특히 평소 글씨에 자신이 없다면 판서는 더욱 힘들게 느껴집니다. 단기간에 판서가 월등히 좋아지기는 어렵겠지만, 몇 가지 내용만 잘 지켜도 한층 깔끔하고 정갈한 판서를 할 수 있으니 너무 걱정하지 않아도 됩니다.

(1) 판서 구조화

구조화는 판서가 일목요연하게 보이도록 하는 것입니다. 글씨를 단기간에 예쁘게 쓰게 되는 것은 어렵지만 구조화된 판서는 단기간에도 가능합니다. '칠판을 삼등분(4등분)하여 판서하기', '판서를 왼쪽부터 시작해 오른쪽 끝에서 마무리하기', '수평과 수직, 줄 간격 맞추기' 등을 고려해서 판서합니다.

(2) 판서 내용 가리지 않기

판서를 하다 보면 수업내용을 몸으로 가리는 경우가 종종 있습니다. 내용이 보이지 않으면 수업이 닫혀있는 느낌이 들기 쉽고, 교사의 수업내용이 평가자에게 잘 드러나지 않습니다. 판서를 할 때는 판서 내용이 보이도록 옆으로 비켜서서 하는 것이 좋습니다.

(3) 색분필

색분필을 사용할 수 있는지는 지역마다 다릅니다. 연습할 때는 색분필을 사용할 수 있다고 생각하고 준비해야 실제 시험장에서 색분필을 적절히 활용할 수 있습니다. 색분필은 노랑, 빨강, 파랑 세 가지 색깔을 염두에 두어야 하지만 파란색 같은 경우는 눈에 잘 띄지 않기 때문에 노란색과 빨간색을 중심으로 사용하는 것이 일반적입니다.

(4) 기타 꿀팁

판서하는 글씨가 너무 작으면 가독성이 떨어지고, 너무 크면 판서할 공간이 부족합니다. 따라서 적절한 크기로 판서를 할 필요가 있습니다. 감을 잡기 어렵다면 다른 사람들의 판서를 참고하는 것도 좋습니다.

> **TIP** 2차 시험을 볼 학교가 정해진다면 미리 연락해 어떤 칠판을 사용하는지 확인하는 것이 중요합니다. 칠판마다 사용감의 차이가 크기 때문에 미리 확인할 필요가 있습니다. 보통 학교 칠판은 일반분필, 물분필, 물백묵, 보드마카를 사용합니다.

8 자신감

수업실연에 정답은 없습니다. 실연 조건에 맞게 수업하는 것은 필요하지만, 결국 중요한 것은 '자신감'입니다. 수업에 대한 인상이나 분위기가 점수에 끼치는 영향은 생각보다 큽니다. 자신감 있는 자세로 수업에 임하는 것은 긍정적인 인상을 심어주는 데 큰 역할을 합니다. 자신감 있고, 당당한 모습으로 수업에 임하길 바랍니다.

9 교육과정과 함께 공부하기

수업실연을 준비하면서 간과하기 쉬운 부분 중 하나가 교육과정입니다. 교육과정은 수업을 완성도 있게 만들어주는 요소입니다. 교수·학습 방법 및 유의사항이나 평가 방법 및 유의사항 등을 통해서 다양한 발문을 만들 수도 있고, 학생들의 오개념을 파악할 수도 있습니다. 유의사항이 많은 단원은 문제 출제의 요소가 되기도 합니다. 최근 2차 시험에서는 수업 활동에 관련된 '수학과 교육과정 역량'을 물어보는 내용이 나오기도 했으니 역량에 대한 부분도 신경써야 합니다.

10 수업실연 장치

수업실연 장치란 수업실연에서 자신만의 특색을 보여주기 위한 도구나 규칙을 의미합니다. 이러한 장치를 수업에 적절히 활용하면 특색있고 역동적인 수업을 만들 수 있습니다.

(1) 모둠 칠판

모둠 칠판은 모둠활동에 대한 풀이 과정과 답을 적고 교실 칠판에 붙여 다른 모둠의 학생들과 공유하는 용도의 칠판입니다. 자석형 화이트보드라고 생각하면 쉽습니다. 모둠 칠판을 활용하면 모든 모둠이 발표할 수 있으며 학생의 참여도를 높이는 장점이 있습니다.

(2) 신호등 카드(빨간 카드, 파란 카드)

신호등이 빨간불이면 멈추고, 파란불이면 출발하는 것과 같이 색 카드를 이용하여 모둠활동의 결과를 점검하고 이에 대한 학생의 이해도를 한눈에 확인할 수 있는 장치입니다. 모둠마다 빨간 카드, 파란 카드를 각각 한 장씩 주고 모둠활동에 대한 학생의 발표가 이해되었는지 카드를 들어보도록 합니다. 빨간 카드는 이해가 어렵거나 오개념에 의해 풀이가 잘못된 경우를 나타내고, 파란 카드는 수업을 계속 진행해도 됨을 의미합니다. 신호등 카드를 이용하여 소외되는 학생 없이 공평한 배움이 일어나도록 할 수 있습니다.

(3) 1인 1역할

학생에게 역할을 부여하면 학생의 참여를 더욱 높일 수 있습니다. 이끔이(또래 교사), 기록이, 발표자 등 다양한 역할이 있습니다. 교사가 역할을 지정해주는 것이 아니라 학생이 스스로 역할을 정하도록 하는 게 좋습니다. 순회지도 시 역할에 대한 칭찬도 함께 하면 모둠활동이 원활하게 이루어지고 있음을 평가자에게 알릴 수 있고, 학생에 대한 교사의 관심을 드러낼 수 있습니다.

(4) 수학 일기

수학 일기는 오늘 배운 내용에 대한 자기평가를 일기 형식으로 작성하는 것으로, 인지적 영역과 정의적 영역을 모두 확인할 수 있습니다. 수업실연을 마무리할 때 자연스럽게 활용하기 좋은 장치입니다. '어려운 점은 무엇이었는지', '얼마나 내용을 이해했는지', '모둠활동에서 자신의 역할을 성실히 수행했는지' 등을 적어보도록 할 수 있습니다.

수학 수업실연 A to Z

05 | 수업 만능틀

수업에서 마주할 수 있는 다양한 상황과 접근 방식에 대한 예시를 정리했습니다. 일반적인 수업 순서에 따라 내용을 정리하였으며, 실제 시험에서는 모든 과정을 실연하지 않으며, 본시학습을 위주로 수업합니다.

수업		활동
도입	수업 분위기 조성	**[수업 시작 인사]** 시작 인사는 자신의 첫인상을 나타냅니다. 간단한 인사말로 수업을 시작해도 좋고, 자신의 교육철학과 포부가 담긴 인사말로 수업을 시작해도 좋습니다. 간단하게 인사한다면 시간이 적게 소요되며 자신의 교육철학을 담아 자신 있게 인사한다면 평가자들에게 좋은 인상을 줄 수 있습니다. 어떤 형태로 인사를 하더라도 자신 있게 하는 것이 중요하겠죠? 예시) 오늘도 즐거운 수학 수업 시작하겠습니다! 예시) 안녕하세요? 여러분. 선생님이 항상 수업 시작할 때 하는 말이 있죠? 맞아요, '실수도 배움이다'라는 말이에요. 오늘 수업에서도 실수하기를 주저하지 않고 자신의 의견을 자유롭게 이야기하는 여러분이 되었으면 좋겠습니다.
	전시학습 & 선수학습	전시학습은 본 수업 이전 차시의 학습을 의미하며, 선수학습은 본 수업과 관련된 이전 개념을 뜻합니다. 실연조건보다는 지도안 조건에 포함되는 경우가 많지만, 수업에 완성도와 흐름의 매끄러움을 위해 전시학습과 선수학습을 적절히 녹여 수업하는 것이 좋습니다. 수업 중에 이전에 학습한 내용을 언급하거나, 연관성을 생각해 보게 할 수 있습니다. 예시) ○○○은 무엇이었죠? 예시) ○○○과 관련된 것 중 우리가 배웠던 내용은 무엇이 있었나요? 예시) ○○○과 이전에 배웠던 ○○○은 어떤 관련이 있을까요?
	동기유발	동기유발은 학생들에게 수업에 대한 기대감을 심어주는 활동입니다. 동기유발을 할 때는 학습목표와 관련된 실생활 소재, 관련 일화, 문제 등을 통해 학생들의 관심을 불러일으킬 수 있어야 합니다. 수업을 마무리할 때, 본시학습 내용과 연결하여 마무리합니다. 예시) ○○○하면 떠오르는 것이 있나요? 예시) 중3 삼각비 내용 "63빌딩의 높이는 어떻게 측정할 수 있을까요?" 오늘 수업을 통해 그 방법에 대해서 알아보도록 합시다.
	학습목표	학습목표는 칠판에 제시된 것으로 가정하는 경우가 많습니다. 언급하지 않거나, 가볍게 한 번 읽는 정도로 진행합니다. 수업 중간에 학습목표를 다시 한번 상기시키는 형태로 구성할 수도 있습니다. 예시) 오늘의 학습목표는 무엇인가요? 예시) 오늘의 학습목표가 무엇이었는지 이야기해 볼까요?

전개	본시학습	

[순회지도]
수업에서는 학생들과의 의사소통과 수업 참여 정도를 파악하기 위해 순회지도를 합니다. 순회지도를 할 때는 교실을 한 바퀴 돌면서 오개념을 가지고 있는 학생들 또는 문제해결에 어려움을 겪고 있는 학생들에게 적절한 발문을 합니다. 모든 학생에게 관심을 가지고 수업을 진행하고 있다는 느낌을 들게 하면 좋습니다. 내가 수업에서 전달하고자 하는 메시지를 순회지도를 통해 학생의 입으로 나오도록 하는 상황을 연출할 수도 있습니다.

> 예시) 무릎을 굽히고 앉아서 학생들과 이야기하는 상황(학생들과 눈높이를 맞춤)
> 예시) 모든 학생을 아우르며 교실 전체를 한 바퀴 도는 상황
> 예시) 좋은 아이디어를 제시한 학생의 발언을 전체 수업에 반영하는 상황
> 예시) 학생과 눈을 마주치며 내용과 관련된 구체적인 대화를 하는 상황
> 예시) 순회지도 중 오개념 상황을 발견한 경우
> 예시) 수업 활동을 어려워하는 학생에게 도움을 주는 상황

[모둠활동]
모둠활동을 할 때는 모든 학생이 주어진 모둠활동을 이해할 수 있도록 규칙을 명확히 설명합니다. 모둠활동을 시작한 후에는 순회지도하며 학생들이 활동을 규칙에 따라 잘하고 있는지, 어려움을 겪고 있지는 않은지 살펴봅니다. 활동이 종료되면 모둠활동의 결과를 발표하도록 하며 교사는 이를 피드백합니다. 오개념을 발표한 모둠이 있다면 다른 모둠의 결과와 비교하여 어떤 점을 잘못 생각하였는지 생각해 보고, 학생들 스스로 오개념을 수정할 수 있도록 독려하면 좋습니다.

> 예시) 이끔이, 서기, 도우미와 같은 역할을 부여하는 상황
> 예시) 수업을 어려워하는 학생들이 성취도가 높은 학생들에게 배우며 성취도를 높이는 상황
> 예시) 다양한 모둠을 골고루 발표시키는 상황
> 예시) 모둠원들끼리 특정 문제 혹은 주제를 가지고 토의하는 상황
> 예시) 모둠 칠판을 이용하는 상황

[오개념 지도]
학생들이 오개념을 가질 수 있는 부분에 대해 교사가 발문하거나 학생들이 질문하는 형식으로 오개념을 지도합니다. 오개념 지도에 관한 조건이 제시되어 있지 않더라도 상황을 포함해 지도하면 좋습니다.

> 예시) 왜 그렇게 생각했나요?
> 예시) 잘못된 부분을 찾아볼까요?
> 예시) 가영이의 말에 다른 친구들은 어떻게 생각하나요?
> 예시) 어떻게 다음 문장(혹은 풀이)을 바꾸면 좋을까요?

[수업 도중 틀린 부분을 발견한 경우]
수업을 하다 보면 판서를 잘못했거나 반복해서 틀리게 말하는 부분을 발견할 수도 있습니다. 이때, 당황하지 않고 자연스럽게 수업을 진행할 필요가 있습니다.

> 예시) 선생님이 방금 여러분들이 집중하고 있는지 확인하기 위해 틀리게 말한 것이 있습니다. 그게 뭘까요?
> 예시) ○○이가 방금 잘 말해줬네요. 이 부분을 잘못 판서했습니다. 고마워요!

[새로운 개념(기호)을 도입하는 경우]
새로운 개념이나 기호를 도입할 때는 '이건 ○○라고 합니다.'와 같이 개념을 곧바로 제시하기보다는 적절한 예시와 발문, 용어의 의미나 기원 등을 함께 설명하면 좋습니다. 또한, 학생들이 기호를 쓰는 방법과 읽는 방법을 어려워하기 때문에 이러한 점을 함께 언급한다면 학습자의 수준을 고려한다는 느낌을 줄 수 있습니다.

> 예시) (역함수에 대한 도입을 한 후) 이런 식으로 집합 Y에서 집합 X로 대응시키는 함수를 정의해보려고 합니다. 일상생활에서 이렇게 거꾸로 간다고 할 때 사용하는 단어가 무엇이 있죠? 맞아요. 거꾸로 갈 때 '역행', '역주행'과 같은 단어를 많이 사용하죠. 여기서 '역'은 한자로 '거스를 역'인데 이 한자를 사용해서 함수에서도 집합 Y에서 집합 X로 대응시키는 함수를 '역함수'라고 할 거예요.

전개	본시학습	**[수업자가 직접 구성한 활동]** 수업자가 제시된 자료를 기반으로 수업활동을 직접 구성하는 경우가 있습니다. 지도안 지역이 아닌 경우 평가자들은 수업자가 만든 활동이 어떤 내용인지 모르기 때문에, 활동의 내용과 규칙 등을 자세히 설명하는 과정이 필요합니다. 활동을 구성할 때는 드러나야 하는 부분을 명확히 해야 합니다. 예시) 2020년 기출 [자료1], [자료2] 참고 **[공학도구]** 최근 공학도구를 활용한 수업이 많아지고 있습니다. 공학도구 사용을 가정하는 경우, 공학도구를 사용방법과 주의사항에 대해 언급할 수 있습니다. 구체적인 기능에 집중하기보다는, 필요한 기능을 보여주는 도구로 생각하고 접근해야 합니다. 알지오매스, 지오지브라, 이지통계 등 자주 사용하는 공학도구는 실제 사용방법을 연습해보기 바랍니다. 예시) ○○○기능을 사용해 ○○○을 보이도록 합시다. 예시) 결과가 어떻게 나오나요? 예시) 관찰한 결과를 이야기해 볼까요? 예시) (함숫값, 함수, 그래프, 축, 변수, 범위) 등을 바꿔가며 결과를 확인해 봅시다. **[증명]** 2022 개정 교육과정이 도입되면서 증명이라는 용어를 중학교 2학년 때부터 사용할 수 있게 되었습니다. 이러한 교육과정의 변화는 증명의 필요성을 강조하는 것이라 생각합니다. 수업상황에서 증명이 요구되는 상황이 나온다면 교사의 발문이 중요합니다. '이것은 왜 이렇게 될까요?', '다음과 같이 설명할 수 있는 이유는 무엇일까요?', '○○을 보이기 위해서는 어떻게 해야 할까요?'와 같은 형태의 발문을 학생과 주고받는 것이 중요합니다. 기하 증명 같은 경우는 결론을 가정하고 이것을 어떻게 하면 보일 수 있을지 접근하는 분석법적 접근이 좋습니다. 예시) 보여야 할 결론은 무엇일까요? 예시) 우리가 이미 알고 있는 것은 무엇인가요? 예시) 다음과 같이 설명할 수 있는 이유는 무엇일까요? 예시) ○○을 보이기 위해서는 어떻게 해야 할까요? 예시) 왜 그렇게 생각했나요?
정리	형성평가	형성평가는 수업이 진행되는 과정에서 학생의 학습된 정도를 점검하기 위해 실시하는 평가입니다. 수업을 개선하거나 학생의 학업 성취도를 향상시키고자 실시하는 것이므로 형성평가를 한 후에는 학생들의 성취 정도를 확인하고 성취 정도가 낮은 학생들에게는 간단한 피드백을 합니다.
	수업정리	중요한 부분을 강조하거나 동기유발 내용과 수업내용을 연계하며 마무리합니다. 예시) 오늘 학습한 내용을 정리해 볼까요? 예시) 오늘 수업 시작하면서 나누었던 이야기(동기유발내용)의 답을 해볼까요?
	차시예고	다음 수업을 위한 차시 예고를 수업에 포함할 수 있습니다. 실연조건에는 빠져있는 경우가 많지만, 이번 차시의 내용과의 연관성을 강조하기 위해 의도적으로 차시예고를 언급할 수도 있습니다. 지도서 지역은 지도안 조건으로 포함되는 경우가 종종 있으니 참고 바랍니다.

수학 수업실연 A to Z

06 지도안 작성 방법

지도안은 교과 지도를 위해 수업 전 준비하는 계획안으로 수업 흐름을 글로 정리한 것입니다. 수업 계획이 잘 이루어져야 좋은 수업으로 이어질 수 있으므로 지도안 작성에 노력을 기울여야 합니다. A to Z카페에 올라와 있는 지도안 양식과 구상지를 활용해 연습하기 바랍니다.

1 지도안 틀 만들기

지도안 작성에 관한 나만의 틀을 만들기 바랍니다. 시험마다 문제의 조건은 다르지만 큰 흐름은 유사하므로 일정한 틀이 갖추어져 있으면 자신감 있게 시험에 임할 수 있습니다. 자주 나오는 수업실연 조건을 중심으로 정리해 봅시다.

〈모둠활동 지도안 틀 예시〉
교사 : 순회지도하며 적극적으로 참여하지 않는 학생의 참여를 격려한다.
학생 : 모르는 것은 선생님에게 질문하며, 활동이 끝난 학생은 활동에 어려움을 겪는 학생을 돕는다.
교사 : 조별로 작성한 모둠 칠판을 들게 하여, 학생들이 서로의 풀이 과정과 답을 공유할 수 있도록 한다.
학생 : 다른 모둠의 활동 결과를 확인하고 맞는지 틀린지 생각해 본다.

2 교사·학생 방식 vs 대화식

지도안 작성에는 크게 '교사·학생 방식'과 '대화식'이 있습니다. 교사·학생방식은 교사와 학생의 활동을 나누어 작성하는 것이며 대화식은 교사와 학생의 대화를 중심으로 작성하는 것입니다. 두 가지 방식 모두 교사와 학생 간의 상호작용을 나타내는 것이지만, 표현 방식에 차이가 있습니다. 교사·학생 방식은 좀 더 간략히 내용을 작성할 수 있다는 장점이 있지만, 수업이 구체적으로 드러나지 않을 수 있습니다. 대화식으로 작성하면 수업상황을 구체적으로 보여줄 수 있다는 장점이 있지만, 문장이 길어지고 지도안 내용을 세부적인 부분까지 그대로 실연해야 한다는 압박감이 생길 수 있습니다. 어떻게 써야 한다는 정답이 있지는 않기에 연습을 통해 나만의 스타일을 찾기 바랍니다.

〈교사·학생 형태의 방식〉
- 교사 : 학생에게 주사위를 던지는 활동을 설명하고, 그 결과가 어떤 의미를 가지는지 생각해 보도록 한다.
- 학생 : 컴퓨터 프로그램을 활용하여 표를 채우고, 결과에 대해 생각해 본다.
- 교사 : 실험 결과를 바탕으로 상대도수로서의 확률의 의미를 알게 한다.
- 학생 : 상대도수로서의 확률의 의미를 이해한다.
 * 교수·학습 방법 및 유의사항 : 확률은 실험이나 관찰을 통해 구한 상대도수로서의 의미와 경우의 수의 비율로서의 의미를 연결하여 이해하게 한다.

⟨대화식 형태의 방식⟩
- 교사 : 지금부터 더 많은 횟수에 주사위를 던지는 활동을 해보려고 해요. 컴퓨터 프로그램을 이용하여 단계별로 100번씩 총 10단계 동안 던져보고, 그 횟수를 [자료2]에 정리해 봅시다. 그리고 그 결과가 어떤 의미를 갖는지 생각해 봅시다.
- 학생 : (컴퓨터 프로그램을 활용하여 표를 채우고, 그 결과에 대해 생각해 본다.)
- 교사 : 다들 잘해 보았나요? 결과가 어떤 값에 가깝게 나오나요?
- 학생 : 0.166에 가깝게 나와요.
- 교사 : 네, 맞아요. 0.166은 분수로 고치면 1/6에 가까운 값으로, 주사위를 던진 횟수가 많아질수록 3의 눈이 나온 상대도수는 일정한 값 1/6에 가까워진다는 것을 알 수 있어요. 이 일정한 값은 주사위의 각 눈이 나올 가능성이 같을 때, 일어날 수 있는 모든 경우의 수에 대한 3의 눈이 나오는 경우의 수의 비율인 1/6과 같습니다.
* 교수·학습 방법 및 유의사항 : 확률은 실험이나 관찰을 통해 구한 상대도수로서의 의미와 경우의 수의 비율로서의 의미를 연결하여 이해하게 한다.

3 지도상의 유의점 작성하기

지도상의 유의점이란 수업에서 어떤 부분을 주의해야 할지 알려주는 내용입니다. 2022 개정 교육과정의 ⟨성취기준 해설⟩과 ⟨성취기준 적용시 고려사항⟩을 참고하기 바랍니다. 지도상의 유의점은 수업의 핵심이 되는 경우가 많고 수업실연 조건에도 자주 등장하는 중요한 요소입니다. 좋은 지도안 작성을 위해 유의점을 포함해 작성할 필요가 있으며, 지도안 작성 시 교사·학생 활동 이후에 유의점을 적어주면 됩니다.

4 지도안과 수업

수업은 작성된 지도안을 중심으로 진행해야 합니다. 만약 지도안에 작성해야 할 조건을 잘못 작성했거나 누락했다면 지도안에서 감점이 되더라도, 수업실연에서는 수정한 내용을 기반으로 수업하는 것이 감점의 폭을 줄일 수 있습니다. 지도안 작성 이후에는 보통 점심시간이 주어지기 때문에, 첫 순서를 뽑더라도 1시간 이상의 시간을 확보할 수 있습니다. 남은 시간 동안 본인의 지도안을 복기하면서 어떻게 수업에 임할지 차분히 구상하도록 합니다.

5 판서

판서는 반드시 지도안에 넣어야 하는 필수적인 요소는 아니기 때문에 생략해도 괜찮습니다. 하지만 조건에서 구체적인 판서 상황을 요구하거나, 수업에서 판서를 통해 드러나야 할 부분이 있다면 지도안에 포함할 수 있습니다.

6 다양한 조건으로 연습하기

지도안 연습을 하다 보면 지도안 문제를 직접 만들어 연습하는 경우가 생깁니다. 이때, 다양한 조건으로 연습을 해봐야 합니다. 실제 시험에서 어떤 조건이 출제될지 알 수 없기 때문에 미리 경험해 볼 필요가 있습니다. 실제 수업 실연은 마이크로 티칭 형태이므로, 수업에서 드러나지 않는 부분에 대한 요소가 지도안에 추가된다고 생각하면 됩니다. '동기유발', '선수학습 지도', '수업내용 정리', '개념지도', '문제풀이', '사례 들기', '발문 넣기' 등의 조건을 고려해 볼 수 있습니다.

수학 수업실연 A to Z

07 공학도구

최근 수업실연에서 공학도구를 활용하는 유형의 문제들이 많아지고 있습니다. 기자재의 경우 우리에게 익숙한 태블릿, 노트북, 스마트TV, 컴퓨터, 빔프로젝터 정도이기 때문에 큰 어려움이 없지만, 소프트웨어는 직접 경험해 보지 않은 예비교사들이 많다 보니 내용 이해에 어려움을 겪는 경우가 많습니다. 각 프로그램의 모든 기능을 정확히 알지는 못하더라도, 각 소프트웨어가 어떤 기능을 수행할 수 있는지 정도는 간략하게 알아두면 좋습니다. 아래에 나오는 프로그램과 관련된 사이트를 참고하길 바랍니다.

1 알지오매스(Algeomath)

(1) 소개
알지오매스는 한국과학창의재단의 주도하에 개발된 국산 수학 소프트웨어입니다. 알지오매스가 개발되기 전까지만 해도 대부분 학교 현장에서는 외국에서 만들어진 프로그램을 주로 사용했습니다. 외국 프로그램도 장점이 많지만, 아무래도 국내에서 바로 적용하기에는 불편한 점이 있을 뿐 아니라 여러 문제점을 가지고 있었습니다. 이런 현장의 의견을 반영해 알지오매스 프로그램이 개발되었습니다. 무료로 이용할 수 있으며 프로그램개발 때 현직 교사들을 개발과정에 참여시켜 조금 더 학교 현장이 반영된 프로그램이라는 것이 가장 큰 장점입니다.

(2) 기능
- 알지오매스는 크게 2D기하, 3D기하, 대수, 통계 관련 기능을 지원하는 등 수학 교과서에 나와 있는 내용을 구현할 수 있음.
- 수학과 접목해 블록코딩을 하는 기능이 있음.
- 별도의 프로그램 다운 없이 웹페이지에서 바로 사용 가능함.

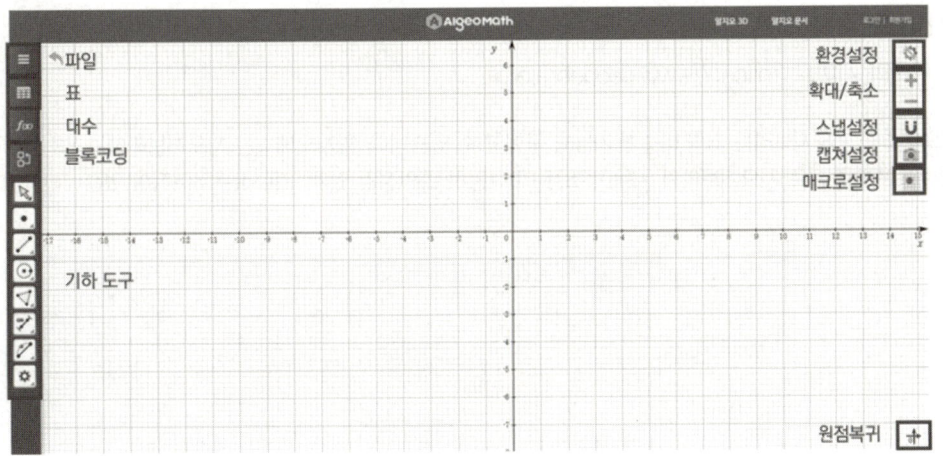

[알지오매스 기본화면]

(3) 참고 사이트
- 알지오매스 사이트 : https://www.algeomath.kr
- 알지오매스 매뉴얼 : https://manual.algeomath.kr/local/usermanual/view.php?id=1

2 지오지브라(Geogebra)

(1) 소개
지오지브라는 수학교육에 활용할 수 있는 다양한 기능을 포함하고 있는 소프트웨어입니다. 기하, 대수, 스프레드시트, 그래프, 통계, 계산기 기능 등 포괄적인 기능을 수행할 수 있으며, 무료로 이용할 수 있습니다. 현재 가장 대중적으로 알려진 수학교육용 소프트웨어입니다. 원래는 하나의 소프트웨어였던 것이 최근 그래프 계산기, 3차원 그래프 계산기, 기하 등으로 분리되었으며, 이전 버전은 지오지브라 클래식으로 이름이 바뀌었습니다.

(2) 기능
- 그래프, 통계, 스프레드시트, 계산기, 기하, 3D 기능 등을 사용할 수 있음.
- 홈페이지에서 별도의 다운 없이 사용할 수 있음.
- 어플을 지원하고 있어 모바일 기기에서 활용도가 높음.

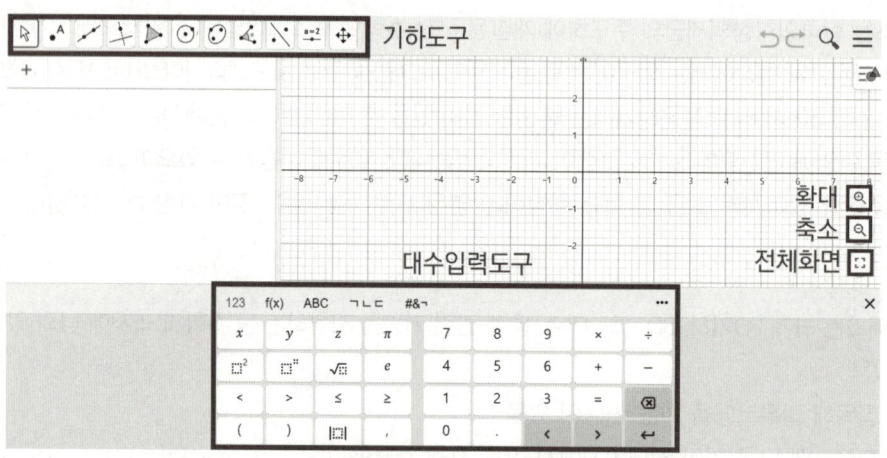

[지오지브라 그래픽 계산기 기본화면]

(3) 참고 사이트
- 지오지브라 사이트 : https://www.geogebra.org

> **TIP** 알지오매스와 지오지브라는 거의 비슷한 기능을 구현할 수 있습니다. 알지오매스는 지오지브라에는 없는 블록코딩 기능을 제공하며, 상대적으로 지오지브라가 기능이 조금 더 다양하고 안정감 있게 구동되는 차이점이 있습니다.

3 이지통계(EBS)

(1) 소개
이지통계는 EBS에서 개발한 통계 소프트웨어입니다. 학교 교육과정에 맞게 설계되어 있으며, 초등학교부터 고등학교용까지 있습니다. 직관적으로 원하는 도구를 이용해 자료를 표현하고 간단히 분석할 수 있습니다. 단, 교육과정에 맞춰 설계되어 있어 교육과정 이외 내용을 구현하는 데 어려움이 있을 수 있습니다.

(2) 기능
- 입력한 자료를 기준으로 줄기와 잎 그림, 도수분포표, 히스토그램, 도수분포다각형으로 정리할 수 있음.
- 대푯값(최빈값, 평균, 중앙값)과 최댓값, 최솟값을 확인할 수 있음.

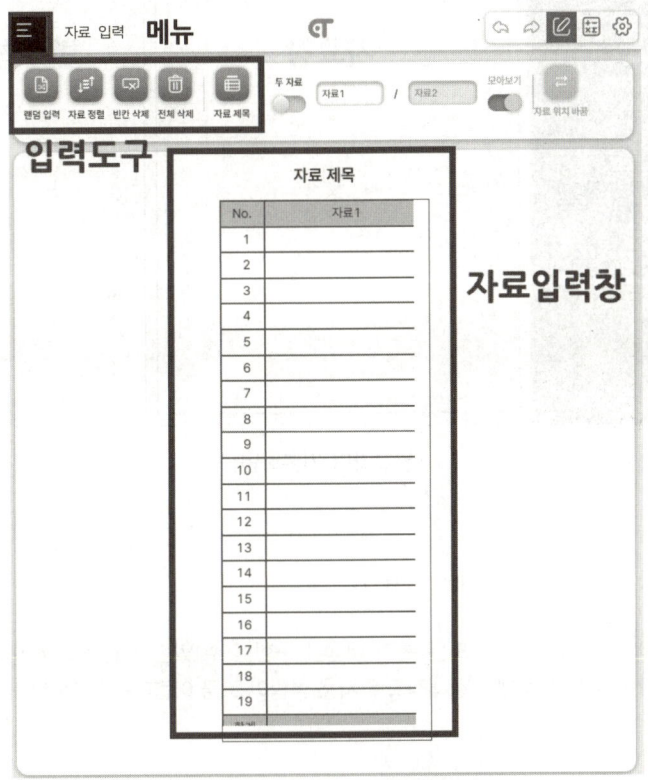

[이지통계 – 중학교용 기본화면]

(3) 참고사이트
- EBS math : http://www.ebsmath.co.kr

4 통그라미(통계청)

(1) 소개
통그라미란 학생들의 통계교육을 위해 통계청에서 개발한 통계교육용 소프트웨어입니다. 초·중·고에 따라 사용할 수 있는 기능에 차이가 있으며, 통계와 관련된 폭넓은 기능을 구현할 수 있습니다.

(2) 기능
- 주어진 자료를 그래프로 표현할 수 있음.

- 줄기와 잎 그림, 히스토그램, 도수분포표, 도수분포다각형뿐 아니라 꺾은선그래프, 막대그래프, 원그래프, 띠그래프 등 다양한 표현 방법이 가능함.
- 자료의 산점도 표현이 가능함.
- 추정과 검정 기능을 구현할 수 있음.

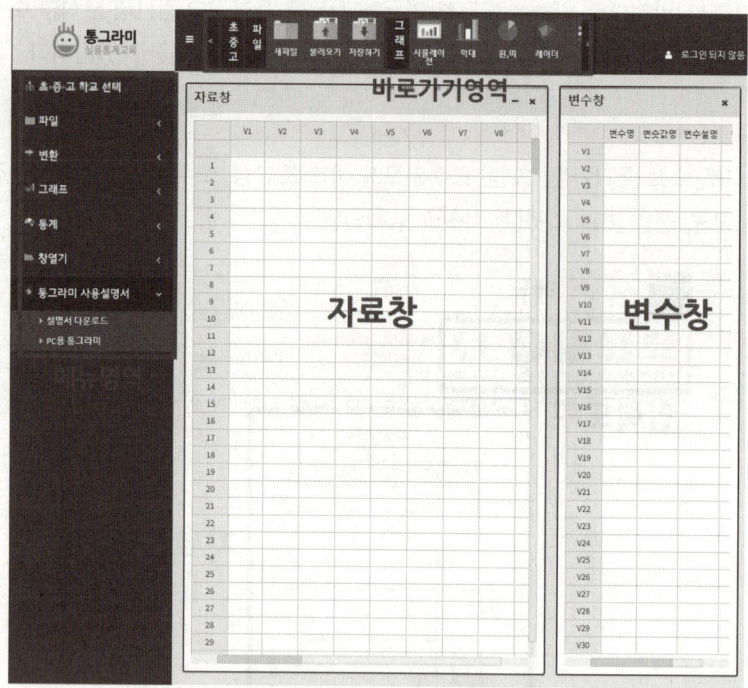

[통그라미 기본화면]

(3) 참고사이트
- 통그라미 홈페이지 : https://tong.kostat.go.kr

TIP 통그라미는 교육과정에 나와 있는 거의 모든 통계 내용을 구현할 수 있습니다. 따라서 이지통계에서 구현하기 어려운 내용도 구현할 수 있다는 장점이 있지만, 상대적으로 사용 방법이 조금 어렵다는 단점이 있습니다.

5 하이러닝

(1) 소개
하이러닝은 경기교육청에서 제공하는 자체 개발 에듀테크 플랫폼입니다. 교수자와 학습자 간의 실시간 상호작용과 맞춤형 교육에 초점을 둔 것이 특징입니다.

(2) 기능(수업전)
- **수업설계** : 수업설계 단계에서 교사가 원하는 활동을 수업에 포함할 수 있습니다. 자체 제작한 자료뿐 아니라 하이러닝 내 공개된 동료교사의 자료, AIDT까지 연동이 가능합니다. 수업에 따라 모둠/발표 수업이나 화이트보드, 문제집(문제풀이) 등 다양한 활동을 진행할 수 있으며, 수업 도중에도 얼마든지 추가 및 삭제가 가능합니다.

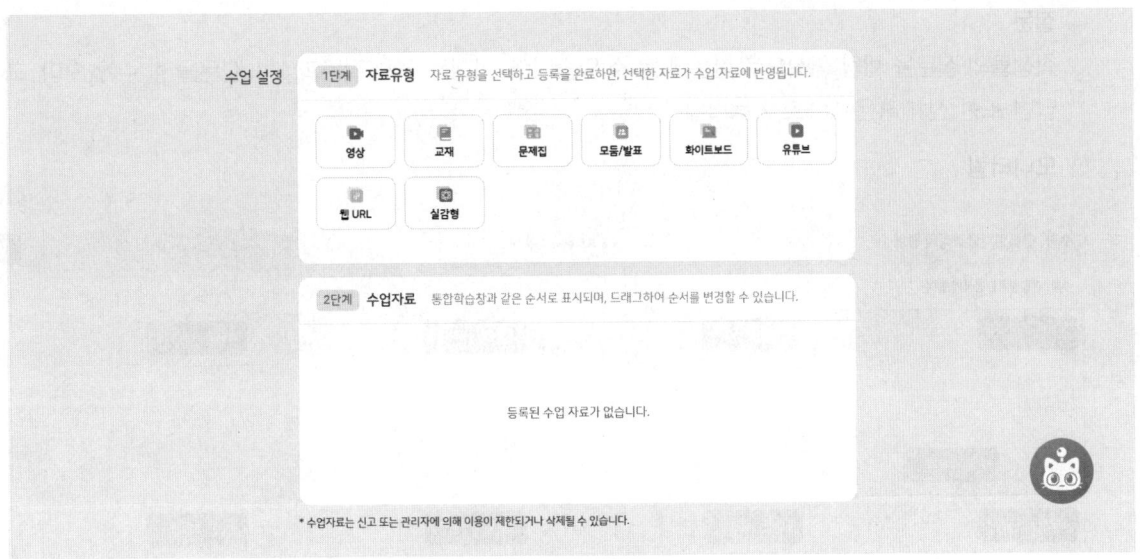

[하이러닝 화면]

(3) 기능(수업중)

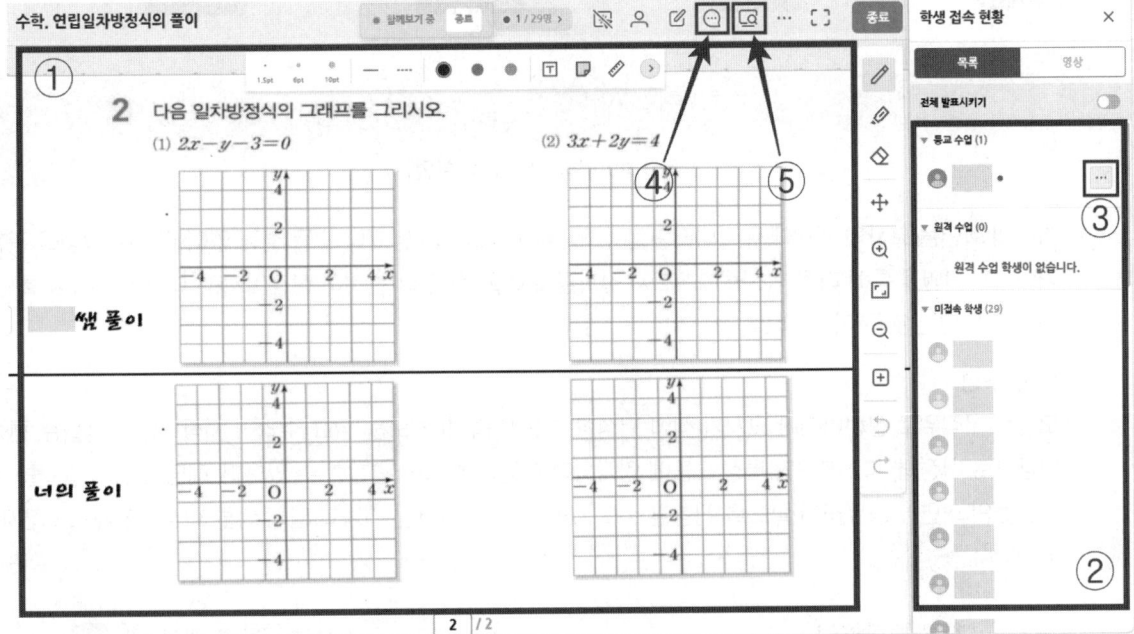

① **화면공유**

학생들의 화면에 교사의 판서가 그대로 공유됩니다. 이때의 기본 수업 화면을 통합학습창이라고 합니다. 개별 학생의 필기는 교사와 다른 학생 모두에게 공유되지 않고, 교사의 판서만이 각 학생에게 공유됩니다. 따라서 교사의 판서와 학생의 필기가 겹치지 않도록 사전에 학습자료 상에서 영역을 구분해 두는 것이 좋습니다.

② **접속현황**

교사의 화면을 올바르게 보고 있는 학생은 초록색, 다른 화면을 보고 있는 학생은 빨간색으로 표시됩니다. 학생들의 집중 상태를 확인하기에 유용합니다.

③ **발표**

접속 중인 학생을 선택해 '발표시키기' 버튼을 이용한다면 해당 학생이 발표자가 됩니다. 해당 학생의 화면이 교사와 다른 학생들에게 공유됩니다.

07. 공학도구　29

④ **질문**

학생들의 질문을 채팅 형식으로 한눈에 볼 수 있습니다. 학생은 전체 질문과 1:1 질문을 할 수 있으며, 교사의 답변 또한 전체 혹은 1:1로 가능합니다.

⑤ **모니터링**

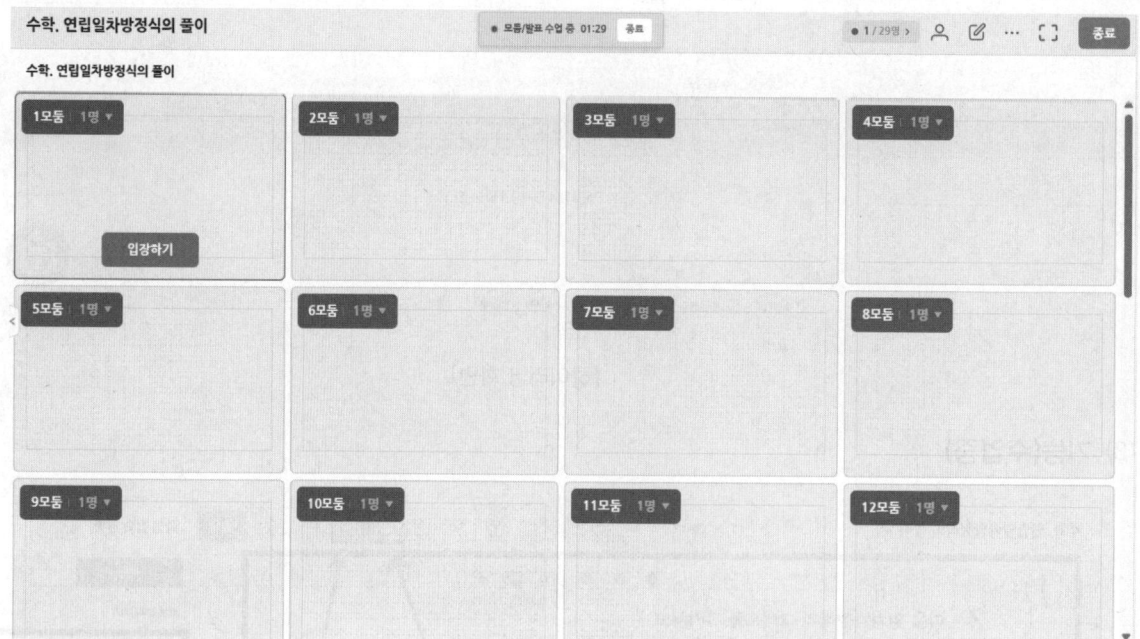

[하이러닝 모니터링 화면]

학생의 화면을 교사의 화면에서 모니터링할 수 있습니다. 별도의 발표나 모둠 설정 없이 수시로 학생을 관찰하거나, TV 화면을 통해 다른 학생들에게까지 결과를 보여줄 수 있다는 것이 장점이지만, 다른 학생에게 화면 자체가 공유되는 것은 아닙니다.

⑥ **모둠 구성**

모둠은 무작위로 선정하거나 교사가 직접 편성할 수도 있습니다. 모둠/발표 수업이 시작되면 학생들은 편성한 모둠으로 배정됩니다. 교사가 특정 모둠에 입장하여 모둠의 활동을 관찰할 수 있으며, 해당 모둠의 결과를 모든 학생들의 화면에 공유하여 발표를 진행할 수도 있습니다. 모니터링 기능과 달리 다른 학생들에게도 화면이 공유됩니다.

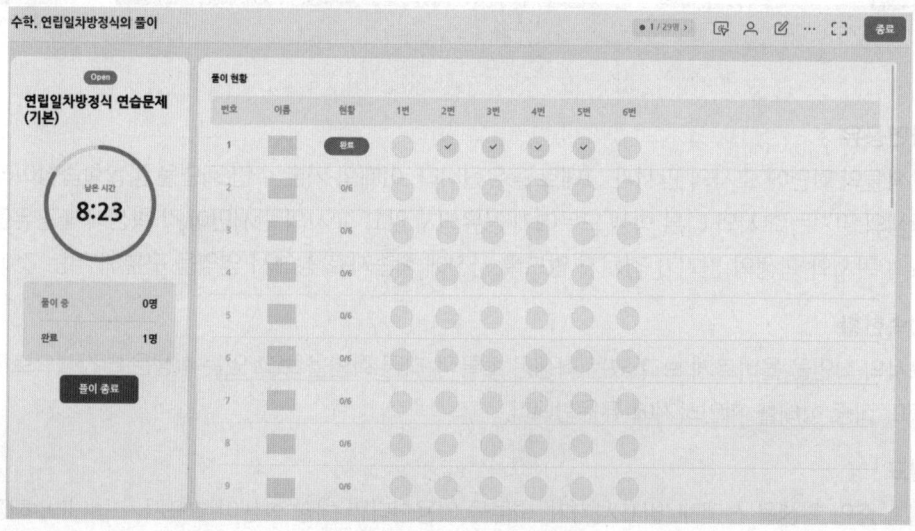

[하이러닝 모둠구성 화면]

⑦ **문제풀이**

제한시간을 주고 문제를 풀 수 있습니다. 교사는 학생들이 어떤 문제를 맞히고 틀리는지 관찰할 수 있으며, 문제풀이 결과에 대해 개별 피드백을 제공할 수도 있습니다. 수업이 종료된 후 학생들은 클래스보드를 통해 자신이 받은 피드백을 열람할 수 있습니다. 제한시간이 종료된 후에는 학생별, 문항별 풀이 결과가 나오기 때문에 오답률이 높은 문항 등을 조기에 식별해 수업에서 다룰 수 있습니다.

(4) 기능(수업후)

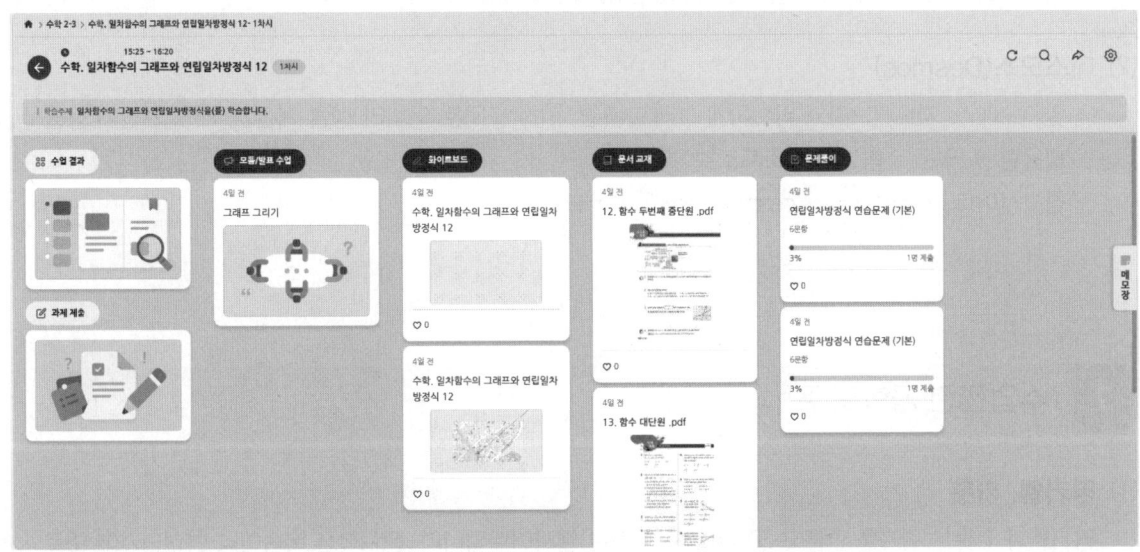

- **클래스보드 (교사)** : 교사가 진행한 수업이 활동별로 구조화되어 한눈에 제시됩니다. 교사의 판서를 다시 보거나, 수업에서 사용하였던 자료를 다시 조회할 수 있습니다. 학생들이 진행했던 문제풀이의 결과를 다시 보거나, 학생들이 제출한 과제를 열람할 수 있습니다. 모둠별로 모둠활동을 어떻게 했는지도 한눈에 볼 수 있습니다.
- **클래스보드 (학생)** : 교사의 클래스보드와 유사하게 판서와 수업자료를 다시 볼 수 있으며, 본인의 모둠뿐 아니라 다른 모둠의 활동까지도 볼 수 있습니다. 과제 제출과 문제풀이만 개별화되어, 본인의 과제를 제출하거나 본인의 문제풀이 결과를 열람할 수 있습니다.

(5) 기타 기능

- **웹 URL 등록** : URL을 복사하여 붙여 넣어 특정 웹사이트의 자료를 제공할 수 있습니다. 특히 유튜브의 경우 광고 없이 하이러닝 내에서 바로 재생이 가능합니다.
- **화이트보드** : 형광펜, 텍스트박스, 도형, 이미지, 판서 등 다양한 기능이 탑재된 화이트보드입니다. 자유로운 판서가 필요하거나, 학생들의 자유로운 참여가 필요할 때 사용할 수 있습니다.
- **집중벨, 타이머, 초시계** : 집중벨 동작 시 벨소리가 울리고 학생 화면은 잠금 상태로 전환됩니다. 타이머와 초시계는 작동 시 시간을 측정할 수 있습니다.
- **학생 뽑기, 학생 섞기** : 원하는 학생들을 지정하여 특정 학생을 뽑거나 섞을 수 있습니다. 이외에도 룰렛 돌리기, 사다리타기 등 다양한 기능들이 있습니다. 수업 내에서 발표자를 고르거나, 수업뿐만이 아닌 학급경영에서도 여러 상황에 맞게 사용할 수 있습니다.

6 기타 프로그램

(1) GSP
- GSP는 Geometer's sketchpad의 줄임말로써 기하 분야에 특화된 수학 소프트웨어라고 할 수 있습니다. 다양한 내용을 작도하고, 그래프로 표현하는 기능, 슬라이더를 이용한 동적 기능 등 다양한 기능을 제공하고 있습니다. 단, 체험판만 무료로 이용이 가능하며, 사용을 위해서는 유료 프로그램을 다운받아야 합니다.
- 참고사이트 : http://www.mathlove.kr/v2/software/software4.html

(2) 데스모스(Desmos)
- 알지오매스, 지오지브라와 비슷하게 그래프 표현, 기하 도구뿐 아니라 행렬 계산기, 사칙 계산기 등을 폭넓게 활용할 수 있는 수학교육용 소프트웨어입니다.
- 참고사이트 : https://www.desmos.com/?lang=ko

7 수업관련 공학도구

(1) 띵커벨, 카훗
띵커벨과 카훗은 퀴즈를 만들고, 풀 수 있도록 하는 웹사이트입니다. 전시학습 복습이나 형성평가에 주로 사용되고 있으며 아이들이 좋아할 만한 다양한 요소들을 포함하고 있습니다. 학습 동기부여나 흥미 향상에 도움이 됩니다. 최근에는 퀴즈 이외에 다양한 기능들이 추가되었습니다.

(2) 멘티미터
멘티미터는 즉각적인 반응을 볼 수 있는 소프트웨어입니다. 학생들의 의견을 실시간으로 수집하고, 이것을 시각화할 수 있어 수업 중 다양하게 활용 가능합니다.

(3) 패들렛
패들렛은 다양한 의견을 공유할 수 있는 소프트웨어입니다. 멘티미터보다는 좀 더 다양하고 긴 문장의 형태로도 의견을 남길 수 있습니다. 담벼락 형태의 템플릿을 주로 사용합니다.

(4) ZEP
ZEP은 메타버스 서비스 중 하나입니다. 직접 캐릭터를 정해 게임처럼 조작을 할 수 있다는 장점이 있습니다. 수업 자체를 ZEP 속에서 구현하는 형태로 많이 활용합니다.

(5) 생성형 AI
ChatGPT, 뤼튼과 같은 생성형 AI는 일상생활뿐 아니라 수업에서도 다양하게 활용할 수 있습니다. 우리가 실생활에서 사용하는 언어 그대로 질문했을 때, AI가 답을 해주는 형태의 프로그램입니다.

(6) 수학문제 제공 프로그램
학생들의 이해 정도를 파악하고, 부족한 부분에 대해서 적절한 피드백과 다양한 문제를 제공해주는 형태의 프로그램입니다. 매쓰플랫, 매쓰프로 등이 있습니다.

수학 수업실연 A to Z

08 | 2022 개정 교육과정

1. 소개

최근 2022 개정 교육과정이 새롭게 도입되었습니다. 2022년부터 모든 학년이 바뀌는 것이 아니라 단계적으로 바뀌기 때문에 도입 시기를 잘 확인해야 합니다. 교육과정이 바뀌는 시기에는 교육과정 변경사항이 출제 요소가 될 수 있습니다. 2015 개정 교육과정과 2022 개정 교육과정의 차이점을 중심으로 교육과정에 대한 전반적인 이해가 필요합니다.

2. 도입시기

연도별 2022 개정 교육과정 도입은 다음과 같습니다. 2027년부터는 모든 학년이 2022 개정 교육과정에 영향을 받게 됩니다.

연도	초등	중등	고등
2024년	초1, 초2		
2025년	초3, 초4	중1	고1
2026년	초5, 초6	중2	고2
2027년		중3	고3

3. 교육과정 변경사항(2015 개정 교육과정 vs 2022 개정 교육과정)

- 초·중학교의 영역을 동일하게 설정

  - 2015 개정 교육과정(초등) : 수와 연산, 도형, 측정, 규칙성, 자료와 가능성
  - 2015 개정 교육과정(중등) : 수와 연산, 문자와 식, 함수, 기하, 확률과 통계
  - 2022 개정 교육과정 : 수와 연산, 변화와 관계, 도형과 측정, 자료와 가능성

  - 서로 달랐던 초등과 중등 교육과정 영역을 통합하여 기술함

- 주요 변경내용(이동, 삭제, 추가 내용)
  - 2015 개정 교육과정 '문자와 식', '함수' 영역이 '변화와 관계'라는 항목으로 통일됨
  - 이전 '교수·학습 방법 및 유의사항'과 '평가방법 및 유의사항'이 '성취기준 해설과 성취기준 적용 시 고려사항'으로 바뀜. 일부 내용은 성취기준에 포함됨
  - 대푯값 중1로 이동, 분산과 표준편차는 중3 그대로 유지
  - 사분위 수, 상자그림 내용 추가(중3)
  - '이차함수의 최대, 최소(실수 전체범위)'에 대한 내용이 중3으로 이동함

- 중학교 과정에서 증명이라는 용어 도입(중2)
  → 성취기준 : [9수03-09] 이등변삼각형의 성질을 이해하고 정당화할 수 있다.
  → 성취기준 해설 : [9수03-09] 종이접기, 작도, 공학도구 등을 이용하여 이등변삼각형의 성질을 추측하게 하고, 그 성질을 삼각형의 합동조건을 이용하여 정당화할 수 있게 한다. 이때, 증명이라는 용어를 도입하고, 그 필요성을 인식하게 한다.
  → 성취기준 적용 시 고려사항 : 증명을 할 때, '가정', '결론' 용어는 다루지 않는다.
- 공통수학1 : '행렬과 그 연산' 추가
- 고1 : '외분' 삭제
- 확률과 통계 : '원순열' 삭제
- 확률과 통계 : '모비율', '표본비율', $\hat{p}$ 추가
- 기하 : '공간벡터' 추가

4 선택과목

- 2015 개정 교육과정

공통과목	선택과목		
	일반 선택	진로 선택	선택중심교육과정_전문교과Ⅰ
수학	수학Ⅰ, 수학Ⅱ, 미적분, 확률과 통계	기하, 실용 수학, 경제 수학, 수학과제 탐구	심화수학Ⅰ, 심화수학Ⅱ, 고급수학Ⅰ, 고급수학Ⅱ

- 2022 개정 교육과정

공통과목	선택과목		
	일반 선택 과목	진로 선택 과목	융합 선택 과목
공통수학1, 공통수학2	대수, 미적분Ⅰ, 확률과 통계	미적분Ⅱ, 기하, 경제 수학, 인공지능 수학, 직무 수학	수학과 문화, 실용 통계, 수학과제 탐구
기본수학1, 기본수학2		전문 수학, 이산 수학, 고급 대수, 고급 미적분, 고급 기하	

→ 수학이 공통수학1, 공통수학2로 나뉨
→ 기본수학1, 기본수학2는 공통수학과 내용은 거의 동일하지만 상대적으로 간소화된 과목
→ 기존 수Ⅰ이 대수로, 수Ⅱ가 미적분Ⅰ으로, 미적분이 미적분Ⅱ로 바뀜
→ 융합 선택과목 신설됨

5 2022 개정 교육과정 주요 특징

① 핵심 아이디어 중심의 깊이 있는 학습을 추구
② 지능 정보화 사회 대비 내용 재구조화
③ 실생활 자료 중심의 통계교육 내용 재구조화
④ 고교학점제 시행을 위한 과목 구조 및 내용 재구조화

수학 수업실연 A to Z

09 임용고시 커트라인(2020~2025)

임용고시 최종커트라인

지역	2025			2024			2023		
	1차	최종	최종-1차	1차	최종	최종-1차	1차	최종	최종-1차
강원	61	156.49	95.49	51.67	140.94	89.27	52.67	147.5	94.83
경기	56.67	153.64	96.97	47	144.03	97.03	65.67	159.31	93.64
경남	56.67	156.27	99.6	48.66	146.5	97.84	65.67	161.49	95.82
경북	52.67	155.34	102.67	49.67	146.13	96.46	64.33	159.79	95.46
광주	×	×	×						
대구	62.67	154.75	92.08	44.34	137.47	93.13	73.67	(공개×)	×
대전	(공개×)	(공개×)	×				73.33	172.26	98.93
부산	60	158.93	98.93	52	150.77	98.77	67.33	164.13	96.8
서울	59.33	155.23	95.9	52.67	144.14	91.47	64.33	159.63	95.3
세종	56.67	(공개×)	×	52	146.03	94.03	65.67	164	98.33
울산	62.67	161.07	98.4	44.67	142.69	98.02	57.33	153.89	96.56
인천	50	150.31	100.31	49.67	146.81	97.14	61.67	160.41	98.74
전남	54.33	152.59	98.26	50	144.26	94.26	63	155.99	92.99
전북	56.67	155.63	98.96	49	140	91	66.33	158.93	92.6
제주	55	156.8	101.8	52.33	149.4	97.07	62	156.73	94.73
충남	51	149.93	98.93	49	141.02	92.02	63.33	153.74	90.41
충북	57	155.43	98.43	50	147.23	97.23	66	162.64	96.64
평균	56.82	155.07	98.34	49.51	144.49	94.98	64.52	159.36	95.45

지역	2022			2021			2020		
	1차	최종	최종-1차	1차	최종	최종-1차	1차	최종	최종-1차
강원	69	153.25	84.25	57.33	147.77	90.44	78.33	169.33	91
경기	77	172.7	95.7	61.66	155.13	93.47	80.34	176.12	95.78
경남	77.7	171.8	94.1	55.66	154.97	99.31	77.34	173.9	96.56
경북	72	168.73	96.73	59	155.4	96.4	77	175.53	98.53
광주	70.3	169.44	99.14	60.66	(공개×)	×	89	(공개×)	×
대구	75.3	(공개×)	×	(공개×)	(공개×)	×	76	(공개×)	×
대전	79.7	180.4	100.7	60.33	156	95.67	82	(공개×)	×
부산	78	171.6	93.6	58.33	157.5	99.17	80.33	172.41	92.08
서울	82.7	175.5	92.8	62.66	158.33	95.67	81.67	175.03	93.36
세종	56.7	154.98	98.28	63	157.32	94.32	80	168.72	88.72
울산	71.7	169.3	97.6	58.67	157.31	98.64	78	176.9	98.9
인천	76	171.5	95.5	65	157.5	92.5	72	165.84	93.84
전남	74	167.5	93.5	56.67	153.8	97.13	81	177.29	96.29
전북	73.3	170.64	97.34	59.34	157.03	97.69	82	176.54	94.54
제주	74.3	168.61	94.31	56	152.97	96.97	77.34	174.56	97.22
충남	78.7	169.25	90.55	58	154.32	96.32	80	173.39	93.39
충북	78	167.64	89.64	55.33	148.92	93.59	80.66	176.71	96.05
평균	74.38	168.76	94.55	58.84	154.57	96.19	79.59	174.81	95.31

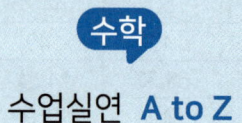

수업실연 A to Z

PART 02

기출문제

10 역대 기출문제 요약
11 2025~2015학년도 기출문제 및 분석

 **PART 02. 활용 방법**

Q 이 책에 실려 있는 기출문제는 실제와 일치하나요?

 2차 시험은 문제가 공개되지 않습니다. 책에 실려 있는 기출문제는 합격자들의 후기를 종합해 재구성한 것으로 실제 시험과 100% 일치한다고 보기는 어렵습니다. 하지만 최대한 실제 시험과 유사하게 구현했습니다.

Q 수업실연 구상지는 어떻게 활용하나요?

 색이 칠해져 있는 부분은 실연하지 않으며, 그렇지 않은 부분은 실연합니다. 실제 시험에서도 유사한 형태로 구상지가 제공됩니다. 구상지를 통해 수업의 전체적인 흐름과 실연해야 할 부분을 명확히 파악하는 데 활용합니다.

Q '수업흐름'은 지도안 예시인가요?

 '수업흐름'은 지도안 예시가 아닙니다. 지도안을 작성했다기보다는 저자가 생각하는 수업의 큰 흐름 혹은 방향을 제시해주었다고 생각하면 되겠습니다.

Q '수업흐름'은 어떤 방식으로 쓰여 있나요?

 구상지와 동일하게 수업을 해야 하는 부분과 그렇지 않은 부분을 음영으로 처리해 두었습니다. 문제에서 요구되는 조건을 기반으로 전반적인 수업 흐름에 대해 작성해 두었습니다. 수업 준비에 참고할 수 있는 발문예시, 오개념, 탐구활동, 지도상의 유의점 등도 함께 정리했습니다.

Q 반드시 '수업흐름'과 똑같이 수업해야 하나요?

 적어둔 수업흐름과 반드시 똑같이 할 필요는 없습니다. 다양한 수업의 방식 중 한 가지를 제시했다고 생각하면 되겠습니다. 단, 문제의 의도를 정확히 반영했는지 주어진 조건을 모두 충족했는지 등은 명확히 확인해야 합니다.

Q 이미 출제된 단원은 다시 출제될 가능성이 적은데 기출문제를 꼭 공부해야 하나요?

 예. 공부해야 합니다. 기출문제를 통해 학생 중심 수업, 모둠학습, 발견학습의 중요성이 강조되는 것처럼, 기출문제에 대한 학습은 최근 문제의 경향을 파악하고 출제 방식에 익숙해지는 데 꼭 필요합니다. 또한, 2011학년도와 2020학년도에 출제된 확률 문제처럼 비슷한 내용이 출제될 수 있으니 특정 단원을 제외하고 공부하는 것은 위험할 수 있습니다.

Q 2025학년도만 지도안 문제가 있는 건가요?

 2025학년도 기출문제의 경우 지도안 문제와 수업실연 문제를 구별해서 정리해 두었습니다. 다른 기출문제의 경우는 지도안 조건을 별도로 적어두었고, 지도안 답안은 따로 없습니다. 추후 개정판에서 조금씩 지도안에 대한 부분을 보강할 예정입니다.

수학 수업실연 A to Z

10 역대 기출문제 요약

교육과정이 개정되면서 '수와 연산', '문자와 식', '함수', '기하', '확률과 통계'가 '수와 연산', '변화와 관계', '도형과 측정', '자료와 가능성'으로 바뀌었습니다. '문자와 식', '함수'는 변화와 관계로 통합되었습니다. 교육과정이 변경되는 시기인 점을 감안해, 영역명을 병기했습니다.

연도	학년	영역	내용	특이사항
2025	고1	변화와 관계 (함수)	역함수	- 공학도구 사용을 가정함(태블릿, 스마트TV, 노트북, 공학도구 등) - 오개념 수정 과정이 포함됨
2024	중3	도형과 측정 (기하)	삼각비	- 삼각비의 정의를 물어봄 - 정당화 과정을 포함 - 상대적으로 적은 자료가 제공됨
2023	고1	변화와 관계 (함수)	대칭이동	- 블록타임제 수업을 가정함 - 공학도구 사용을 가정함(태블릿, 스마트TV) - 공학도구를 활용한 모둠활동 - 정당화 과정 포함
2022	중3	변화와 관계 (함수)	이차함수의 그래프	- 블록타임제 수업을 가정함 - 공학적 도구 사용을 가정함(태블릿, 스마트TV) - 공학도구를 활용한 수업 활동을 직접 구성하도록 함 - 학생 스스로 오개념을 찾고 수정하는 상황을 가정함
2021	고1	도형과 측정 (기하)	점과 직선 사이의 거리	- 블록타임제 수업을 가정함 - 빔프로젝터를 기자재로 사용함 - 기본개념은 이미 지도했다고 가정함 - 다양한 관점으로 문제를 해결하도록 함 - 수학과 교과 역량을 포함
2020	중2	자료와 가능성 (확률과 통계)	확률의 개념	- 블록타임제 수업을 가정함 - 교사가 모둠 과제를 제시하도록 함 - 개념 이해에 가질 수 있는 주의점을 학생이 스스로 발견하도록 함 - 다양한 풀이 방법을 제시하도록 함 - 평가도구에서 전자기기(노트북)를 제시함
2019	고1	변화와 관계 (함수)	이차함수 최대최소 (제한된 범위)	- 블록타임제 수업을 가정함 - 동기유발하는 장면을 포함(지도안) - 모둠활동을 교사가 직접 제시하도록 함 - 모둠학습의 결과로 학생들이 스스로 내용을 일반화하는 과정을 포함 - 오류를 수정하는 활동을 포함

연도	학년	영역	주제	조건
2018	중2	도형과 측정 (기하)	삼각형의 닮음조건	- 블록타임제 수업을 가정함 - 동기유발 내용을 포함 - 학생들이 개념을 발견해가도록 함 - 반례를 제시하는 활동을 포함
2017	중1	수와 연산	일차방정식과 그 활용	- 블록타임제 수업을 가정함 - 교사의 발문을 포함 - 두 학생의 풀이를 비교하는 활동을 포함 - 문제를 만드는 과정을 포함 - 오류를 수정하는 활동을 포함
2016	중3	자료와 가능성 (확률과 통계)	분산과 표준편차	- 동기유발 내용을 포함 - 학생들 간의 토론 상황을 가정함 - 공학적 도구를 포함 - 과제 제시를 수업내용에 포함(지도안)
2015	고1	수와 연산	절대부등식	- 전시학습과 연결해 본시학습을 도입하도록 함 - 주어진 자료를 증명하는 내용을 포함 - 학생들과의 의사소통을 강조함
2014	고1	도형과 측정 (기하)	부등식 영역의 활용	- 선수학습 내용을 포함 - 교사와 학생의 의사소통이 구체적으로 드러나도록 함
2013	중2	변화와 관계 (함수)	기울기와 일차함수 그래프	- 동기유발 내용을 포함 - 학생들과 의사소통을 통해 개념을 유도하도록 함
2012	중1	도형과 측정 (기하)	정다면체	- 구체적인 활동을 통해 정다면체 개념 유도 - 오개념이 생길 수 있는 예시를 교사가 제시함
2011	중2	자료와 가능성 (확률과 통계)	사건 A 또는 사건 B가 일어날 확률	- 학생 성취 수준이 '하'였음 - 오개념이 생기지 않도록 유의 - 형식적 고착이 일어나지 않도록 유의

공통	**최근 기출문제에서는 다음 사항이 공통으로 제시되었습니다.** - 블록타임제 - 학습목표는 제시되어 있는 것으로 간주 - 공학도구를 활용하는 상황 - 모둠활동 수업상황을 가정 - 교사의 발문이 구체적으로 드러나도록 함 - 인사 및 출석 생략 - 교사와 학생 간의 상호작용을 강조
출제 경향	수업실연 문제는 중1~고1 내용을 물어보고 있습니다. 특정 학년이 많이 출제되기보다는 고르게 출제되고 있습니다. 수업실연은 해를 거듭할수록 조건이 다양해지며 까다로워지고 있습니다. 이전에는 출제된 적이 없는 형태의 조건이 추가되는 경우가 많으니 주의할 필요가 있습니다. 2017학년도 시험부터 블록타임제 수업상황을 가정하면서 최근 기출문제는 대부분 블록타임제 수업을 가정하고 있습니다. 따라서 보통 1.5~2차시 내용이 시험에 출제되고 있습니다. 실연 조건에는 학생들의 오개념을 수정하는 내용이 자주 출제되고 있으며, 기자재를 사용하는 경우가 점차 많아지고 있습니다. 2021학년도에는 교육과정을 직접 물어보는 내용이 출제되기도 했으며, 공학도구 사용이 강조되는 문제들이 자주 출제되는 추세입니다.
통계	• 학년별 출제 횟수 	학년	중1	중2	중3	고1
---	---	---	---	---
횟수	2	4	3	6 | • 영역별 출제 횟수 | 영역	수와 연산	변화와 관계	도형과 측정	자료와 가능성
---	---	---	---	---
횟수	2	5	5	3	

11

2025~2015학년도 기출문제 및 분석

- 2025학년도 수학 교수·학습 수업실연 문제 및 기출 분석(+지도안)
- 2024학년도 수학 교수·학습 수업실연 문제 및 기출 분석
- 2023학년도 수학 교수·학습 수업실연 문제 및 기출 분석
- 2022학년도 수학 교수·학습 수업실연 문제 및 기출 분석
- 2021학년도 수학 교수·학습 수업실연 문제 및 기출 분석
- 2020학년도 수학 교수·학습 수업실연 문제 및 기출 분석
- 2019학년도 수학 교수·학습 수업실연 문제 및 기출 분석
- 2018학년도 수학 교수·학습 수업실연 문제 및 기출 분석
- 2017학년도 수학 교수·학습 수업실연 문제 및 기출 분석
- 2016학년도 수학 교수·학습 수업실연 문제 및 기출 분석
- 2015학년도 수학 교수·학습 수업실연 문제 및 기출 분석

2025학년도 중등학교교사 임용후보자 선정경쟁시험 (제2차 시험)
수학 교수·학습 수업실연 문제지(지도안)

| 수험번호 | | | | | | | | | 관리번호 | |

[지도안 조건 및 유의사항]

1. 아래 조건을 참고해 〈지도안 작성란 1~4〉에 해당하는 부분을 작성하시오.
2. 〈지도안 작성란1〉: 화살표의 방향을 바꾸어 반대로 대응하는 그림을 그리는 활동을 교사와 학생의 대화 형식으로 작성하시오.
   가. [자료1]을 이용한다.
   나. 활동을 한 후, 역함수에 해당하는 실생활 사례를 포함한다.
3. 〈지도안 작성란2〉: 역함수를 구하는 활동을 지도하시오.
   가. [자료2]의 [예제]는 교사가 설명한다.
   나. [자료2]의 [문제1]은 학생이 스스로 풀도록 지도한다.
   다. [자료2]의 [문제1]의 (2), (3)은 지도한 것으로 간주한다.
4. 〈지도안 작성란3〉: [자료3]을 이용하여 $(f \circ g)^{-1} = g^{-1} \circ f^{-1}$, $(f^{-1})^{-1} = f$ 가 성립하는 내용을 지도하시오.
5. 〈지도안 작성란4〉: [자료4]의 학생들의 대화에서 오류를 학생들이 스스로 수정하는 활동을 실연하시오.
   가. 순회지도 중 학생 A, B의 대화를 발견한다.
   나. [자료2]의 [문제1]을 이용한다.
   다. 공학도구를 활용한다.
6. 교사와 학생 간 상호작용이 활발하게 이루어지도록 한다.

[교수·학습 조건]

1. 대상 : 고등학교 1학년 학생들
2. 수업시간 : 100분(블록타임제)
3. 단원명 : 역함수
4. 교수·학습 환경

대상	지도 장소	수업 형태	교육기자재	평가
20명	교실	탐구학습	칠판, 분필, 교사용 노트북, 학생용 태블릿PC, 스마트TV, 공학도구	형성평가

2025학년도 중등학교교사 임용후보자 선정경쟁시험 (제2차 시험)
수학 교수·학습 수업실연 문제지(지도안)

수험번호 ☐☐☐☐☐☐☐ 관리번호 ☐☐

[자료1]

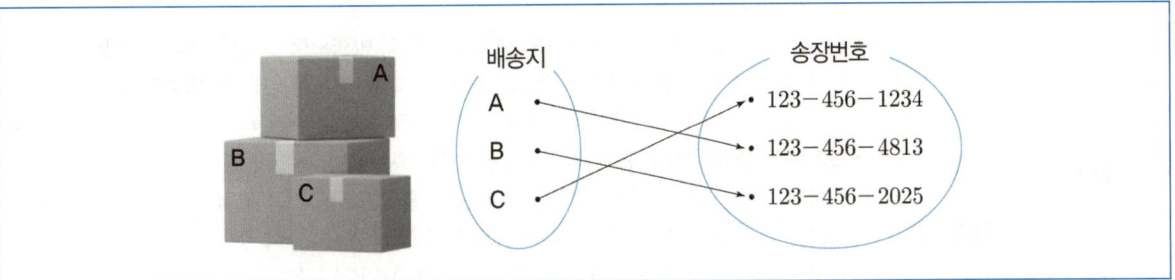

[자료2]

[예제] 함수 $y=2x-2$의 역함수를 구하시오.
(풀이) 함수 $y=2x-2$는 일대일대응이므로 역함수가 존재한다.
x를 y에 대한 식으로 나타내면 $x=\frac{1}{2}y+1$
⋮

[문제1] 주어진 함수의 역함수를 구하시오.

(1) $y=\frac{1}{4}x+1$ (2) $y=x+3$ (3) $y=-x+2$

[자료3]

[문제2] 두 함수 $f(x)=2x$, $g(x)=x+1$에 대하여 다음을 구하시오.

(1) $(f \circ g)^{-1}$ (2) $g^{-1} \circ f^{-1}$ (3) $(f^{-1})^{-1}$

[자료4]

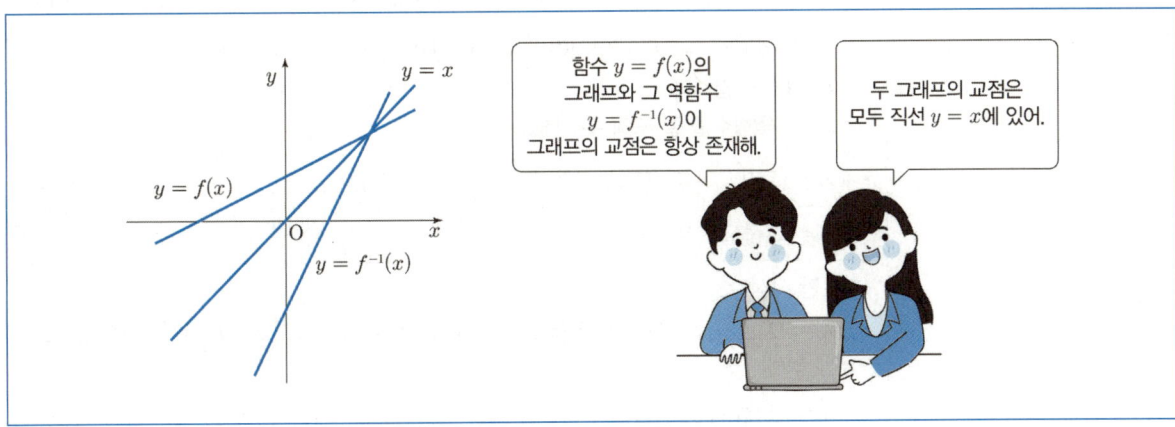

함수 $y=f(x)$의 그래프와 그 역함수 $y=f^{-1}(x)$이 그래프의 교점은 항상 존재해.

두 그래프의 교점은 모두 직선 $y=x$에 있어.

* 지도안 구상지는 AtoZ 카페에서 다운로드

 **지도안 예시답안**

단원		역함수	차시	
학습목표	역함수의 의미를 이해하고, 주어진 함수의 역함수를 구할 수 있다.			
학습단계	학습전개	교수·학습 과정		
도입	주의환기	• 인사 및 출석 확인		
	선수학습	• 일대일대응의 정의를 확인한다.		
	동기유발	〈지도안 작성란1〉 • 학생들은 [자료1]에 제시된 대응의 화살표를 반대 방향으로 그리는 활동을 한다. 　– 교사 : 화살표를 반대 방향으로 그려볼까요? 어떤 정보를 얻을 수 있을까요? 　– 학생 : 운송장 번호를 통해 어떤 물건인지 바로 확인할 수 있습니다! • 교사는 실생활 예시를 통해 동기유발을 한다. 　– 교사 : 이번에는 우리 반 학생들의 이름과 출석번호를 연결해 볼까요? 이번에도 이것을 반대로 연결하면 무엇을 알 수 있을까요? 　– 학생 : 출석번호를 통해 이름을 바로 알아낼 수 있습니다. 　– 교사 : 맞아요. 오늘은 이처럼 기존의 방향에서 반대로 가게 되는 관계에 대해서 학습하도록 할 겁니다.		
		• 교사는 여러 가지 대응 관계를 통해 역함수가 항상 존재하지 않음을 이해시킨다.		
		• 학습목표를 확인한다.		
전개	본시학습	• 역함수의 정의에 대해 설명한다.		
		• 역함수를 구하는 방법에 대해 설명한다.		
		〈지도안 작성란2〉 • 교사는 [예제]에 대해 학생들에게 설명한다. 　– 교사 : 앞서 배웠던 대로 $y=2x-2$의 역함수를 구해 봅시다. 역함수를 구하기 위한 조건은 무엇이었나요? 　– 학생 : 일대일대응이어야 역함수가 존재합니다. 　– 교사 : 잘 이야기해 주었습니다. 함수 $y=2x-2$는 일대일대응이므로 역함수가 존재합니다. 그렇다면 x에 대한 y의 식으로 나타내 봅시다. 식은 $2x=y+2$가 되고 $x=\frac{1}{2}y+1$로 정리할 수 있습니다. x와 y를 바꿔주면 $y=\frac{1}{2}x+1$이 되어 함수 $y=2x-2$의 역함수가 $y=\frac{1}{2}x+1$이 됨을 알 수 있습니다. • 학생은 [문제1]에 대해 발표한다. 　– 학생 : 제가 해보겠습니다! 선생님의 설명과 마찬가지로 $y=\frac{1}{4}x+1$은 일대일대응이고, x를 y에 대한 식으로 나타내면 $\frac{1}{4}x=y-1$이고, $x=4y-4$가 되어 x와 y를 바꿔주면 $y=4x-4$입니다. 　– 교사 : 역함수를 잘 구해 주었네요.		
		• 교사는 [문제1]의 (2), (3)에 대한 학생의 발표를 경청한다.		
		• 역함수의 성질에 대해 설명한다.		
		〈지도안 작성란3〉 • 교사는 [자료3]을 이용하여 학생들이 $(f \circ g)^{-1}=g^{-1} \circ f^{-1}$와 $(f^{-1})^{-1}=f$임을 확인하게 한다. 　– 교사 : 오늘 배운 역함수와 합성함수를 이용하여 $(f \circ g)^{-1}$와 $g^{-1} \circ f^{-1}$를 구해 비교해 볼까요?		

	본시학습	- 학생1 : $f \circ g = 2x+2$이고 역함수를 구해보면 $(f \circ g)^{-1} = \frac{1}{2}x - 1$입니다. - 학생2 : $g^{-1}(x) = x-1$, $f^{-1}(x) = \frac{1}{2}x$이고 $g^{-1} \circ f^{-1} = \frac{1}{2}x - 1$입니다. - 학생 : $(f \circ g)^{-1} = g^{-1} \circ f^{-1}$가 정말로 맞네요! 신기해요! - 교사 : 이번에는 $(f^{-1})^{-1}$와 f를 비교해 볼까요? - 학생3 : $f^{-1}(x) = \frac{1}{2}x$이고 $(f^{-1})^{-1} = 2x$입니다! $f(x) = 2x$이므로 $(f^{-1})^{-1} = f$가 성립합니다! - 교사 : 잘 풀어주었습니다. 이를 통해서 우리는 $(f \circ g)^{-1} = g^{-1} \circ f^{-1}$이고 $(f^{-1})^{-1} = f$가 됨을 알 수 있습니다.

전개	오개념 수정 및 공학도구 이용 학습	• 함수와 그 역함수의 그래프의 관계를 지도한다.
		• 교사는 순회지도를 하는 도중 A, B가 하는 말을 들었다.
		
		〈지도안 작성란4〉
		• A, B의 의견에 대해 학생들의 의견을 묻도록 한다.
		  - 교사 : 여러분들은 A, B의 의견에 어떻게 생각하나요?
		  - 학생1 : 그래프를 그려보니 맞는 것 같아요.
		  - 학생2 : 왠지 성립하지 않는 예시가 있을 것 같아요.
		• 구체적인 사례를 통해 학생들이 스스로 오개념을 수정할 수 있도록 한다.
		  - 교사 : [자료2]의 [문제1]에서 우리가 구했던 역함수를 이용해 보도록 합시다. $y = x+3$과 이 함수의 역함수를 공학도구를 이용해 그려봅시다.
		  - A : $y = x+3$와 $y = x-3$은 서로 역함수이지만 교점이 존재하지 않아요.
		  - 교사 : 맞아요. 함수와 역함수는 항상 교점이 존재한다고 볼 수는 없습니다. 그러면 이번에는 $y = -x+2$와 역함수의 그래프를 그려볼까요?
		  - B : 아까 계산했던 것처럼 $y = -x+2$의 역함수는 자기 자신입니다. 오! 그러다 보니 함수와 역함수의 교점이 항상 $y = x$ 위에 있다고 할 수는 없어요.
		  - 교사 : 좋습니다. 두 친구의 질문을 통해서 헷갈릴 수 있는 내용을 모두 함께 확인할 수 있었어요. 스마트TV에 띄워놓을 테니 내용을 다시 한번 정리해 봅시다.

정리	내용정리	• 오늘 배운 내용을 정리한다.
	형성평가	• 형성평가를 실시한다.
	차시예고	• 다음 차시를 안내한다.

2025학년도 중등학교교사 임용후보자 선정경쟁시험 (제2차 시험)
수학 교수·학습 수업실연 문제지

| 수험번호 | | | | | | | | | 관리번호 | |

[실연 조건 및 유의사항]

1. [수업실연 구상지]의 〈수업실연1~2〉에 해당하는 부분을 수업으로 실연한다.
2. 〈수업실연1〉: 역함수를 구하는 활동을 지도하시오.
   가. [자료1]의 [예제]에 대한 교사의 설명을 포함하여 지도한다.
   나. [자료1]의 [예제]의 방법을 이용해 [문제1]의 (1)을 실연한다.
3. 〈수업실연2〉: [자료2]의 학생들의 대화에서 오류를 학생들이 스스로 수정하는 활동을 실연하시오.
   가. 순회지도 중 학생 A, B의 대화를 발견한다.
4. 교사와 학생 간 상호작용이 활발하게 이루어지도록 한다.
5. 학습목표는 칠판에 제시된 것으로 간주한다.

[교수·학습 조건]

1. 대상: 고등학교 1학년 학생들
2. 수업시간: 100분(블록타임제)
3. 단원명: 역함수
4. 교수·학습 환경

대상	지도 장소	수업 형태	교육기자재	평가
20명	교실	탐구학습	칠판, 분필, 교사용 노트북, 학생용 태블릿PC, 스마트TV, 공학도구	형성평가

2025학년도 중등학교교사 임용후보자 선정경쟁시험 (제2차 시험)
수학 교수·학습 수업실연 문제지

[자료1]

> [예제] 함수 $y = 2x - 2$의 역함수를 구하시오.
> (풀이) 함수 $y = 2x - 2$는 일대일대응이므로 역함수가 존재한다.
> x를 y에 대한 식으로 나타내면 $x = \frac{1}{2}y + 1$
> ⋮

[문제1] 주어진 함수의 역함수를 구하시오.

(1) $y = \frac{1}{4}x + 1$ (2) $y = x + 3$ (3) $y = -x + 2$

[자료2]

함수 $y = f(x)$의 그래프와 그 역함수 $y = f^{-1}(x)$의 그래프의 교점은 항상 존재해.

두 그래프의 교점은 모두 직선 $y = x$에 있어.

수업실연 구상지

단원		역함수	차시	
학습목표	• 역함수의 개념을 설명하고, 역함수를 구할 수 있다.			
학습단계	학습전개	교수·학습 과정		
도입	주의환기	• 인사 및 출석 확인		
	선수학습	• 함수의 뜻에 대해 복습한다.		
전개	본시학습	• 역함수의 개념, 역함수를 구하는 방법에 대해 학습한다.		
		〈수업실연1〉		
	오개념 수정 및 공학도구 이용 학습	• $(f \circ g)^{-1} = g^{-1} \circ f^{-1}$, $f \circ f^{-1} = I$에 대해 학습한다.		
		〈수업실연2〉		
정리	내용정리	• 오늘 배운 내용을 정리한다.		
	형성평가	• 형성평가를 실시한다.		
	차시예고	• 다음 차시를 안내한다.		

수업흐름

도입	주의환기	• 인사 및 출석 확인
	선수학습	함수의 뜻에 대해 복습한다.
	학습목표	학습목표를 확인한다. • 역함수의 개념을 설명하고, 역함수를 구할 수 있다.
전개	본시학습	• 역함수의 개념, 역함수를 구하는 방법에 대해 학습한다. 〈수업실연1〉 – [예제]를 활용하여 $y=2x-2$를 이용해 역함수 구하는 방법을 지도한다. – 역함수가 존재하기 위한 조건에 대해 발문한 뒤, 일대일대응 조건을 상기시키도록 한다. – $y=f(x)$에 대하여 $x=f^{-1}(y)$이므로 x를 y에 대한 식으로 나타낸다. – 정의역의 원소는 x, 공역의 원소는 y를 이용하여 나타내므로 x와 y의 자리를 바꾸어 $y=f^{-1}(x)$꼴로 나타낸다. – 학생들이 [예제]에서 학습한 역함수 구하는 방법을 이용해 [문제1]의 (1)을 해결하도록 한다. – x를 y에 대한 식으로 나타내면 $x=4y-4$이고, x와 y의 위치를 바꾸면 $y=4x-4$가 되어 $y=\frac{1}{4}x+1$의 역함수는 $y=4x-4$임을 설명한다. ※ 발문 예시 ※ – 역함수가 존재하기 위한 조건은 무엇이었나요? – 역함수의 정의는 무엇이었나요? – 역함수를 구하는 방법을 떠올려 볼까요? • $(f \circ g)^{-1} = g^{-1} \circ f^{-1}$, $(f^{-1})^{-1} = f$ 〈수업실연2〉 – 순회지도를 실시한다. – 순회지도 중 [자료2]에 제시된 학생들의 대화를 발견한다. 학생 A, B의 의견에 대한 생각을 학생들에게 발문한다. – [자료1]의 예시를 다시 한번 고민해 보도록 한다. – 공학도구를 이용해 함수와 역함수의 그래프를 그리도록 한다. (대칭이동 기능을 이용할 수 있다.) – [문제1]의 (2)를 통해 교점이 존재하지 않는 경우를 확인한다. – [문제1]의 (3)을 통해 교점이 $y=x$ 위가 아닌 곳에 존재하는 경우를 확인한다. – 발문을 통해 오개념을 가졌던 학생이 올바르게 수정할 수 있도록 사고를 촉진한다. – 학생의 재발표를 통해 두 그래프의 교점이 항상 존재하는 것은 아니며, 그 교점이 항상 $y=x$ 위에 있지 않을 수도 있다는 사실을 확인한다. (혹은 위치 관계에 따라 두 직선이 평행하면 교점이 존재하지 않고, 한 점에서 만나면 교점이 $y=x$ 위에 유일하게 존재하고, 두 직선이 일치하면 교점이 $y=x$ 위가 아닌 곳에 무수히 많음을 정리한다.) – 대부분의 내용을 발문으로 유도하고, 답변을 통해 드러냄으로써 교사와 학생 간의 구체적인 상호작용을 충분히 드러낸다. ※ 발문 예시 ※ – A, B의 의견에 대해서 어떻게 생각하나요? – 새롭게 알게 된 내용을 포함해서 다시 한번 발표해 볼까요?
정리	내용정리	• 오늘 배운 내용을 정리한다.
	형성평가	• 형성평가를 실시한다.
	차시예고	• 다음 차시를 안내한다.

2024학년도 중등학교교사 임용후보자 선정경쟁시험 (제2차 시험)
수학 교수·학습 수업실연 문제지

| 수험번호 | | | | | | | | | 관리번호 | |

[실연 조건 및 유의사항]

1. 지도안의 〈수업실연1, 2〉와 아래의 수업상황을 고려하여 20분간 수업실연한다.
2. 학습목표는 칠판에 제시된 것으로 간주한다.
3. 〈지도안 작성란1〉: 삼각비 단원 선수학습 지도를 위한 교사의 발문을 3가지 포함한다.
4. 〈수업실연1〉: [자료1]을 이용해 학생들이 $\dfrac{(높이)}{(빗변의 길이)}$ 가 일정함을 확인하는 탐구활동을 실연한다.

   가. [자료1]에서 닮은 삼각형을 찾아가는 과정을 포함하며, 닮음인 이유를 설명하도록 한다.

   나. $\dfrac{(높이)}{(빗변의 길이)}$ 의 값이 항상 일정하다는 것을 확인하는 과정을 포함한다.

5. 〈수업실연2〉: [자료 2]를 이용해 닮은 직각삼각형에서 $\dfrac{(높이)}{(빗변의 길이)}$ 가 일정함을 추측하고 이를 연역적으로 정당화하도록 한다.

   가. [자료1]의 내용을 연결하여 학생들이 $\dfrac{(높이)}{(빗변의 길이)}$ 가 일정함을 추측하도록 한다.

   나. [자료2]를 이용하여 연역적으로 정당화하는 내용을 포함한다.

6. 〈지도안 작성란2〉: 정다각형 종이를 이용해 30°, 45°, 60°에 대한 삼각비를 지도한다.
7. 교사와 학생 간 상호작용이 활발하게 이루어지도록 한다.

[교수·학습 조건]

1. 대상 : 중학교 3학년
2. 수업시간 : 90분(블록타임제)
3. 단원명 : 삼각비
4. 교수·학습 환경

대상	지도 장소	수업 형태	교육기자재	평가
20명	교실	탐구학습	칠판, 분필, 정다각형 종이, 교사용 컴퓨터	지필평가

2024학년도 중등학교교사 임용후보자 선정경쟁시험 (제2차 시험)
수학 교수·학습 수업실연 문제지

| 수험번호 | | | | | | | 관리번호 | | |

[자료1]

다음은 ∠A가 공통인 △ABC, △ADE, △AFG를 겹친 그림이다.

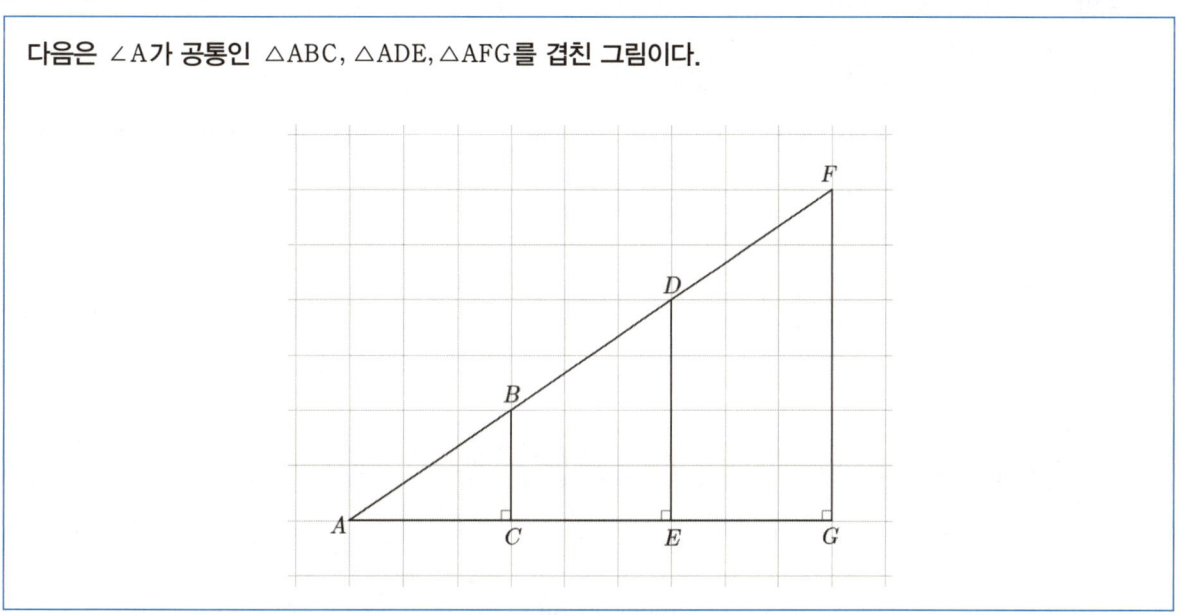

[자료2]

다음 두 삼각형 △ABC, △DEF는 서로 닮음이다.

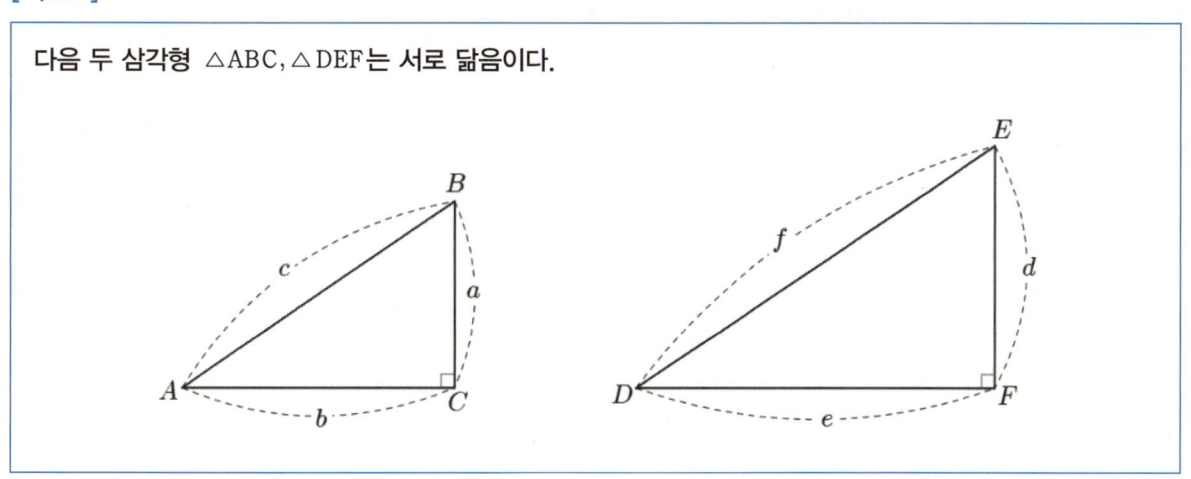

 **수업실연 구상지**

단원		삼각비	차시	
학습목표		1. 삼각비의 뜻을 이해하고, 간단한 삼각비 값을 구할 수 있다. 2. 특수한 각의 삼각비의 값을 말할 수 있다.		
학습단계	학습전개	교수·학습 과정		
도입	주의환기	• 인사 및 출석 확인		
	선수학습 확인	〈지도안 작성란1〉 – 삼각비 단원 선수학습을 위한 발문을 3가지 작성한다.		
		• 교사는 학습목표를 제시한다.		
전개	본시학습	〈수업실연1〉 – [자료1]을 이용해 $\dfrac{(높이)}{(빗변의\ 길이)}$가 일정함을 확인하는 탐구활동을 지도한다.		
		• [자료1]을 이용해 $\dfrac{(밑변)}{(빗변)}$, $\dfrac{(높이)}{(밑변)}$가 일정함을 확인한다.		
		〈수업실연2〉 – [자료2]를 이용해 $\dfrac{(높이)}{(빗변의\ 길이)}$가 일정함을 확인하는 연역적으로 정당화하도록 한다.		
		• [자료2]를 이용해 $\dfrac{(밑변)}{(빗변)}$, $\dfrac{(높이)}{(밑변)}$가 일정함을 연역적으로 정당화한다.		
		〈지도안 작성란2〉 – 정다각형 종이를 이용해 30°, 45°, 60°에 대한 삼각비를 지도한다.		
정리	내용정리	• 오늘 배운 내용을 정리한다.		
	형성평가	• 형성평가를 실시한다.		
	차시예고	• 다음 차시를 안내한다.		

수업흐름

도입	주의환기	• 인사 및 출석 확인
	선수학습	〈지도안 작성란1〉 – 삼각비 단원 선수학습을 위한 발문을 3가지 작성한다. • 삼각비 단원 관련 선수학습인 닮음, 닮은도형, 닮음조건 등을 지도한다. – 도형이 서로 닮음 관계에 있다는 것은 어떤 의미인가요? – 평면도형에서 서로 닮은인 도형이 가지는 성질은 무엇이 있나요? – 닮음비란 무엇인가요? – 삼각형의 닮음 조건에는 무엇이 있었나요? (혹은 삼각형이 서로 닮음임을 보이기 위해서는 어떻게 해야 할까요?)
	학습목표	• 교사는 학습목표1을 제시한다.
전개	본시학습	〈수업실연1〉 – [자료1]을 이용해 $\dfrac{(높이)}{(빗변의 길이)}$ 일정함을 확인하는 탐구활동을 지도한다. – [자료1] 다음 그림에서 서로 닮음인 삼각형을 찾아보도록 합니다. – [자료1] △ABC, △ADE, △AFG가 서로 닮음임을 확인합니다. 이때 삼각형이 서로 닮음인 이유를 학생들에게 발문합니다. – [자료1] ∠A를 공통으로 가지고, 모든 삼각형이 직각삼각형이므로 대응하는 두 쌍의 각의 크기가 각각 같으므로 각 삼각형은 서로 AA닮음임을 정리합니다. – 구체적인 수치를 이용해 $\overline{AB} : \overline{AD} : \overline{AF} = \overline{BC} : \overline{DE} : \overline{FG}$임을 확인합니다. 예 |	빗변	높이	$\dfrac{(높이)}{(밑변)}$
---	---	---	---
△ABC	5	3	$\dfrac{3}{5}$
△ADE	10	6	$\dfrac{6}{10} = \dfrac{3}{5}$
△AFG	15	9	$\dfrac{9}{15} = \dfrac{3}{5}$	 – 닮음인 도형(혹은 삼각형)이 가지는 성질을 발문한 뒤, 각 삼각형 △ABC, △ADE, △AFG 의 대응하는 변의 길이의 비가 일정함을 확인합니다. 이때, 직각삼각형의 빗변과 높이를 이용해 해당 내용을 식으로 정리해 보도록 합니다. – $\overline{AB} : \overline{AD} : \overline{AF} = \overline{BC} : \overline{DE} : \overline{FG}$와 같아짐을 확인하고 이를 통해 $\dfrac{\overline{BC}}{\overline{AB}} = \dfrac{\overline{DE}}{\overline{AD}} = \dfrac{\overline{FG}}{\overline{AF}}$를 만족함을 확인합니다. ※ 발문 예시 ※ **(+) 지도안을 작성하지 않은 지역의 경우는 선수학습 내용을 발문으로 추가해도 좋습니다.** – 다음 그림에서 서로 닮음인 삼각형을 찾아볼까요? – 왜 두 삼각형이 서로 닮음일까요? – $\dfrac{(높이)}{(빗변의 길이)}$ 값이 어떻게 되나요? 〈수업실연2〉 – [자료2]를 이용해 $\dfrac{(높이)}{(빗변의 길이)}$가 일정함을 연역적으로 정당화하도록 한다. – 탐구활동 결과가 항상 성립하는지 확인하기 위해 연역적으로 정당화하는 과정을 진행함을 안내합니다. – 지금까지 한 활동을 통해 우리가 알고 있는 것과 보여야 할 것에 대해서 정리하도록 합니다. (알고 있는 것은 △ABC와 △DEF가 서로 닮음, 보여야 할 것은 $\dfrac{a}{c} = \dfrac{d}{f}$)

- △ABC와 △DEF가 서로 닮음이므로 어떤 특징을 가지는지 발문합니다.
- 서로 대응하는 각의 크기가 같고, 대응하는 변의 길이의 비가 같음을 확인합니다. 이때 빗변의 길이와 높이를 비교해 보도록 합니다.
- $c:a=f:d$이므로 $af=cd$를 만족하여 $\frac{a}{c}=\frac{d}{f}$를 만족함을 확인합니다. 두 삼각형의 $\frac{(높이)}{(빗변의 길이)}$가 일정함을 확인합니다.

- 이를 통해 각도가 서로 같으면 $\frac{(높이)}{(빗변의 길이)}$은 항상 일정한 값을 가진다는 것을 정리하도록 합니다.

※ 필수 사항은 아니지만 아래와 같은 상황을 포함할 수도 있습니다.
- $\frac{(높이)}{(빗변의 길이)}$ 값이 일정하다는 사실이 가지는 장점은 무엇이 있을지 발문합니다.
- 삼각형의 크기와 상관없이 각도만 같으면 $\frac{(높이)}{(빗변의 길이)}$ 값이 일정하기 때문에 우리가 실제로 측정하기 어려운 다양한 사실을 손쉽게 추측할 수 있다는 장점을 가지고 있습니다.

※ 발문 예시 ※
- 서로 닮음인 도형(삼각형)이 가지는 특징은 무엇이 있었나요?
- 정당화 결과를 통해 우리가 알 수 있는 사실은 무엇일까요?
- $\frac{(높이)}{(빗변의 길이)}$이 일정하다는 사실은 어떤 장점이 있을까요?

• 삼각비 지도
 - sin 함수, cos 함수, tan 함수에 대해서 학습합니다.

〈지도안 작성란2〉 - 정다각형 종이를 이용해 30°, 45°, 60°에 대한 삼각비를 지도한다.
- 한 변의 길이가 2인 정삼각형 △ABC를 이용해 30°, 60°에 대한 삼각비를 지도한다.
- 한 꼭짓점에서 정삼각형의 밑변의 수선의 발을 내려 생기는 점을 H라고 하자.

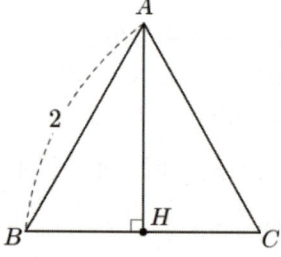

- 이때 삼각형ABC는 이등변삼각형을 만족하므로 H는 밑변을 수직이등분합니다. 따라서 $\overline{BH}$의 길이는 1이 되며 피타고라스 정리에 의해 $\overline{AH}=\sqrt{3}$이 됨을 알 수 있습니다. ∠B = 60°이고, ∠BAH = 30°이므로 직각삼각형 ABH를 이용해 다음을 구하도록 합니다.

	30°	60°
$\sin\theta$	$\frac{1}{2}$	$\frac{\sqrt{3}}{2}$
$\cos\theta$	$\frac{\sqrt{3}}{2}$	$\frac{1}{2}$
$\tan\theta$	$\frac{\sqrt{3}}{3}$	$\sqrt{3}$

전개	본시학습	– 정사각형 ABCD에서 점 B와 점 D를 잇도록 합니다. 이때 ∠C = 90°이고 $\overline{BC} = \overline{CD}$ 이므로 이등변삼각형 성질에 의해 ∠DBC = 45°임을 알 수 있습니다. 이때 한 변의 길이가 1이고 삼각형 BCD에서 피타고라스 정리를 적용하면 $\overline{BD} = \sqrt{2}$ 를 계산하고, 이를 이용해 다음을 계산하도록 합니다. $- \sin 45° = \dfrac{\sqrt{2}}{2}, \cos 45° = \dfrac{\sqrt{2}}{2}, \tan 45° = 1$ • 교사는 순회지도를 통해 한 학생의 잘못된 풀이를 발견한다.
정리	내용정리	• 오늘 배운 내용을 정리한다.
	형성평가	• 형성평가를 실시한다.
	차시예고	• 다음 차시를 안내한다.

✦ 2024 합격자 코멘트 (전남 수학 수업실연 만점자 박OO선생님)

수업에서 가장 많이 신경 쓴 부분은 활동과 활동 사이를 어떻게 연결할지에 대한 부분이었습니다. 순서대로 수업은 진행했지만, 활동 2번을 하면서 활동 1번도 다시 한번 언급하는 형태로 왔다갔다 하면서 내용을 지속적으로 체크하려고 노력했습니다. 수업에서는 발문을 많이 포함하려고 노력했어요. 가장 중요한 건 실연조건을 충분히 만족하고 시간 안에 하는 것이라고 생각합니다. 내 수업을 다른 사람과 차별화를 두고 싶다면, 다른 요소를 더하기보다는 내용적으로 풍부하게 만드는 것이 무엇보다 중요하다고 생각해요. 예를 들어, 순회지도 같은 경우 목적성이 있으면 좋다고 생각합니다. 그냥 한바퀴 순회만 하거나, 뻔한 형태의 진행보다는 내가 하고 싶은 이야기나 강조하고 싶은 내용, 학습목표 등을 학생들의 목소리를 통해 알리는 장치로 순회지도를 활용하는 게 필요하다고 봅니다. 제가 만점을 받을 수 있었던 것은 오히려 담백하게 수업을 한 것이 좋게 작용된 것이지 않을까 싶습니다. 저도 만점을 받을 수 있을 거라고는 생각하지 못했던 것 같아요. 선생님들도 다들 좋은 결과 있으실 겁니다.

2023학년도 중등학교교사 임용후보자 선정경쟁시험 (제2차 시험)
수학 교수·학습 수업실연 문제지

| 수험번호 | | | | | | | | | 관리번호 | |

[실연 조건 및 유의사항]

1. [수업실연 구상지]의 〈수업실연1~2〉에 해당하는 부분을 수업으로 실연한다.
2. 〈지도안 작성란1〉 : [자료1]을 이용하여 대칭이동에 대한 동기유발을 작성한다.
3. 〈수업실연1〉 : [자료2]를 활용해 모둠활동으로 진행한다.
   가. 공학적 도구의 활용을 포함한다.
   나. 모둠활동을 촉진하는 교수활동을 포함한다.
4. 〈지도안 작성란2〉 : [자료3]의 내용을 포함해 문제풀이 과정을 작성한다.
   가. 학생 A의 풀이 방법에 따른 결과를 포함한다.
   나. 학생 B의 풀이를 완성하고, 결과를 포함하여 작성한다.
5. 〈수업실연2〉 : [자료4]를 정당화하는 과정을 포함한다.
   가. 학생들의 참여를 유도하는 구체적인 발문을 포함한다.

[교수·학습 조건]

1. 대상 : 고등학교 1학년
2. 수업시간 : 100분(블록타임제)
3. 단원명 : 대칭이동
4. 교수·학습 환경

학생 수	지도 장소	수업 형태	매체 및 기자재	평가
30명	교실	모둠학습	칠판, 분필, 교사용 컴퓨터, 스마트TV, 학생용 태블릿, 공학도구	형성평가

2023학년도 중등학교교사 임용후보자 선정경쟁시험 (제2차 시험)
수학 교수·학습 수업실연 문제지

수험번호 ☐☐☐☐☐☐☐☐ 관리번호 ☐☐☐☐

[자료1]

다음은 어느 궁궐의 기와 그림을 좌표평면에 나타내었다. 다각형 ABCDEFGH는 정팔각형을 이루고 있으며, 이때 선분 AE와 선분 HD의 교점은 원점을 지난다.

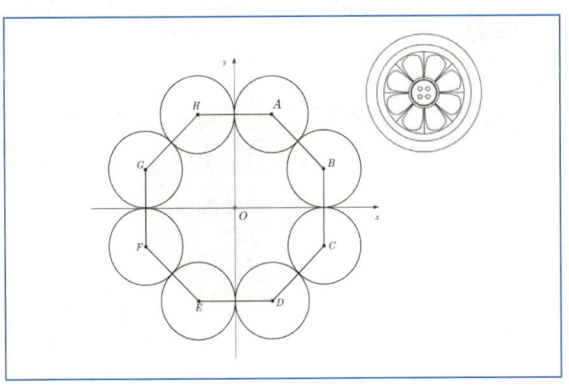

[자료2]

[모둠활동지] 〈활동1〉 공학도구를 이용한 x축 대칭이동 탐구하기

① 좌표평면 위에 임의의 두 점 A,B를 나타내고 해당 좌표를 구하고, ✏︎직선 과 점A, 점 B를 눌러 직선 AB를 나타내고 직선 AB의 방정식을 확인한다.

② ✏︎직선에 대하여 대칭을 누른 뒤, 점 A와 x축을 차례로 눌러 점 A′를 나타낸다. 점 A와 점 A′의 좌표를 비교한다.

③ ✏︎직선에 대하여 대칭을 누른 뒤, 점 B와 x축을 차례로 눌러 점 B′를 나타낸다. 점 B와 점 B′의 좌표를 비교한다.

④ ✏︎직선 과 점 A′ 점 B′를 눌러 직선 A′B′를 나타낸 뒤 직선 A′B′의 방정식을 확인한다.

⑤ 직선 AB의 방정식과 직선 A′B′의 방정식을 비교한다.

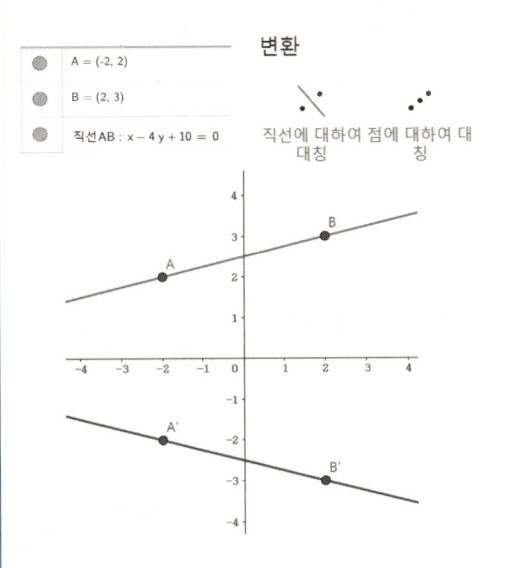

〈활동2〉

방정식 $f(x,y)=0$이 나타내는 도형을 x축에 대하여 대칭이동한 도형의 방정식이 $f(x,-y)$임을 설명해 보시오.

[자료3]

(문제) 원 $(x-2)^2+(y-4)^2=1$을 원점에 대하여 대칭이동한 원의 방정식을 구하도록 하자.

학생 A : $(x-2)^2+(y-4)^2=1$에서 x 대신 $-x$를 y 대신 $-y$를 대입합니다.

학생 B : 원을 원점에 대하여 대칭이동하더라도 원의 반지름의 길이는 변하지 않으므로 _____ 입니다.

[자료4]

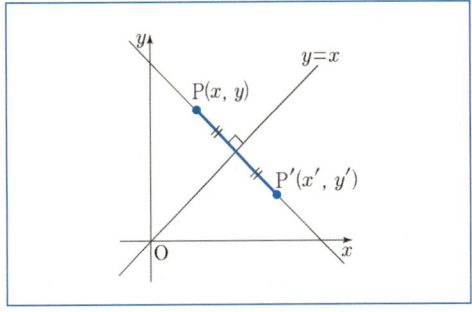

 **수업실연 구상지**

단원		대칭이동	차시	
학습목표		• 원점, x축, y축, 직선 $y=x$에 대한 대칭이동의 의미를 이해한다.		
학습단계	학습전개	교수 · 학습 과정		
도입	주의환기	• 인사 및 출석 확인		
	선수학습	• 평행이동 내용을 확인한다.		
	동기유발	〈지도안 작성란1〉 – [자료1]을 이용하여 대칭이동에 대한 동기유발을 실연한다.		
	학습목표	• 학습목표를 제시한다.		
전개	본시학습	• 대칭이동에 대해 학습한다. • x축, y축, 직선 $y=x$, 원점에 대한 점의 대칭이동에 대해 학습한다.		
		• 공학적 도구 사용방법 안내한다. • [자료2]의 모둠활동지를 이용해 탐구를 진행한다. – 교사 : 점 A의 좌표와 점 A′의 좌표의 차이점을 이야기해 볼까요? – 학생 : 점 A의 좌표는 $(-2,2)$이고, 점 A′의 좌표는 $(-2,-2)$에요.		
		〈수업실연1〉		
		• 방정식 $f(x,y)=0$이 나타내는 도형을 y축에 대해 대칭이동하면 $f(-x,y)=0$, 원점에 대해 대칭이동하면 $f(-x,-y)$임을 탐구한다.		
		〈지도안 작성란2〉 – [자료3]의 내용을 포함해 문제풀이 과정을 작성한다.		
		• [자료4]를 학생들에게 제시하며, 참여를 촉진하는 발문을 한다.		
		〈수업실연2〉		
정리	내용정리	• 오늘 배운 내용을 정리한다.		
	형성평가	• 형성평가를 실시한다.		
	차시예고	• 다음 차시를 안내한다.		

수업흐름

도입	주의환기	• 인사 및 출석 확인
	선수학습	• $y=ax^2+q$의 그래프 • $y=a(x-p)^2$의 그래프
	동기유발	• 교사는 학습목표 1을 제시한다.
	학습목표	• 궁궐의 전통 기와 문양을 이용해 동기유발한다.
전개	본시학습	• 대칭이동에 대해 학습한다. • x축, y축, 직선 $y=x$, 원점에 대한 점의 대칭이동에 대해 학습한다.
		• 공학적 도구 사용방법 안내한다. • [자료2]의 모둠활동지를 이용해 탐구를 진행한다. 　－교사 : 점 A의 좌표와 점 A′의 좌표의 차이점을 이야기해 볼까요? 　－학생 : 점 A의 좌표는 $(-2,2)$이고, 점 A′의 좌표는 $(-2,-2)$에요.
		<공학도구를 이용한 x축 대칭이동 탐구하기> – [자료2] －공학도구 사용 및 모둠활동 유의 사항에 대해 언급한 뒤, 수업을 진행하도록 합시다. －모둠활동지 <활동1>에 해당되는 내용을 안내합니다. －모둠별로 활동을 진행합니다. 공학도구 사용을 어려워하는 친구들이 많기 때문에, 공학도구 조작에 대해서 한 번 더 설명하는 것도 좋습니다. －활동을 진행하며 대칭이동의 의미에 대해서 상기시키도록 하며, 점 A와 점 A′ 그리고 점 B와 점 B′의 좌표를 비교하도록 합니다. [점 A′ $=(-2,-2)$, 점 B′ $=(2,-3)$] －직선 AB의 방정식과 직선 A′B′의 방정식을 비교하도록 합니다. 직선 AB의 방정식은 $x-4y+10=0$, 직선 A′B′의 방정식은 $x+4y+10=0$이 되므로 두 방정식의 어떤 차이점이 있는지를 발문합니다. －y의 부호가 서로 다름을 인식하게 한 뒤, 이를 식으로 어떻게 표현하면 될지를 아이들이 고민해보게 한 뒤, <활동2>의 내용을 정리하도록 합니다.
		※ 발문 예시 ※ －점을 x축 대칭이동하면 좌표가 어떻게 되나요? －두 직선의 방정식을 비교해 볼까요? 어떤 차이점이 있나요?
		※ 오개념 예시※ －x축 대칭이동에 대한 의미를 생각하지 않고 단순히 '직선에 대하여 대칭' 버튼을 눌러 결과값을 얻는 경우
		• 방정식 $f(x,y)=0$이 나타내는 도형을 y축에 대해 대칭이동하면 $f(-x,y)=0$, 원점에 대해 대칭이동하면 $f(-x,-y)$임을 탐구한다.
		• <자료3>의 문제풀이과정을 작성한다.
		• <자료4>를 학생들에게 제시하며, 참여를 촉진하는 발문을 한다.
		<$y=x$대칭이동 정당화 과정 지도> – [자료4] －점이 $y=x$직선에 대칭이동되면 좌표가 어떻게 변할지 발문하여, 아이들에게 결과를 추측해 보도록 합니다. －점 $P(x,y)$가 $y=x$ 대칭이동하면 $P(y,x)$가 됨을 이야기하고, 내용을 정당화하도록 합니다. －점 $P(x,y)$를 $y=x$ 대칭이동한 점을 $P'(x',y')$라고 한 뒤, 두 점 사이의 특징을 학생들이 스스로 찾을 수 있도록 합니다. －점 P와 점 P'를 지나는 직선은 $y=x$와 서로 수직이며, 점 P와 점 P'를 지나는 직선과 $y=x$의 교점을 M이라고 할 때, 선분 PM과 선분 $P'M$의 길이가 서로 같음을 확인합니다.

전개	본시학습	– 발견한 특징을 이용해 식을 정리하도록 합니다. 서로 수직인 직선의 기울기의 곱은 -1이므로 $\frac{y'-y}{x'-x} \times 1 = -1$을 만족합니다. 따라서 $y-y'=x'-x$가 성립합니다. 또한, 선분PM과 선분 $P'M$의 길이가 서로 같으므로 점 M은 두 점 P, P'의 중점이 됩니다. 점 M의 좌표는 $M(\frac{x+x'}{2}, \frac{y+y'}{2})$이고, $y=x$ 위에 있으므로 $\frac{x+x'}{2}=\frac{y+y'}{2}$를 만족합니다. 두 식을 연립하면 $x'=y, y'=x$임을 알 수 있습니다. – 정당화한 내용을 정리하면 점 $P(x,y)$를 $y=x$ 대칭이동한 점이 $P(y,x)$가 됨을 알 수 있습니다.
		※ 발문 예시 ※ – 점이 $y=x$ 대칭이동하면 점의 좌표가 어떻게 바뀔까요? – 점 $P(y,x)$와 점 $P'(x',y')$이 가지는 특징을 찾아볼까요? – 발견한 특징을 식으로 표현하면 어떻게 될까요? – 두 직선이 서로 수직일 때 나타나는 특징은 무엇이 있었나요? – 두 점의 중점이 가지는 특징은 무엇이 있을까요? – 정당화한 결과로 알 수 있는 것은 무엇인가요?
정리	내용정리	• 오늘 배운 내용을 정리한다.
	형성평가	• 형성평가를 실시한다.
	차시예고	• 다음 차시를 안내한다.

수학

수업실연 A to Z

2022학년도 중등학교교사 임용후보자 선정경쟁시험 (제2차 시험)
수학 교수·학습 수업실연 문제지

| 수험번호 | | | | | | | | | 관리번호 | |

[실연 조건 및 유의사항]

1. 지도안의 〈수업실연1, 3, 4〉와 아래의 수업상황을 고려하여 20분간 수업실연한다.
2. 학습목표는 칠판에 제시된 것으로 간주한다.
   - 〈학습목표1〉: 이차함수 $y=ax^2$의 그래프를 이용하여 이차함수 $y=a(x-p)^2+q$의 그래프를 그리고, 그 성질을 말할 수 있다.
   - 〈학습목표2〉: 이차함수 $y=ax^2+bx+c$를 $y=a(x-p)^2+q$의 꼴로 고칠 수 있다.
3. 〈수업실연1〉: $y=ax^2$의 그래프를 이용하여 $y=a(x-p)^2+q$이 그래프를 그리는 방법을 지도하고, $y=a(x-p)^2+q$의 그래프의 성질을 공학적 도구로 탐구하는 교수·학습 과정을 포함하여 지도한다.
4. 〈수업실연2〉: 공학적 도구를 이용하여 $y=x^2-4x+7$과 $y=(x-p)^2+q$가 같아지는 p, q의 값을 찾고, 이를 탐구하여 알게 된 내용을 지도한다. (지도안만 작성하고 실연은 제외한 부분)
5. 〈수업실연3〉: $y=x^2-4x+7$을 $y=(x-p)^2+q$로 바꾸는 방법을 지도한다.
6. 〈수업실연4〉: 순회지도하는 과정에서 학생의 오류를 발견하고 스스로 수정할 수 있도록 하는 교수·학습 과정을 포함하여 지도한다.
7. 교사와 학생 간 상호작용이 활발하게 이루어지도록 한다.

[교수·학습 조건]

1. 대상 : 중학교 3학년
2. 수업시간 : 90분(블록타임제)
3. 단원명 : 이차함수의 그래프
4. 교수·학습 환경

대상	지도 장소	교육기자재	평가
20명(4인 1모둠)	교실	칠판, 분필, 칠판 지우개, 학생용 태블릿(20대), 스마트TV	형성평가

2022학년도 중등학교교사 임용후보자 선정경쟁시험 (제2차 시험)
수학 교수·학습 수업실연 문제지

[자료1]

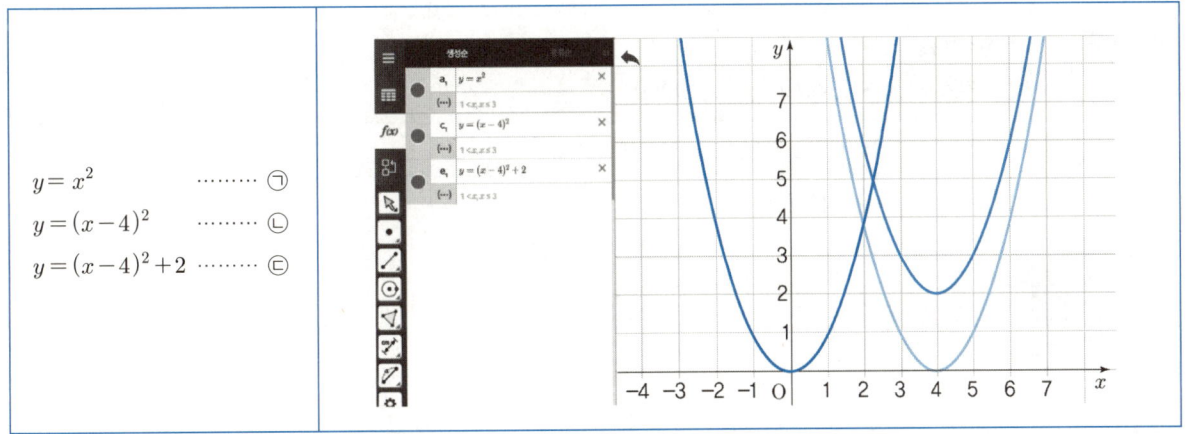

$y = x^2$ ········ ㉠
$y = (x-4)^2$ ········ ㉡
$y = (x-4)^2 + 2$ ········ ㉢

[자료2]

⟨학생1⟩의 풀이
$y = -2x^2 + 4x - 4$
$ = x^2 - 2x + 2$
$ = (x-1)^2 + 1$

수업실연 구상지

단원	이차함수의 그래프		차시	
학습목표	1. 이차함수 $y=ax^2$의 그래프를 이용하여 이차함수 $y=a(x-p)^2+q$의 그래프를 그리고, 그 성질을 말할 수 있다. 2. 이차함수 $y=ax^2+bx+c$를 $y=a(x-p)^2+q$의 꼴로 고칠 수 있다.			
학습단계	학습전개	교수·학습 과정		
도입	주의환기	• 인사 및 출석 확인		
	선수학습 확인	• $y=ax^2+q$의 그래프 • $y=a(x-p)^2$의 그래프		
전개	본시학습	• 교사는 〈학습목표1〉을 제시한다.		
		〈수업실연1〉		
		• $y=a(x-p)^2+q$의 그래프와 성질에 관한 문제풀이를 지도한다.		
		• 교사는 〈학습목표2〉를 제시하고, $y=x^2-4x+7$을 $y=(x-p)^2+q$ 꼴로 고치는 방법을 지도한다.		
		〈수업실연2〉 슬라이더를 이용하여 $y=x^2-4x+7$과 $y=(x-p)^2+q$가 같아지는 p, q의 값을 찾고, 이를 탐구하여 알게 된 내용을 지도한다.		
		〈수업실연3〉		
		• 교사는 순회지도를 통해 한 학생의 잘못된 풀이를 발견한다.		
		〈수업실연4〉		
정리	내용정리	• 오늘 배운 내용을 정리한다.		
	형성평가	• 형성평가를 실시한다.		
	차시예고	• 다음 차시를 안내한다.		

수업흐름

도입	주의환기	• 인사 및 출석 확인
	선수학습	• $y=ax^2+q$의 그래프 • $y=a(x-p)^2$의 그래프
전개	본시학습	• 교사는 학습목표 1을 제시한다. 〈이차함수 $y=a(x-p)^2+q$의 그래프를 그리는 방법 지도〉 - [자료1] - [자료1]은 공학적 도구를 활용하여 이차함수 $y=a(x-p)^2+q$의 그래프를 그리는 방법과 이차함수 $y=a(x-p)^2+q$의 그래프의 성질을 발견하게 하는 활동입니다. - 모둠별로 학생용 태블릿을 활용하여 공학적 도구의 함수 입력창에 세 이차함수 $y=x^2$, $y=(x-4)^2$, $y=(x-4)^2+2$를 차례대로 입력하게 합니다. (교사도 스마트TV의 화면에 세 이차함수의 그래프를 띄웁니다.) - 기하창에 뜬 세 이차함수의 그래프를 보고 이차함수 $y=x^2$와 $y=(x-4)^2$의 그래프 사이의 관계, 이차함수 $y=(x-4)^2$와 $y=(x-4)^2+2$의 그래프 사이의 관계를 학생들이 추측하게 합니다. - 공학적 도구에서 세 이차함수의 그래프를 직접 평행이동해보며 이차함수 $y=(x-4)^2$의 그래프는 이차함수 $y=x^2$의 그래프를 x축의 방향으로 4만큼 평행이동한 것이고, 이차함수 $y=(x-4)^2+2$의 그래프는 이차함수 $y=(x-4)^2$의 그래프를 y축의 방향으로 2만큼 평행이동한 것임을 확인하게 합니다. - 이러한 과정을 토대로 이차함수 $y=x^2$의 그래프를 이용하여 이차함수 $y=(x-4)^2+2$의 그래프를 그리는 방법을 학생들이 발견하게 합니다. - 이차함수 $y=(x-4)^2+2$의 그래프는 이차함수 $y=x^2$의 그래프를 x축의 방향으로 4만큼, y축의 방향으로 2만큼 평행이동한 것과 같다고 이해하고 이를 일반화하여 이차함수 $y=a(x-p)^2+q$의 그래프는 이차함수 $y=ax^2$의 그래프를 x축의 방향으로 p만큼, y축의 방향으로 q만큼 평행이동하여 그릴 수 있음을 알게 합니다. ※ 발문 예시 ※ - 세 이차함수의 그래프가 서로 어떤 관계가 있을까요? 태블릿의 공학적 도구로 나타낸 그래프를 직접 평행이동해보며 그래프 사이의 관계를 찾아봅시다. - 이차함수 $y=x^2$의 그래프를 이용하여 이차함수 $y=(x-4)^2+2$의 그래프를 어떻게 그릴 수 있을까요? 〈이차함수 $y=a(x-p)^2+q$의 그래프의 성질 지도〉 - [자료1] - 공학적 도구를 이용하여 나타낸 두 이차함수 $y=x^2$과 $y=(x-4)^2+2$의 그래프를 관찰하며 그래프의 모양과 폭, 축과 꼭짓점에 대한 특징을 발견하게 합니다. - 이차함수 $y=(x-4)^2+2$의 그래프는 이차함수 $y=x^2$의 그래프를 평행이동하여 그릴 수 있으므로 두 그래프의 모양과 폭은 변하지 않고, 축과 꼭짓점의 위치만 달라짐을 이해하게 합니다. - 이차함수 $y=(x-4)^2+2$의 그래프는 직선 $x=4$를 축으로 하고, 점 $(4, 2)$를 꼭짓점으로 하는 아래로 볼록한 포물선임을 확인합니다. - 이차함수 $y=(x-4)^2+2$의 그래프로 확인한 내용을 일반화하기 위해 공학적 도구의 함수 입력창에 $y=a(x-p)^2+q$를 입력합니다. - 공학적 도구의 슬라이더를 이용하여 a, p, q의 값을 다양하게 변화시켜 보며 이차함수 $y=a(x-p)^2+q$의 그래프의 성질을 발견하게 합니다. - $a>0$이면 아래로 볼록인 포물선, $a<0$이면 위로 볼록한 포물선임을 확인하고 a의 절댓값이 클수록 그래프의 폭이 좁아지고, a의 절댓값이 작을수록 그래프의 폭이 넓어짐을 확인하게 합니다.

전개	본시학습	
		−[자료1]의 활동을 통해 알게 된 내용을 다음과 같이 정리합니다.

> **이차함수 $y=a(x-p)^2+q$의 그래프**
> 이차함수 $y=ax^2$의 그래프를 x축의 방향으로 p만큼, y축의 방향으로 q만큼 평행이동한 것이다. 직선 $x=p$를 축으로 하고, 점 $(p,\ q)$를 꼭짓점으로 하는 포물선이다.

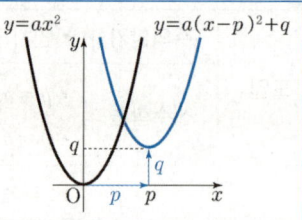

※ 발문 예시 ※
− 공학적 도구로 그린 이차함수 $y=x^2$과 $y=(x-4)^2+2$의 그래프를 관찰하고 그래프의 모양과 폭, 축과 꼭짓점의 좌표를 비교해 볼까요?
− 공학적 도구의 함수 입력창에 $y=a(x-p)^2+q$를 입력하고 나타난 슬라이더를 이용하여 $a,\ p,\ q$의 값을 다양하게 변화시켜 볼까요?
− $a>0$일 때, $a<0$일 때 각각 그래프는 어떤 모양이 되나요?
− a의 절댓값에 따라 그래프의 폭은 어떻게 변하나요?

• $y=a(x-p)^2+q$의 그래프의 성질에 관한 문제풀이를 지도한다.

• 교사는 학습목표2를 제시하고, $y=x^2-4x+7$을 $y=(x-p)^2+q$꼴로 고치는 방법을 지도한다.

• 슬라이더를 이용하여 $y=x^2-4x+7$ 과 $y=(x-p)^2+q$가 같아지는 $p,\ q$의 값을 찾고, 이를 탐구하여 알게 된 내용을 지도한다.

〈이차함수 $y=x^2-4x+7$를 $y=(x-p)^2+q$의 꼴로 고치는 방법 지도〉
− 이차함수가 $y=ax^2+bx+c$의 꼴로 주어졌을 때, 주어진 식을 $y=a(x-p)^2+q$의 꼴로 고치면 그래프를 그리기 편리함을 알게 합니다.
− $y=ax^2+bx+c$를 $y=a(x-p)^2+q$의 꼴로 고치는 방법을 알아보기 위해 $a=1$일 때의 구체적인 예로 $y=x^2-4x+7$을 제시합니다.
− $y=x^2-4x+7$을 $y=(x-p)^2+q$의 꼴로 고치기 위해 선수학습 내용인 완전제곱식 $(x-p)^2=x^2-2px+p^2$을 확인합니다.
− 교사와 학생의 상호작용을 통해 완전제곱식을 전개하여 나타낸 식에서 $(\text{상수항})=\left\{\dfrac{1}{2}(x\text{의 계수})\right\}$임을 상기하게 합니다.

$$y=x^2-4x+7$$
$$=(x^2-4x+4-4)+7$$
$$=(x^2-4x+4)-4+7$$
$$=(x-2)^2+3$$

로 이차함수 $y=x^2-4x+7$을 $y=(x-p)^2+q$의 꼴로 고치는 방법을 이해하게 합니다.

※ 발문 예시 ※
− $(x-p)^2=x^2-2px+p^2$에서 x의 계수와 상수항은 어떤 관계가 있었나요?

〈이차함수 $y=-2x^2+4x-4$에 대한 오류 수정〉 − [자료2]
− $y=ax^2+bx+c$에서 $a\ne 1$인 구체적인 예로 $y=-2x^2+4x-4$를 제시합니다.
− $y=-2x^2+4x-4$를 $y=a(x-p)^2+q$꼴로 고치는 과정을 설명하도록 하는 모둠활동을 제시하고, 순회지도하며 학생의 풀이를 관찰합니다.

• 교사는 순회지도를 통해 한 학생의 잘못된 풀이를 발견한다.

전개	본시학습	<학생1의 풀이> $y = -2x^2 + 4x - 4$ $= x^2 - 2x + 2$ $= (x-1)^2 + 1$	<올바른 풀이> $y = -2x^2 + 4x - 4$ $= -2(x^2 - 2x) - 4$ $= -2(x^2 - 2x + 1 - 1) - 4$ $= -2(x^2 - 2x + 1) + 2 - 4$ $= -2(x-1)^2 - 2$
		– 모둠별로 이차함수 $y = -2x^2 + 4x - 4$를 $y = a(x-p)^2 + q$의 꼴로 고치는 과정을 모둠 칠판에 적게 하고 모둠 칠판을 교실 칠판에 붙여 모든 모둠의 활동 결과를 공유합니다. – 학생1이 있는 모둠과 다른 모둠의 활동 결과를 비교하여 학생1이 스스로 오개념을 찾고 수정할 수 있도록 합니다. – 학생1이 오개념을 스스로 수정한 뒤에 교사는 수정내용을 확인하며 이차함수 $y = -2x^2 + 4x - 4$를 $y = a(x-p)^2 + q$꼴로 바꿀 때 x^2의 계수로 나누는 것이 아니라 x^2의 계수로 묶도록 지도합니다.	
		※ 발문 예시 ※ – 모둠별로 결과가 똑같이 나왔나요? 다르다면 어떤 부분이 다른가요? – x^2의 계수가 무엇일까요? – 발표했던 학생1이 다시 나와서 수정해 볼까요?	
정리	내용정리	• 오늘 배운 내용을 정리한다.	
	형성평가	• 형성평가를 실시한다.	
	차시예고	• 다음 차시를 안내한다.	

2021학년도 중등학교교사 임용후보자 선정경쟁시험 (제2차 시험)
수학 교수·학습 수업실연 문제지

| 수험번호 | | | | | | | | | 관리번호 | |

[실연 조건 및 유의사항]

1. [수업실연 구상지]의 〈수업실연1~2〉에 해당하는 부분을 수업으로 실연하시오.
2. (지도안만 작성하고 실연은 제외한 부분) [자료1]을 이용하여 지도하시오.
   가. 학생들이 '한 점과 직선 사이의 거리는 그 점에서 직선에 내린 수선의 발까지의 거리'임을 이해하도록 하는 동기유발을 작성한다.
3. 〈수업실연1〉: [자료2]를 활용하여 지도하시오.
   가. [자료2]는 주어진 문제에 대한 모둠활동 이후 1모둠과 2모둠이 발표한 상황이다. 교사와 학생의 상호작용을 통해 1모둠의 오류를 수정하는 활동을 지도한다.
4. 〈수업실연2〉: [자료3]을 활용하여 평행한 두 직선 사이의 거리를 구하는 방법을 지도하시오.
   가. '평행한 두 직선 사이의 거리는 한 직선 위의 한 점에서 다른 직선의 수선의 발까지의 거리를 구하는 것'을 학생들이 발견하는 과정을 포함한다.
   나. 남학생과 여학생의 생각을 포함하여 지도한다.
   다. 2015 개정 수학과 교육과정에 명시된 핵심역량 1가지를 신장시킬 수 있도록 지도하는 과정을 포함한다.
5. 칠판과 분필을 사용한 수업이며, 기자재 사용 시에는 언급만 하시오.
6. 수업실연 과정에서 일정 분량의 판서가 드러나도록 하시오.

[교수·학습 조건]

1. 대상 : 고등학교 1학년
2. 수업시간 : 100분(블록타임제)
3. 단원명 : 점과 직선 사이의 거리
4. 교수·학습 환경

학생 수	지도 장소	수업 형태	매체 및 기자재
30명	교실	모둠학습	칠판, 분필, 빔 프로젝터, 컴퓨터, 스크린

2021학년도 중등학교교사 임용후보자 선정경쟁시험 (제2차 시험)
수학 교수·학습 수업실연 문제지

[자료1]

[자료2]

점 $(4, 2)$ 와 직선 $y = 2x - 2$ 사이의 거리를 구하시오.	
⟨1모둠⟩ $(x$계수$) \times (x$좌표$) + (y$계수$) \times (y$좌표$) + ($상수$)$를 이용하여 계산하니 $\dfrac{|2 \times 4 + 1 \times 2 - 2|}{\sqrt{5}} = \dfrac{8\sqrt{5}}{5}$ 가 나왔습니다.	⟨2모둠⟩ $(x$계수$) \times (x$좌표$) + (y$계수$) \times (y$좌표$) + ($상수$)$를 이용하여 계산하니 $\dfrac{|2 \times 4 - 1 \times 2 - 2|}{\sqrt{5}} = \dfrac{4\sqrt{5}}{5}$ 가 나왔습니다.

[자료3]

$y = -\dfrac{3}{4}x$ 와 $y = -\dfrac{3}{4}x + 3$ 사이의 거리를 구하시오.

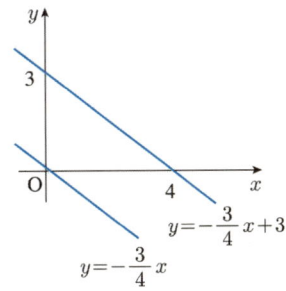

점과 직선 사이의 거리를 이용하면 해결할 수 있지 않을까?

직각삼각형의 넓이를 이용하면 해결할 수 있지 않을까?

 **수업실연 구상지**

단원		점과 직선 사이의 거리	차시	
학습목표		• 점과 직선 사이의 거리와 직선과 직선 사이의 거리를 구할 수 있다.		
학습단계	학습전개	교수·학습 과정		
도입	주의환기	• 인사 및 출석 확인		
	전시학습	• 점과 점 사이의 거리 공식을 확인한다.		
	동기유발	• [자료1]을 활용하여 동기유발한다(지도안은 작성하되 실연은 제외).		
	학습목표	• 학습목표를 확인한다.		
전개	모둠활동	• 점과 직선 사이의 거리 공식을 지도한다. 〈수업실연1〉 – [자료2]를 이용하여 모둠활동을 진행한다.		
	문제풀이	〈수업실연2〉 – [자료3]의 문제를 해결한다.		
정리	내용정리	• 오늘 배운 내용을 정리한다.		
	형성평가	• 형성평가를 실시한다.		
	차시예고	• 다음 차시를 안내한다.		

수업흐름

도입	주의환기	• 인사 및 출석 확인
	선수학습	• 점과 점 사이의 거리 공식을 확인한다.
	동기유발	• [자료1]로 동기유발을 한다.
	학습목표	• 학습목표를 확인한다.
전개	본시학습	• 점과 직선 사이의 거리를 지도한다. • 교사는 모둠활동 과제를 제시한다. 〈공식의 올바른 적용 방법 지도〉 - [자료2] — 점과 직선 사이의 거리 공식을 복습합니다. 점 $P(x_1, y_1)$과 직선 $ax+by+c=0$ 사이의 거리 d는 $d = \dfrac{|ax_1+by_1+c|}{\sqrt{a^2+b^2}}$ — 학생들이 1모둠과 2모둠의 풀이를 비교하고 잘못된 부분을 찾아보도록 합니다. 1모둠은 $y=2x-2$를 $2x-y-2=0$으로 바꾸지 않은 채 x와 y의 계수를 공식에 대입하여 틀린 경우이고, 2모둠은 $2x-y-2=0$으로 바꾼 후 x와 y의 계수를 공식에 대입하여 맞은 경우이므로 교사는 $y=mx+n$을 $mx-y+n=0$으로 바꾸는 것에 대해 강조해야 합니다. ※ 발문 예시 ※ — 1모둠과 2모둠이 발표해주었어요. 이에 대한 다른 모둠의 생각은 어떤가요? — $y=2x-2$를 $ax+by+c=0$의 꼴로 바꾸면 어떻게 될까요? • 점과 직선 사이의 거리 문제를 해결한다. • 평행한 두 직선 사이의 거리를 구하는 모둠활동 과제를 제시한다. 〈평행한 두 직선 사이의 거리 지도〉 - [자료3] — 평행한 두 직선 사이의 거리를 어떻게 정의할 수 있을지 생각해보도록 합니다. 학생들이 어려워한다면 다음과 같이 중학교 1학년 때 두 점 사이의 거리를 정의한 방식부터 차근차근 상기시킵니다. 〈관련 내용〉 — 중1 서로 다른 두 점 A, B를 잇는 선은 무수히 많지만 이 중에서 길이가 가장 짧은 것은 선분 AB이다. 선분 AB의 길이를 '두 점 A, B 사이의 거리'라고 한다. 선분 PH의 길이를 '점 P와 직선 l 사이의 거리'라고 한다. — 고1 좌표평면 위의 한 점 P에서 직선 l에 내린 수선의 발을 H라고 할 때, 선분 PH의 길이를 점 P와 직선 l 사이의 거리라고 한다. — 중학교 1학년에서 '두 점 사이의 거리'는 두 점의 최단 거리로 생각하여 '두 점을 잇는 선분의 길이'로 정의하였습니다. [자료2]에서 정의한 '한 점과 직선 사이의 거리' 또한 최단 거리여야 하기 때문에 '한 점에서 직선에 내린 수선의 발까지의 거리'로 정의하였습니다. 한 점과 직선 사이의 거리를 정의할 때 두 점 사이의 거리를 이용하였듯이, 평행한 두 직선 사이의 거리를 정의할 때에도 두 직선 사이의 최단 거리를 생각하여 한 점과 직선 사이의 거리를 이용할 수 있음을 유도합니다. 이처럼 학생들이 '평행한 두 직선 사이의 거리'는 '한 직선 위의 한 점과 다른 직선 사이의 거리'임을 학생들 스스로 발견하도록 지도합니다.

전개	본시학습	– [자료3]의 문제를 해결합니다. 빔프로젝터가 주어졌으므로 [자료3]의 그래프는 판서하지 않고 빔프로젝터에 띄워놨다고 가정하고 수업하는 것이 시간을 절약할 수 있습니다. [자료3]을 해결할 시간을 준 후에 순회지도를 하면서 어려워하는 학생들을 개별지도하는 것도 좋으며, 남학생과 여학생이 다음과 같이 발표합니다. 〈여학생의 풀이〉 $y=-\frac{3}{4}x+3$ 위의 점 $(0, 3)$에서 $y=-\frac{3}{4}x(\Leftrightarrow 3x+4y=0)$까지의 거리는 공식에 대입하면 $\frac{12}{5}$이다. 〈남학생의 풀이〉 $A(0, 0)$, $B(0, 3)$, $C(4, 0)$라 하자. 두 직선 사이의 거리는 △ABC의 밑변을 $\overline{BC}$로 할 때의 높이와 같다. 삼각형의 넓이는 $4 \times 3 \times \frac{1}{2}=6$이고, $\overline{BC}=5$를 밑변으로 하는 삼각형 ABC의 높이를 x라 하면 $\frac{5x}{2}=6$이므로 $x=\frac{12}{5}$이다. – 다양한 방법으로 해결한 학생들을 칭찬하고 해결 방법을 비교합니다. 여학생의 풀이는 공식을 이용하는 풀이이므로 비교적 간단하지만, 남학생의 풀이는 직각삼각형의 두 변의 길이가 정수가 아닌 유리수라면 복잡할 수 있습니다. 다양한 방법으로 문제를 해결할 수 있지만, 일반적으로 두 직선 사이의 거리를 구할 때는 점과 직선 사이의 거리 공식을 이용하는 것이 더 효율적인 방법이라는 것을 학생들이 발견하도록 합니다. – [자료3]에서 2015 개정 수학과 교육과정의 교과 역량은 창의 · 융합 능력 또는 의사소통 능력을 신장시키는 것을 의도한 것으로 보여집니다. 두 가지 풀이를 제시한 측면에서 창의 · 융합 능력을 의도한 것으로 보여지며, 학생들이 평행한 두 직선 사이의 거리의 정의를 발견하게 하는 측면에서 의사소통 능력을 신장시키는 것을 의도한 것으로 보여집니다. 하지만 교사의 수업 구성에 따라 다른 교과 역량을 신장시킬 수도 있으므로 모든 역량에 대한 설명을 실어놓았습니다. 아래의 역량들 중 한 개의 역량을 포함하면 되며, 자신이 반영하고자 하는 역량에 대한 내용을 부각시키면 됩니다. ① **문제해결 능력** : 직선과 직선 사이의 거리에 대한 정의를 정확히 이해하고 해결 전략을 탐색하며 해결 과정을 실행하고 풀이가 정확한지 검증 및 반성한다. ② **추론 능력** : 알고 있는 내용을 바탕으로 직선과 직선 사이의 거리에 대한 개념을 도출하는 과정을 논리적으로 수행하게 한다. ③ **창의 · 융합 능력** : [자료3]을 여러 가지 방법으로 해결하게 하고, 해결 방법을 비교하여 더 효율적인 방법을 찾거나 정교화하게 한다. ④ **의사소통 능력** : 직선과 직선 사이의 거리를 정의할 때 올바른 수학적 표현을 사용하며, [자료3]에 대한 자신의 풀이를 설명할 때 그래프, 기호, 수학적 용어 등을 정확하게 사용하게 한다. 또한 다양한 관점을 존중하면서 다른 사람의 생각을 이해하고 자신의 아이디어를 표현하며 토론하게 한다. ⑤ **정보 처리 능력** : 공학도구를 활용한 두 직선의 조작 활동을 통해 개념과 원리를 이해하고 문제해결력을 향상하도록 한다. ⑥ **태도 및 실천 능력** : [자료3]의 문제에 적극적으로 참여하게 하며, 수학을 어려워하는 학생들도 끈기 있게 도전하도록 격려하고 학습 동기와 의욕을 유발한다. 또한 [자료3]의 문제에 대해 논리적 근거를 토대로 자신의 의견을 제시하는 태도를 갖고 이를 실천하게 한다. ※ 발문 예시 ※ – 여기 평행한 두 직선이 있습니다. 이 두 직선 사이의 거리는 어떻게 정의할까요? 두 점 사이의 거리와 한 점과 직선 사이의 거리를 정의했던 방식을 떠올려서 추론해 봅시다. – 두 직선 사이의 거리를 어떻게 정의할 수 있는지 정확한 용어를 사용해서 말해봅시다. – (순회지도에서 어려워하는 학생에게) 직선 위의 한 점을 생각해 봅시다. 어떤 점과 $y=-\frac{3}{4}x$까지의 거리를 생각하는 것이 편리할까요? – 남학생과 여학생이 발표를 했습니다. 두 풀이를 비교해 볼까요? 둘 다 너무 잘 풀어주었는데, 어떻게 풀어야 더 간편하게 문제를 해결할 수 있을까요?
정리	내용정리	• 점과 직선 사이의 거리, 직선과 직선 사이의 거리를 정리한다.
	형성평가	• 형성평가를 풀어보고 피드백을 한다.
	차시예고	• 다음 차시를 예고한다.

수업실연 A to Z

2020학년도 중등학교교사 임용후보자 선정경쟁시험 (제2차 시험)
수학 교수·학습 수업실연 문제지

| 수험번호 | | | | | | | | | 관리번호 | |

[실연 조건 및 유의사항]

1. [수업실연 구상지]의 〈수업실연1~2〉에 해당하는 부분을 수업으로 실연하시오.
2. 〈수업실연1〉: [자료1], [자료2]를 이용하여 모둠활동을 진행한다.
   가. [자료1], [자료2]를 이용하여 학생들이 확률의 개념에 대하여 학습할 수 있는 모둠과제를 제시한다.
   나. 확률의 의미와 경우의 수의 비율로서의 확률을 연결하여 확률의 개념을 도입한다.
3. (지도안만 작성하고 실연은 제외한 부분) [자료3]에서는 학생들이 토의·토론하는 내용을 작성한다.
   가. 풀이가 맞다고 생각하는 모둠의 발표를 포함한다.
   나. 경우의 수의 비율로서의 확률을 구할 때 주의해야 하는 점을 학생들이 발견하는 내용을 포함한다.
4. 〈수업실연2〉: [자료4]의 문제에 대하여 학생의 발표를 통해 다른 두 가지 풀이를 제시한다.
   가. 교사가 두 가지 풀이에 대하여 정리하는 과정을 포함한다.
5. 학습목표는 제시되어 있다고 간주한다.
6. 교사와 학생의 구체적인 상호작용이 드러나도록 실연하시오.

[교수·학습 조건]

1. 대상 : 중학교 2학년
2. 수업시간 : 90분(블록타임제)
3. 단원명 : 확률의 개념
4. 교수·학습 환경

학생 수	지도 장소	수업 형태	매체 및 기자재
28명(4인 1모둠)	교실	모둠학습	칠판, 분필, 교사용 컴퓨터, 학생용 컴퓨터, 학생용 활동지, 주사위

2020학년도 중등학교교사 임용후보자 선정경쟁시험 (제2차 시험)
수학 교수·학습 수업실연 문제지

[자료1]

주사위의 눈	<나의 실험 결과>		<모둠의 실험 결과>		<우리 반의 실험 결과>	
	나온 횟수	상대도수	나온 횟수	상대도수	나온 횟수	상대도수
1						
2						
3						
4						
5						
6						
합계	10	1	40	1	280	1

[자료2]

다음은 컴퓨터 프로그램을 이용하여 각 주사위의 눈의 수가 나온 횟수를 알아보는 상황이다. 1단계가 올라갈 때마다 던지는 횟수가 100씩 올라가고 시작 버튼을 누르면 한 단계씩 올라간다.

눈	1단계	2단계	3단계	4단계	5단계	6단계	7단계	8단계	9단계	10단계
1	20	35	45	72	85	96	118	130	150	165
2										
3										
4										
5										
6										
횟수	100	200	300	400	500	600	700	800	900	1000

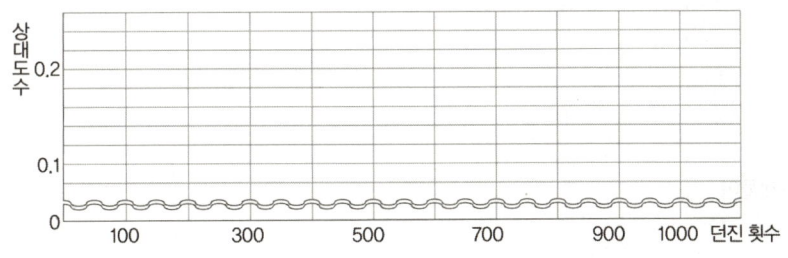

[자료3]

서로 다른 주사위 두 개를 던져서 나온 두 수를 합했을 때 6이 나올 확률을 구하시오.

모둠A : 두 눈의 수의 합이 2에서 12까지인 경우의 수는 총 11가지이므로 두 눈의 수의 합이 6이 나올 확률은 $\frac{1}{11}$ 이다.

[자료4]

서로 다른 주사위 두 개를 동시에 던졌을 때, 서로 다른 눈의 수가 나오는 확률을 구하시오.

 **수업실연 구상지**

단원		확률의 개념	차시	
학습목표	• 확률의 개념을 설명할 수 있다.			
학습단계	학습전개	교수·학습 과정		
도입	주의환기	• 인사 및 출석 확인		
	전시학습	• 상대도수의 의미, 경우의 수의 뜻을 떠올리게 한다.		
	동기유발	• 강수 확률, 복권당첨 확률 등 실생활 확률을 이용하여 동기유발한다.		
	학습목표	• 학습목표를 확인한다.		
전개	모둠활동	〈수업실연1〉 - [자료1], [자료2]를 이용하여 모둠활동을 진행한다.		
	개념지도	• 확률의 뜻, 토론 및 발표, 확률의 성질 지도		
	질문	• [자료3]을 이용해 학생들이 토의 토론하는 내용을 작성한다.		
	문제풀이	〈수업실연2〉 - [자료4]의 문제에 대하여 학생의 발표를 통해 두 가지 풀이를 제시한다.		
정리	내용정리	• 오늘 배운 내용을 정리한다.		
	형성평가	• 형성평가를 실시한다.		
	차시예고	• 다음 차시를 안내한다.		

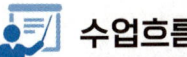 **수업흐름**

도입	주의환기	• 인사 및 출석 확인
	선수학습	• 상대도수의 의미, 경우의 수의 의미를 떠올리게 한다.
	동기유발	• 강수 확률, 복권당첨 확률 등 실생활 확률을 이용하여 동기를 유발한다.
	학습목표	• 확률의 개념을 말할 수 있다.
전개	본시학습	〈상대도수로서의 확률의 의미〉 – [자료1], [자료2] – 한 개의 주사위를 던질 때, 주사위의 각 눈이 나타날 확률이 얼마인지를 학생들에게 발문합니다. – 어떻게 하면 주사위의 각 눈이 나올 확률을 구할 수 있을지 발문한 뒤, 직접 주사위를 던져 이를 기록해 살펴보도록 합니다. 〈모둠과제 제시〉 1. 모둠별로 주사위를 던지고 각 눈이 나온 횟수와 상대도수를 개인별, 모둠별로 기록한다. → 개인별로 10회씩 주사위를 던지도록 한다. 2. 각 모둠결과를 모두 수합해, 반 전체의 주사위 눈이 나온 횟수와 상대도수를 기록한다. 3. 나타난 결과의 특징을 찾아본다. 4. 컴퓨터 프로그램을 이용해 주사위를 1단계에서 10단계까지 던지고 각 눈의 횟수를 기록하고, 상대도수를 주어진 그래프에 표시한다. 5. 직접 던진 주사위와, 컴퓨터를 이용해 던진 주사위의 상대도수를 비교한 뒤 특징을 찾아보도록 한다. – [자료1]을 통해 상대도수가 나타내는 값이 일정한 값에 가까워짐을 학생들이 직접 발견할 수 있도록 합니다. 던지는 횟수가 더 많아지면 상대도수가 어떻게 될지 학생들에게 추측해 보도록 합니다. – 상대도수가 $0.1666\cdots$에 가까워짐을 학생들이 발견하도록 하며, 이 값이 경우의 수의 비율인 $\frac{1}{6}$의 값과 가까운 값임을 이해하도록 합니다. – 시행횟수가 더 많아지면, 어떻게 될지 학생들에게 추측하게 한 뒤 컴퓨터 프로그램을 이용해 [자료2]의 활동을 진행합니다. – [자료2]를 통해 던진 횟수가 많아지면 많아질수록 상대도수가 일정한 값 $0.166\cdots$에 가까워짐을 알게 합니다. 이때 $\frac{1}{6}$은 전체 경우의 수 중 하나를 나타내는 경우의 수의 비율로 이해하도록 하여 학생들이 경우의 수의 비율로서의 의미와 상대도수로서의 의미를 연결지을 수 있도록 합니다. 〈확률의 뜻〉 일반적으로 어떤 실험이나 관찰에서 각 경우가 일어날 가능성이 같을 때, 일어날 수 있는 모든 경우의 수를 n, 사건 A가 일어나는 경우의 수를 a라 하면, (사건 A가 일어날 확률)$=\dfrac{a}{n}$으로 계산할 수 있습니다. ※ 발문 예시 ※ – 던지는 횟수가 많아질수록 상대도수는 어떤 값에 가까워지나요? – 상대도수의 값을 분수로 표현하면 어떤값과 비슷할까요? – 왜 상대도수는 $\frac{1}{6}$과 비슷한 값이 될까요? – 시행횟수를 더욱 많이 하면 상대도수는 어떻게 될까요? • 모둠활동을 통해 확률의 개념을 정의한다. • 확률을 계산하는 문제를 해결한다. • 토론하는 활동을 하고 순회지도를 통해서 학생들의 관찰평가를 실시한다. 도움이 필요한 모둠에게 도움을 제공한 후, 발표를 진행한다.

전개	본시학습	• 확률의 기본성질을 정리한다.
		• 확률의 성질과 관련된 문제를 해결한다.
		〈확률의 뜻 오개념 수정〉 – [자료3]
		– A모둠에서 두 눈의 수의 합이 나오는 경우는 2부터 12까지 총 11가지이고, 6이 되는 경우는 이 중 하나이므로 $\frac{1}{11}$이라고 답합니다.
		– B모둠에서 서로 다른 두 개의 주사위를 던질 때 나올 수 있는 전체 경우의 수는 6×6=36가지이고, 6이 나올 경우는 (1, 5), (2, 4), (3, 3), (4, 2), (5, 1)으로 다섯 가지이므로 확률은 $\frac{5}{36}$이라 답합니다.
		– 학생들에게 어느 모둠의 의견이 맞는지를 물어보고, 모둠의 풀이 중 어떤 점이 잘못되었는지를 스스로 생각해보게 합니다.
		– 경우의 수의 비율로 확률을 구할 때는 각 경우가 일어날 가능성이 동등해야 하지만, A모둠의 경우 각 경우가 일어날 가능성이 같지 않음을 인지시키도록 합니다.
		– B모둠의 풀이가 맞음을 안내하고, 경우의 수의 비율로 확률을 구할 때 학생들이 각 경우가 일어날 가능성을 잘 고려해야 함을 지도합니다.
		〈확률에 관한 문제 해결〉 – [자료4]
		– [자료4]의 문제를 학생들에게 제시합니다.
		
		(풀이1) 서로 다른 눈의 수가 나오는 경우를 모두 구해 확률을 구하는 경우
		    서로 다른 눈의 수가 나오는 경우는 모두 30가지이고 두 주사위를 던져서 나올 수 있는 전체 경우의 수가 36가지이므로 서로 다른 눈의 수가 나오는 확률은 $\frac{30}{36}=\frac{5}{6}$이다.
		(풀이2) 여사건을 이용해 확률을 구하는 경우
		    서로 다른 눈의 수가 나오는 경우를 직접 구하지 않고, 전체 경우에서 서로 같은 경우의 수가 나오는 경우를 빼서 계산을 한다. 전체 경우의 수가 36가지이고, 서로 같은 경우가 나오는 경우는 모두 6가지이므로 우리가 구하고자 하는 확률은 $\frac{36-6}{36}=\frac{30}{36}=\frac{5}{6}$이다.
		
		– 두 가지 풀이 모두 맞는 풀이임을 안내합니다.
		– 학생들에게 어떤 풀이가 더 효과적인지 발문합니다.
		– 문제의 상황에 따라 경우의 수를 직접 세는 것보다 여사건을 이용해 확률을 구하는 것이 더 편리함을 학생들이 이해하도록 합니다.
		
		※ 발문 예시 ※
		– 두 풀이(풀이1, 풀이2) 모두 맞는 풀이인가요?
		– 두 풀이(풀이1, 풀이2)를 서로 비교해 볼까요?
		– 어떤 풀이 과정이 더 효과적일 것 같나요?
		– 어떤 상황에서 여사건을 이용해 확률을 구하는 것이 편리할까요?

정리	내용정리	• 학습내용을 정리한다.
	형성평가	• 형성평가를 풀어보게 한다. • 답을 맞춰보고 피드백을 한다.
	차시예고	• 다음 차시를 예고한다.

수학

수업실연 A to Z

2019학년도 중등학교교사 임용후보자 선정경쟁시험 (제2차 시험)
수학 교수·학습 수업실연 문제지

| 수험번호 | | | | | | | | | 관리번호 | |

[실연 조건 및 유의사항]

1. [수업실연 구상지]의 〈수업실연1~2〉에 해당하는 부분을 수업으로 실연하시오.
2. (지도안만 작성하고 실연은 제외한 부분) [자료1]을 이용하여 학생들의 학습 동기를 유발하시오.
3. 〈수업실연1〉: [자료2]를 활용하여 모둠활동을 하나 제시하시오.
   가. 모둠활동에서 학습한 내용을 학생 스스로 일반화하도록 하는 교사의 적절한 발문을 포함한다.
4. 〈수업실연2〉: [자료3]을 활용하여 지도하시오.
   가. 제한된 범위에서의 이차함수의 최대, 최소와 관련된 실생활 문제를 해결한다.
   나. 학생이 오류를 스스로 수정하도록 지도하는 교사의 발문을 포함한다.
5. 수업실연의 전 과정에서 학생과 학생, 교사와 학생 사이의 활발한 의사소통이 이루어지도록 하는 교사의 발문을 포함하시오.

[교수·학습 조건]

1. 대상 : 고등학교 1학년
2. 수업시간 : 100분(블록타임제)
3. 단원명 : 이차함수의 최대, 최소
4. 교수·학습 환경

학생 수	지도 장소	수업 형태	매체 및 기자재
28명(4인 1모둠)	교실	모둠학습	칠판, 분필

2019학년도 중등학교교사 임용후보자 선정경쟁시험 (제2차 시험)
수학 교수·학습 수업실연 문제지

[자료1]

다음은 지면에서 쏘아올린 물로켓의 경로를 함수로 나타낸 것이다.

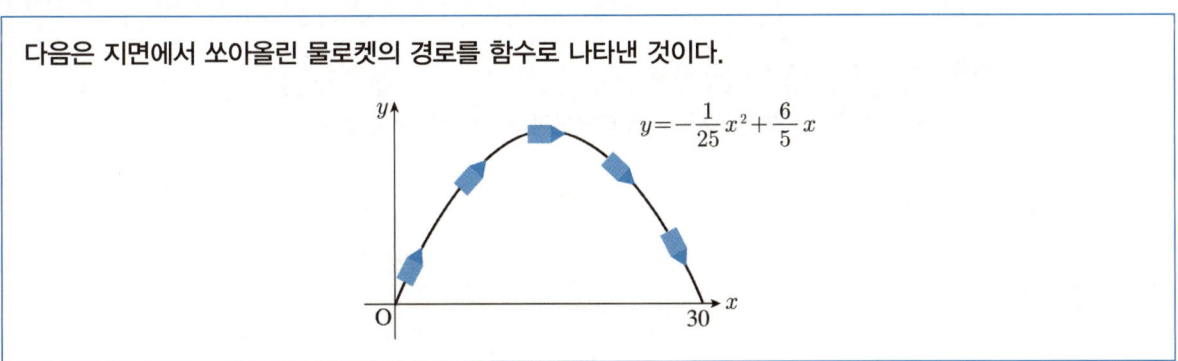

[자료2]

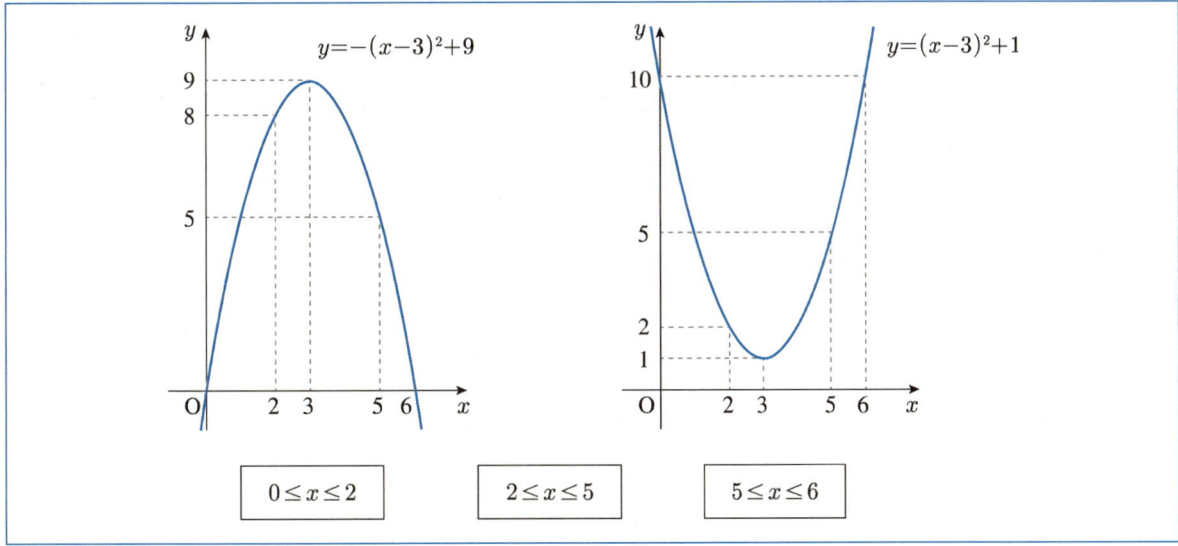

[자료3]

공을 던질 때 t초 후의 높이 y(m)에 대하여 이차함수 $y=-5t^2+30t$의 관계가 성립한다. $1 \le t \le 2$에서 공의 최대 높이(m)를 구하시오.

$y=-5t^2+30t=-5(t-3)^2+45$이므로 $t=1$일 때 25, $t=2$일 때 40, $t=3$일 때 45이다. 따라서 최대 높이는 45이다.

수업실연 구상지

단원		이차함수의 최대, 최소	차시	
학습목표	• 이차함수의 최댓값과 최솟값을 구할 수 있다.			
학습단계	학습전개	교수 · 학습 과정		
도입	주의환기	• 인사 및 출석 확인		
	전시학습	• 이차함수의 그래프		
	동기유발	• [자료1]을 활용하여 동기유발한다(지도안만 작성하고 실연은 제외).		
	학습목표	• 학습목표를 확인한다.		
전개	모둠활동	〈수업실연1〉 – [자료2]를 이용하여 모둠활동을 진행한다.		
	문제풀이	〈수업실연2〉 – [자료3]의 실생활 문제를 해결한다.		
정리	내용정리	• 오늘 배운 내용을 정리한다.		
	형성평가	• 형성평가를 실시한다.		
	차시예고	• 다음 차시를 안내한다.		

수업흐름

도입	주의환기	• 인사 및 출석 확인
	선수학습	• 이차함수의 최대, 최소
	동기유발	[자료1] 물로켓을 지면에서 하늘로 쏘아 올리면 포물선 모양이 나타납니다. 물로켓을 쏘아올린지 몇 초 후에 가장 높은 위치에 도달하게 될지, 그때의 높이는 얼마일지 발문합니다.
	학습목표	• 학습목표를 확인한다.
전개	본시학습	〈모둠활동〉 – [자료2] 〈모둠활동 예시〉 – 학급 내에서 여섯 모둠을 형성한다. – 두 함수에서 카드에 쓰여진 범위에 해당하는 함수의 최댓값과 최솟값을 구하는 활동을 한다. – 하나의 그래프당 3개의 카드를 제시하여, 총 6문제를 출제하고, 모든 모둠은 이 6문제를 순서대로 모두 해결한다. – 답은 모둠 칠판에 작성하며, 문제를 맞춘 모둠 중 한 모둠은 앞에 나와서 답이 나온 이유에 대해 설명한다. 한 문제당 한 모둠에게 설명할 기회를 부여한다. – 모둠활동의 규칙을 설명한 뒤, 모둠활동의 규칙을 올바르게 인지하였는지 학생들에게 질문하거나, 모둠활동 중 순회지도를 하면서 학생들이 활동을 규칙대로 올바르게 하고 있는지 살펴봅니다. 결과보다는 과정을 중시하는 발문을 하며, 문제를 해결한 이후에는 학생들이 발표하도록 합니다. – [자료2]의 답은 다음과 같습니다. $0 \leq x \leq 2$에서 $y=-(x-3)^2+9$의 최댓값은 8, 최솟값은 0 $2 \leq x \leq 5$에서 $y=-(x-3)^2+9$의 최댓값은 9, 최솟값은 5 $5 \leq x \leq 6$에서 $y=-(x-3)^2+9$의 최댓값은 5, 최솟값은 0 $0 \leq x \leq 2$에서 $y=(x-3)^2+1$의 최댓값은 10, 최솟값은 2 $2 \leq x \leq 5$에서 $y=(x-3)^2+1$의 최댓값은 5, 최솟값은 1 $5 \leq x \leq 6$에서 $y=(x-3)^2+1$의 최댓값은 10, 최솟값은 5 – [자료2]에 제시된 x값의 범위에는 주어진 범위에 꼭짓점의 x좌표가 포함되는 경우와 주어진 범위에 꼭짓점의 x좌표가 포함되지 않는 경우가 모두 제시되어 있습니다. 모둠활동 이후에 모둠활동의 결과를 일반화해야 하므로 모둠활동 중에 꼭짓점의 x좌표가 주어진 범위에 포함되어 있는지를 잘 살펴야 하는 점을 강조합니다. – 오개념을 제시하는 조건은 문제에 제시되어 있지 않지만, 모둠활동이기 때문에 모두 다 정답인 상황을 가정하면 수업이 단조로워질 수 있습니다. 따라서 오개념에 대한 예시를 실어놓았으니 참고하기 바랍니다. 〈오개념 상황 예시〉 → 구간이 제한되는 것을 이해하지 못하여 $2 \leq x \leq 5$에서 $y=-(x-3)^2+9$의 최댓값을 $x=3$일 때 9로 올바르게 구했지만, 최솟값은 없다고 하는 경우 → 구간의 양 끝 점에서의 함숫값을 구하는 것에 집중하여 $2 \leq x \leq 5$에서 $y=-(x-3)^2+9$의 최댓값을 $x=2$일 때 8이라고 답하는 경우 – 모둠활동 이후에는 모둠활동에서 학습한 내용을 학생 스스로 일반화할 수 있게 하는 발문을 하고 아래와 같이 정리할 수 있게 합니다. 제한된 범위 내의 함숫값 중 가장 큰 값이 최댓값이고 가장 작은 값이 최솟값이라는 것을 다시 한번 상기시킨 후, 주어진 범위의 양 끝 점에서의 함숫값을 구하고 꼭짓점의 x좌표가 주어진 범위에 포함되는지를 살펴보아야 한다는 것을 강조합니다.

전개	본시학습	〈모둠활동의 결과 일반화〉 – 제한된 범위에서의 함수의 최댓값과 최솟값은 주어진 x값의 범위에서의 함숫값 중 가장 큰 값과 가장 작은 값이다. – x값의 범위가 $\alpha \leq x \leq \beta$일 때, 이차함수 $f(x) = a(x-p)^2 + q(a \neq 0)$의 최댓값과 최솟값은 다음과 같이 구한다. 먼저, 꼭짓점의 x좌표 p가 주어진 범위에 포함되는지 확인해야 한다. → 포함될 경우 : $f(p), f(\alpha), f(\beta)$ 중에서 가장 큰 값이 최댓값, 가장 작은 값이 최솟값이다. → 포함되지 않을 경우 : $f(\alpha), f(\beta)$ 중에서 큰 값이 최댓값, 작은 값이 최솟값이다.
		※ 발문 예시 ※ – 모둠활동의 규칙을 모두 잘 이해했나요? 규칙을 잘 이해했는지 확인해 볼게요. ○○이, 말해볼까요? (순회지도 중 문제를 해결하지 못하고 있는 모둠에게) 함수의 최댓값과 최솟값은 x값을 의미할까요, y값을 의미할까요? – 1모둠, $0 \leq x \leq 2$에서의 함수의 최댓값과 최솟값을 잘 구했어요. 왜 그렇게 생각했는지 그래프를 이용해서 설명해 볼까요? – 2모둠, $2 \leq x \leq 5$에서의 함수의 최댓값과 최솟값을 구한 과정을 잘 이야기해 주었어요. 방금 1모둠이 $0 \leq x \leq 2$에서의 최댓값과 최솟값을 구한 과정과 어떤 점이 다른가요? – 모둠활동에서 학습한 내용을 일반화시켜 봅시다. 함수의 그래프의 모양과 x값의 범위에 상관없이 구간의 양 끝 점에서의 함숫값 중 큰 값이 최댓값, 작은 값이 최솟값인가요? 어떤 경우에 아닌가요?
		〈실생활에서의 이차함수의 최대, 최소〉 – [자료3] – [자료3]의 답은 40입니다. – [자료3]의 학생은 주어진 범위인 $1 \leq t \leq 2$에 이차함수의 꼭짓점의 t좌표인 $t = 3$이 포함되지 않음에도 불구하고 $t = 3$일 때의 함숫값 45를 구하여 최대 높이라고 답한 경우입니다. 학생이 그래프를 그리도록 하여 자신의 풀이에 대한 오류를 수정하게 한 후, [자료2]의 모둠활동 결과를 한번 더 강조합니다.
		※ 발문 예시 ※ – $t = 3$이 주어진 구간 내에 포함되나요? → 꼭짓점의 x값이 구간 내에 포함되는지 확인해야 함을 강조함 – $y = -5t^2 + 30t$의 그래프를 그리고 $1 \leq t \leq 2$ 구간을 표시해서 확인해 봅시다. → 자신의 풀이를 그래프로 확인할 수 있도록 유도함 – [자료2]를 해결하면서 이와 같은 제한된 범위에서의 이차함수의 최댓값을 구할 때에는 어떤 점을 주의하라고 했었는지 기억해 볼까요?
정리	내용정리	• 이번 차시에 학습한 내용을 정리한다.
	형성평가	• 형성평가를 풀어보고 피드백을 한다.
	차시예고	• 다음 차시를 예고한다.

수학

수업실연 A to Z

2018학년도 중등학교교사 임용후보자 선정경쟁시험 (제2차 시험)
수학 교수·학습 수업실연 문제지

| 수험번호 | | | | | | | | | 관리번호 | |

[실연 조건 및 유의사항]

1. [수업실연 구상지]의 〈수업실연1~3〉에 해당하는 부분을 수업으로 실연하시오.
2. 〈수업실연1〉: [자료1]을 이용하여 교사의 구체적인 발문을 포함하여 동기유발하시오.
3. 〈수업실연2〉: [자료2]와 [자료3]을 이용하여 삼각형의 닮음 조건을 발견하는 교수·학습 과정을 포함하여 지도하시오.
   가. [자료2]를 이용하여 삼각형의 닮음 조건을 발견하는 모둠학습을 한다.
   나. [자료3]의 〈모둠1〉의 발표에 대한 구체적인 반례를 포함하고, 오개념을 수정하는 활동을 한다.
4. 〈수업실연3〉: [자료3]과 [자료4]를 이용하여 지도하시오.
   가. [자료3]의 〈모둠2〉의 발표를 [자료4]를 이용하여 설명하는 교수·학습 과정을 포함하여 지도한다.
   나. 삼각형의 닮음 조건을 정리하는 내용을 포함한다.
5. 학생들과 교사와의 상호작용이 드러나도록 한다.
6. 학습목표는 칠판에 제시된 것으로 간주한다.

[교수·학습 조건]

1. 대상: 중학교 2학년
2. 수업시간: 90분(블록타임제)
3. 단원명: 삼각형의 닮음 조건
4. 교수·학습 환경

학생 수	지도 장소	매체 및 기자재	평가
30명(5인 1모둠)	교실	칠판, 분필, 각도기	관찰평가

2018학년도 중등학교교사 임용후보자 선정경쟁시험 (제2차 시험)
수학 교수·학습 수업실연 문제지

| 수험번호 | | | | | | | | 관리번호 | |

[자료1]

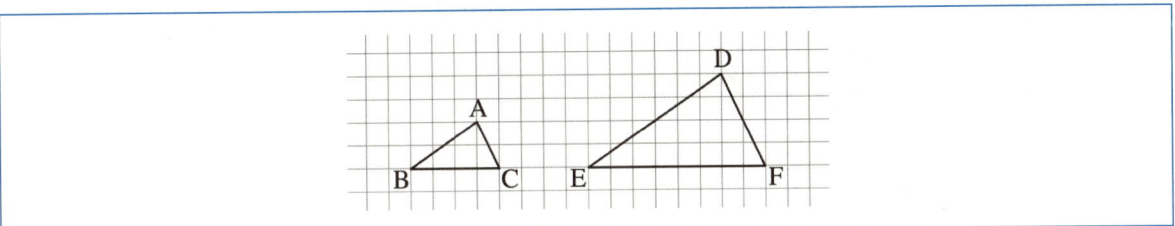

[자료2]

각 모둠마다 변의 길이와 각의 크기에 대한 조건이 적혀 있는 여섯 종류의 카드가 주어져 있다.

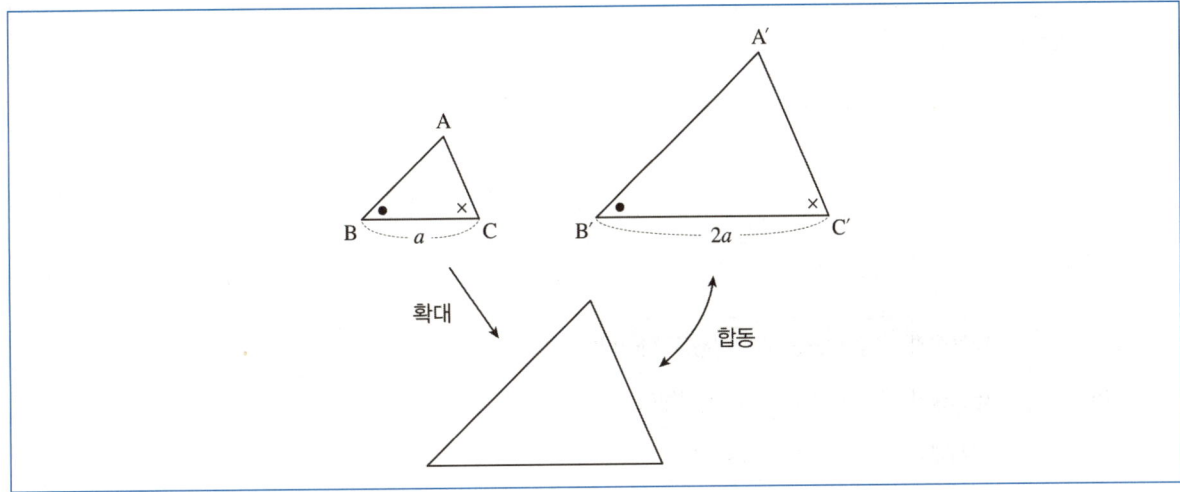

[자료3]

〈모둠1〉: 카드에 적힌 조건 2개를 만족시키면 두 삼각형은 반드시 닮음이에요.
〈모둠2〉: ∠B = ∠B′이고, ∠C = ∠C′이면 두 삼각형은 닮음이에요.

[자료4]

수업실연 구상지

단원	삼각형의 닮음 조건	차시	
학습목표	• 삼각형의 닮음 조건을 이해하고, 이를 이용하여 두 삼각형이 서로 닮은 도형인지 판별할 수 있다.		
학습단계	학습전개	교수·학습 과정	
도입	주의환기	• 인사 및 출석 확인	
	선수학습 확인	• 닮음의 뜻과 닮음의 성질에 대한 선수학습을 확인한다.	
전개	동기유발	〈수업실연1〉 – [자료1]의 내용을 지도한다.	
	학습목표	• 학습목표를 제시한다.	
	모둠활동	〈수업실연2〉 – [자료2]와 [자료3]을 지도한다.	
		〈수업실연3〉 – [자료3]과 [자료4]를 지도한다.	
정리	내용정리	• 오늘 배운 내용을 정리한다.	
	형성평가	• 형성평가를 실시한다.	
	차시예고	• 다음 차시를 안내한다.	

 수업흐름

	주의환기	• 인사 및 출석 확인
	선수학습	• 닮음의 뜻과 닮음의 성질에 대해 복습한다.
도입	동기유발	〈동기유발〉 – [자료1] – 모둠별로 삼각형이 그려진 모눈종이와 각도기를 나누어주고 두 삼각형 ABC와 DEF의 세 변의 길이와 세 각의 크기를 찾아보게 합니다. – 두 삼각형 ABC와 DEF는 세 쌍의 대응변의 길이의 비가 1:2로 일정하고, 세 쌍의 대응각의 크기가 각각 같음을 발견하게 합니다. – △DEF는 △ABC를 2배 확대한 삼각형과 합동이므로 △ABC와 △DEF가 서로 닮은 도형임을 알게 합니다. – △ABC와 △DEF같이 두 삼각형이 서로 닮은 도형인지 알기 위한 방법이 무엇인지 발문을 제시하여 삼각형의 닮은 조건에 대하여 동기를 유발합니다. ※ 발문 예시 ※ – 삼각형 ABC와 DEF의 세 변의 길이와 세 각의 크기를 비교해 볼까요?
	학습목표	• 학습목표를 확인한다.
전개	본시학습	〈모둠활동을 통해 삼각형의 닮음 조건 추론하기〉 – [자료2] – 세 변의 길이와 세 각의 크기를 모두 비교하지 않아도 두 삼각형이 서로 합동인지 알 수 있듯이, 대응변의 길이의 비와 대응각의 크기를 모두 비교하지 않고도 두 삼각형이 서로 닮은 도형인지 알 수 있음을 지도합니다. – [자료2]를 이용하여 모둠별로 '두 삼각형이 서로 닮은 도형이 되기 위한 최소한의 조건을 찾아볼까요?'라는 과제를 제시합니다. – 여섯 종류의 카드를 모두 사용하면 두 삼각형은 서로 닮은 도형이 되지만 항상 대응변의 길이의 비와 대응각의 크기를 모두 알 수는 없으므로 카드를 하나씩 줄여가면서 최소한의 조건을 찾을 수 있도록 안내합니다. – 모둠별로 여섯 종류의 카드 중 두 삼각형이 서로 닮음이 되는 최소한의 조건으로 찾은 카드를 조합하여 모둠 칠판에 붙이고 그렇게 판단한 이유를 적게 합니다. > **참고** 〈모둠활동의 결과 예시〉 > [자료3]에 제시된 〈모둠1〉과 〈모둠2〉가 발표하기 전에 〈모둠3〉과 〈모둠4〉의 발표 상황을 가정하면 다음과 같습니다. > 〈모둠3〉: $a:a'=b:b'$, $b:b'=c:c'$, $a:a'=c:c'$ 중 2가지 조건을 만족하는 경우 > 〈모둠4〉: $a:a'=b:b'$이고 $\angle C=\angle C'$인 경우 > 〈모둠1〉: 카드에 적힌 조건 2개 만족하는 경우 > 〈모둠2〉: $\angle B=\angle B'$이고 $\angle C=\angle C'$인 경우 – 발표가 끝난 후 학생들과 함께 모둠별 발표에 대해 맞는지 확인합니다. ※ 발문 예시 ※ – 여섯 종류의 카드를 모두 사용하면 두 삼각형은 서로 닮은 도형이 됩니다. 그런데 대응하는 세 변의 길이나 세 각의 크기를 모두 알 수 없을 때는 두 삼각형이 서로 닮음인지 어떻게 알 수 있을까요? – 삼각형의 합동조건에서 배운 내용을 생각해 보면서 최소한의 조건을 찾아볼까요? 〈오개념 수정 지도〉 – [자료3] – 학생들의 발표가 맞는지 확인하는 과정에서 다른 모둠의 학생들이 〈모둠1〉의 발표에 대해 잘못된 것 같다는 의견을 제시합니다. – 〈모둠1〉의 발표에 대한 구체적인 반례를 제시하게 하여 〈모둠1〉의 발표에 대해 반박하게 합니다.

- 학생들이 제시한 반례가 적절한 반례인지 확인하며 〈모둠1〉의 학생이 오개념을 수정할 수 있도록 지도합니다.

> (반례) 변에 대한 조건 1개, 각에 대한 조건 1개(끼인각 아닌 경우)
> $a:a'=b:b'=1:2$, $\angle B = \angle B'$이지만 △ABC를 일정한 비율로 확대하거나 축소해도 △A'B'C'와 합동이 되지 않으므로 △ABC와 △A'B'C'는 서로 닮은 삼각형이 아님
>
>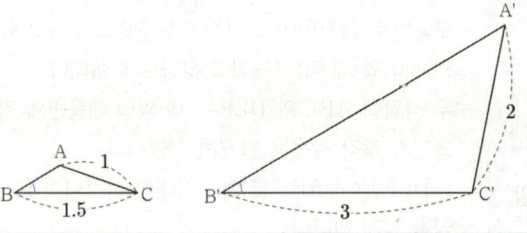

> **참고** 변에 대한 조건 2개를 뽑으면, $a:a'=b:b'=c:c'$가 성립하므로 △ABC와 △A'B'C'는 항상 SSS닮음이 되어 반례가 아닙니다. 각에 대한 조건 2개를 뽑으면, △ABC와 △A'B'C'는 세 각의 크기가 모두 같아 AA닮음이므로 반례가 아닙니다.

※ 발문 예시 ※
- 이제 모둠별로 발표한 내용이 맞는지 확인해볼 거예요. 틀린 내용이 있다면 왜 틀렸는지 이유까지 함께 생각해 볼까요?
- 5모둠에서 1모둠의 발표가 잘못되었다고 했는데 왜 그렇게 생각했나요? 1모둠의 발표가 잘못되었음을 보여주는 예를 제시해 볼까요?

〈AA닮음 증명〉 - [자료4]
- [자료3]의 $\angle B = \angle B'$이고 $\angle C = \angle C'$이면 두 삼각형은 닮음이라는 학생B의 주장에 대해 정당화하는 과정을 지도합니다. 학생이 정당화하기에 어려움이 있으므로 교사가 학생에게 '△DEF와 △A'B'C'에서 ∠E와 같은 각은?'과 같이 구체적인 질문을 제시하고 삼각형의 합동조건과 비교하면서 정당화합니다.

> 〈AA닮음 정당화하기〉
> △ABC와 닮음비가 $1:2$인 삼각형을 △DEF라 하자.
> △DEF와 △A'B'C'에서
> $\angle E = \angle B'$, $\angle F = \angle C'$, $\overline{EF} = \overline{B'C'} = 2a$이므로
> △DEF ≡ △A'B'C'(ASA합동)이다.
> 따라서 △ABC∽△A'B'C'
> - **추가설명** : [자료4]에서는 밑변의 길이가 a와 $2a$로 나와 있는데, 일반적으로 대응하는 두 각의 크기가 같은 삼각형에서 대응하는 한 변의 길이의 비가 $a:ka$인 경우에도 비슷한 방식으로 서로 닮은 도형임을 보일 수 있고, 그때의 닮음비는 $1:k$가 됩니다.

- 정당화가 끝나면 삼각형의 닮음 조건을 정리하며 수업을 마무리합니다.

> 〈삼각형의 닮음 조건〉
> 두 삼각형은 다음의 각 경우에 서로 닮은 도형이다.
>
> 1. 세 쌍의 대응변의 길이의 비가 일정할 때
> $a:a'=b:b'=c:c'$
>
> 2. 두 쌍의 대응변의 길이의 비가 일정하고, 그 끼인 각의 크기가 서로 같을 때
> $a:a'=c:c'$, $\angle B = \angle B'$
>
> 3. 두 쌍의 대응각의 크기가 각각 서로 같을 때
> $\angle B = \angle B'$, $\angle C = \angle C'$
>
>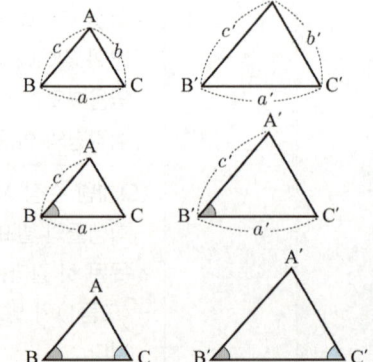

전개	본시학습	※ 발문 예시 ※ − 이제 2모둠의 발표를 볼게요. 2모둠의 발표는 맞는 것 같나요? − △DEF와 △A′B′C′는 서로 합동인가요? 어떤 합동조건이 성립하나요? − 밑변의 길이가 $2a$가 아니라 ka라면 어떻게 될까요? 닮음비는 무엇일까요?
정리	내용정리	• 오늘 배운 내용에 대해 정리한다.
	형성평가	• 형성평가를 풀어보게 한다. • 답을 맞춰보고 피드백을 한다.
	차시예고	• 다음 차시를 예고한다.

2017학년도 중등학교교사 임용후보자 선정경쟁시험 (제2차 시험)
수학 교수·학습 수업실연 문제지

| 수험번호 | | | | | | | | | 관리번호 | |

[실연 조건 및 유의사항]

1. [수업실연 구상지]의 〈수업실연1~2〉에 해당하는 부분을 수업으로 실연하시오.
2. 〈수업실연1〉: [자료1]의 내용을 지도하시오.
   가. [자료1]의 내용을 지도하는 과정에서 교사의 발문이 포함되도록 한다.
   나. 두 학생의 풀이를 비교하는 과정을 포함하도록 한다.
3. 〈수업실연2〉: [자료2]를 지도하시오.
   가. [자료2]의 (활동1)을 지도할 때 학생들의 오류를 수정하는 활동을 포함하도록 한다.
   나. 교사와 학생, 학생과 학생 사이의 의사소통을 포함하도록 한다.
   다. [자료2]의 (활동2)에서 한 모둠의 발표내용을 포함하도록 한다.
4. 학습목표는 제시되어 있다고 간주한다.
5. 칠판에는 적정량 이상의 판서를 실시한다.
6. 교사와 학생의 구체적인 상호작용이 드러나도록 실연하시오.

[교수·학습 조건]

1. 대상: 중학교 1학년
2. 수업시간: 90분(블록타임제)
3. 단원명: 계수가 분수, 소수인 일차방정식 & 일차방정식의 활용
4. 교수·학습 환경

학생 수	지도 장소	수업 형태	매체 및 기자재	평가
30명(5인 1모둠)	교실	모둠학습	칠판, 분필	동료평가

2017학년도 중등학교교사 임용후보자 선정경쟁시험 (제2차 시험)
수학 교수・학습 수업실연 문제지

[자료1]

다음은 일차방정식 $2x - \dfrac{5}{6} = \dfrac{1}{3}x + \dfrac{3}{2}$의 해를 구하는 학생A와 학생B의 풀이과정이다. 나머지 풀이과정을 완성하시오.

〈학생A〉	〈학생B〉
$2x - \dfrac{5}{6} = \dfrac{x}{3} + \dfrac{3}{2}$ $2x - \dfrac{x}{3} = \dfrac{3}{2} + \dfrac{5}{6}$	$2x - \dfrac{5}{6} = \dfrac{x}{3} + \dfrac{3}{2}$ $12x - 5 = 2x + 9$

[자료2]

영수는 용돈을 가지고 2000원짜리 공책 한 권을 구입하고 남은 돈의 $\dfrac{1}{5}$ 금액으로 연필 한 자루를 구입하고 남은 8000원을 저축하였다. 영수의 용돈은 얼마일까?

(활동1) $(2000, \dfrac{1}{5}, 8000)$으로 주어진 수에서 하나를 바꾸어 새로운 문제를 만들어 보고 이를 해결해 보도록 하자.

(활동2) 영수의 용돈을 구하는 문제를 공책 한 권의 가격, 연필 한 자루의 가격, 저축한 금액 중 하나로 바꾸어 새로운 문제를 만들고 해결해 보도록 하자.

수업실연 구상지

단원	계수가 분수, 소수인 일차방정식 & 일차방정식의 활용	차시	
학습목표	• 계수가 분수(소수)인 일차방정식을 해결할 수 있다. • 일차방정식 활용하여 실생활 문제를 해결할 수 있다.		

학습단계	학습전개	교수 · 학습 과정
도입	주의환기	• 인사 및 출석 확인
	동기유발	• 일차방정식의 활용과 관련된 동기유발을 실시한다.
	학습목표	• 학습목표를 확인한다.
전개	본시학습	• 계수가 정수인 일차방정식 풀이지도
		〈수업실연1〉 – [자료1]의 내용을 지도한다.
		• [자료2] 문제풀이 지도
		〈수업실연2〉 – [자료2]를 지도한다.
정리	내용정리	• 오늘 배운 내용을 정리한다.
	형성평가	• 형성평가를 실시한다.
	차시예고	• 다음 차시를 안내한다.

수업흐름

도입	주의환기	• 인사 및 출석 확인
	선수학습	• 선수학습 내용을 확인
	동기유발	• 수업내용과 관련된 동기유발을 실시
	학습목표	• 계수가 분수(소수)인 일차방정식을 해결할 수 있다. • 일차방정식 활용하여 실생활 문제를 해결할 수 있다.

전개	본시학습	〈일차방정식 풀이〉
		계수가 정수인 일차방정식 풀이 지도
		
		〈일차방정식 풀이 비교〉 - [자료1]
		– 실제로 학생A와 학생B가 있다고 가정하고 수업을 진행합니다.
		– 학생A, B의 풀이를 교사의 발문을 통해 정리합니다.
		
		〈학생A의 풀이〉
		$2x - \dfrac{5}{6} = \dfrac{x}{3} + \dfrac{3}{2}$
		$2x - \dfrac{x}{3} = \dfrac{3}{2} + \dfrac{5}{6}$
		$\dfrac{5}{3}x = \dfrac{14}{6}$
		$x = \dfrac{42}{30}$
		$\therefore x = \dfrac{7}{5}$
		
		〈학생B의 풀이〉
		$2x - \dfrac{5}{6} = \dfrac{x}{3} + \dfrac{3}{2}$
		$12x - 5 = 2x + 9$
		$10x = 14$
		$x = \dfrac{14}{10}$
		$\therefore x = \dfrac{7}{5}$
		
		– 학생의 풀이를 비교하는 조건이 포함되어 있으므로 학생A와 학생B의 풀이가 어떤 차이점이 있는지를 학생들에게 발문하도록 합니다. 학생A는 식을 바로 이항하여서 풀이하였고, 학생B는 분모의 최소공배수를 곱해 식을 간단히 정리하여 계산하였음을 지도합니다.
		– 어떤 풀이가 더 좋을지 학생들에게 발문합니다. 두 풀이 모두 풀이 과정에서 잘못된 점은 없지만, 최소공배수를 곱해 식을 정리해서 푼 학생B의 풀이 과정이 더 간결하고 효과적으로 식을 해결할 수 있음을 강조합니다. (반대로 학생A의 풀이 과정은 계산 과정이 조금 복잡해지고, 계산실수를 할 가능성이 높음을 언급해주는 것도 좋습니다.)
		
		※ 발문 예시 ※
		– 학생A는 어떻게 문제를 해결하였나요?
		  → 계수를 그대로 두고 이항하여 계산하였음
		– 학생B는 식을 어떻게 정리했나요?
		  → 분모의 최소공배수를 곱해서 계산하였음
		– 학생A, B의 풀이 중 어떤 것이 더 편리할까요?
		– 학생A의 풀이 과정은 어떤 점을 조심해야 할까요?
		  → 계산 과정이 복잡하고, 계산실수를 할 가능성이 있음
		– 학생B의 풀이 과정은 어떤 장점이 있을까요?
		  → 계산 과정이 편리하며, 계산실수 가능성을 줄임
		
		〈모둠활동〉 - [자료2]
		모둠활동 내용을 설명한 뒤 순회지도를 실시합니다.
		
		〈문제풀이〉
		– [자료2]에서 제시된 조건이 $(2000, \dfrac{1}{5}, 8000)$인 일차방정식 풀이

전개	본시학습	[활동1]
		– 숫자 하나를 바꾸어 개념을 지도하고 오개념이 드러나도록 지도하는 과정입니다.
		
		〈오개념 예시〉 – ① (분모의 최소공배수를 특정 항에만 곱한 경우)
		$(2000, \frac{1}{5}, 8000) \rightarrow (2000, \frac{1}{5}, 10000)$
		영수의 용돈을 x라 할 때 주어진 문제를 식으로 표현하면 다음과 같다.
		$2000 + \frac{1}{5}(x-2000) + 10000 = x$이므로
		$2000 + x - 2000 + 10000 = x$이 되어서 $10000 = 0$
		
		– 계수를 정수로 만들기 위해 계수가 분수인 항에만 최소공배수를 곱해 생긴 경우입니다. 어떤 부분이 잘못되었는지 학생들에게 발문한 뒤 내용을 다시 정리하도록 합니다. 정확한 풀이는 $10000 + x - 2000 + 50000 = 5x$이므로, $4x = 58000$이고 $x = 14500$이 되어 영수의 용돈은 14,500(원) 임을 알 수 있습니다.
		
		〈오개념 예시〉 – ② (결과가 정수가 아닌 분수로 나오는 경우)
		$(2000, \frac{1}{5}, 8000) \rightarrow (2000, \frac{1}{4}, 8000)$
		영수의 용돈을 x라 할 때 주어진 문제를 식으로 표현하면 다음과 같다.
		$2000 + \frac{1}{4}(x-2000) + 8000 = x$이므로, $8000 + x - 2000 + 32000 = 4x$이고
		식을 정리하면 $3x = 38000$이다. 따라서 $x = \frac{38000}{3}$(원)이다.
		
		– 결과가 정수가 아닌 분수로 나오게 된 경우입니다. 풀이에서 틀린 부분은 없지만, 가격은 정수가 아닌 분수가 될 수 없기 때문에 실생활에 적용했을 때 적절하지 않은 상황임을 강조합니다.
		
		※ 발문 예시 ※
		– (오개념 예시 ①을 보며) 어떤 부분이 이상한가요?
		  → 최소공배수를 각 항에 적절히 곱하지 않음을 지적함
		– (풀이내용을 보며) 어떻게 계산을 하면 좋을까요?
		  → 분모의 최소공배수를 곱해서 계산할 수 있음을 강조해 앞 내용을 자연스럽게 복습하도록 함
		– (오개념 예시 ②를 보며) 어떤 부분이 이상한가요?
		  → 가격이 분수가 나오는 상황이 이상함을 지적함
		
		[활동2]
		공책 한 권의 가격, 연필 한 자루의 가격, 저축한 금액 중 하나만을 바꿔 문제를 만드는 과정을 설명합니다. 이때 앞에서 이야기한 오개념이 발생하지 않도록 주의합니다.
		
		〈모둠의 발표내용 예시〉
		영수는 용돈 10000원으로 2000원짜리 공책 한 권을 사고 남은 돈의 $\frac{1}{5}$ 금액으로 연필을 사고 남은 돈을 모두 저축하였다. 이때 저축한 금액은 얼마인가?
		저축한 돈을 x라고 할 때, 용돈이 10000원이므로 저축한 돈은
		$10000 - 2000 - \frac{1}{5}(10000 - 2000) = x$임을 알 수 있다. $8000 - \frac{8000}{5} = x$이므로,
		$8000 - 1600 = x$를 만족한다. 따라서 저축 금액은 6,400(원)이다.

정리	형성평가	• 형성평가를 실시한다.
	차시예고	• 다음 차시를 예고한다.

수업실연 A to Z

2016학년도 중등학교교사 임용후보자 선정경쟁시험 (제2차 시험)
수학 교수·학습 수업실연 문제지

| 수험번호 | | | | | | | | | 관리번호 | |

[실연 조건 및 유의사항]

1. [수업실연 구상지]의 〈수업실연1~3〉에 해당하는 부분을 수업으로 실연하시오.
2. 학습목표는 칠판에 제시된 것으로 간주한다.
3. 〈수업실연1〉: [자료1]의 내용을 이용해 동기유발을 한다.
   가. 산포도의 필요성이 느껴지도록 하는 발문을 포함하도록 한다.
4. 〈수업실연2〉: [자료2]를 지도한다.
   가. [자료2]를 이용하여 분산과 표준편차의 의미와 구하는 방법을 지도하는 내용을 포함한다.
5. 〈수업실연3〉: [자료3]을 지도한다.
   가. 점수에 대한 분산이 더 작은 학생이 누구인지 토론하는 과정을 포함하도록 한다.
   나. 분산이 더 작은 학생이 누구인지 말하는 상황을 제시하고 [그림1]과 [그림2]의 내용이 모두 포함되도록 한다.
6. 칠판에는 적정량 이상의 판서를 실시한다.

[교수·학습 조건]

1. 대상 : 중학교 3학년
2. 수업시간 : 45분
3. 단원명 : 분산과 표준편차
4. 교수·학습 환경

학생 수	지도 장소	수업 형태	매체 및 기자재
32명(4인 1조)	교실	모둠학습	빔프로젝터, 스크린, 계산기

2016학년도 중등학교교사 임용후보자 선정경쟁시험 (제2차 시험)
수학 교수·학습 수업실연 문제지

| 수험번호 | | | | | | | | 관리번호 | |

[자료1]
다음은 A상자와 B상자에 들어있는 5개 사과의 당도를 조사한 표이다.   (단위 : brix)

A상자	14	15	14	13	14
B상자	16	12	16	10	16

[자료2]
다음은 A상자와 B상자의 사과의 당도에 대해 편차와 편차의 평균을 구하는 학생의 풀이과정이다.

A상자						B상자					
편차	0	1	0	−1	0	편차	2	−2	2	−4	2
편차의 평균	$\dfrac{0+1+0+(-1)+0}{5}=0$					편차의 평균	$\dfrac{2+(-2)+2+(-4)+2}{5}=0$				

[자료3]
〈토론학습지〉 다음은 효철이와 은지가 10번의 게임을 통해 얻은 점수를 서로 다른 방법으로 나타낸 표이다. 학생들은 각 모둠에서 [그림1]과 [그림2] 중 하나를 선택해서 효철이와 은지가 10번의 게임을 통해 얻은 점수에 대한 분산이 더 작은 학생이 누구인지 토론하시오.

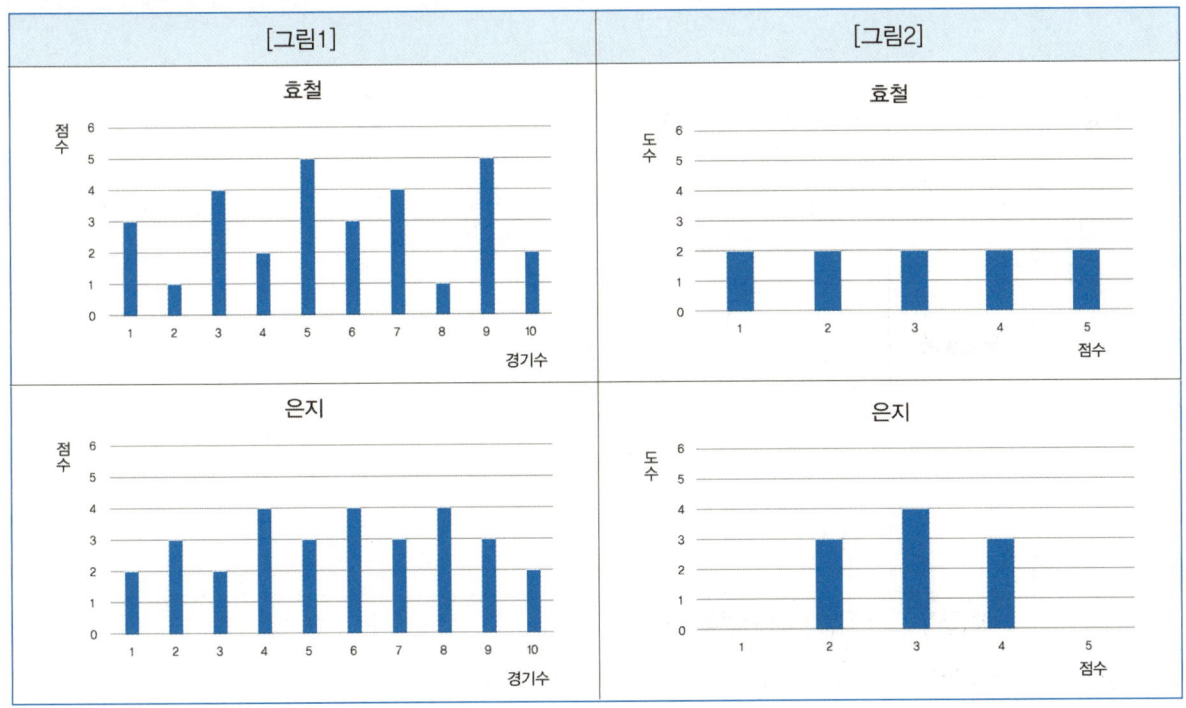

📋 수업실연 구상지

단원		분산과 표준편차	차시	
학습목표		• 분산과 표준편차의 의미를 이해하고, 이를 구할 수 있다.		
학습단계	학습전개	교수·학습 과정		
도입	주의환기	• 인사 및 출석 확인		
	동기유발	〈수업실연1〉 - [자료1]의 내용을 이용해 동기유발로 지도한다.		
	학습목표	• 학습목표를 확인한다.		
전개	개념지도	〈수업실연2〉 - [자료2]를 이용해 분산과 표준편차를 지도한다.		
	모둠활동	〈수업실연3〉 - [자료3]을 지도한다.		
정리	내용정리	• 오늘 배운 내용을 정리한다.		
	형성평가	• 형성평가를 실시한다.		
	차시예고	• 다음 차시를 안내한다.		

수업흐름

도입	주의환기	• 인사 및 출석 확인
	전시학습	• 전시학습 내용 확인
	동기유발	⟨동기유발⟩ – [자료1] A상자와 B상자는 5개 사과의 당도를 나타낸 것입니다. 학생들에게 어떤 사과상자를 선택할 것인지 발문하며 다양한 답변이 나올 수 있도록 합니다. 학생들이 이미 알고 있는 '평균'을 이용해 A상자, B상자의 사과 당도를 비교합니다. A상자에 들어있는 사과의 당도 평균은 14, B상자에 들어있는 사과의 당도 평균도 14임을 알 수 있습니다. 이처럼 평균이 같은 경우는 어떻게 자료를 비교할지 학생들에게 발문하여 산포도의 필요성과 유용성을 인식하도록 합니다. ※ 발문 예시 ※ – A상자와 B상자 중 어떤 상자를 선택하고 싶나요? – A상자와 B상자의 사과 당도를 비교해 봅시다. 　→ 평균을 이용해 두 상자를 비교하고, 평균이 같음을 인식함 – 평균이 같은 두 집단은 어떻게 비교할까요?
	학습목표	• 학습목표를 확인한다.
전개	본시학습	⟨분산과 표준편차 개념지도⟩ – [자료2] – 산포도는 변량이 흩어져 있는 정도를 숫자로 표현한 것이고, 산포도의 종류는 분산과 표준편차가 있음을 인지하도록 합니다. – 편차의 개념을 지도합니다. 변량이 흩어져 있는 정도를 어떻게 값으로 나타낼 수 있을지를 발문해 편차의 필요성을 인식하도록 합니다. – '편차'는 변량에서 평균값을 빼는 것임을 지도합니다. 편차는 양수가 될 수도, 음수가 될 수도, 0이 될 수도 있음을 지도합니다. – A상자와 B상자의 편차를 각각 구합니다. 변량이 흩어져있는 정도를 하나의 값으로 표현해야 하기 때문에 적절한 발문과 함께 '편차의 평균'을 구하도록 합니다. 이때 편차의 합은 항상 0이 됨을 지도합니다. – 편차는 합과 평균 모두 0이므로 편차를 사용하여 변량이 흩어져 있는 정도를 나타내기는 어려움을 학생들 스스로 발견하도록 안내합니다.

A상자					
편차	0	1	0	−1	0
편차의 평균	$\dfrac{0+1+0+(-1)+0}{5}=0$				

B상자					
편차	2	−2	2	−4	2
편차의 평균	$\dfrac{2+(-2)+2+(-4)+2}{5}=0$				

– 분산의 개념을 지도합니다.
　→ 분산은 편차의 제곱의 평균
– 이때 개념을 바로 도입하는 것이 아니라 편차의 합이 0이 되지 않도록 하기 위해 어떻게 해야 할지 발문한 뒤 각 편차를 제곱하고, 이를 하나의 값으로 표현하기 위해 평균을 구함을 학생들이 이해하도록 합니다.
– 계산 과정에 따라 분산은 항상 0 이상인 수가 됨을 이해하도록 합니다.
– 표준편차의 개념과 기호를 지도합니다.
　→ 표준편차는 분산의 음이 아닌 제곱근
– 분산은 변량이 흩어져 있는 정도를 하나의 값으로 나타낸 것이기 때문에 분산이 클수록 변량이 평균으로부터 더 멀리 흩어져 있고, 분산이 작을수록 자료가 평균 주위에 모여 있음을 이해하도록 합니다.
– A상자와 B상자에서 사과 당도의 평균과 표준편차를 구하도록 합니다. 계산 결과 A상자의 분산은 $\dfrac{2}{5}$, 표준편차는 $\dfrac{\sqrt{2}}{\sqrt{5}}=\dfrac{\sqrt{10}}{5}$ 이고 B상자의 분산은 $\dfrac{32}{5}$, 표준편차는 $\dfrac{\sqrt{32}}{\sqrt{5}}=\dfrac{\sqrt{160}}{5}=\dfrac{4\sqrt{10}}{5}$ 이 됨을 이해하도록 합니다.

전개	본시학습	– 분산과 표준편차의 개념을 이용해 A상자와 B상자 중 어떤 상자를 더 선호하는지를 학생들에게 다시 한번 발문합니다. 그 이유는 무엇인지 학생들에게 발문하여 분산과 표준편차의 유용성을 다시 한번 강조합니다.
		※ 발문 예시 ※ – 변량이 흩어져 있는 것을 나타내기 위해서는 어떤 방법을 사용할 수 있을까요? 　→ 평균과 변량의 차이, 즉 편차를 학습해야 하는 필요성 인식 – 편차의 합이 어떻게 되나요? 　→ 0이 됨을 알도록 함 – 변량이 흩어져 있는 정도를 하나의 값으로 표현하기 위해서는 어떤 방법을 사용하는 것이 좋을까요? 　→ 평균을 이용해 하나의 값으로 표현함을 인식함 – 편차의 합이 0이 되지 않도록 하기 위해서는 어떻게 해야 할까요? 　→ 편차를 제곱해 계산할 수 있도록 함 – 분산이 클수록 자료는 어떤 특징을 가지고 있을까요? 　→ 분산이 커질수록 자료가 평균으로부터 더 멀리 흩어져 있음을 알게 함 – 분산이 작을수록 자료는 어떤 특징을 가지고 있을까요? 　→ 분산이 작을수록 자료가 평균 주위에 모여 있음을 이해하게 함 – A상자, B상자의 사과 당도를 비교해 보세요. 　→ B상자의 분산(표준편차)이 더 크므로 각 자료가 평균을 기준으로 더 멀리 흩어져 있음 – 여러분이라면 어떤 상자를 선택할 것 같나요? 　→ 다양한 학생들의 답변을 처리하도록 하며 A, B 모두 답이 될 수 있는 상황을 가정하면 좋음. 사과의 품질이 일정한 것이 중요하기 때문에 A상자를 더 선호한다거나 품질이 좋은 제품 가격이 월등히 비싸기 때문에 B상자를 선택하는 것을 선호한다는 식으로 예시상황을 가정
		〈모둠활동〉 – [자료3] – 모둠활동 내용을 설명한 뒤 활동을 시작합니다. – 순회지도를 실시합니다. – 최소 2개 모둠이 발표하도록 하고 [그림1]과 [그림2]를 이용해 분산이 더 작은 학생을 설명하도록 합니다. – 한 모둠은 그래프만을 가지고 설명을 하고 다른 모둠은 실제 계산을 통해 설명하도록 합니다. [모둠1] : [그림1]을 이용해 설명 – 효철이와 은지의 분산을 실제로 계산한 뒤 은지의 분산이 더 작음을 확인하도록 합니다. 　(효철이의 분산 : 2, 은지의 분산 : 0.6) [모둠2] : [그림2]를 이용해 설명 – 막대그래프를 통해 효철이의 점수는 편차가 큰 것을 알 수 있고, 은지의 편차는 상대적으로 작은 것을 알 수 있습니다. 이를 통해 은지의 분산이 더 작음을 확인합니다. – [그림1]과 [그림2]의 어떤 장·단점이 있는지를 발문합니다. – [그림1]은 경기당 정확한 점수를 파악할 수 있지만, 막대그래프만을 가지고는 분산을 추측하기가 어려워 계산 과정이 필요합니다. – [그림2]는 그래프를 통해 분산을 비교하는 것이 용이하고 평균의 값도 쉽게 구할 수 있습니다. 반면 각 경기당 점수가 어떻게 되는지는 알 수 없습니다.
		※ 발문 예시 ※ – 왜 그 그림을 선택했나요? ([그림1], [그림2] 중) 　→ 그래프 보기가 편했다거나, 각 경기당 점수를 알 수 있었다는 등의 내용 유도 – 효철이와 은지의 게임 점수 중 누구의 분산이 더 작을까요? 　→ 그래프를 통해 직관적으로 분산을 비교해 보도록 함 – 분산을 비교해 봄으로써 우리는 무엇을 알 수 있을까요? 　→ 은지의 분산이 더 작으므로 은지는 상대적으로 점수를 일정하게 득점하는 반면 효철이는 상대적으로 점수 차이가 큼 – [그림1]과 [그림2]는 어떤 장점(혹은 단점)이 있을까요?

전개	본시학습	※오개념 예시※ – 분산값이 커지는 것과 자료의 형태를 연결하는 것을 어려워함 – 자료의 값과 분산의 의미를 연결하는 것을 어려워함 〈수업마무리〉 – [자료3]의 내용에서 효철이와 은지의 예시는 평균은 같지만, 분산이 다른 경우입니다. 이것은 동기유발과 동일한 내용이기 때문에 시간적 여유가 있다면 동기유발 내용을 가볍게 언급한 뒤 분산의 뜻과 필요성 등에 대해 이야기하며 수업을 마무리하도록 합니다.
정리	형성평가	• 형성평가를 실시한다.
	차시예고	• 상관계수

2015학년도 중등학교교사 임용후보자 선정경쟁시험 (제2차 시험)
수학 교수·학습 수업실연 문제지

| 수험번호 | | | | | | | |

| 관리번호 | |

[실연 조건 및 유의사항]

1. [수업실연 구상지]의 〈수업실연1~3〉에 해당하는 부분을 수업으로 실연한다.
2. 〈수업실연1〉: '절대부등식의 의미'에 대해 지도한다.
   가. 선수학습의 '조건'을 이용해 구체적인 예를 통해 도입한다.
   나. [자료1]의 예는 사용하지 않는다.
3. 절대부등식의 (1)을 지도한다. (지도안 작성조건, 비지도안 지역 제외)
   가. [자료2]의 ②를 보이고, 등호가 성립함에 유의한다.
   나. [자료1]의 성질을 이용한다.
   다. 의사소통이 잘 드러나도록 한다.
4. 〈수업실연2〉: '절대부등식의 (2)'를 지도한다.
   가. [자료3]을 이용하여 지도한다.
   나. [자료1]의 성질을 이용한다.
5. 〈수업실연3〉은 [자료3]의 기하적 증명을 지도한다.
   가. [자료4]를 이용한다.
6. 학생들과 교사와의 상호작용이 드러나도록 한다.
7. 학습목표는 칠판에 제시된 것으로 간주한다.

[교수·학습 조건]

1. 대상: 고등학교 1학년
2. 수업시간: 50분
3. 단원명: 명제(절대부등식)
4. 교수·학습 환경

학생 수	지도 장소	수업 형태	매체 및 기자재
30명	교실	모둠학습	칠판, 분필

2015학년도 중등학교교사 임용후보자 선정경쟁시험 (제2차 시험)
수학 교수·학습 수업실연 문제지

| 수험번호 | | | | | | | | 관리번호 | | | |

[자료1] 실수의 성질

a, b가 실수일 때

① $a > b \Leftrightarrow a - b > 0$
② $a^2 \geq 0$
③ $a^2 + b^2 \geq 0$
④ $a > 0, b > 0$일 때, $a > b \Leftrightarrow a^2 > b^2$

[자료2] 절대부등식(1)

a, b가 실수일 때

① $a^2 + b^2 \geq 2ab$
② $a^2 + b^2 \geq ab$

[자료3] 절대부등식(2)

$a > 0, b > 0$일 때, $\dfrac{a+b}{2} \geq \sqrt{ab}$

[자료4]

선분 BC는 반원의 지름을 나타내며 점 O는 반원의 중심을 나타낸다.

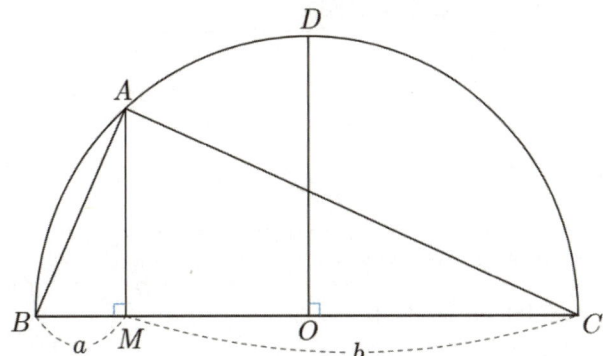

수업실연 구상지

단원		명제(절대부등식)		차시	
학습목표	• 절대부등식의 의미를 이해한다. • 간단한 절대부등식의 증명을 할 수 있다.				
학습단계	학습전개	교수·학습 과정			
도입	주의환기	• 인사 및 출석 확인			
	선수학습	• 명제와 조건의 뜻을 확인한다. • 교사 : 'x가 실수일 때, $x^2 > x$이다.'는 모든 실수 x에 대하여 항상 참인가요? • 학생 : 거짓이에요. $0 \leq x \leq 1$일 때 성립하지 않습니다.			
	학습목표	• 학습목표를 제시한다.			
전개	절대부등식 의미	〈수업실연1〉			
	절대부등식 증명(1)	• [자료2]를 지도하는 교수·학습 활동을 한다. • 교사 : 가정은 무엇인가요? • 학생 : a, b는 실수입니다. • 교사 : 결론은 무엇인가요? • 학생 : $a^2 + b^2 \geq 2ab$입니다. 〈지도안만 작성〉			
		• 증명을 확인하는 지도를 실시한다.			
	절대부등식 증명(2)	• [자료3]을 지도하는 교수·학습 활동을 한다. 〈수업실연2〉			
	절대부등식의 기하적 증명	• [자료4]의 그림을 제시한다. 〈수업실연3〉			
정리	내용정리	• 오늘 배운 내용을 정리한다.			
	형성평가	• 형성평가를 실시한다. • 답을 확인하고 피드백한다. • 형성평가 문제해결 정도에 따라 과제를 제시한다.			
	차시예고	• 다음 차시를 안내한다.			

📋 수업흐름

도입	주의환기	• 인사 및 출석 확인
	전시학습	• 전시학습 내용 확인
	선수학습	명제와 조건의 뜻을 확인한다. • 교사 : 'x가 실수일 때, $x^2 > x$이다.'는 모든 실수 x에 대하여 항상 참인가요? • 학생 : 거짓이에요. $0 \leq x \leq 1$일 때 성립하지 않습니다.
	학습목표	• 학습목표를 확인한다.

전개	본시학습	〈수업실연1〉 – 절대부등식의 의미 – $x^2 + 1 > 0$을 예시로 제시한 뒤, 학생들에게 어떤 조건에서 해당 명제가 참이 되는지를 발문합니다. – 모든 실수 x에 대해서 해당 명제가 참이 됨을 확인한 뒤, 이처럼 부등식의 문자에 그 문자가 가질 수 있는 어떤 실숫값을 대입해도 항상 성립하는 부등식을 절대부등식이라 함을 지도합니다.
		※ 발문 예시 ※ – 부등식 $x^2 + 1 > 0$가 참이 되기 위한 실수 x의 조건은 무엇인가요? – 절대부등식에는 어떤 것들이 있을까요?
		[자료2]를 지도하는 교수·학습 활동을 한다. • 교사 : 가정은 무엇인가요? • 학생 : a, b는 실수입니다. • 교사 : 결론은 무엇인가요? • 학생 : $a^2 + b^2 \geq 2ab$
		〈절대부등식의 증명(1)〉 – 지도안 – [자료1] 실수의 성질을 이용해 다음 절대부등식을 증명합니다. ② $a^2 + b^2 \geq ab$
		• 증명을 확인하는 지도를 실시한다.
		• [자료3]을 지도하는 교수·학습 활동을 한다.
		〈수업실연2〉 – 절대부등식의 증명(2) $a > 0, b > 0$일 때, $\dfrac{a+b}{2} \geq \sqrt{ab}$ 을 어떻게 증명할 수 있을지 발문합니다.

$(\dfrac{a-b}{2})^2 \geq 0$	[자료1]의 ②에 의해 $(\dfrac{a-b}{2})^2 \geq 0$임을 설명한 뒤 이를 전개합니다. [자료1]의 ①에 의해 양변에 ab를 더해주어도 부등호 방향은 변하지 않습니다. 좌변을 인수분해하면 $(\dfrac{a+b}{2})^2$이 됩니다. [자료1]의 ④에 의해 $\dfrac{a+b}{2} \geq \sqrt{ab}$가 됨을 알 수 있습니다.
$\dfrac{a^2 - 2ab + b^2}{4} \geq 0$	
$\dfrac{a^2 + 2ab + b^2}{4} \geq ab$	
$(\dfrac{a+b}{2})^2 \geq ab$	
$\dfrac{a+b}{2} \geq \sqrt{ab}$	

※ 발문 예시 ※
– 왜 이렇게 되나요?
  → 증명의 각 단계에서 수학적으로 타당함을 설명할 수 있도록 유도
– 어떤 성질에 의해서 되나요?
  → [자료1] 실수의 성질 중 어떤 성질에 해당하는지 설명할 수 있도록 유도

전개	본시학습	• [자료4]의 그림을 제시한다.
		〈수업실연 3〉 – 절대부등식의 기하적 증명 – 선분 BC가 반원의 지름이므로 ∠BAC = 90°임을 알 수 있습니다. 따라서 삼각형 ABM과 삼각형 CAM은 서로 닮음임을 알 수 있습니다. 닮음삼각형은 대응하는 변의 길이의 비가 서로 같으므로 $\overline{AB} = x$라 하면 $a : x = x : b$임을 알 수 있습니다. $x^2 = ab$이므로 $x = \sqrt{ab}$를 만족합니다. 이때 선분 OD는 원의 반지름의 길이와 같으므로 $\dfrac{a+b}{2}$임을 알 수 있습니다. 그림에서 보면 알 수 있듯이 반원에서 지름의 수직인 선분은 반지름의 길이보다 작거나 같으므로 $\dfrac{a+b}{2} \geq \sqrt{ab}$임을 알 수 있습니다.
		※ 발문 예시 ※ – ∠BAC의 값은 얼마인가요? – 삼각형 BAC가 직각삼각형임을 이용해 알 수 있는 사실은 무엇인가요? – 삼각형 ABM과 삼각형 CAM은 왜 서로 닮음인가요? – 닮음삼각형은 어떤 특징을 가지고 있나요? – $\overline{AM}$의 길이는 얼마인가요? 왜 그렇게 되나요? – $\overline{OD}$의 값은 얼마인가요? 왜 그렇게 되나요? – $\overline{AM}$과 $\overline{OD}$의 길이를 서로 비교해 봅시다. – 이와 같은 사실을 통해 내릴 수 있는 결론은 무엇인가요? – [자료3]의 결과와 비교해 봅시다. 이를 통해 알 수 있는 것은 무엇일까요?
		※ 오개념 예시 ※ 실수의 성질을 적절히 이용하지 않고 부정확하게 사용하는 경우 – $\dfrac{a+b}{2} \geq \sqrt{ab}$ 라는 결론으로부터 증명 과정을 도출하는 경우
정리	내용정리	• 오늘 배운 내용을 정리한다.
	형성평가	• 형성평가를 실시한다.
	차시예고	• 상관계수

수업실연 A to Z

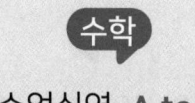

수업실연 A to Z

PART

03
수업실연 모의평가

---

12 단원 목차 정리
13 중학교 1학년 모의평가(1~18회)
14 중학교 2학년 모의평가(19~30회)
15 중학교 3학년 모의평가(31~40회)
16 고등학교 1학년 모의평가(41~56회)

PART 03. 활용 방법

Q '단원 목차 정리'는 어떻게 활용해야 할까요?

 중1~고1에 해당하는 목차를 정리해 두었습니다. 중1, 중2, 고1은 2022 개정 교육과정, 중3은 2015 개정 교육과정을 기준으로 작성했습니다. 기출문제와 모의평가가 출제된 단원을 표시해두었기 때문에 2차 준비에 참고하기 바랍니다.

Q 수업실연 모의평가 문제지에 있는 '수업실연 구상지'는 어떤 의미가 있나요?

 실연을 해야 하는 부분은 음영이 칠해져 있지 않고, 실연하지 않아도 되는 부분에는 음영이 칠해져 있습니다. 지도안은 작성하되 실연은 하지 않는 부분 또한 음영을 칠해놓았으니 지도안을 작성하거나 수업실연을 할 때 유의해서 살펴보기 바랍니다.

Q '수업 한 페이지'는 어떻게 공부해야 하나요?

 '수업 한 페이지'의 '문제해설'에는 주어진 실연조건에 해당하는 수업의 전반적인 흐름이 담겨 있습니다. '문제해설'과 자신의 수업을 비교하며 실연하지 못한 내용, 부족한 부분 등을 확인합니다. 증명과정과 같이 지도서에 명시되어 있는 내용은 생략한 부분도 있으니 지도서를 통해 확인하기 바랍니다. 그 외에 '동기유발', '탐구활동', '오개념 예시' 등은 세부적인 내용을 통해 그 단원에서 꼭 기억해야 할 것이 무엇인지 파악하도록 합니다.

Q 모의고사 문제는 20분에 맞춰 수업실연해야 하나요?

 20분 실연하는 것을 기준으로 문제를 출제하였습니다. 실연시간이 20분이 아닌 지역에 응시하는 예비교사들은 자신이 응시하는 지역의 시간에 맞춰 수업실연 연습을 해야 합니다. 문제 조건을 줄이기보다는 조건을 모두 실연하되 시간에 맞춰 실연 내용의 상세함의 정도를 적절히 조절하는 것이 필요합니다.

Q 지도안 문제가 추가되었나요?

 이번 개정판부터 지도안을 준비해야 하는 선생님들을 위해 지도안 문제를 추가했습니다. 현재 10문제를 지도안 문제로 추가했으며, 문제를 차츰 늘려나갈 예정입니다.

Q 지도안 문제는 지도안 응시 지역만 사용할 수 있나요?

 아닙니다. 지도안 문제의 경우 지도안과 수업실연 문제로 구별해 두었기 때문에 지도안 지역의 경우 지도안 문제와 수업실연 문제를 모두 사용하며, 수업실연만 보는 지역은 수업실연문제만 활용하면 됩니다. 지도안 문제의 경우 제목에 별도로 '지도안'이라고 적혀 있기 때문에 참고 바랍니다. 수업실연만 하는 지역의 경우에도 다양한 조건을 연습하기 위해 지도안 문제를 참고해 보는 것도 큰 도움이 됩니다.

Q 지도안 작성 용지가 따로 없는데, 어떻게 해야 하나요?

 지도안을 작성할 때, 책에 직접 작성하기는 어려울 것이라 판단해 책에는 지도안에 대한 답안만 작성해 두었으며, 문제지의 경우 AtoZ카페에 모두 올려두었습니다. 해당 양식을 다운받아 연습에 사용하기 바랍니다.

수학 수업실연 A to Z

12 단원 목차 정리

■ 중1 (2022 개정 교육과정)

중1	체크	중1	체크
1. 소인수분해		5. 기본 도형과 작도	
01 소수와 합성수	4회	01 점, 선, 면	
02 소인수분해		02 각의 뜻과 성질	
03 최대공약수 (+지도안)	1회	03 위치관계	
04 최소공배수		04 평행선의 성질	10회
2. 정수와 유리수		05 삼각형의 작도	
01 정수와 유리수		06 삼각형의 합동	11회
02 정수와 유리수의 대소 관계		6. 평면도형의 성질	
03 정수와 유리수의 덧셈	5회	01 다각형의 대각선의 개수	12회
04 정수와 유리수의 뺄셈		02 다각형의 내각과 외각	
05 정수와 유리수의 곱셈	6회	03 다각형의 내각의 크기의 합	
06 정수와 유리수의 나눗셈		04 다각형의 외각의 크기의 합	13회
3. 문자의 사용과 식		05 원과 부채꼴	
01 문자의 사용 (+지도안)	2회	06 부채꼴의 호의 길이와 넓이	14회
02 식의 값		7. 입체도형의 성질	
03 일차식과 수의 곱셈, 나눗셈		01 다면체	12기출
04 일차식의 덧셈과 뺄셈		02 회전체	15회
05 일차방정식과 그 해	17기출	03 기둥과 뿔의 겉넓이	
06 일차방정식의 풀이		04 기둥과 뿔의 부피	
4. 좌표평면과 그래프		05 구의 겉넓이와 부피	
01 순서쌍과 좌표	7회	8. 자료의 정리와 해석	
02 그래프의 뜻과 표현	8회	01 대푯값	16회
03 정비례와 그 그래프		02 줄기와 잎 그림 (+지도안)	3회
04 반비례와 그 그래프	9회	03 도수분포표	
		04 히스토그램과 도수분포다각형	17회
		05 상대도수와 그 그래프	18회

■ 중2 (2022 개정 교육과정)

중2	체크	중2	체크
1. 유리수와 순환소수		5. 삼각형의 성질	
01 유리수의 소수표현	21회	01 이등변삼각형의 성질 (+지도안)	20회
02 유한소수와 순환소수		02 직각삼각형의 합동조건	26회
03 순환소수의 분수 표현		03 삼각형의 외심	27회
2. 식의 계산		04 삼각형의 내심	
01 지수법칙 1	22회	6. 사각형의 성질	
02 지수법칙 2		01 평행사변형의 성질	
03 단항식의 곱셈과 나눗셈		02 평행사변형이 되는 조건	
04 다항식의 덧셈과 뺄셈		03 여러 가지 사각형의 성질	28회
05 다항식의 곱셈과 나눗셈		7. 도형의 닮음과 피타고라스 정리	
3. 부등식과 연립방정식		01 도형의 닮음	
01 부등식의 해와 성질		02 삼각형의 닮음 조건	18기출
02 일차부등식의 뜻과 풀이		03 삼각형과 평행선	29회
03 일차부등식과 문제 해결		04 삼각형의 무게중심	
04 연립일차방정식과 그 해		05 피타고라스 정리	30회
05 연립방정식의 풀이	23회	8. 경우의 수와 확률	
06 연립방정식과 문제해결		01 경우의 수	
4. 일차함수와 그 그래프		02 확률의 뜻	20기출
01 함수와 함숫값	24회	03 확률의 성질	11기출
02 일차함수의 뜻과 그 그래프		04 확률의 계산	
03 일차함수의 그래프의 절편과 기울기	13기출		
04 일차함수의 그래프의 성질 (+지도안)	19회		
05 일차함수의 식 구하기			
06 일차함수와 일차방정식의 관계			
07 두 일차함수의 그래프와 연립일차방정식	25회		

■ 중3 (2015 개정 교육과정)

중3	체크	중3	체크
Ⅰ 실수와 그 연산		Ⅳ 삼각비	
1. 제곱근과 실수		1. 삼각비	
01 제곱근과 그 성질	33회	01 삼각비	24기출
02 무리수	34회	02 삼각비의 활용	
03 실수의 대소 관계	35회	Ⅴ 원의 성질	
2. 근호를 포함한 식의 계산		1. 원과 직선	
01 근호를 포함한 식의 곱셈과 나눗셈		01 원의 현	38회
02 근호를 포함한 식의 덧셈과 뺄셈		02 원의 접선	39회
Ⅱ 인수분해와 이차방정식		2. 원주각	
1. 다항식의 곱셈과 인수분해		01 원주각	40회
01 다항식의 곱셈		02 원주각의 여러 성질	
02 인수분해	36회	Ⅵ 통계	
2. 이차방정식		1. 대푯값과 산포도	
01 이차방정식과 그 해		01 대푯값	중1로 이동
02 이차방정식의 풀이와 활용	37회	02 산포도	16기출
Ⅲ 이차함수		2. 상관관계	
1. 이차함수와 그 그래프		01 산점도와 상관관계 (+지도안)	32회
01 이차함수의 뜻			
02 이차함수 $y=ax^2$의 그래프			
2. 이차함수 $y=ax^2+bx+c$의 그래프			
01 이차함수 $y=a(x-p)^2+q$의 그래프	22기출		
02 이차함수 $y=ax^2+bx+c$의 그래프 (+지도안)	31회		

■ 고1 (2022 개정 교육과정)

공통수학1	체크	공통수학2	체크
Ⅰ 다항식		Ⅰ 평면좌표와 직선의 방정식	
01 다항식의 덧셈과 뺄셈		01 선분의 내분	
02 다항식의 곱셈과 나눗셈		02 두 직선의 평행과 수직 (+지도안)	42회
03 나머지정리	44회	03 점과 직선 사이의 거리	21기출
04 인수분해	45회	Ⅱ 원의 방정식과 도형의 이동	
Ⅱ 복소수와 이차방정식		01 원의 방정식	
01 복소수의 뜻과 연산	46회	02 원과 직선의 위치 관계	52회
02 이차방정식의 판별식		03 평행이동	
03 이차방정식의 근과 계수의 관계		04 대칭이동	23기출
Ⅲ 이차방정식과 이차함수		Ⅲ 집합	
01 이차방정식과 이차함수의 관계		01 집합의 뜻과 포함관계	53회
02 이차함수의 최대, 최소	19기출	02 교집합과 차집합	
Ⅳ 여러 가지 방정식과 부등식		03 여집합과 차집합	
01 삼차방정식과 사차방정식		Ⅳ 명제	
02 연립이차방정식		01 명제와 조건	
03 연립일차부등식	47회	02 명제 사이의 관계	54회
04 절댓값을 포함한 일차부등식	48회	03 명제와 증명	15기출 55회
05 이차부등식	49회	Ⅴ 함수와 그래프	
Ⅴ 경우의 수		01 함수의 뜻과 그래프	
01 경우의 수		02 합성함수 (+지도안)	43회
02 순열	50회	03 역함수	25기출
03 조합		Ⅵ 유리함수와 무리함수	
Ⅵ 행렬		01 유리함수와 그 그래프	
01 행렬의 뜻		02 무리함수와 그 그래프	56회
02 행렬의 덧셈, 뺄셈과 실수배	51회		
03 행렬의 곱셈 (+지도안)	41회		

수학 수업실연 모의평가 순서			
학년	회차	단원	비고
중학교 1학년	1	최대공약수 (+지도안)	
	2	문자의 사용 (+지도안)	
	3	줄기와 잎 그림 (+지도안)	
	4	소수와 합성수	
	5	정수와 유리수의 덧셈	
	6	정수와 유리수의 곱셈	
	7	순서쌍과 좌표	
	8	그래프의 뜻과 표현	
	9	반비례	
	10	동위각	
	11	삼각형의 합동	
	12	다각형의 대각선 개수	
	13	다각형의 외각의 크기의 합	
	14	부채꼴의 중심각과 호의 관계	
	15	회전체	
	16	대푯값(중앙값)	
	17	히스토그램과 도수분포다각형	
	18	상대도수	
중학교 2학년	19	일차함수의 그래프의 성질 (+지도안)	
	20	이등변삼각형 성질 (+지도안)	
	21	유리수와 순환소수	
	22	지수법칙	
	23	연립방정식의 풀이 및 문제해결	
	24	함수와 함숫값	
	25	두 일차함수의 그래프와 연립일차방정식	
	26	직각삼각형의 합동조건	
	27	삼각형의 외심	
	28	여러 가지 사각형(사각형 사이의 관계)	
	29	평행선과 선분의 길이의 비	
	30	피타고라스 정리	

	31	이차함수 $y=ax^2+bx+c$의 그래프 (+지도안)	
	32	산점도와 상관관계 (+지도안)	
	33	제곱근과 그 성질	
	34	무리수	
중학교 3학년	35	실수의 대소 관계	
	36	인수분해	
	37	이차방정식의 풀이와 활용	
	38	원의 현	
	39	접선의 길이	
	40	원주각	
	41	행렬의 곱셈 (+지도안)	
	42	두 직선의 평행과 수직 (+지도안)	
	43	합성함수 (+지도안)	
	44	나머지정리(조립제법)	
	45	인수분해	
	46	복소수의 뜻과 연산	
	47	연립일차부등식	
	48	절댓값을 포함한 일차부등식	
고등학교 1학년	49	이차부등식과 이차함수의 관계	
	50	순열	
	51	행렬의 덧셈, 뺄셈과 실수배	
	52	원과 직선의 위치관계	
	53	집합의 뜻	
	54	명제 사이의 관계	
	55	명제와 증명	
	56	무리함수	

13

중학교 1학년 모의평가

- 수학 수업실연 모의평가 1회 (+지도안)
- 수학 수업실연 모의평가 2회 (+지도안)
- 수학 수업실연 모의평가 3회 (+지도안)
- 수학 수업실연 모의평가 4회
- 수학 수업실연 모의평가 5회
- 수학 수업실연 모의평가 6회
- 수학 수업실연 모의평가 7회
- 수학 수업실연 모의평가 8회
- 수학 수업실연 모의평가 9회
- 수학 수업실연 모의평가 10회
- 수학 수업실연 모의평가 11회
- 수학 수업실연 모의평가 12회
- 수학 수업실연 모의평가 13회
- 수학 수업실연 모의평가 14회
- 수학 수업실연 모의평가 15회
- 수학 수업실연 모의평가 16회
- 수학 수업실연 모의평가 17회
- 수학 수업실연 모의평가 18회

중 1-1

수학 수업실연 모의평가 1회(지도안)

[지도안 조건 및 유의사항]

1. 아래 조건을 참고해 〈지도안 작성조건 1~4〉에 해당하는 부분을 작성하시오.
2. 〈지도안 작성조건 1〉: [자료1]을 참고해 소인수분해를 이용한 약수 구하기를 지도하시오.
   가. 약수 구하는 방법에 대해 간단히 복습한다.
   나. 소인수분해를 이용해 약수를 구했을 때 얻을 수 있는 장점을 포함한다.
2. 〈지도안 작성조건2〉: [자료2]을 협동학습으로 지도하시오.
   가. 활동 결과가 2가지 이상 드러나도록 한다.
   나. 소인수분해를 이용해 최대공약수 구하는 방식과 그렇지 않은 방식의 차이가 드러나도록 한다.
   다. 학생들의 오개념 상황을 1가지 이상 포함한다.
3. 〈지도안 작성조건3〉: [자료3]의 문제를 해결하시오.
   가. 학생들이 결과를 스스로 추측할 수 있도록 한다.
   나. 활동 수행을 위한 교사의 적절한 발문을 포함한다.
4. 〈지도안 작성조건4〉: [자료4]를 실연하시오.
   가. 학생들은 각 주장이 맞는지, 틀렸는지를 파악한 뒤 그 이유와 함께 설명하도록 한다.
5. 학생들과 교사와의 상호작용이 드러나도록 한다.
6. 학습목표는 칠판에 제시된 것으로 간주한다.

[교수·학습 조건]

1. 대상: 중학교 1학년
2. 수업시간: 90분(블록타임제)
3. 단원명: 최대공약수
4. 교수·학습 환경

학생 수	지도 장소	수업 형태	교육기자재	평가
24명	교실	모둠학습	칠판, 분필, 숫자 카드	형성평가

중 1-1

수학 수업실연 모의평가 1회(지도안)

[자료1]

216의 약수를 모두 구하시오.

[자료2]

[협동학습]

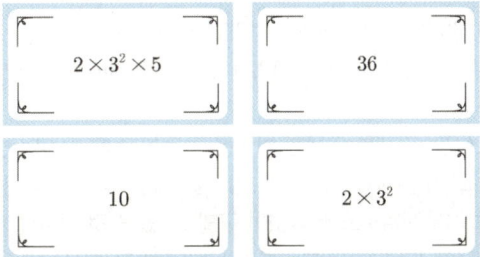

⟨활동 규칙⟩
① 숫자가 적혀있는 네 장의 카드 중 두 장을 고르시오.
② 두 숫자의 최대공약수를 구한 뒤, 모둠원에게 설명하시오.
③ 모둠원과 함께 결과가 맞는지 확인하시오.

[자료3]

[문제] 24, 18, 10의 최대공약수를 구하시오.

[자료4]

다음은 수업 중 두 학생이 나눈 대화이다.

* 지도안 구상지는 AtoZ 카페에서 다운로드

지도안 예시답안

도입	주의환기	• 인사 및 출석 확인
	선수학습	• 선수학습 내용을 확인한다.
	학습목표	• 학습목표를 확인한다.
전개	본시학습	〈지도안 작성란1〉 • 교사는 학생들이 초등학교 때 배웠던 약수 구하는 방법에 대해 간단히 복습하게 한다. – 교사 : 216의 약수를 구해볼까요? 초등학교 때 배운 내용을 생각해 봅시다. – 학생 : 값을 하나씩 대입해 보았습니다. 1과 216, 2와 108, 3과 72, 4와 54, 6과 36, 8과 27, 9와 24, 12와 18 약수는 1, 2, 3, 4, 6, 8, 9, 12, 18, 24, 27, 36, 54, 72, 108, 216입니다. • 교사는 [자료1]을 참고하여 소인수분해를 이용해 약수 구하기와 이때의 장점을 지도한다. – 교사 : 216을 소인수분해하면 어떻게 될까요? – 학생 : $2^3 \times 3^3$입니다! – 교사 : 지금부턴 초등학교 때 배웠던 약수 구하는 방법이 아닌 소인수분해를 이용해 약수를 구해볼 거예요. 먼저 표를 그리는데 왼쪽 칸에는 2^3의 약수 $1, 2, 2^2, 2^3$를 적고 위쪽 칸에는 3^3의 약수 $1, 3, 3^2, 3^3$을 적어줍니다. 그리고 2^3의 약수와 3^3의 약수를 각각 곱해서 표를 채워볼까요? – 학생 : 1, 2, 3, 4, 6, 8, 9, 12, 18, 24, 27, 36, 54, 72, 108, 216가 나오네요. 위에서 구한 결과와 같아요. – 교사 : 소인수분해를 이용한 방법은 초등학교 때 배웠던 방법보다 어떤 점이 좋을까요? – 학생 : 소인수분해를 이용하지 않았을 때는 약수를 놓치는 경우가 많았는데, 소인수분해를 이용하여 더 정확하고 빠짐없이 구할 수 있을 것 같아요. – 교사 : 맞습니다. 소인수분해를 이용하면 효과적으로 약수를 구할 수 있어요. | ×	1	3	3^2	3^3
---	---	---	---	---
1	1	3	9	27
2	2	6	18	54
2^2	4	12	36	108
2^3	8	24	72	216	 • 소인수분해를 이용해 최대공약수 구하는 방법에 대해 학습한다. • 소인수분해를 이용해 최대공약수를 구하는 문제를 해결한다. 〈지도안 작성란2〉 • 교사는 [자료2]를 협동학습으로 지도한다. 이때 소인수분해를 이용해 최대공약수를 구하는 방식과 그렇지 않은 방식의 차이가 드러나도록 한다. – 교사 : [협동학습]을 모둠원들과 함께 활동해 봅시다. – 학생 : 저희 모둠에서 설명해 보겠습니다. 처음에는 $2^3 \times 3^2 \times 5$와 2×3^2을 선택했습니다. 소인수를 세로 계산해서 가장 작은 소인수를 골라야 하는데 2×3^2은 5를 소인수로 가지고 있지 않아서 존재하지 않는다고 생각했습니다. 하지만 모둠원의 도움으로 최대공약수는 공통인 인수의 작은 지수를 선택해주며, 2×3^2은 $2 \times 3^2 \times 1$로 생각해야 함을 알게 되어 $2 \times 3^2 = 18$가 최대공약수라는 결과가 나왔습니다. – 교사 : 아주 잘했어요. 다른 모둠도 발표해 볼까요? – 학생 : 이번엔 저희 모둠이 발표하겠습니다. 우선 36과 10을 선택했습니다. 저희는 소인수분해를 이용하지 않고 최대공약수를 구해봤습니다. 두 수 모두 4로 나누어 떨어진다고 생각해서 4를 최대공약수로 구했는데 친구들이 실수를 확인해주어 최대공약수가 2라는 결론으로 수정하였습니다. 소인수분해를 이용해 최대공약수를 구해야 실수 없이 구할 수 있을 것 같아요. – 교사 : 좋아요. 대략적인 숫자를 대입해 최대공약수를 구할 수도 있지만, 그러다보면 실수가 많아집니다. 소인수분해를 이용해 최대공약수 구하는 방법에 대해 잘 기억해 둡시다.

전개	본시학습	⟨지도안 작성란3⟩ • 교사는 학생이 [자료3]의 문제 결과를 스스로 추측할 수 있게 한다. 　– 교사 : 24, 18, 10의 최대공약수를 어떻게 구할 수 있을까요? 　– 학생 : 세 수의 최대공약수는 잘 모르겠어요. 　– 교사 : 오늘 배웠던 내용을 세 수로 확장하여 생각해 볼까요? 　– 학생 : 아! 우선 소인수분해를 하고 오늘 배웠던 방식을 적용해 보겠습니다. $24 = 2^3 \times 3$, $18 = 2 \times 3^2$, $10 = 2 \times 5$이므로 세로 계산을 해 보면 최대공약수는 2가 나옵니다. 초등학교 때 배웠던 방식으로도 확인해 보니 2가 맞습니다. 　– 교사 : 맞아요. 두 개의 최대공약수를 구하는 방법을 그대로 확장했다고 할 수 있습니다. 이제 세 숫자의 최대공약수도 어렵지 않게 구할 수 있겠죠? 　– 학생 : 네! • 서로소 개념에 대해 학습한다. ⟨지도안 작성란4⟩ • 학생은 [자료4]에서의 각 주장이 맞는지, 틀렸는지를 파악한 뒤 그 이유를 설명한다. 　– 교사 : 서로 다른 두 소수는 항상 서로소일까요? 　– 학생 : 그런 것 같기도 하고, 아닌 것 같기도 해요. 　– 교사 : 소수의 개념을 생각해 볼까요? 　– 학생 : 소수는 약수가 1과 자기 자신만을 갖는 수입니다. 서로 다른 두 소수는 최대공약수가 1일 수밖에 없네요. 항상 서로소가 맞습니다. 　– 교사 : 좋아요. 이번엔 서로소인 두 수는 모두 소수일까요? 　– 학생 : 어떻게 생각해 보면 좋을까요? 　– 교사 : 서로소인 두 수의 특징이 무엇일까요? 　– 학생 : 아! 서로소인 두 수는 공통인 인수만 없으면 될 것 같아요. 4와 9의 최대공약수는 1이므로 서로소입니다. 하지만 두 수는 모두 소수가 아니므로 서로소인 두 수는 모두 소수라고 할 수 없습니다. 　– 교사 : 헷갈리기 쉬운 내용들입니다. 소수와 서로소의 개념을 잘 기억해 둡시다.
정리	내용정리	• 오늘 학습한 내용을 정리한다.
	형성평가	• 형성평가를 풀어보고 피드백을 한다.
	차시예고	• 다음 차시를 예고한다.

중 1-1

수학 수업실연 모의평가 1회

[실연 조건 및 유의사항]

1. [수업실연 구상지]의 〈수업실연 1~3〉에 해당하는 부분을 수업으로 실연하시오.
2. 〈수업실연1〉 : [자료1]을 협동학습으로 지도하시오.
    가. 활동 결과가 2가지 이상 드러나도록 한다.
    나. 학생들의 오개념 상황을 1가지 이상 포함한다.
3. 〈수업실연2〉 : [자료2]의 문제를 해결하시오.
    가. 학생들이 결과를 스스로 추측할 수 있도록 한다.
    나. 활동 수행을 위한 교사의 적절한 발문을 포함한다.
4. 〈수업실연3〉 : [자료3]을 실연하시오.
    가. 학생들은 각 주장이 맞는지, 틀렸는지를 파악한 뒤 그 이유와 함께 설명하도록 한다.
5. 학생들과 교사와의 상호작용이 드러나도록 한다.
6. 학습목표는 칠판에 제시된 것으로 간주한다.

[교수 · 학습 조건]

1. 대상 : 중학교 1학년
2. 수업시간 : 90분(블록타임제)
3. 단원명 : 최대공약수
4. 교수 · 학습 환경

학생 수	지도 장소	수업 형태	교육기자재	평가
24명	교실	모둠학습	칠판, 분필, 숫자 카드	형성평가

수학 수업실연 모의평가 1회

[자료1]

[협동학습]

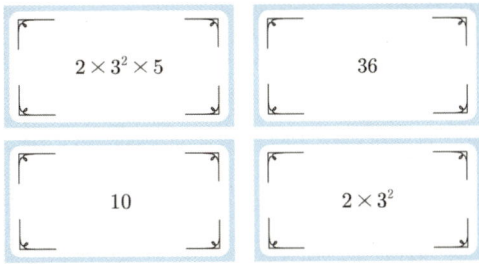

〈활동 규칙〉
① 숫자가 적혀있는 네 장의 카드 중 두 장을 고르시오.
② 두 숫자의 최대공약수를 구한 뒤, 모둠원에게 설명하시오.
③ 모둠원과 함께 결과가 맞는지 확인하시오.

[자료2]

[문제] 24, 18, 10의 최대공약수를 구하시오.

[자료3]

다음은 수업 중 두 학생이 나눈 대화이다.

수업실연 구상지

단원		최대공약수	차시	
학습목표	• 소인수분해를 이용해 최대공약수를 구할 수 있다.			
학습단계	학습전개	교수 · 학습 과정		
도입	주의환기	• 인사 및 출석 확인		
	학습목표	• 학습목표를 제시한다.		
	동기유발	• 동기유발 한다.		
전개	협동학습	〈수업실연1〉		
	문제해결	〈수업실연2〉		
	토의활동	〈수업실연3〉		
정리	내용정리	• 오늘 배운 내용을 정리한다.		
	형성평가	• 형성평가를 실시한다.		
	차시예고	• 다음 차시를 안내한다.		

수업 한 페이지

문제해설	– [자료1]을 협동학습으로 지도한다.
	– [자료1] 모둠별로 카드를 2장씩 선택해, 최대공약수를 구하도록 한다. 최대공약수를 구할 때는, 소인수분해를 이용해 구하도록 한다.
	– [자료1] 결과가 맞는지 확인한 뒤, 결과를 정리하도록 한다.
	– [자료1] 모둠별로 발표를 시키도록 하며, 2가지 이상의 결과를 확인하도록 한다.
	   예) $2^3 \times 3^2 \times 5$와 2×3^2의 최대공약수는 $2 \times 3^2 = 18$
	   예) $2^3 \times 3^2 \times 5$와 $36(=2^2 \times 3^2)$의 최대공약수는 $2^2 \times 3^2 = 36$
	   예) $36(=2^2 \times 3^2)$과 $10(=2 \times 5)$의 최대공약수는 2
	– [자료1] $2^3 \times 3^2 \times 5$와 2×3^2의 최대공약수를 구할 때, 각 소인수의 가장 작은 값을 이용해 구한다는 사실을 착각해 '최대공약수가 없다' 혹은 '최대공약수가 0이다'라고 말하는 상황을 오개념 상황으로 제시한다.
	– [자료1] 최대공약수 개념의 의미를 다시 한번 상기시키도록 한 뒤, 최대공약수가 2×3^2됨을 지도한다.
	– [자료2] 두 수의 최대공약수가 아닌 세 수의 최대공약수는 어떻게 지도할 수 있을지 발문한다.
	– [자료2] 소인수분해를 이용해 최대공약수를 구해보도록 한다.
	– [자료2] $2^3 \times 3, 2 \times 3^2, 2 \times 5$
	– [자료2] 두 수의 최대공약수 구하는 과정을 상기시키도록 한다.
	– [자료2] 최대공약수의 의미를 통해 결국, 숫자가 3개로 늘어나더라도 구하는 과정은 똑같음을 이해하도록 한 뒤, 최대공약수가 2가 됨을 지도한다.
	– [자료3]에 제시된 대화를 학생들에게 발문한 뒤, 의견을 묻도록 한다.
	– [자료3] A : 소수는 약수가 1과 자기자신뿐이고, p, q는 서로 다르므로 최대공약수가 1이 되어 주장이 맞음을 설명한다.
	– [자료3] B : 4, 5는 서로소이지만 4는 소수가 아니므로 B의 주장은 틀렸음을 설명한다.

탐구활동	– 주어진 두 숫자의 최대공약수를 구하는 활동
발문	– [자료1] 주어진 두 수의 최대공약수는 어떻게 구할 수 있을까요? – [자료1] 소인수분해를 이용해 최대공약수를 구하면 어떤 장점이 있나요? – [자료2] 숫자가 3개일 때 소인수분해를 이용해 최대공약수를 어떻게 구할 수 있을까요? – [자료2] 만약 숫자가 3개보다 더 많아진다고 하면 어떻게 최대공약수를 구할 수 있을까요? – [자료3] 서로 다른 두 소수는 항상 서로소인가요? 그렇게 생각한 이유는 무엇인가요? – [자료3] 서로소인 두 수는 모두 소수인가요? – [자료3] 두 합성수는 서로소가 될 수 있나요?
오개념 예시	– 최대공약수를 찾는 경우 감각에 의존하는 경우 – 소인수분해를 이용해 최대공약수를 구하는 경우 소인수가 한쪽에만 있는 경우 최대공약수가 존재하지 않는다고 생각하는 경우 (문제해설 참고) – 세 수의 최대공약수 찾는 것을 어려워하는 경우
지도상의 유의점	– 약수와 배수는 자연수의 범위에서만 다룬다. – 초등학교에서 학습한 최대공약수와 최소공배수의 개념을 바탕으로 소인수분해를 이용하여 최대공약수와 최소공배수를 구하게 한다. – 1은 모든 수의 약수이므로 모든 수의 공약수가 됨을 알게 한다. – 최대공약수를 구할 때, 소인수분해를 이용하여 구하는 방법에 중점을 두어 지도한다. – 서로소는 최대공약수가 1인 두 자연수임을 지도한다. – 최대공약수의 활용문제는 다루지 않는다.

수학 수업실연 모의평가 2회(지도안)

중 1-2

[지도안 조건 및 유의사항]

1. 아래 조건을 참고해 〈지도안 작성란 1~5〉에 해당하는 부분을 작성하시오.
2. 〈지도안 작성란1〉 : [자료1]을 이용해 동기유발을 실연하시오.
   가. 문자사용의 필요성과 유용성이 직관적으로 드러날 수 있도록 한다.
   나. [자료1]의 그림은 제시된 것으로 간주한다.
   다. 구체적인 발문을 포함한다.
3. 〈지도안 작성란2〉 : [자료2]를 이용해 문자 사용에 대해 지도하시오.
   가. 친구들의 숫자를 문자 x를 이용해 표현한 뒤, 주어진 문장을 식으로 나타낸다.
4. 〈지도안 작성란3〉 : [자료3]을 이용해 곱셈 기호의 생략에 대해 지도하시오.
   가. 각 경우마다 구체적인 예시를 하나 이상 제시하시오.
   나. 학생의 오개념 상황을 2가지 이상 포함하며, 이를 판서로 남기도록 한다.
5. 〈지도안 작성란4〉 : [자료4]를 모둠활동으로 실연하시오.
   가. 활동의 결과가 구체적인 판서로 드러나도록 한다.
   나. 교사와 학생 간의 적극적인 상호작용이 드러나도록 한다.
   다. 수학과 교과 역량 중 의사소통 능력이 드러나도록 한다.
6. 〈지도안 작성란5〉 : 오늘 학습한 내용을 정리하시오.
   가. 오늘 수업에서 반드시 드러나야 하는 부분을 강조해 수업 내용을 정리하도록 한다.
7. 학습목표는 칠판에 제시된 것으로 간주한다.
8. 칠판에는 적정량 이상의 판서를 한다.

[교수·학습 조건]

1. 대상 : 중학교 1학년
2. 수업시간 : 90분(블록타임제)
3. 단원명 : 문자의 사용
4. 교수·학습 환경

학생 수	지도 장소	수업 형태	매체 및 기자재	평가
30명	교실	모둠학습	칠판, 분필	자기평가, 동료평가

중 1-2

수학 수업실연 모의평가 2회(지도안)

[자료1]

> 픽토그램은 그림을 뜻하는 픽토(picto)와 전보를 뜻하는 텔레그램(telegram)의 합성어로 사물, 시설, 행위 등을 누가 보더라도 그 의미를 쉽게 알 수 있도록 만들어진 그림문자입니다.

[자료2]

> **다음 문장을 식으로 나타내시오.**
>
> 사과를 10개씩 친구들에게 나누어 주고, 4개가 남았다고 한다. 이때, 사과 전체 개수를 어떻게 표현할 수 있을까?

[자료3]

> **곱셈 기호의 생략**
> (1) 수와 문자의 곱에서는 곱셈 기호 ×를 생략하고, 수를 문자의 앞에 쓴다.
> (2) 문자와 문자의 곱에서는 곱셈 기호 ×를 생략하고, 보통 알파벳 순서로 쓴다.
> (3) 같은 문자의 곱은 거듭제곱으로 나타낸다.

[자료4]

> **[모둠활동] 다음을 읽고 조원들과 토의를 통해 문제를 해결하시오.**
>
> 한 봉지에 1,200원인 과자 몇 봉지, 한 개에 300원인 사탕 몇 개, 한 자루에 700원인 볼펜 몇 자루를 샀을 때 지불해야 하는 총 구입비용
>
> (활동1) 위의 문장을 각각 '기호', '문자'를 이용해 표현하시오.
>
> (활동2) 각 표현 방법이 어떤 장점과 단점을 가지는지 모둠원들과 토의해 정리해 봅시다.

* 지도안 구상지는 AtoZ 카페에서 다운로드

지도안 예시답안

도입	주의환기	• 인사 및 출석 확인
	동기유발	〈지도안 작성란1〉 • 교사는 [자료1]과 관련한 구체적인 발문을 통해 학생들을 동기유발한다. – 교사 : [자료1]에 보이는 픽토그램은 무엇을 의미할까요? – 학생 : 식당, 장애인 시설, 화장실을 의미합니다. – 교사 : 맞습니다. 픽토그램은 누가 보더라도 그 의미를 쉽게 이해할 수 있도록 만들어진 그림 문자입니다. 이런 문자는 어떤 장점이 있나요? – 학생 : 의미를 이해하기 쉽고, 빠르게 정보를 얻을 수 있어요. – 교사 : 우리가 오늘 학습할 내용도 이런 유용한 장점을 가지고 있는 개념입니다. 수업을 열심히 듣고, 내용을 이해해 봅시다. – 학생 : 네, 선생님! 수업이 너무 기대돼요.
	학습목표	• 학습목표를 확인한다.
전개	본시학습	〈지도안 작성란2〉 • 교사는 [자료2]를 이용해 문자사용에 대해 지도한다. – 교사 : 다음 주어진 문장을 식으로 나타내 봅시다. 사과 10개를 친구들에게 나누어주는 것을 어떻게 표현할 수 있을까요? – 학생 : 친구가 몇 명 있는지 모르기 때문에 $10 \times ($친구의 수$)$로 표현할 수 있습니다. – 교사 : 4개가 남은 것은 어떻게 표현할 수 있을까요? – 학생 : 4개가 남은 것이기 때문에 $10 \times ($친구의 수$) + 4$라고 할 수 있습니다. – 교사 : 여기에서 친구의 숫자 대신에 문자 x를 사용하면 어떻게 될까요? – 학생 : $10 \times x + 4$로 표현할 수 있습니다. – 교사 : 맞습니다. 사과 전체의 개수를 문자를 이용해 잘 표현해 주었어요. 이처럼 우리는 주어진 상황을 문자를 이용해서 나타낼 수 있어요. 문자는 a, b, c 등을 사용할 수도 있지만 주로 x를 많이 사용합니다. • 다양한 예제를 통해 문자를 사용해 식을 표현해 보도록 한다. 〈지도안 작성란3〉 • 교사는 [자료3]을 이용해 곱셈 기호의 생략에 대해 지도하고, 이때 각 경우마다 구체적인 예시를 제시한다. – 교사 : 수와 문자, 문자와 문자, 같은 문자를 곱할 때는 [자료3]과 같이 곱셈기호를 생략하여 간단히 나타낼 수 있습니다. – 교사 : 수와 문자의 곱에서는 곱셈 기호를 생략하고, 수를 문자 앞에 씁니다. $x \times (-2)$를 예시로 들어볼게요. 결과가 어떻게 될까요? – 학생 : 수를 문자 앞에 써야 하고 곱셈기호를 생략하기 때문에 $-2x$가 됩니다. – 교사 : 잘 답해 주었어요. 그러면 두 번째로 문자와 문자의 곱에서는 곱셈기호를 (1)과 같이 생략하고 알파벳은 보통 알파벳 순서로 씁니다. $b \times a$의 경우 어떻게 곱셈기호를 생략할 수 있을까요? – 학생 : ab가 됩니다. – 교사 : 잘 답변해 주었습니다. 마지막으로 세 번째는 같은 문자의 곱은 거듭제곱으로 나타낼 수 있습니다. $x \times y \times x \times y \times y = x^2 y^3$과 같이 생략하여 간단히 나타낼 수 있습니다. – 교사 : 간단한 예제로 연습해 볼까요? $2 \times 3 \times x$와 $x \times (-2) \times y$에서 곱셈기호를 생략해 봅시다. – 학생1 : (1)과 같이 수와 문자의 곱에서는 곱셈기호를 생략해야 하므로 $23x$라고 하면 될 것 같아요! – 학생2 : 두 번째 예제도 마찬가지로 곱셈기호를 생략하면 $x - 2y$입니다!

전개	본시학습	• 교사는 학생들의 오개념을 수정한다. – 교사 : 다른 친구들도 이와 같이 생각하나요? – 학생 : 곱셈 기호의 생략에서는 수는 수와 먼저 곱하고 곱셈기호를 생략해 주어야 해요. 그다음에 (1)에 의해서 수를 문자 앞에 쓰고, 곱셈기호를 생략해야 합니다. 따라서 첫 번째 예제는 $6x$가 답이라고 생각해요. – 교사 : 맞습니다. 수와 문자의 곱에서는 곱셈기호 ×를 생략하고, 수를 문자 앞에 쓰지만, 숫자끼리 먼저 곱한 뒤에 정리해 주어야 해요. 자주 실수하는 부분이니 주의하기 바랍니다. 두 번째 예제는 어떤가요? – 학생 : 두 번째 예제는 (-2)가 수이므로 수를 문자의 앞에 먼저 써줍니다. 다음에 문자와 문자의 곱이므로 곱셈 기호를 생략하면 $-2xy$와 같이 곱셈기호를 생략하면 됩니다. – 교사 : 잘 정리해 주었습니다. 이처럼 식을 간단히 하고, 계산을 편리하게 하기 위해 곱셈기호를 생략합니다. 내용을 잘 기억하면서 다음 활동으로 넘어가 보겠습니다. 〈지도안 작성란4〉 • 교사 : [자료4]를 모둠활동으로 진행하고, 교사와 학생 간의 적극적인 상호작용이 드러나도록 한다. – 교사 : 모둠별로 상의해서 주어진 글을 '기호', '문자'를 이용해 표현해 보도록 합시다. 모둠원들과 자유롭게 토의하면서, 다양한 의견을 나눠봐요. – 학생1 : 저희 모둠에서 발표해 볼게요! 기호를 이용하여 표현해 봤습니다. 과자 봉지를 □, 사탕 개수를 ○, 볼펜 개수를 △라고 하면, $1200 × □ + 300 × ○ + 700 × △$으로 표현할 수 있습니다. – 학생2 : 그럼 저희 모둠이 문자를 이용한 것을 발표해 보겠습니다. 과자 봉지를 x, 사탕 개수를 y, 볼펜 개수를 z라고 하면 $1200 × x + 300 × y + 700 × z$이고 곱셈 기호를 생략하면 $1200x + 300y + 700z$입니다! – 교사 : 두 모둠 모두 너무 잘 이야기해 주었어요. 각 방법에는 어떤 장점과 단점이 있을까요? – 학생3 : 두 방법 모두 주어진 상황을 간략하게 표현할 수 있는 것이 장점입니다. – 학생4 : 단점은 저희 모둠이 발표해 볼게요. 기호로 표현할 경우 표현해야 할 대상이 많아지면 사용하기 어려울 수 있어요. – 교사 : 맞아요. 두 방법 모두 상황을 간략하게 표현할 수 있지만, 표현해야 하는 대상이 많아질 때는 기호 사용이 어렵기 때문에 우리는 주로 문자를 사용할 겁니다.
정리	내용정리	〈지도안 작성란5〉 • 교사는 수업에서 반드시 드러나야 하는 부분을 강조해 수업내용을 정리한다. – 교사 : 오늘 우리가 학습한 내용이 무엇이었나요? – 학생 : 문자에 대해서 배웠고, 곱셈 기호 생략에 대해서 학습했습니다. – 교사 : 맞습니다. 우리는 주어진 상황을 효과적으로 표현하기 위해 문자를 사용했구요. 식을 간단히 하고, 계산을 편리하게 하기 위해 곱셈기호를 생략했습니다. 말이나 기호처럼 다양한 표현방법이 존재하지만, 문자가 다양한 장점을 가지고 있었기 때문에 문자를 사용했어요. 수업 처음에 보았던 픽토그램 기억나요? 픽토그램은 문자와 어떤 연관성이 있는 것 같나요? – 학생 : 픽토그램이 의미를 쉽게 알 수 있도록 만들어진 것처럼, 문자도 주어진 상황을 이해하기 쉽고 간단히 나타내려고 한다는 점에서 비슷하다고 생각해요. – 교사 : 맞습니다. 이처럼 문자는 수학의 다양한 곳에 정말 중요하게 작용하는 주요 개념입니다. 오늘 학습한 내용을 잘 기억하도록 해요.
	형성평가	• 형성평가를 풀어보고 피드백을 한다.
	차시예고	• 다음 차시를 예고한다.

수학 수업실연 모의평가 2회

[실연 조건 및 유의사항]

1. [수업실연 구상지]의 〈수업실연1~3〉에 해당하는 부분을 수업으로 실연하시오.
2. 〈수업실연1〉 : [자료1]을 이용해 문자 사용에 대해 지도하시오.
3. 〈수업실연2〉 : [자료2]를 이용해 곱셈 기호의 생략에 대해 지도하시오.
    가. 각 경우마다 구체적인 예시를 하나 이상 제시하시오.
    나. 학생의 오개념 상황을 2가지 이상 포함하며, 이를 판서로 남기도록 한다.
4. 〈수업실연3〉 : [자료3]를 모둠활동으로 실연하시오.
    가. 활동의 결과가 구체적인 판서로 드러나도록 한다.
    나. 교사와 학생 간의 적극적인 상호작용이 드러나도록 한다.
    다. 수학과 교과 역량 중 의사소통 능력이 드러나도록 한다.
5. 학습목표는 칠판에 제시된 것으로 간주한다.
6. 칠판에는 적정량 이상의 판서를 실시한다.

[교수·학습 조건]

1. 대상 : 중학교 1학년
2. 수업시간 : 90분(블록타임제)
3. 단원명 : 문자의 사용
4. 교수·학습 환경

학생 수	지도 장소	수업 형태	매체 및 기자재	평가
30명	교실	모둠학습	칠판, 분필	자기평가, 동료평가

중 1-2

수학 수업실연 모의평가 2회

[자료1]

다음 문장을 식으로 나타내시오.

사과를 10개씩 친구들에게 나누어 주고, 4개가 남았다고 한다. 이때, 사과 전체 개수를 어떻게 표현할 수 있을까?

[자료2]

곱셈 기호의 생략
(1) 수와 문자의 곱에서는 곱셈 기호 ×를 생략하고, 수를 문자의 앞에 쓴다.
(2) 문자와 문자의 곱에서는 곱셈 기호 ×를 생략하고, 보통 알파벳 순서로 쓴다.
(3) 같은 문자의 곱은 거듭제곱으로 나타낸다.

[자료3]

[모둠활동] 다음을 읽고 조원들과 토의를 통해 문제를 해결하시오.

한 봉지에 1,200원인 과자 몇 봉지, 한 개에 300원인 사탕 몇 개, 한 자루에 700원인 볼펜 몇 자루를 샀을 때 지불해야 하는 총 구입비용

(활동1) 위의 문장을 각각 '기호', '문자'를 이용해 표현하시오.

(활동2) 각 표현 방법이 어떤 장점과 단점을 가지는지 모둠원들과 토의해 정리해 봅시다.

📋 수업실연 구상지

단원		문자의 사용	차시	
학습목표		• 문자가 가지는 장점과 필요성을 말할 수 있다. • 다양한 상황을 문자를 사용하여 표현할 수 있다.		
학습단계	학습전개	교수·학습 과정		
도입	주의환기	• 인사 및 출석 확인		
	동기유발	• 문자의 유용성과 필요성이 드러나도록 한다.		
	학습목표	• 학습목표를 제시한다.		
전개	개념지도	〈수업실연1〉		
	문제풀이	• 문자사용과 관련된 다양한 문제를 풀이한다.		
	개념지도	〈수업실연2〉		
	모둠활동	〈수업실연3〉		
정리	내용정리	• 오늘 배운 내용을 정리한다.		
	형성평가	• 형성평가를 실시한다.		
	차시예고	• 다음 차시를 안내한다.		

수업 한 페이지

문제해설	– [자료1] 주어진 상황을 식으로 나타내도록 한다.
	– [자료1] (사과 전체의 개수) = 10 × (친구의 수) + 4로 표현됨을 지도한다.
	– [자료1] 친구의 수를 문자 x를 이용해 표현해 보도록 한 뒤, (사과 전체의 개수) = 10 × x + 4가 됨을 지도한다. 문자는 a, b, c 등도 있지만 주로 x를 사용함을 안내한다.
	– [자료1] 주어진 상황을 간단하고 효과적으로 표현하기 위해 문자를 사용함을 안내하여 문자사용의 필요성 및 유용성이 드러나도록 한다.
	– [자료2] 문자를 사용한 식을 좀 더 간편하고 효과적으로 정리하는 방법에 대해 알아보도록 안내한 뒤, 곱셈기호 생략에 대해서 지도한다.
	– [자료2] 곱셈기호 생략을 구체적인 예시를 통해 지도한다. 수와 문자, 문자와 문자의 곱에서는 곱셈기호를 생략할 수 있으며, 수와 문자의 곱에서는 수를 문자 앞에 쓰며 1 또는 −1과 문자의 곱에서는 1을 생략해 적을 수 있다. 또한, 문자와 문자의 곱은 보통 알파벳 순서대로 작성하며 같은 문자의 곱은 거듭제곱의 꼴로 나타낸다.
	예 (1) $2 \times a = 2a$, $a \times (-5) = -5a$ (2) $b \times a = ab$, $d \times a \times c = acd$
	    (3) $a \times a \times a = a^3$, $3 \times a \times a \times b \times b \times b = 3a^2b^4$
	– [자료3] 수업 중 학생들의 오개념 상황을 가정한다. 어떤 부분이 잘못되었는지를 발문하며, 곱셈기호의 생략에 대해 다시 한번 상기하도록 하여 잘못된 부분을 수정하도록 한다.
	예 $0.1 \times a = 0.a$, $3 \times 4 \times x = 34x$, $a \times (-3) \times b = a - 3b$, $1200x + 300y = 1200x300y$
	– [자료3] (활동1)
	→ 과자 개수를 □, 사탕 개수를 △, 볼펜 개수를 ○라고 할 때, 1200 × □ + 300 × △ + 700 × ○
	→ 과자 개수를 x, 사탕 개수를 y, 볼펜 개수를 z라고 할 때, $1200x + 300y + 700z$
	– [자료3] (활동2)
	
	|
		장점	단점 |
			|---|---|---|
			| 기호 | 주어진 식을 간략히 표현할 수 있음 | 표현해야 할 대상이 많아지면, 사용하기 어려움 |
			| 문자 | 주어진 식을 간략히 표현할 수 있음
			표현해야 할 대상이 많더라도 손쉽게 표현 가능 | |
			
			– [자료3] 기호와 문자에 대한 다양한 장점과 단점을 발표할 수 있도록 지도한다. 표현해야 할 대상이 많아질 때 기호는 사용하기 어렵다는 것을 강조하여 문자사용의 필요성과 유용성이 드러나도록 발문한다.
			– [자료3] 의사소통 역량에 관한 내용 중 하나가 구체적으로 드러날 수 있도록 지도한다.
			  ① 수학 용어, 기호, 표, 그래프 등의 수학적 표현을 이해하고 정확하게 사용하며, 수학적 표현을 만들거나 변환하는 활동을 하게 한다.
			  ② 수학적 아이디어 또는 수학 학습 과정과 결과를 말, 글, 그림, 기호, 표, 그래프 등을 사용하여 다른 사람과 효율적으로 의사소통할 수 있게 한다.
			– 문자는 우리가 표현하고자 하는 정보를 함축적으로 나타낼 수 있는 유용한 도구임을 강조하며, [자료1]에서 제시된 픽토그램과 연관성을 언급한 뒤 수업을 정리한다.

동기유발	문자의 효율성이나 특징이 드러날 수 있는 주제(줄임말, 픽토그램, 표지판 등)
탐구활동	문자를 이용해 주어진 식 혹은 상황을 표현하는 활동
발문	– [자료1] 주어진 문장을 어떻게 문자로 표현할 수 있을까요? – [자료2] 식을 어떻게 하면 더 간단하게 표현할 수 있을까요? – [자료2] 무엇이 잘못되었을까요? 어떻게 고치면 좋을까요? – [자료3] 기호(문자)의 장점(단점)은 무엇이 있나요?
오개념 예시	– 사용하는 문자가 다르면 서로 다른 값을 의미한다고 생각하는 경우 예 $a \neq b$ – 나타내고자 하는 대상이 서로 다름에도 같은 문자로 나타내는 경우
지도상의 유의점	– 글, 그림, 기호, 문자 등의 다양한 표현 방법을 경험하고, 다양한 상황에서 문자의 필요성과 유용성을 인식하게 한다. – 다양한 상황에서 문자의 필요성과 유용성을 인식하게 한다. – 문자와 수, 문자와 일상 언어의 공통점과 차이점을 찾아보게 하고 문자의 특징을 이해하게 한다.

13. 중학교 1학년 모의평가 **135**

중 1-3

 # 수학 수업실연 모의평가 3회(지도안)

[지도안 조건 및 유의사항]

1. 아래 조건을 참고해 〈지도안 작성란 1~4〉에 해당하는 부분을 작성하시오.
2. 〈지도안 작성란1〉: 줄기와 잎 그림의 필요성과 유용성이 드러나도록 동기유발을 하시오.
3. 〈지도안 작성란2〉: [자료1]을 이용해 줄기와 잎 그림을 지도하시오.
   가. 줄기와 잎 그림을 그리면서 발생할 수 있는 오개념 상황을 2가지 이상 포함한다.
   나. 줄기와 잎 그림이 판서를 통해 구체적으로 드러나도록 한다.
   다. 줄기와 잎 그림을 이용해 [자료1]의 (1)~(4)을 해결하도록 한다.
   라. 적절한 발문을 통해 줄기와 잎 그림에 대한 장·단점이 포함되도록 한다.
4. 〈지도안 작성란3〉: [자료2]를 모둠활동으로 실연하시오.
   가. 적절한 발문을 통해 잎이 2개인 경우에 대한 줄기와 잎 그림을 지도한다.
   나. 줄기와 잎 그림을 이용해 확인할 수 있는 특징이 2가지 이상 드러나도록 한다.
5. 〈지도안 작성란4〉: 다음 차시에 학습할 수업 내용에 대해 안내하시오.
   가. 줄기와 잎 그림과의 연결성이 드러나도록 한다.
6. 학습목표는 칠판에 제시된 것으로 간주한다.
7. 학생들과 교사와의 상호작용이 적극적으로 드러나도록 한다.
8. 칠판에는 적정량 이상의 판서를 실시한다.

[교수·학습 조건]

1. 대상 : 중학교 1학년
2. 수업시간 : 45분
3. 단원명 : 줄기와 잎 그림
4. 교수·학습 환경

학생 수	지도 장소	수업 형태	매체 및 기자재	평가
25명	교실	모둠학습	칠판, 분필, 태블릿PC, 교사용 노트북, 스마트TV	동료평가, 과정중심 평가

수학 수업실연 모의평가 3회(지도안)

[자료1]

다음은 우리반 25명 친구들의 50m 달리기 기록이다.

(단위 : 초)

8.3	8.6	8.8	7.3	7.6
7.1	8.9	5.9	7.3	10.2
7.4	8.2	7.7	8.7	9.4
7.0	8.5	9.8	9.2	8.7
9.3	7.6	5.8	9.0	10.5

(1) 가장 빠른 친구의 기록은 얼마인가요?
(2) 빠른 순서대로 13번째 친구의 기록은 어떻게 되나요?
(3) 7초 이하인 친구들은 총 몇 명인가요?
(4) 이외에 특징은 무엇이 있을까요?

[자료2]

다음은 우리반 친구들의 50m 달리기 기록을 남학생과 여학생으로 구분한 것이다.

남학생	8.3, 8.8, 7.3, 7.1, 5.9, 10.2, 7.7, 9.4, 8.5, 9.3, 5.8, 10.5
여학생	8.6, 7.6, 8.9, 7.3, 7.4, 8.2, 8.7, 7.0, 9.8, 8.7, 7.6, 9.0, 9.2

잎(여학생)	줄기	잎(남학생)

지도안 예시답안

도입	주의환기	• 인사 및 출석 확인
	동기유발	〈지도안 작성란1〉 • 줄기와 잎 그림의 필요성과 유용성이 드러나도록 동기유발을 한다. • 무작위로 배열된 버스 시간표를 학생들에게 보여준 뒤, 이에 대해 질문한다. – 교사 : 여기에 나와 있는 것은 버스 시간표입니다. 어떻게 느껴지나요? – 학생1 : 보기 불편해요. – 학생2 : 버스 시간을 정확히 파악하기가 어려워요. – 교사 : 버스 시간이 무작위로 배열되어 있다 보니 우리가 원하는 버스 시간에 대한 정보를 보기 어렵습니다. 그러면 어떻게 하는 것이 좋을까요? 오늘 수업을 통해서 이러한 자료를 효과적으로 정리하는 방법에 대해서 알아보도록 하겠습니다. – 학생 : 너무 기대돼요. 선생님!
	학습목표	• 학습목표를 확인한다.
전개	줄기와 잎 그림 지도	〈지도안 작성란2〉 • [자료1]의 자료를 이용해 줄기와 잎 그림에 대해 지도한다. • 자료를 정리하는 방법의 하나로, 기준이 되는 값을 줄기에 적고 변량에 대한 나머지 값을 잎에 적어 내용을 정리하는 방법이며, 이때 중복되는 변량의 잎은 중복된 횟수만큼 써야 함을 안내한다. • [자료1]의 상황을 줄기와 잎 그림을 이용해 학생들에게 직접 그려보도록 한다. | 줄기	잎 | |---|---| | 5 | 8 9 | | 6 | | | 7 | 0 1 3 3 4 6 6 7 | | 8 | 2 3 5 6 7 7 8 9 | | 9 | 0 2 3 4 8 | | 10 | 2 5 | – 교사 : [자료1]의 자료를 이용해 줄기와 잎 그림을 그려봅시다. 모두 완성했다면 파일을 선생님에게 보내주세요. – 학생 : 제출했습니다. 선생님! • 줄기와 잎 그림에서 발생한 학생들의 오개념 상황을 지도한다. – 교사 : 학생들마다 조금씩 결과의 차이가 있네요. 어떤 부분을 수정하면 좋을까요? – 학생1 : 줄기가 6인 경우 변량은 없지만 줄기에 6이라고 적어주어야 합니다. – 학생2 : 7.3초에 해당하는 변량이 2개인데 한 번만 썼어요. – 교사 : 모두 잘 찾아주었습니다. 줄기와 잎 그림을 그릴 때는 중복된 변량은 중복된 횟수만큼 적어야 하며, 변량이 존재하지 않더라도 줄기가 존재하면 비워두지 않고 적어두어야 합니다. • [자료1]에 제시된 문제를 해결하도록 한다. – 교사 : 그러면 이제 우리가 그린 줄기와 잎 그림을 이용해 (1) ~ (4)를 해결해 봅시다. – 학생1 : (1) 가장 빠른 친구의 기록은 5.8초입니다. – 학생2 : (2) 13번째 기록인 친구의 기록은 8.5초이다. – 학생3 : (3) 기록이 8초 이하인 친구들은 총 10명이다. – 학생4 : (4) 이외에 특징은 '가장 느린 친구의 기록은 10.5초'이고 ' 대체로 기록이 7~9초대를 기록', '6초대 기록은 한명도 없음', '중앙값은 8.5초'입니다. – 교사 : 모두들 잘 찾아주었습니다. 이처럼 줄기와 잎 그림을 이용해 주어진 자료를 표현하니 어떤 장점이 있었나요? – 학생 : 자료를 한눈에 볼 수 있기 때문에 특징을 쉽게 찾을 수 있으며, 각 자료의 값을 그대로 사용하기 때문에 자료를 있는 그대로 사용할 수 있어서 좋았습니다. – 학생 : 하지만 변량이 많아지면 하나씩 다 적어야 하니 번거로울 것 같아요. – 교사 : 모두 특징을 잘 찾아주었습니다. 줄기와 잎 그림은 자료를 정리하는 효과적인 도구이긴 하지만, 이야기한 것처럼 변량이 너무 많아지면 자료를 정리하기 불편할 수 있다는 점을 기억하도록 합시다.

전개	줄기와 잎 그림 지도	〈지도안 작성란3〉 • [자료2]와 같이 [자료1]에서 성별에 대한 정보가 추가되었을 때, 줄기와 잎 그림을 어떻게 그리면 좋을지 발문한다. – 교사 : 조금 전 정리했던 [자료1]에서 성별에 대한 정보가 추가되었다면, 어떻게 줄기와 잎 그림을 그리면 효과적일까요? – 학생 : 잎을 양옆으로 그리면 좋을 것 같아요. 한쪽은 여학생, 한쪽은 남학생처럼요. – 교사 : 줄기와 잎 그림은 일반적으로 잎이 한 개인 경우이지만, 상황에 따라 잎을 2개로 활용할 수 있습니다. 왼쪽에는 여학생의 기록을, 오른쪽은 남학생의 기록을 줄기와 잎 그림으로 표현해 봅시다. – 학생 : 이렇게 표현할 수 있습니다. {| 잎(여학생)	줄기	잎(남학생) | |---|---|---| |	5	| |	6	| | 6 6 4 3 0	7	1 3 7 | | 9 7 7 6 2	8	3 5 8 | | 8 2 0	9	4 3 | |	10	2 5 |} • 줄기와 잎 그림을 이용해 확인할 수 있는 특징을 찾아보도록 한다. – 교사 : 성별 정보가 추가된 줄기와 잎 그림에서 새롭게 알게 된 특징은 무엇이 있나요? – 학생1 : 여학생의 기록은 대부분 7~9초대를 이루고 있어요. – 학생2 : 가장 빠른 학생과 가장 느린 학생이 모두 남자인 것이 눈에 띄어요. – 학생3 : 남학생 기록의 중앙값은 8.4초, 여학생 기록의 중앙값은 8.6초로 유사해요. – 교사 : 모두 잘 찾아주었습니다.
정리	내용정리	• 오늘 학습한 내용을 정리한다.
	형성평가	• 형성평가를 풀어보고 피드백을 한다.

	차시예고	〈지도안 작성란4〉
		• 오늘 학습한 내용을 간단히 정리한다.
		  – 교사 : 오늘 무엇에 대해서 배웠나요?
		  – 학생 : 자료를 정리하는 방법으로 줄기와 잎 그림에 대해서 배웠습니다. 이것에 대한 특징도 함께요.
		• 다음 차시에 학습할 수업 내용에 대해 안내한다.
		  – 교사 : 줄기와 잎 그림처럼 자료를 정리할 수 있는 방법은 정말 다양합니다. 다음 시간에는 자료를 정리하는 다른 방법인 도수분포표에 대해서 알아보도록 하겠습니다. 줄기와 잎 그림과 어떤 차이가 있고, 각각 어떤 장·단점이 있는지까지 함께 살펴봅시다.

위 표 안의 줄기와 잎 그림:

잎(여학생)	줄기	잎(남학생)
	5	8 9
	6	
6 6 4 3 0	7	1 3 7
9 7 7 6 2	8	3 5 8
8 2 0	9	4 3
	10	2 5

수학 수업실연 모의평가 3회

[실연 조건 및 유의사항]

1. [수업실연 구상지]의 〈수업실연 1~2〉에 해당하는 부분을 수업으로 실연하시오.
3. 〈수업실연1〉 : [자료1]을 이용해 줄기와 잎 그림을 지도하시오.
   가. 줄기와 잎 그림을 그리면서 발생할 수 있는 오개념 상황을 2가지 이상 포함한다.
   나. 줄기와 잎 그림이 판서를 통해 구체적으로 드러나도록 한다.
   다. 줄기와 잎 그림을 이용해 [자료1]의 (1)~(4)를 해결하도록 한다.
   라. 적절한 발문을 통해 줄기와 잎 그림에 대한 장·단점이 포함되도록 한다.
4. 〈수업실연2〉 : [자료2]를 모둠활동으로 실연하시오.
   가. 적절한 발문을 통해 잎이 2개인 경우에 대한 줄기와 잎 그림을 지도한다.
   나. 줄기와 잎 그림을 이용해 확인할 수 있는 특징이 2가지 이상 드러나도록 한다.
5. 학습목표는 칠판에 제시된 것으로 간주한다.
6. 학생들과 교사와의 상호작용이 적극적으로 드러나도록 한다.
7. 칠판에는 적정량 이상의 판서를 실시한다.

[교수·학습 조건]

1. 대상 : 중학교 1학년
2. 수업시간 : 45분
3. 단원명 : 줄기와 잎 그림
4. 교수·학습 환경

학생 수	지도 장소	수업 형태	매체 및 기자재	평가
25명	교실	모둠학습	칠판, 분필, 태블릿PC, 교사용 노트북, 스마트TV	동료평가, 과정중심 평가

수학 수업실연 모의평가 3회

[자료1]

다음은 우리반 25명 친구들의 50m 달리기 기록이다.

(단위 : 초)

8.3	8.6	8.8	7.3	7.6
7.1	8.9	5.9	7.3	10.2
7.4	8.2	7.7	8.7	9.4
7.0	8.5	9.8	9.2	8.7
9.3	7.6	5.8	9.0	10.5

(1) 가장 빠른 친구의 기록은 얼마인가요?
(2) 빠른 순서대로 13번째 친구의 기록은 어떻게 되나요?
(3) 기록이 8초 이하인 친구들은 총 몇 명인가요?
(4) 이외에 특징은 무엇이 있을까요?

[자료2]

다음은 우리반 친구들의 50m 달리기 기록을 남학생과 여학생으로 구분한 것이다.

| 남학생 | 8.3, 8.8, 7.3, 7.1, 5.9, 10.2, 7.7, 9.4, 8.5, 9.3, 5.8, 10.5 |
| 여학생 | 8.6, 7.6, 8.9, 7.3, 7.4, 8.2, 8.7, 7.0, 9.8, 8.7, 7.6, 9.0, 9.2 |

잎(여학생)	줄기	잎(남학생)

수업실연 구상지

단원		줄기와 잎 그림	차시	
학습목표		• 줄기와 잎 그림에 대해 이해하고, 주어진 자료를 줄기와 잎 그림으로 표현할 수 있다. • 줄기와 잎 그림으로 정리된 자료를 통계적으로 분석할 수 있다.		
학습단계	학습전개	교수·학습 과정		
도입	주의환기	• 인사 및 출석 확인		
	동기유발	• 줄기와 잎 그림의 필요성과 유용성이 드러나도록 동기유발 한다.		
	학습목표	• 학습목표를 제시한다.		
전개	개념지도	〈수업실연1〉		
	모둠활동	〈수업실연2〉		
정리	내용정리	• 오늘 배운 내용을 정리한다.		
	형성평가	• 형성평가를 실시한다.		
	차시예고	• 다음 차시를 안내한다.		

수업 한 페이지

문제해설	− [자료1] 다양한 자료를 알아보기 쉽고, 편리하게 정리하기 위해 줄기와 잎 그림이라는 방법을 이용해 자료를 구분하여 나타냄을 설명한다.
	− [자료1] 기준이 되는 값을 줄기에 적고, 변량에 대한 나머지 값을 잎에 적어 내용을 정리하는 것이 줄기와 잎 그림임을 설명한다. 이때, 줄기와 잎 그림을 학생들이 직접 표현하도록 한다.
	− [자료1] 달리기 기록에 대한 줄기와 잎 그림을 완성하며, 오개념 상황을 포함하도록 한다.
	− [자료1] 오개념 예시
	   • 줄기가 6인 경우를 제외한 경우 • 소수점을 없애지 않고 소수점을 포함해 잎에 적는 경우
	   • 7.3초, 7.6초, 8.7초와 같이 중복된 변량을 한 번만 작성한 경우 • 줄기와 잎 그림을 해석하는데 58, 59와 같이 소수점을 제외하고 해석하는 경우
	   • 줄기를 일정한 간격으로 나열하지 않은 경우
	− [자료1] 줄기와 잎 그림을 이용해 (1) ~ (4)를 해결한다.

줄기	잎
5	8 9
6	
7	0 1 3 3 4 6 6 7
8	2 3 5 6 7 7 8 9
9	0 2 3 4 8
10	2 5

(1) 가장 빠른 친구의 기록은 5.8초이다.
(2) 13번째 기록인 친구의 기록은 8.5초이다.
(3) 기록이 8초 이하인 친구들은 총 10명이다.
(4) 이외에 특징 예시
→ 가장 느린 친구의 기록은 10.5초
→ 대체로 기록이 7~9초대를 이루고 있음
→ 6초대 기록은 한 명도 없음.
→ 중앙값은 8.5초이다.

− [자료1] 줄기와 잎 그림으로 내용을 정리하였을 때, 어떤 점이 좋고, 어떤 점이 불편했는지 발문한다.
− [자료1] 장점, 단점
   • 장점 : 자료를 한눈에 볼 수 있기 때문에 특징을 쉽게 찾을 수 있으며, 각 자료의 값을 그대로 사용하기 때문에 자료의 손실이 없다.
   • 단점 : 변량이 많아질 때 표현하기 번거로우며, 줄기 개수의 제한이 있다.

− [자료2] 만약 달리기 기록을 남자와 여자로 표현하였을 때, 이것을 반영해 어떻게 줄기와 잎 그림으로 표현할 수 있을지 발문한다. 남자와 여자의 기록을 구별해 잎을 2개로 나누어 적을 수 있음을 설명한 뒤, 학생들에게 그려보도록 한다.
− [자료2] 다음 줄기와 잎 그림을 이용해 확인할 수 있는 특징을 찾도록 한다.

잎(여학생)	줄기	잎(남학생)
	5	8 9
	6	
6 6 4 3 0	7	1 3 7
9 7 7 6 2	8	3 5 8
8 2 0	9	4 3
	10	2 5

(1) 여학생의 기록은 7~9초대를 이루고 있다.
(2) 가장 빠른 학생과 가장 느린 학생은 모두 남학생이다.
(3) 남학생 기록의 중앙값은 8.4초, 여학생 기록의 중앙값은 8.6초로 유사하다.

(+) 잎을 2개로 나누었기 때문에, 남학생과 여학생의 기록을 구분해 생각할 수 있다는 장점을 언급한다.

동기유발	− 무작위로 나열된 자료(버스 시간표, 지하철 시간표 등)를 제시해 자료 정리의 필요성을 강조하는 내용
발문	− [자료1] 다음 줄기와 잎 그림에서 어떤 부분이 잘못되었을까요? − [자료1] 줄기와 잎 그림을 통해 어떤 자료의 특징을 찾을 수 있을까요? − [자료1] 줄기와 잎 그림으로 표현하면 어떤 장점(혹은 단점)이 있을까요? − [자료2] 다음과 같이 남학생과 여학생의 기록으로 구분한다면 어떻게 표현하는게 좋을까요? − [자료2] 어떤 특징을 가지고 있나요? − [자료2] 이와 같이 표현하면 어떤 장점이 있을까요?
오개념 예시	− 중복된 변량이 있을 때 자료를 하나만 기재하는 경우 − 줄기를 일정한 간격으로 나열하지 않은 경우 − 중간에 자료가 비어 있을 때 줄기를 생략하는 경우
지도상의 유의점	− 다양한 상황의 자료를 표나 그래프로 나타내고, 그 분포의 특성을 설명할 수 있게 한다. − 눈금 등을 부적절하게 사용하여 자료를 부정확하게 나타낸 표나 그래프에서 오류를 찾는 활동을 하게 한다. − 줄기와 잎 그림, 도수분포표는 자료의 특징과 분포 상태를 쉽게 알아보기 위해 그린 그림 또는 표임을 이해하게 한다. − 줄기와 잎 그림의 모양은 표와 같지만 시계 반대 방향으로 90° 회전시키면 막대그래프 모양과 비슷하므로 그래프로서의 기능도 있음을 알게 한다. − 줄기와 잎 그림은 변량의 개수가 적은 자료를 표현하는데 적합한 방식임을 이해하게 한다.

중 1-4

수학 수업실연 모의평가 4회

[실연 조건 및 유의사항]

1. [수업실연 구상지]의 〈수업실연1~3〉에 해당하는 부분을 수업으로 실연하시오.
2. 〈수업실연1〉: [자료1]을 이용해 동기유발을 하시오.
   가. 학생들이 소수의 필요성 및 유용성에 대해 직관적으로 이해할 수 있도록 한다.
3. 〈수업실연2〉: [자료2]를 탐구활동으로 실연하시오.
   가. 소수와 합성수의 개념을 직관적으로 이해할 수 있도록 한다.
   나. 활동의 결과를 통해 소수와 합성수의 개념을 지도한다.
4. 〈수업실연3〉: [자료3]의 문제를 해결하도록 하시오.
   가. 모둠활동으로 진행한다.
5. 학생들과 교사와의 상호작용이 드러나도록 한다.
6. 학습목표는 칠판에 제시된 것으로 간주한다.

[교수·학습 조건]

1. 대상 : 중학교 1학년
2. 수업시간 : 90분(블록타임제)
3. 단원명 : 소수와 합성수
4. 교수·학습 환경

학생 수	지도 장소	수업 형태	교육기자재	평가
24명	교실	모둠학습	칠판, 분필, 정사각형 모양 카드	자기평가, 동료평가

수학 수업실연 모의평가 4회

중 1-4

[자료1]

매미는 오랜시간 유충으로 땅속에서 견디다가 한 달간 지상으로 올라와 성충으로 살다가 알을 낳고 죽는 곤충입니다. 이러한 매미는 독특한 생존전략을 가지고 있습니다. 우리나라에 서식하는 참매미와 유지매미는 5년의 생애주기를 가지고 있으며, 미국의 매미 중에서는 13년, 17년의 생애주기를 갖는 경우도 있습니다. 왜 매미는 이러한 생애주기를 가지고 있으며, 어떻게 생존에 유리한 것일까요?

참고: EBS지식클립

[자료2]

크기 서로 같은 정사각형 모양의 카드 6장을 가로, 세로를 구분하지 않고 직사각형 모양으로 배열하는 방법은 다음 그림과 같이 2가지이다. 물음에 답해보자.

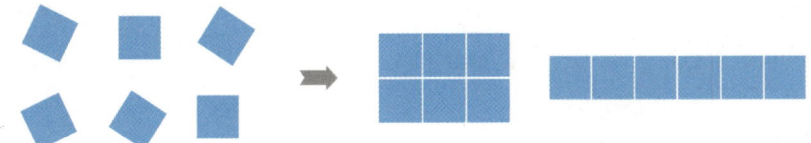

1. 카드 7장을 직사각형 모양으로 배열하는 방법은 몇 가지일까요?
2. 카드 12장을 직사각형 모양으로 배열하는 방법은 몇 가지일까요?

[자료3]

다음 물음에 답하시오.

(1) 다음 수가 소수인지 합성수인지를 구분하시오.

| 1 | 3 | 6 | 9 | 17 | 24 |

(2) 다음 그림을 이용해 1에서 60까지의 자연수 중에서 소수를 찾아봅시다.

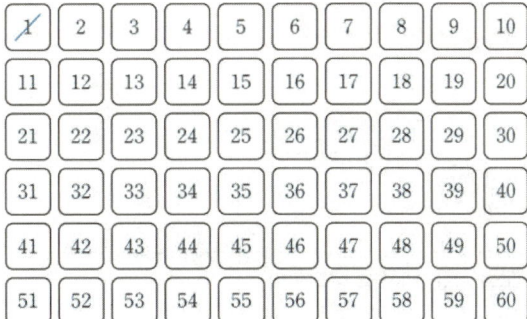

(3) [자료1] 매미의 생애주기에서 알 수 있는 사실은 무엇인가요? 그 이유는 무엇일까요?

수업실연 구상지

단원		소수와 합성수	차시	
학습목표	• 소수와 합성수의 개념을 이해하고, 주어진 수가 소수인지 합성수인지를 판별할 수 있다.			
학습단계	학습전개	교수 · 학습 과정		
도입	주의환기	• 인사 및 출석 확인		
	학습목표	• 학습목표를 제시한다.		
	동기유발	〈수업실연1〉		
전개	개념지도	〈수업실연2〉		
	모둠활동	〈수업실연3〉		
정리	내용정리	• 오늘 배운 내용을 정리한다.		
	형성평가	• 형성평가를 실시한다.		
	차시예고	• 다음 차시를 안내한다.		

수업 한 페이지

문제해설	- [자료1] 매미의 생애주기에 대해 안내한 뒤, 학생들에게 매미의 생애주기가 가지는 의미가 무엇인지, 왜 생존에 유리한지를 발문한다. - [자료1] 오늘 수업을 통해 매미의 생애주기와 생존전략에 대해 알 수 있음을 강조하며, 본 수업에 들어가도록 한다. - [자료2] 정사각형 모양의 카드 6장을 직사각형으로 배열하는 방법을 소개하여, 학생들이 소수의 개념을 직관적으로 추측할 수 있도록 한다. - [자료2] 카드 7장과 카드 12장의 배열방법을 구해보도록 한다. 학생들이 카드를 직접 조작하여 카드 7장은 1가지(7×1) 배열방법으로, 카드 12장은 3가지($12 \times 1, 6 \times 2, 4 \times 3$) 배열방법을 가짐을 활동의 결과로 확인한다. 이때 가로와 세로를 구별하지 않음에 유의한다. - [자료2] 배열방법이 나타내는 의미를 생각해 보도록 하며, 배열방법이란 주어진 숫자를 2개의 숫자로 표현할 수 있는 방법이라는 것을 이해하게 한 뒤, 소수와 합성수 개념을 직관적으로 이해할 수 있도록 한다. - [자료2]의 결과를 바탕으로 카드가 한 가지 배열방법으로 포함되는 경우를 소수, 즉 약수가 1과 자기 자신밖에 없는 수를 소수로 정의한다. 카드가 2가지 이상의 방법으로 배열되는 경우를 합성수, 즉 약수가 1과 자기 자신 이외에 약수를 가지는 경우를 합성수로 지도한다. (1보다 큰 자연수 중에서 소수가 아닌 수로 정의할 수도 있음) - [자료2] 이때 소수는 1보다 큰 자연수 중에서 1과 자기 자신만을 약수로 가지는 수라는 점을 강조하며, 숫자 1은 소수도, 합성수도 아님을 강조한다. - [자료3]을 모둠활동으로 지도한다. - [자료3] (1) [자료2]에서 학습한 내용을 상기하며 제시된 수가 소수인지 합성수인지를 판별하도록 한다. 이때, 1은 소수도 합성수도 아님을 한 번 더 강조하며 소수는 3, 17 합성수는 6, 9, 24임을 지도한다. - [자료3] (2) 어떻게 하면 소수를 효과적으로 찾아낼 수 있을지를 발문한 뒤, 에라토스테네스의 체를 소개한다. 작은 수부터 소수인지 아닌지를 확인하며, 소수라면 이것의 배수를 우선적으로 제외하는 방식으로 합성수를 제외하여 소수를 찾아가는 방법이다. 학생들이 활동의 의미를 잘 이해하도록 하며 남은 소수를 모두 찾아보도록 한다. - [자료3] (2) 1부터 60까지의 소수는 2, 3, 5, 7, 11, 13, 17, 19, 23, 29, 31, 37, 41, 43, 47, 53, 59이다. - [자료3] (3) [자료1]의 매미의 생애주기가 가지는 특징을 발문한다. 생애주기가 모두 소수를 이룬다는 사실을 확인한 뒤, 왜 이것이 매미의 생존전략에 유리한지를 모둠별로 토의하도록 한다. - [자료3] (3) 같은 지역에 사는 두 종류의 매미의 출현 시기가 소수이면 서로 출현 시기가 같아지는 시기가 소수가 아닌 것에 비해 굉장히 길어진다. 따라서 서로 먹이 경쟁을 피하는데 효과적이며, 비슷한 이유로 천적을 만나는 시기도 길어져 생존에 유리하게 됨을 설명한다.
탐구활동	- 학생들이 정사각형 모양의 카드를 이용하여 직사각형을 만드는 활동 - 매미의 생애주기 - RSA암호
발문	- [자료1] 매미의 생애주기에는 어떤 특징이 있나요? 생존전략은 무엇일까요? - [자료2] 주어진 카드를 직사각형으로 배열하는 방법은 몇 가지일까요? - [자료2] 1은 소수일까요? 합성수일까요? - [자료3] 어떻게 하면 소수를 효과적으로 찾아낼 수 있을까요? - [자료3] 매미의 생애주기가 가지는 공통적인 특징은 무엇인가요? - [자료3] 매미의 생애주기가 소수이면 왜 생존에 유리할까요?
오개념 예시	- 1을 소수 또는 합성수라고 하는 경우 - 모든 소수를 홀수라고 생각하는 경우
지도상의 유의점	- 소수는 1보다 큰 자연수의 범위에서 생각하게 하고, 1은 소수도 합성수도 아님을 알게 한다. - 약수는 나눗셈의 개념에서, 인수는 곱셈의 개념에서 유래된 것을 제외하고는 차이점이 없으므로 약수와 인수를 엄밀하게 구별하지 않는다.

수학 수업실연 모의평가 5회

중 1-5

[실연 조건 및 유의사항]

1. [수업실연 구상지]의 〈수업실연1~3〉에 해당하는 부분을 수업으로 실연하시오.
2. 〈수업실연1〉 : [자료1]을 이용해 정수와 유리수의 덧셈을 직관적으로 이해하도록 한다.
   가. 주어진 규칙을 학생들에게 안내한다.
   나. 규칙을 기반으로 주어진 문제를 학생들이 해결할 수 있도록 한다.
3. 〈수업실연2〉 : [자료2]의 정수와 유리수 덧셈의 계산 방법을 지도하시오.
   가. [자료1]의 활동 결과를 활용한다.
4. 〈수업실연3〉 : [자료3]을 참고해 정수와 유리수의 덧셈을 활용한 실생활 문제를 만드시오.
   가. 구체적인 예시가 1가지 이상 드러나도록 하시오.
4. 학생들과 교사와의 상호작용이 드러나도록 한다.
5. 학습목표는 칠판에 제시된 것으로 간주한다.

[교수·학습 조건]

1. 대상 : 중학교 1학년
2. 수업시간 : 45분
3. 단원명 : 정수와 유리수의 덧셈
4. 교수·학습 환경

학생 수	지도 장소	수업 형태	교육기자재	평가
24명	교실	모둠학습	바둑돌, 교사용 노트북, 스마트TV	형성평가

수학 수업실연 모의평가 5회

[자료1]

<바둑돌 규칙>

① 흰 바둑돌 1개는 +1, 2개는 +2를 나타내고 검은 바둑돌 1개는 -1, 2개는 -2를 나타낸다.

　+1　　　+2　　　-1　　　-2

② 흰 바둑돌과 검은 바둑돌이 각각 같은 개수만큼 있으면 0을 나타낸다.

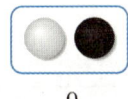 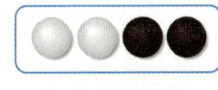
　　0　　　　　　　0

(1) $(+1)+(+3)$
(2) $(-2)+(-3)$
(3) $(+2)+(-4)$
(4) $(-3)+(+5)$

[자료2]

정수와 유리수의 덧셈
1. 부호가 같은 두 수의 덧셈은 두 수의 절댓값의 합에 공통인 부호를 붙인다.
2. 부호가 다른 두 수의 덧셈은 두 수의 절댓값의 차에 절댓값이 큰 수의 부호를 붙인다.

[자료3]

[문제 만들기]
정수와 유리수의 덧셈을 이용해 실생활에서 접할 수 있는 소재로 문제를 만들고, 이를 수식으로 표현해 해결해 봅시다.

예시)

문제	오후 3℃였던 서울의 기온이 현재 10℃ 하락했다. 현재 서울의 기온은 몇 도일까요?
답	$(+3)+(-10)=-7$, 따라서 현재 서울의 기온은 영하 7℃이다.

수업실연 구상지

단원	정수와 유리수의 덧셈		차시	
학습목표	• 정수와 유리수의 덧셈 원리를 이해하고, 관련 문제를 해결할 수 있다.			
학습단계	학습전개	교수·학습 과정		
도입	주의환기	• 인사 및 출석 확인		
	학습목표	• 학습목표를 제시한다.		
전개	탐구활동	〈수업실연1〉		
	정수와 유리수 덧셈방법 지도	〈수업실연2〉		
	모둠활동	〈수업실연3〉		
정리	내용정리	• 오늘 배운 내용을 정리한다.		
	형성평가	• 형성평가를 실시한다.		
	차시예고	• 다음 차시를 안내한다.		

수업 한 페이지

문제해설	– [자료1]의 규칙을 학생들에게 안내한다. – [자료1] 흰색 바둑돌은 +1을, 흑색 바둑돌은 -1이 됨을 지도하며 같은 개수의 두 바둑돌을 합치면 0이 됨을 학생들에게 설명한다. – [자료1] 규칙을 이용해 주어진 문제를 학생들이 해결할 수 있도록 한다. – [자료1] (1) 흰 돌 1개와 흰 돌 3개를 더해 흰 돌 4개가 되므로 결과는 +4가 된다. – [자료1] (2) 흑 돌 2개, 흑 돌 3개를 더해 흑 돌 5개가 되므로 결과는 -5이다. – [자료1] (3) 흰 돌 2개와 흑 돌 4개를 더하며, 흰 돌 2개와 흑 돌 2개는 합쳐져 0이 되므로 흑 돌 2개가 남아 결과는 -2이다. – [자료1] (4) 흑 돌 3개, 흰 돌 5개를 더하며, 흰 돌 3개와 흑 돌 3개를 합치면 0이 되므로 흰 돌 2개가 남아 결과는 +2이다. – [자료2] [자료1]의 예시를 이용해 정수와 유리수의 덧셈 계산 방법을 지도한다. – [자료2] [자료1]의 (1), (2)를 이용해 부호가 같은 두 수의 덧셈은 두 수의 절댓값의 합에 공통인 부호를 붙임을 이해하도록 한다. 이때, 절댓값 용어를 이용해 내용을 정리하는 부분을 강조해 지도한다. – [자료2] [자료1]의 (3), (4) 결과를 이용해 부호가 다른 두 수의 덧셈은 두 수의 절댓값의 차에 절댓값이 큰 수의 부호를 붙임을 안내한다. 학생들이 해당 사실을 스스로 추측할 수 있도록 하며, 교사의 적절한 발문을 이용해 계산 방법을 정리할 수 있도록 한다. – [자료2] '$(+2)+(-16)$', '$(-5)+(-12)$'와 같은 예시를 통해 구체적인 모델을 사용하지 않더라도, 정수와 유리수의 덧셈 계산 방식을 이용해 계산할 수 있음을 설명하며, 정수와 유리수의 덧셈 계산 방식을 다시 한번 정리하도록 한다. – [자료3] 정수와 유리수의 덧셈을 이용해 문제를 만들어보도록 한다. – [자료3] 모둠별로 활동을 진행하며, 학생들이 실생활에서 쉽게 마주할 수 있는 요소를 이용하도록 한다. – [자료3] (추가 예시) 이번 달 휴대폰 요금으로 24,000원을 사용했다. 그런데 지난달 이중 결제된 금액 5,000원이 환불되었다. 이때, 이번 달 내가 실질적으로 지불하는 휴대폰 요금은? → $(+24,000)+(-5,000)=19,000$(원)
탐구활동	– '셈돌 모델', '우체부 모델' 등을 이용한 탐구 활동
발문	– [자료1] 흰 돌(or 흑 돌)의 의미가 무엇이었죠? – [자료1] 흰 돌 2개, 흑 돌 2개가 합쳐지면 어떻게 될까요? – [자료2] 부호가 같은 두 수의 덧셈은 어떻게 계산해야 할까요? – [자료2] 부호가 다른 두 수의 덧셈은 어떻게 계산해야 할까요? – [자료3] 정수와 유리수의 덧셈과 관련된 실생활 문제는 무엇이 있을까요?
오개념 예시	– 셈돌 모델을 활용한 계산 방식을 어려워하는 경우 – 절댓값 용어를 사용해 정수와 유리수의 계산 방법을 어려워하는 경우 – 음수의 덧셈 계산을 어려워하는 경우
지도상의 유의점	– 정수와 유리수의 사칙계산의 원리를 이해하고, 그 계산을 할 수 있다. – 수직선, 셈돌 등 다양한 방법으로 덧셈의 원리를 찾을 수 있게 한다. – 정수와 유리수의 덧셈과 뺄셈이 섞여 있는 식을 계산할 수 있게 한다. – 정수와 유리수의 덧셈은 많은 연습을 통해 익숙하게 익힐 수 있도록 지도한다.

중 1-6

수학 수업실연 모의평가 6회

[실연 조건 및 유의사항]

1. [수업실연 구상지]의 〈수업실연1~3〉에 해당하는 부분을 수업으로 실연하시오.
2. 〈수업실연1〉 : [자료1]을 탐구활동으로 실연하시오.
   가. 정수의 곱셈 규칙에 대해 직관적으로 이해할 수 있도록 한다.
   나. 수직선을 이용해 지도한다.
   다. 학생들의 오개념 상황과 이를 해결하는 과정을 포함한다.
3. 〈수업실연2〉 : [자료2]를 실연하시오.
   가. 귀납적 외삽법을 이용하여 정수의 곱의 부호가 결정되는 원리를 발견할 수 있도록 지도한다.
   나. 정수의 곱셈 규칙을 정리한 내용이 판서로 드러나게 한다.
4. 학생들과 교사와의 상호작용이 드러나도록 한다.
5. 학습목표는 칠판에 제시된 것으로 간주한다.

[교수·학습 조건]

1. 대상 : 중학교 1학년
2. 수업시간 : 45분
3. 단원명 : 정수와 유리수의 곱셈
4. 교수·학습 환경

학생 수	수업 형태	교육기자재	평가
24명	모둠학습	칠판, 분필, 태블릿, 교사용 노트북, 스마트TV	자기평가, 동료평가

수학 수업실연 모의평가 6회

중 1-6

[자료1]

직선 위를 일정한 속력으로 달리는 기차가 있다. 선로의 위치를 수직선 위의 점으로 나타내어 정수의 곱셈 계산을 하려고 한다. 현재 기차의 위치를 0이라고 할 때, 기차가 초속 4m로 오른쪽으로 달릴 때 1초 후의 위치는 +4, 2초 전에는 -8로 나타낼 수 있다.

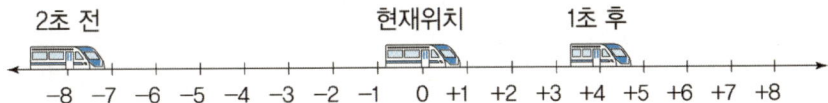

Q. 같은 방법으로 다음 곱셈을 설명해 보자.

(1) 3×4
(2) $3 \times (-4)$
(3) $(-3) \times 4$
(4) $(-3) \times (-4)$

[자료2]

다음 빈칸을 채우시오.

$(+2) \times (+3) = \square$	$(-2) \times (+3) = \square$
$(+2) \times (+2) = \square$	$(-2) \times (+2) = \square$
$(+2) \times (+1) = \square$	$(-2) \times (+1) = \square$
$(+2) \times 0 = \square$	$(-2) \times 0 = \square$
$(+2) \times (-1) = \square$	$(-2) \times (-1) = \square$
$(+2) \times (-2) = \square$	$(-2) \times (-2) = \square$
$(+2) \times (-3) = \square$	$(-2) \times (-3) = \square$

📋 수업실연 구상지

단원		정수와 유리수의 곱셈		차시	
학습목표		• 정수와 유리수의 곱셈의 원리를 이해하고, 그 계산을 할 수 있다.			
학습단계	학습전개	교수·학습 과정			
도입	주의환기	• 인사 및 출석 확인			
	선수학습	• 선수학습을 확인한다.			
	학습목표	• 학습목표를 제시한다.			
전개	탐구활동	〈수업실연1〉			
	개념지도	〈수업실연2〉			
정리	내용정리	• 오늘 배운 내용을 정리한다.			
	형성평가	• 형성평가를 실시한다.			
	차시예고	• 다음 차시를 안내한다.			

수업 한 페이지

문제해설	– [자료1]의 내용을 학생들에게 설명한다. – [자료1] 설명한 내용을 기반으로 주어진 문제를 수직선을 이용해 학생들이 해결하도록 한다. <table><tr><td>(1) 3×4 초속 3m로 오른쪽으로 달릴 때, 4초 뒤의 위치를 나타내므로 3×4=+12이다.</td><td>(2) 3×(−4) 초속 3m로 오른쪽으로 달릴 때, 4초 전의 위치를 나타내므로 3×(−4)=−12이다.</td></tr><tr><td>(3) (−3)×4 초속 3m로 왼쪽으로 달릴 때, 4초 뒤의 위치를 나타내므로 (−3)×4=−12이다.</td><td>(4) (−3)×(−4) 초속 3m로 왼쪽으로 달릴 때, 4초 전의 위치를 나타내므로 (−3)×(−4)=+12이다.</td></tr></table> – [자료1] '4초 전'의 의미를 정확히 이해하지 못하는 경우이거나 (4)번의 예시를 적절히 이해하지 못하는 경우를 오개념 예시로 가정한다. 기차의 이동 방향과 '4초 전', '4초 후'의 개념을 다시 한번 정리한 뒤 학생들에게 내용을 수정해 보도록 한다. – [자료2] 학생들이 빈칸의 결과를 추측해 보게 한다. – [자료2]에서 +2에 정수를 곱할 때, 곱하는 수가 1씩 작아지면 곱은 2씩 작아지고 음의 정수 −2에 정수를 곱할 때, 곱하는 수가 1씩 작아지면 곱은 2씩 커진다는 것을 학생들이 스스로 발견하게 한다. – [자료2] 귀납적 외삽법을 통해 파악한 정수의 곱셈 규칙을 선수학습 용어인 '절댓값'을 사용하여 표현하게 한다. $$\begin{aligned}(+2)\times(+3)&=+6\\(+2)\times(+2)&=+4\\(+2)\times(+1)&=+2\\(+2)\times\ 0\ &=\ 0\\(+2)\times(-1)&=-2\\(+2)\times(-2)&=-4\\(+2)\times(-3)&=-6\end{aligned}\quad\begin{aligned}(-2)\times(+3)&=-6\\(-2)\times(+2)&=-4\\(-2)\times(+1)&=-2\\(-2)\times\ 0\ &=\ 0\\(-2)\times(-1)&=+2\\(-2)\times(-2)&=+4\\(-2)\times(-3)&=+6\end{aligned}\Rightarrow\begin{aligned}(\text{양수})\times(\text{양수})&=+(\text{절댓값의 곱})\\(\text{양수})\times(\text{음수})&=-(\text{절댓값의 곱})\\(\text{음수})\times(\text{양수})&=-(\text{절댓값의 곱})\\(\text{음수})\times(\text{음수})&=+(\text{절댓값의 곱})\end{aligned}$$ **유리수의 곱셈** 1. 부호가 같은 두 수의 곱은 두 수의 절댓값의 곱에 양의 부호 +를 붙인 것과 같다. 2. 부호가 다른 두 수의 곱은 두 수의 절댓값의 곱에 음의 부호 −를 붙인 것과 같다. 3. 어떤 수에 0을 곱하거나 0에 어떤 수를 곱하면 그 곱은 항상 0이다.
탐구활동	– 학생들이 여러 가지 모델을 이용하여 정수의 곱셈을 추측해 보는 활동
발문	– [자료1] 다음의 곱셈을 수직선을 이용해 어떻게 설명할 수 있을까요? – [자료2] +2에 곱하는 수가 1씩 작아지면 곱한 결과는 어떻게 변화하나요? – [자료2] 우리가 관찰한 결과를 어떻게 정리할 수 있을까요? 그 특징은 무엇인가요?
오개념 예시	– 정수와 유리수의 덧셈과 같은 방법으로 곱셈의 부호를 정하는 경우 예 $(-2)\times(+3)=+(2\times3)$, $(-2)\times(-3)=-(2\times3)$ – (음수)×(음수)의 풀이를 어려워하는 경우
지도상의 유의점	– 정수의 곱셈의 원리는 유리수의 곱셈에 그대로 적용되므로, 정수의 곱셈을 충분히 연습한 다음 유리수의 곱셈을 계산하게 한다. – 여러 개의 수의 곱셈에서는 절댓값의 곱을 구한 후, 음수가 하나도 없거나 짝수 개이면 양의 부호 +, 음수가 홀수 개이면 음의 부호 −를 붙여 계산하게 한다. – 곱셈의 교환법칙과 결합법칙, 분배법칙은 간단한 예를 통하여 계산에 도움이 되는 정도로만 지도한다.

중 1-7

수학 수업실연 모의평가 7회

[실연 조건 및 유의사항]

1. [수업실연 구상지]의 〈수업실연1~3〉에 해당하는 부분을 수업으로 실연한다.
2. 〈수업실연1〉 : [자료1]을 지도한다.
   가. 학생들이 순서쌍과 좌표의 필요성이 느껴지도록 한다.
   나. 제시된 그림은 TV화면에 제시되어 있다고 가정한다.
3. 〈수업실연2〉 : [자료2]를 지도한다.
   가. 내용에 대한 구체적인 판서가 포함되도록 한다.
4. 〈수업실연3〉 : [자료3]을 협동학습으로 지도한다.
   가. 공학도구를 활용해 지도하도록 한다.
   나. 오개념 상황을 한 가지 이상 포함하도록 한다.
   다. 2022 개정 교육과정 수학교과 역량 중 하나 이상이 드러나도록 한다.
5. 학생들과 교사와의 상호작용이 드러나도록 한다.
6. 학습목표는 칠판에 제시된 것으로 간주한다.

[교수·학습 조건]

1. 대상 : 중학교 1학년
2. 수업시간 : 45분
3. 단원명 : 순서쌍과 좌표
4. 교수·학습 환경

학생 수	지도 장소	수업 형태	교육기자재	평가
30명	교실	모둠학습	칠판, 분필, 태블릿, 교사용 컴퓨터, 스마트TV	형성평가, 동료평가

중 1-7

수학 수업실연 모의평가 7회

[자료1]

다음은 어느 영화관의 좌석표이다. 다음 질문에 답하시오.

	SCREEN		
A	1 2	3 4 5 6 7 8 9	10 11 12 13
B	1 2	3 4 5 6 7 8 9	10 11 12 13
C	1 2	3 4 5 6 7 8 9	10 11 12 13
D	1 2	3 4 5 6 7 8 9	10 11 12 13
E	1 2	3 4 5 6 7 8 9	10 11 12 13
F	1 2	3 4 5 6 7 8 9	10 11 12 13
G	1 2	3 4 5 6 7 8 9	10 11 12 13

1. 여러분들이 가장 선호하는 좌석은 어디인가요?

2. 좌석 위치를 나타내기 위해 문자와 숫자를 사용하면 어떤 점이 편리한가요?

[자료2]

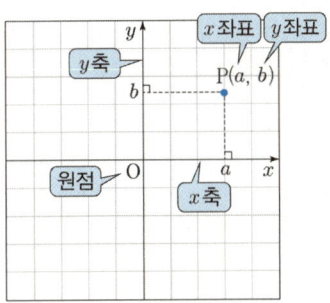

[자료3]

다음 사진은 봄철 볼 수 있는 황도 12궁 중 5번째 별자리인 사자자리의 모습이다. 달에서 유성 하나가 황금사자의 모습으로 네메아 골짜기에 떨어졌다. 이 사자는 지구의 사자보다 훨씬 컸고, 성질도 포악해 네메아 사람들에게 고통을 주었다. 그 당시 제우스와 알크메네 사이에서 태어난 헤라클레스는 헤라의 미움을 받아 12가지 모험을 받았으며, 그중 첫 번째가 네메아 골짜기의 사자를 죽이는 일이었다. 헤라클레스는 무기를 버리고 사자와 뒤엉켜 사투를 벌인 끝에 사자를 물리칠 수 있었다.

(출처 : 네이버지식백과)

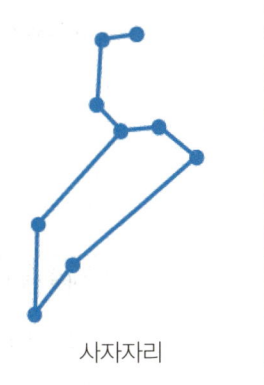

사자자리

Q. 조원들과 협력하여 사자자리 별의 위치를 순서쌍과 함께 좌표평면 위에 표시하도록 한다.

수업실연 구상지

단원		순서쌍과 좌표		차시	
학습목표	• 순서쌍과 좌표의 의미를 이해하고 설명할 수 있다.					
학습단계	학습전개	교수·학습 과정			
도입	주의환기	• 인사 및 출석 확인			
	선수학습	• 선수학습을 확인한다.			
	학습목표	• 학습목표를 제시한다.			
전개	탐구활동	〈수업실연1〉			
	개념지도	〈수업실연2〉			
	모둠활동	〈수업실연3〉			
정리	내용정리	• 오늘 배운 내용을 정리한다.			
	형성평가	• 형성평가를 실시한다.			
	차시예고	• 다음 차시를 안내한다.			

수업 한 페이지

문제해설	– [자료1]에 제시되어 있는 영화관 좌석표 사진을 보여주고, 학생들이 가장 선호하는 좌석이 어디인지를 발문한다. – [자료1] 여러 학생의 의견을 수합하도록 하며, 학생들이 선호하는 좌석을 이야기할 때 문자와 숫자를 이용해 답변하도록 한다(예 D6, G4). – [자료1] 영화관 좌석과 같이 문자와 숫자를 사용하면 어떤 점이 편리한지 발문한 뒤, 우리가 원하는 위치를 정확하고 빠르게 찾을 수 있다는 사실을 정리한다. – [자료1] 오늘 수업을 통해 이와 같이 수학에서 특정 위치를 나타내기 위한 도구를 학습한다는 사실을 안내한다. – [자료2] 좌표평면과 원점, x축, y축, x좌표, y좌표, 순서쌍의 개념을 지도한다. – [자료2] 개념을 지도할 때 수직선의 개념을 상기시키도록 하며, 순서쌍은 순서가 중요하다는 사실을 강조한다. – [자료2] 좌표평면과 순서쌍을 이용해 우리가 원하는 위치에 점을 손쉽게 표현할 수 있다는 점을 안내한다. – [자료2] 이때 원점을 나타내는 기호 O는 영어 Origin의 첫 글자를 나타낸 것이며, 숫자 0이 아님을 안내한다. – [자료3]을 모둠활동으로 지도한다. – [자료3]의 내용을 설명한 뒤, 제시된 사자자리 별자리를 좌표평면 위에 나타내고, 해당 점에 순서쌍을 나타내도록 한다. – [자료3] 학생들의 결과를 확인한 뒤, 학생들마다 서로 다른 순서쌍을 이용해 별자리를 표현할 수 있음을 지도한다. – [자료3] 서로 다른 a, b에 대하여 $(a, b) = (b, a)$라고 생각하는 경우를 오개념 상황으로 제시한다. 순서쌍은 순서가 중요함을 다시 한번 강조한다. – [자료3] 활동을 마무리하며 좌표평면과 순서쌍을 이용해 다양한 상황과 현상을 표현할 수 있다는 사실을 안내한다. – [자료3] 수학교과 역량 중 연결 역량에서 '수학과 실생활, 사회 및 자연 현상, 타 교과의 내용을 연계하는 과제를 활용하여 수학의 유용성을 인식하게 한다.'가 드러나도록 한다. 다른 역량으로도 수업 상황과 잘 연결지을 수 있다면 다른 내용을 활용할 수 있다.
탐구활동 & 동기유발	– 데카르트의 파리 일화 – 영화관 좌석표, 비행기 좌석표 등
발문	– [자료1] 여러분들은 영화를 볼 때, 어떤 자리에서 보는 것을 좋아하나요? – [자료1] 내가 선호하는 좌석의 위치를 문자와 숫자를 이용해 표현하면 어떻게 될까요? – [자료2] 좌표평면, 순서쌍은 왜 사용할까요? – [자료3] 다음 사진은 무엇처럼 보이나요? – [자료3] 잘못된 부분이 있는지 찾아볼까요? 어떻게 바꾸면 좋을까요?
오개념 예시	– 서로 다른 a, b에 대해 $(a, b) = (b, a)$라고 생각하는 경우 – 원점 O를 숫자 0으로 생각하는 경우
지도상의 유의점	– 순서쌍 (a, b)와 (b, a)는 서로 다르다는 것을 알게 한다. – 실생활에서 좌표가 사용되는 예를 찾아보고, 이를 수직선과 좌표평면 위에 표현해 보며, 그 유용성과 편리함을 인식하게 한다. – 원점 O는 숫자 0이 아니고 Origin의 첫 글자를 사용한 것임을 설명한다. – 좌표평면을 나타낼 때, 기본적으로 원점, x축, y축을 표시하게 한다. – 좌표평면 위의 모든 점의 위치는 좌표로 나타낼 수 있음을 알게 한다.

중 1-8

수학 수업실연 모의평가 8회

[실연 조건 및 유의사항]

1. [수업실연 구상지]의 〈수업실연1~3〉에 해당하는 부분을 수업으로 실연하시오.
2. 〈수업실연1〉: [자료1]을 지도하시오.
   가. 그래프와 관련된 2022 개정 교육과정 성취기준과 해설을 반영하여 지도한다.
3. 〈수업실연2〉: [자료2]를 지도하시오.
   가. 학생의 오개념을 수정하는 교수·학습 과정을 포함한다.
4. 〈수업실연3〉: [자료3]을 모둠활동으로 실연하시오.
   가. 그래프를 해석하는 다양한 상황이 드러날 수 있도록 한다.
   나. 두 모둠 이상의 발표 내용을 포함한다.
5. 학생들과 교사와의 상호작용이 드러나도록 한다.
6. 학습목표는 칠판에 제시된 것으로 간주한다.

[교수·학습 조건]

1. 대상 : 중학교 1학년
2. 수업시간 : 90분(블록타임제)
3. 단원명 : 그래프의 뜻과 표현
4. 교수·학습 환경

학생 수	지도 장소	수업 형태	교육기자재	평가
24명	교실	모둠학습	칠판, 분필, 교사용 노트북, 스마트TV	자기평가, 동료평가

수학 수업실연 모의평가 8회

[자료1]

한 시간당 임금을 10,000원이라고 하자. 이때, 근무 시간을 x(시간), 총 임금을 y(원)라고 한다고 할 때 다음 물음에 답하시오.

(1) 다음 표를 완성하시오.

x(시간)	1	2	3	4	5	6
y(원)						

(2) (1)에서 구한 순서쌍 (x, y)를 좌표평면 위에 나타내시오.

[자료2]

다음은 서로 다른 모양의 그릇에 매초 일정한 양의 물을 x초 동안 채울 때, 그릇에 담긴 물의 높이를 y(cm)라 하자. 시간에 따른 그릇의 물의 높이 변화를 그래프로 나타내어 보고 그 이유를 설명해 보자.

(가)

(나)

(다)

[자료3]

다음은 어떤 그래프를 나타낸 그림이다. 모둠별로 그래프가 어떤 상황이었는지를 상상해 x축, y축에 적절한 값을 넣어 우리 모둠만의 이야기를 만들어 보자.

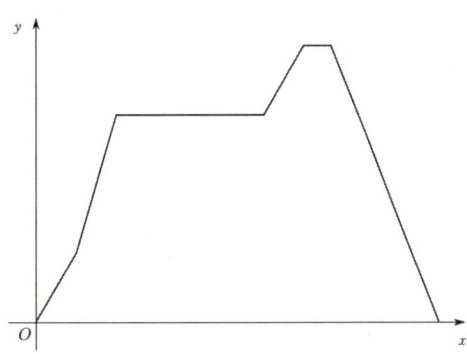

수업실연 구상지

단원		그래프의 뜻과 표현	차시	
학습목표	• 다양한 상황을 그래프로 나타내고, 주어진 그래프를 해석할 수 있다.			
학습단계	학습전개	교수 · 학습 과정		
도입	주의환기	• 인사 및 출석 확인		
	선수학습	• 선수학습을 확인한다.		
	학습목표	• 학습목표를 제시한다.		
전개	개념지도	• 변수, 그래프의 개념을 지도한다.		
		〈수업실연1〉		
	모둠활동	〈수업실연2〉		
	그래프해석	• 그래프 해석에 대해 학습한다.		
	모둠활동	〈수업실연3〉		
정리	내용정리	• 오늘 배운 내용을 정리한다.		
	형성평가	• 형성평가를 실시한다.		
	차시예고	• 다음 차시를 안내한다.		

수업 한 페이지

문제해설	− [자료1] 2022 개정 교육과정 '[9수02−06] 다양한 상황을 그래프로 나타내고, 주어진 그래프를 해석할 수 있다.'와 해설 '다양한 상황을 그래프로 나타내어 증가와 감소, 주기적 변화 등 변화 상태를 쉽게 파악할 수 있게 한다. 주어진 그래프를 해석하여 그래프가 나타내는 상황을 설명하게 함으로써 그래프의 유용성을 인식하게 한다.' 의 내용이 반영되도록 한다.
	− [자료1] (1)의 표를 완성하도록 한다.
	
	  | x(시간) | 1 | 2 | 3 | 4 | 5 | 6 |
	  |---|---|---|---|---|---|---|
	  | y(원) | 10,000 | 20,000 | 30,000 | 40,000 | 50,000 | 60,000 |
	
	− [자료1] (2) 표에 작성한 값을 좌표평면에 표시한다.
	− [자료1] 활동을 통해 시간이 더 늘어나도 그래프를 통해 임금이 일정하게 증가한다는 사실을 추측할 수 있도록 하여 그래프의 필요성과 유용성을 학생들이 인식하게 한다.
	− [자료1] 1시간 단위가 아닌 1.5시간, 2.7시간 등의 해당하는 임금도 구할 수 있음을 추가로 제시할 수도 있다.
	− [자료2] 제시된 상황에 맞게 그래프를 그려보도록 한다. 이때, x축, y축에 해당하는 값을 작성하는데 실수하지 않도록 한다.
	− [자료2] x축은 x(초), y축은 y(cm)로 두고 그래프를 그리도록 한다. 시간당 일정한 양의 물을 부을 때, 단면의 넓이가 일정할 때는 그래프가 일정하게 높아진다는 것을 학생들이 인지하도록 한다. 각 그릇의 물의 높이의 변화에 따른 그래프의 형태는 다음과 같다.
	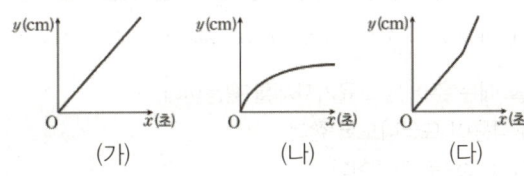
	(가)　　　(나)　　　(다)
	− [자료2] 단면의 넓이가 일정함에도 그래프를 곡선으로 표현하거나, (나)의 그래프에서 그릇의 모양과 동일하게 아래로 볼록한 형태의 그래프로 그려질 것이라 생각하는 것 등을 오개념 예시로 제시한다.
	− [자료3] 좌표축에 적당한 값을 넣어 자신만의 이야기를 만들어 보도록 한다. 구체적인 수치에 신경 쓰기보다는, 그래프를 해석하는 것에 초점을 맞춰 활동을 구성하도록 한다.
	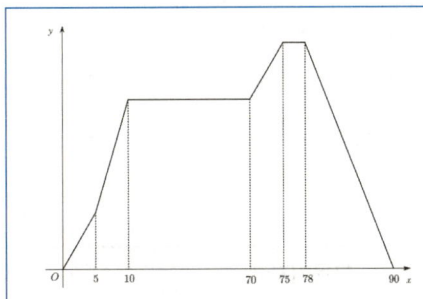
	〈해석〉
	철수는 친구 집에 가기 위해 일정한 속력으로 걸어가다가, 약속시간에 늦을 것 같아 뛰어가 친구 집에 도착하였다. 친구 집에서 1시간 정도 시간을 보낸 뒤, 근처 마트에 걸어가 엄마 심부름을 하고 집까지 돌아왔다.
	* 이때, x축은 시간(분), y축은 집으로부터 떨어진 거리(m)

탐구활동 & 동기유발	− 실생활에서 마주할 수 있는 다양한 그래프를 관찰하기 − 실생활에서 마주할 수 있는 내용을 표로 나타내고 이것을 그래프로 표현하는 활동
발문	− [자료1] 근무시간 x(시간)에 해당하는 임금 y(원)은 얼마일까요? − [자료1] x가 7, 8, 9시간으로 늘어나면 y는 어떻게 될까요? − [자료1] x가 1.5시간이라면 임금은 얼마가 될까요? − [자료1] 그래프는 어떤 장점을 가지고 있나요? (혹은 어떤 점이 유용한가요?) − [자료2] 그릇의 물의 높이 변화가 어떻게 될까요? 왜 그렇게 생각했나요? − [자료3] x축, y축은 각각 무엇으로 두었나요?
오개념 예시	− 몇 개의 순서쌍을 점으로 표현한 뒤 그래프를 선으로만 연결해 그리는 경우 − x축과 y축에 대해 올바르게 파악하지 않고 그래프를 해석하는 경우
지도상의 유의점	− 그래프는 증가와 감소, 주기적 변화 등을 쉽게 파악할 수 있게 해 준다는 점을 인식하게 한다. − 다양한 상황을 일상언어, 표, 그래프, 식으로 나타내고 이들 사이의 상호 변환 활동을 하게 한다. − 정확한 자료를 그래프로 나타내는 것뿐만 아니라 충분하지 않은 자료로도 대략의 그래프를 그릴 수 있음을 알게 한다.

중 1-9

수학 수업실연 모의평가 9회

[실연 조건 및 유의사항]

1. [수업실연 구상지]의 〈수업실연1~2〉에 해당하는 부분을 수업으로 실연하시오.
2. 〈수업실연1〉: [자료1]을 실연하시오.
   가. 학생들의 다양한 답변이 나올 수 있도록 하는 교사의 발문이 포함되도록 한다.
   나. 학생들의 오개념 상황을 가정하고 이를 해결하도록 한다.
   다. 구체적인 답변을 2가지 이상 포함하고, 이를 판서로 남기도록 한다.
3. 〈수업실연2〉: [자료2]를 이용해 반비례 그래프와 특징에 대해서 지도하시오.
   가. [자료2-(1)]을 이용하여 반비례 관계 $y=\dfrac{6}{x}$의 그래프를 그리는 방법에 대해 지도한다.
   나. [자료2-(1)] ③에서 학생들의 오개념 상황을 가정하고 이를 해결하도록 한다.
   다. [자료2-(2)]는 반비례 관계 $y=\dfrac{a}{x}$(단, $a \neq 0$) 그래프 특징에 대한 교수·학습 과정이 드러나도록 한다.
   라. [자료2-(2)]를 지도할 때는 주어진 교육기자재를 활용한다.
4. 학생들과 교사와의 상호작용이 드러나도록 한다.
5. 학습목표는 칠판에 제시된 것으로 간주한다.

[교수·학습 조건]

1. 대상 : 중학교 1학년
2. 수업시간 : 90분(블록타임제)
3. 단원명 : 반비례
4. 교수·학습 환경

학생 수	지도 장소	수업 형태	교육기자재	평가
20명	교실	모둠학습	칠판, 분필, 교사용 노트북, 스마트TV, 학생용 태블릿	자기평가, 동료평가

중 1-9

수학 수업실연 모의평가 9회

[자료1]

실생활 주변에서 찾을 수 있는 반비례 관계의 예시에는 무엇이 있을까요? 모둠원들과 협력하여 x, y를 이용해 예시를 적고, 이것을 식으로 표현해 봅시다.

예) 삼각형의 넓이 S가 $S=30$으로 일정할 때, 밑변의 길이 x와 높이 y 사이의 관계

이때, $30 = \dfrac{1}{2}xy$ 이므로 $y = \dfrac{60}{x}$

[자료2]

(1) 반비례 관계 $y = \dfrac{6}{x}$에 대한 설명이다.

① 다음 표를 완성하시오.

x	-6	-3	-2	-1	1	2	3	6
y								

② 점 (x, y)를 좌표평면에 표시해 보시오.

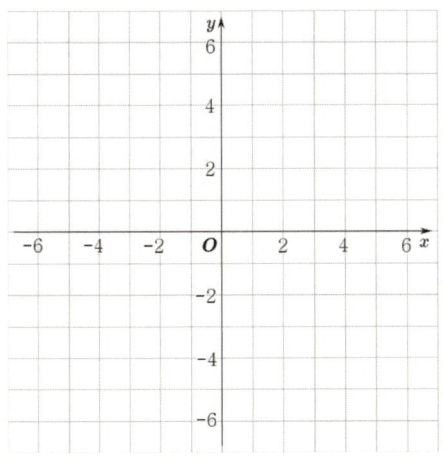

③ x의 간격이 좁아질 때, 그래프의 형태가 어떻게 될지 좌표평면 위에 나타내어 보자.

(2) 반비례 관계 $y = \dfrac{a}{x}$(단, $a \neq 0$)의 그래프

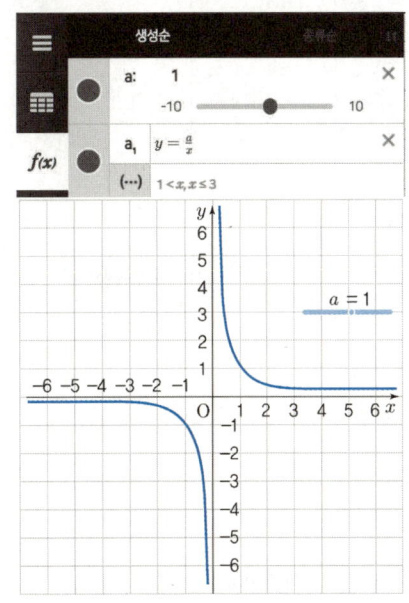

– 함수 입력창에 $y = \dfrac{a}{x}$를 입력

– 생성된 슬라이드를 움직여 그래프 관찰

수업실연 구상지

단원		반비례	차시	
학습목표	• 반비례 관계를 이해하고, 그 관계를 표, 식, 그래프로 나타낼 수 있다.			
학습단계	학습전개	교수 · 학습 과정		
도입	주의환기	• 인사 및 출석 확인		
	동기유발	• 동기유발을 한다.		
	학습목표	• 학습목표를 제시한다.		
전개	개념지도	• 반비례 개념을 지도한다.		
	모둠활동	〈수업실연1〉		
	개념지도	〈수업실연2〉		
정리	내용정리	• 오늘 배운 내용을 정리한다.		
	형성평가	• 형성평가를 실시한다.		
	차시예고	• 다음 차시를 안내한다.		

수업 한 페이지

문제해설	− [자료1] 예시를 설명한 뒤 아이들이 반비례 관계 예시를 찾을 수 있도록 한다. − [자료1] 실생활 예시를 이용한 반비례 관계 예시를 작성한다. − [자료1] x의 값이 증가함에 따라 y의 값이 감소하지만 xy의 값이 일정하지 않은 상황을 오개념 예시로 제시한다. (예 x는 운동시간, y는 체중) − [자료1] x의 값이 증가함에 따라 y의 값이 감소한다고 해서 항상 반비례가 되는 것은 아님을 설명하며, 반비례의 정의를 다시 한번 학생들에게 상기시키도록 한다. − [자료2−(1)] ① 반비례 관계 $y=\dfrac{6}{x}$를 만족하는 순서쌍 (x, y)의 값을 표에 작성하도록 한다. − [자료2−(1)] ② 표에 작성한 순서쌍 (x, y)를 좌표평면 위에 나타내도록 한다. | x | -6 | -3 | -2 | -1 | 1 | 2 | 3 | 6 | |---|---|---|---|---|---|---|---|---| | y | -1 | -2 | -3 | -6 | 6 | 3 | 2 | 1 | − [자료2−(1)] ③ x의 간격이 좁아질 때 그래프 개형이 어떻게 될지를 지도한다. 이때, 다음과 같은 그래프 형태를 오개념 예시로 제시한다. 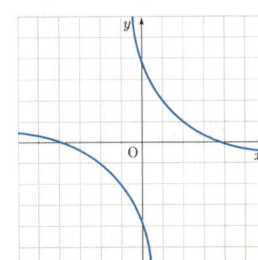 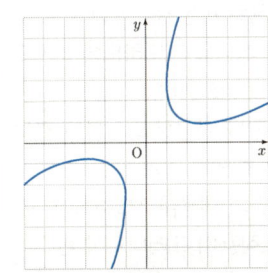 − [자료2−(1)] ③ 반비례 관계 그래프는 x축, y축에 한없이 가까워지지만, 만나지 않음을 이해하게 한다. 좀 더 정확한 그래프 개형을 확인하기 위해 공학도구를 사용해 $y=\dfrac{a}{x}$의 그래프를 지도함을 안내한다. − [자료2−(2)] 공학도구 사용을 가정하며, 제시된 상황을 학생들과 함께 진행한 뒤에 슬라이드에서 a의 값을 자유롭게 움직여 생기는 특징을 학생들이 직접 정리하도록 한다. − [자료2−(2)] 활동 결과 $y=\dfrac{a}{x}$ 그래프는 좌표축에 점점 가까워지면서 한없이 뻗어나가는 한 쌍의 매끄러운 곡선이 됨을 확인하게 한다. $a>0$일 때와 $a<0$일 때 반비례 관계 $y=\dfrac{a}{x}$(단, $a\neq 0$)의 그래프가 각각 몇 사분면에 그려지는지 정리한다. ($a>0$일 때 : 제1사분면과 제3사분면을 지남, $a<0$일 때 : 제2사분면과 제4사분면을 지남)
탐구활동	− 실생활에서 반비례 상황을 찾아보고 이를 식으로 정리해보는 활동
발문	− [자료1] 우리가 실생활에서 찾을 수 있는 반비례 관계에는 무엇이 있을까요? 식으로 표현해 볼까요? − [자료1] 왜 반비례 관계라고 생각했나요? − [자료1] x가 증가함에 따라 y가 감소하기만 하면 반비례 관계라고 할 수 있을까요? − [자료2]−(1) x의 간격이 좁아질 때, 그래프의 형태는 어떻게 될까요? − [자료2]−(1) 그래프의 어느 부분이 잘못되었을까요? 어떻게 고치면 좋을까요? − [자료2]−(2) a의 값을 자유롭게 조정해보고, 그 특징을 파악해 볼까요? − [자료2]−(2) 반비례 관계 그래프가 가지는 특징은 무엇인가요?
오개념 예시	− x값이 증가할 때, y값이 감소하기만 하면 반비례 관계라 생각하는 경우 − 반비례 관계 그래프를 매끄러운 곡선으로 그리지 않는 경우 − 반비례 관계 그래프가 한없이 뻗어나가지 않고 점에서 끝나는 경우 − 반비례 관계 그래프를 좌표축에서 멀어지게 그리는 경우 − 반비례 관계 그래프를 x축, y축과 만나게 그리는 경우
지도상의 유의점	− $y=\dfrac{a}{x}(a\neq 0)$의 그래프는 x축, y축에 한없이 가까이 갈 뿐 만나지는 않음을 알게 한다. − 반비례 관계 $y=\dfrac{a}{x}(a\neq 0)$에서 분모가 0이 아니어야 하므로 $x\neq 0$임을 알게 한다. − 학생 스스로 a의 부호에 따라 $y=\dfrac{a}{x}(a\neq 0)$의 그래프를 그려보며 이해하게 한다.

중 1-10

수학 수업실연 모의평가 10회

[실연 조건 및 유의사항]

1. [수업실연 구상지]의 〈수업실연1~4〉에 해당하는 부분을 수업으로 실연하시오.
2. 〈수업실연1〉 : [자료1]을 동기유발로 실연하시오.
   가. [자료1]의 그림은 칠판에 제시되어 있는 것으로 간주한다.
3. 〈수업실연2〉 : [자료2]를 탐구활동으로 실연하시오.
   가. 그림은 칠판에 있는 것으로 간주한다.
   나. 탐구활동을 통해 학생들이 동위각의 개념을 직관적으로 이해하도록 한다.
4. 〈수업실연3〉 : 동위각의 개념을 지도하도록 하시오.
   가. 적절한 그림을 포함해 지도한다.
   나. 학생들의 오개념 상황을 가정하고 이를 해결하는 과정을 포함한다.
5. 〈수업실연4〉 : [자료3]을 실연하시오.
   가. 모둠활동으로 [자료3]의 내용을 지도하도록 한다.
6. 학생들과 교사와의 상호작용이 드러나도록 한다.
7. 학습목표는 칠판에 제시된 것으로 간주한다.

[교수·학습 조건]

1. 대상 : 중학교 1학년
2. 수업시간 : 90분(블록타임제)
3. 단원명 : 동위각
4. 교수·학습 환경

학생 수	지도 장소	수업 형태	매체 및 기자재	평가
30명	교실	모둠학습	칠판, 분필	자기평가, 동료평가

수학 수업실연 모의평가 10회

[자료1]

다음 그림의 직선은 평행이 아닌 것처럼 보이지만, 실제로는 평행인 선들이다.

[자료2]

다음은 어느 동네의 지도이다. 다음 물음에 답하시오.

(1) 교차로 ㉮에서 오른쪽 위에 있는 건물과 교차로 ㉯에서 오른쪽 위에 있는 건물을 각각 찾으시오.

(2) 교차로 ㉮에서 왼쪽 아래 있는 건물과 교차로 ㉯에서 왼쪽 아래 있는 건물을 각각 찾으시오.

[자료3]

〈모둠활동〉
다음 그림에서 서로 평행한 직선을 모두 찾아 기호로 나타내고 그 이유를 서술하시오.

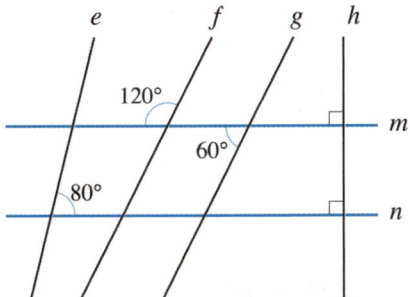

수업실연 구상지

단원		동위각		차시	
학습목표	• 동위각의 뜻을 이해한다. • 평행선에서 동위각의 성질을 이해한다.				
학습단계	학습전개	교수·학습 과정			
도입	주의환기	• 인사 및 출석 확인			
	동기유발	〈수업실연1〉			
	학습목표	• 학습목표를 제시한다.			
전개	탐구활동	〈수업실연2〉			
	개념지도	〈수업실연3〉			
		• 평행선에서 동위각의 성질을 지도한다. 〈평행선에서 동위각의 성질〉 ① 두 직선이 평행하면 동위각의 크기는 서로 같다. ② 동위각의 크기가 같으면 두 직선은 평행하다.			
	모둠활동	〈수업실연4〉			
정리	내용정리	• 오늘 배운 내용을 정리한다.			
	형성평가	• 형성평가를 실시한다.			
	차시예고	• 다음 차시를 안내한다.			

수업 한 페이지

문제해설	− [자료1]을 동기유발로 지도한다. 학생들에게 그림을 보여주고 각 직선이 어떻게 보이는지를 발문한다. − [자료1] 실제로 직선은 모두 평행임을 안내하며, 눈으로 봤을 때는 주어진 직선이 평행인지를 판단하는데 한계가 있음을 인지하도록 한다. 어떻게 하면 두 직선이 서로 평행인지를 정확하게 확인할 수 있는지 오늘 수업을 통해 알 수 있음을 안내한다. − [자료2]를 탐구활동으로 지도한다. 활동을 통해 동위각의 의미를 직관적으로 이해하도록 한다. − [자료2] (1) 병원, 수영장 (2) 학교, 동물원 − [자료2] 서로 같은 위치에 있는 각을 뜻하는 동위각의 개념을 지도한다. 이때 탐구활동 내용을 참고하도록 한다. 동위각을 표현할 때 그리는 직선은 서로 평행이 아닌 직선을 이용하도록 한다. − [자료2] 같은 위치의 개념을 착각해 동위각이 아님에도 동위각이라고 하는 경우를 오개념으로 제시하고, 이를 수정하는 과정을 포함하도록 한다. → 예 ∠a와 ∠b 혹은 ∠a, ∠f를 동위각이라 생각하는 경우 − [자료3] 평행한 두 직선을 찾기 위해서는 어떤 조건을 만족해야 하는지를 발문한다. − [자료3] 문제에서 평행한 두 직선이 무엇인지를 발문하고 학생들이 답과 그 이유를 설명할 수 있도록 한다. 동위각의 크기가 같으면 평행하기 때문에 동위각의 크기가 각각 같은 직선 m, n과 직선 f, g가 각각 서로 평행함을 지도한다. 이때, 오개념 상황을 가정하거나, 직선 e, f 혹은 직선 e, g가 서로 평행하지 않은 이유를 설명하는 상황을 포함해도 좋다. − [자료1]의 내용을 이용해 주어진 그림이 평행임을 보이기 위한 방법을 다시 한번 발문하고, 동위각의 크기가 같아야 함을 인지시킨 뒤 수업을 정리하도록 한다.
동기유발	− 평행선 착시에 관한 내용 → 실제로는 평행이지만 눈으로 보기에는 평행이 아닌 것처럼 보이는 두 직선 − 평행선이라는 용어를 통한 도입
탐구활동	− 지도에서 같은 위치에 대한 장소를 찾는 활동
발문	− [자료1] 그림에서 직선들은 서로 어떤 관계가 있을까요? − [자료1] 두 직선이 서로 평행임을 보이기 위해서는 어떻게 해야 할까요? − [자료2] 두 직선이 같은 위치에 있다는 것은 어떤 의미일까요? − [자료3] 다음 두 직선이 평행한 이유는 무엇일까요?
오개념 예시	− 그림만을 보고 주어진 두 직선이 평행이라고 생각하는 경우 − 동위각의 위치를 적절히 찾지 못하는 경우 − 두 직선이 평행할 때만 동위각이 있다고 생각하는 경우 − 평행이 아닌 두 직선에서 동위각의 크기가 같다고 하는 경우
지도상의 유의점	− 동위각의 의미를 그림과 연결하여 이해하도록 한다. − 동위각과 엇각은 두 직선이 평행할 때만 생기는 것이 아님을 지도한다. − 동위각 또는 엇각의 크기가 같지 않을 수도 있음을 지도한다. − 평행선에서 동위각과 엇각의 크기가 서로 같음을 실험, 관찰을 통하여 직관적으로 이해하게 한다. − 두 직선의 동위각과 엇각의 크기가 같으면 평행이 됨을 관찰을 통하여 직관적으로 이해하게 한다.

수학 수업실연 모의평가 11회

[실연 조건 및 유의사항]

1. [수업실연 구상지]의 〈수업실연1~3〉에 해당하는 부분을 수업으로 실연하시오.
2. 〈수업실연1〉 : [자료1]을 동기유발로 실연하시오.
   가. 교사의 구체적인 발문이 드러나도록 한다.
   나. 제시된 두 삼각형은 서로 포개어지며, 이를 이용해 삼각형의 합동조건의 필요성이 느껴지는 발문을 포함한다.
3. 〈수업실연2〉 : [자료2]를 모둠활동으로 지도하시오.
   가. 제시된 교육기자재를 활용해 지도한다.
   나. 학생들이 합동조건을 발견하는 모둠활동을 구성한다.
4. 〈수업실연3〉 : [자료3]을 수업상황에 포함해 지도하시오.
   가. 학생들의 답변이 적절한지 여부를 확인한다.
   나. 오개념을 가진 답변의 경우 구체적인 반례를 포함한다.
5. 학습목표는 칠판에 제시된 것으로 간주한다.
6. 교사와 학생 사이의 상호작용이 활발하게 이루어지도록 한다.

[교수 · 학습 조건]

1. 대상 : 중학교 1학년
2. 수업시간 : 45분
3. 단원명 : 삼각형의 합동
4. 교수 · 학습 환경

학생 수	지도 장소	수업 형태	매체 및 기자재	평가
30명	교실	모둠학습	칠판, 분필, 눈금 없는 자, 각도기, 컴퍼스	자기평가, 동료평가

수학 수업실연 모의평가 11회

[자료1]

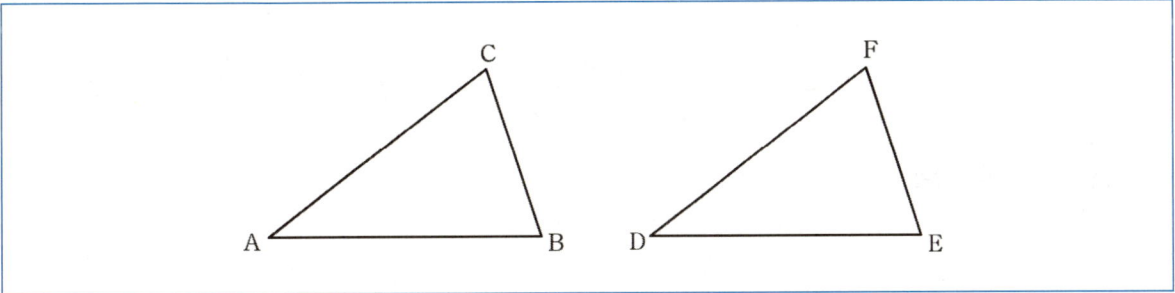

[자료2]

각 모둠마다 변의 길이와 각의 크기에 대한 조건이 적혀 있는 여섯 종류의 카드가 주어져 있다.
(이때, △ABC와 △A′B′C′는 서로 합동인 삼각형이다.)

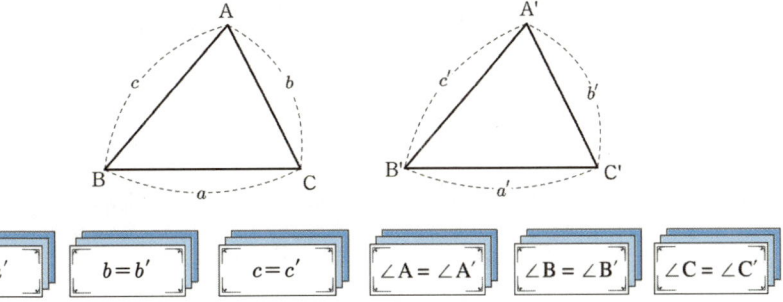

[자료3]

재석 : 카드에 적힌 조건 3개를 만족하면 두 삼각형은 반드시 합동이에요.
명수 : 한 변의 길이가 같은 두 정삼각형은 항상 합동이에요.
형돈 : 세 각의 크기가 같은 두 삼각형은 항상 합동이에요.

수업실연 구상지

단원		삼각형의 합동		차시	
학습목표		• 삼각형의 합동조건을 말할 수 있다. • 주어진 삼각형이 서로 합동인지 아닌지를 판별할 수 있다.			
학습단계	학습전개	교수·학습 과정			
도입	주의환기	• 인사 및 출석 확인			
	동기유발	〈수업실연1〉			
	학습목표	• 학습목표를 제시한다.			
전개	모둠활동	• 합동기호와 의미에 대해서 지도한다. 〈수업실연2〉 〈수업실연3〉			
정리	내용정리	• 오늘 배운 내용을 정리한다.			
	형성평가	• 형성평가를 실시한다.			
	차시예고	• 다음 차시를 안내한다.			

수업 한 페이지

문제해설	– [자료1]을 학생들에게 제시하고, 두 삼각형이 서로 포개어지는지 발문한다. – [자료1] 학생들의 답변을 정리하고, 단순히 그림만을 가지고 정확히 파악하기 힘들다는 것을 학생들에게 인지시킨 뒤, 오늘 수업을 통해 주어진 두 도형이 어떤 조건을 만족해야 완전히 겹쳐지는지를 찾을 수 있도록 한다. – [자료2]를 이용해 어떤 조건을 만족해야 두 삼각형이 서로 합동이 되는지를 알아보는 모둠활동을 제시한다. 활동의 핵심은 6개의 조건을 모두 사용하는 것이 아니라 최소조건을 찾는 것임을 이해하게 한다. 〈모둠활동〉 – 모둠별로 주어진 카드를 이용해 어떤 카드를 사용해야 두 삼각형이 서로 합동인지를 찾아보도록 한다. 이때 사용하는 카드는 최소한으로 쓰도록 안내한다. – 카드에 있는 조건을 이용해 컴퍼스와 자로 작도를 한 뒤 합동 여부를 판단한다. – 모둠별로 정리한 결과를 차례로 발표한다. – [자료2] 모둠활동 내용을 정리한다. → 대응하는 세 변의 길이가 각각 같을 때 서로 합동(SSS합동) → 대응하는 두 변의 길이가 각각 같고, 그 끼인각의 크기가 같을 때 서로 합동(SAS합동) → 대응하는 한 변의 길이가 같고, 그 양 끝 각의 크기가 각각 같을 때 서로 합동(ASA합동) – [자료3]에 대해 학생들이 자신의 의견을 말할 수 있도록 한다. – [자료3] 재석이의 말은 반드시 성립하는 것이 아니며, 두 변과 끼인각 이외의 각도가 주어진 상황을 가정해 구체적 반례를 제시한다. – [자료3] 명수의 말은 두 변과 끼인각의 크기가 60°로 같아지므로 성립함을 설명한다(SAS합동). 세 변의 길이가 같아짐을 이용해서도 설명할 수 있다(SSS합동). – [자료3] 형돈이의 말은 변의 길이에 대한 정보가 없기 때문에 성립하지 않음을 설명하며, 각의 크기는 같지만 변의 길이가 다른 삼각형을 반례로 제시한다.
동기유발	– 주어진 두 모양이 서로 같은 모양인지를 물어보는 내용(예 쌍둥이)
탐구활동	– 주어진 두 삼각형이 서로 포개어지는지 확인해 보는 활동
발문	– [자료1] 두 삼각형은 서로 포개어질까요? – [자료1] 두 삼각형이 서로 포개어지는지 어떻게 정확히 알 수 있을까요? – [자료2] 두 삼각형이 합동이려면 최소 몇 개의 카드를 사용해야 할까요? – [자료3] 친구들의 의견은 맞을까요? 틀리다면 예시를, 맞다면 그 이유를 설명해 볼까요?
오개념 예시	– 대응하는 변과 각에 대한 조건 중 3개만 서로 같으면 합동이라고 생각하는 경우 – 조건을 제대로 살피지 않고, 삼각형이 서로 비슷한 모양이면 합동이라고 생각하는 경우 – SAS합동 조건에서 각을 끼인각 이외의 각으로 생각하는 경우 – ASA합동 조건에서 각을 한 변의 양 끝 각 이외의 각을 생각하는 경우
지도상의 유의점	– 합동의 뜻은 초등학교에서 배우므로 합동을 기호로 나타내는데 중점을 두어 지도한다. – 두 삼각형이 합동임을 나타낼 때에는 두 도형의 꼭짓점을 대응하는 순서대로 쓰도록 지도한다. – 작도를 이용하여 삼각형의 합동조건을 이해하게 한다. – 두 삼각형이 서로 합동일 때, 삼각형의 합동조건 중 어느 조건인지 알도록 한다. – 삼각형의 작도에서 배운 삼각형의 모양과 크기가 한 가지로 정해지는 조건을 이용하여 삼각형의 합동조건을 이해하게 한다.

수학 수업실연 모의평가 12회

[실연 조건 및 유의사항]

1. [수업실연 구상지]의 〈수업실연1~3〉에 해당하는 부분을 수업으로 실연한다.
2. 〈수업실연1〉 : [자료1]을 활용해 협동학습으로 지도한다.
   가. 학생들이 대각선 공식을 추측할 수 있도록 한다.
   나. 대각선 개수와 관련된 오개념 상황을 포함한다.
   다. 대각선 공식의 필요성이 느껴지도록 한다.
3. 〈수업실연2〉 : [자료1]의 활동 결과를 이용해 [자료2]를 지도한다.
   가. [자료2]를 이용해 [자료1]의 다각형의 대각선의 개수를 구하는 활동을 실시한다.
   나. 활동 결과에 대한 느낀 점을 발표하는 상황을 포함한다.
   다. 2명 이상의 소감 발표 상황을 포함한다.
4. [자료3]의 내용을 모둠활동으로 해결하도록 한다.
5. 칠판에는 적정량 이상의 판서를 실시한다.
6. 교사와 학생 간 상호작용이 적극적으로 드러나도록 한다.

[교수·학습 조건]

1. 대상 : 중학교 1학년
2. 수업시간 : 45분
3. 단원명 : 다각형의 대각선 개수
4. 교수·학습 환경

학생 수	지도 장소	수업 형태	매체 및 기자재	평가
30명	교실	모둠학습	칠판, 분필	자기평가, 동료평가

중 1-12

수학 수업실연 모의평가 12회

[자료1]

(1) 다음 다각형의 대각선 개수를 구해봅시다.

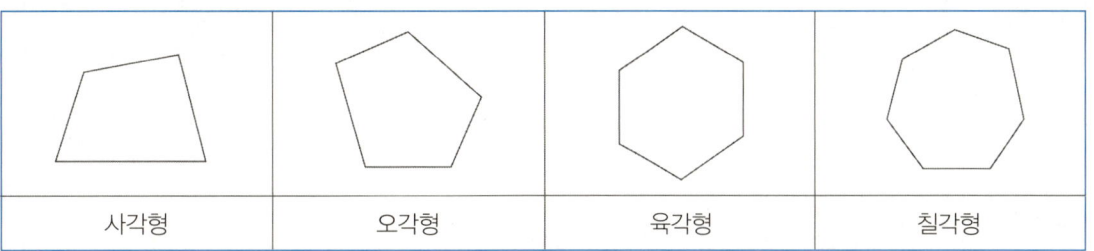

| 사각형 | 오각형 | 육각형 | 칠각형 |

(2) 33각형의 대각선 개수를 구해봅시다.

[자료2]

다각형의 대각선 개수

n각형의 대각선 개수는 $\dfrac{n(n-3)}{2}$이다.

[자료3]

다음 그림과 같이 7명의 학생들이 둘러서 있다. 모두 서로 한 번씩 악수를 하기 위해서는 총 몇 번을 악수해야 하는지 구하시오.

수업실연 구상지

단원		다각형의 대각선 개수	차시	
학습목표	• 주어진 다각형의 대각선 개수를 구할 수 있다.			
학습단계	학습전개	교수 · 학습 과정		
도입	주의환기	• 인사 및 출석 확인		
	학습목표	• 학습목표를 제시한다.		
전개	개념지도	〈수업실연1〉 〈수업실연2〉		
	문제풀이	• 다각형의 대각선 개수 관련 문제를 풀이한다.		
	모둠활동	〈수업실연3〉		
정리	내용정리	• 오늘 배운 내용을 정리한다.		
	형성평가	• 형성평가를 실시한다.		
	차시예고	• 다음 차시를 안내한다.		

수업 한 페이지

문제해설	– [자료1]–(1)에서 각 다각형의 대각선의 개수를 구해보도록 한다. 학생들이 직접 대각선을 하나씩 그어 구하는 상황을 가정한다. 대각선의 개수는 사각형부터 순서대로 2개, 5개, 9개, 14개이다. – [자료1]–(2)에서 대각선 개수를 구해보도록 한다. 아이들이 33각형을 그리는 것도 힘들어하고, 대각선을 하나씩 그리는 것도 어려워하는 상황을 포함한다. 이때 학생들에게 [자료1]–(1)에서 대각선의 개수를 어떻게 그렸는지를 상기시킨다. – [자료1] 대각선을 그리는 상황을 되짚어 보면서 한 꼭짓점에서 그릴 수 있는 대각선의 개수는 자기 자신과 이웃하는 두 점을 제외한 모든 점의 개수이며, 각 꼭짓점에서 그릴 수 있는 대각선의 개수가 서로 같다는 내용을 인지하도록 한다. – [자료1] 이를 이용해 33각형의 대각선의 개수를 구해보도록 한다. 이때, 대각선이 중복되어 세어지는 경우를 고려하지 않고 $33 \times (33-3) = 990$개로 대각선 개수를 구하는 상황을 오개념 상황으로 제시한다. – [자료1] 각 꼭짓점별로 대각선을 그리면 대각선이 중복되어서 그려진다는 사실을 학생들이 추측할 수 있도록 한 뒤, 33각형의 대각선의 개수는 $\dfrac{33 \times (33-3)}{2} = 495$가 됨을 지도한다. 각이 많아질수록 직접 대각선을 그리기 어렵다는 것을 발문하여 학생들에게 대각선 공식의 필요성을 인지시킨다. – [자료1] 활동을 통해 n각형 대각선의 개수가 몇 개일지를 학생들에게 발문한 뒤, [자료2]를 도입하도록 한다. – [자료2] 대각선을 구하는 원리는 각이 n개이더라도 동일함을 학생들이 인지하게 하고, 33각형의 대각선의 개수를 구하는 것과 동일한 방식을 통해 n각형의 대각선 개수는 $\dfrac{n(n-3)}{2}$가 됨을 지도한다. – [자료2]의 활동을 마치고 학생들에게 느낀 점을 이야기하도록 한다. 　예 복잡한 다각형의 대각선 개수도 어렵지 않게 구할 수 있어 좋은 것 같아요. 　예 하나씩 그리지 않고 대각선의 개수를 구할 수 있어 유용해요. 　예 수학을 통해 다양한 실생활 문제를 효과적으로 해결할 수 있을 것 같아요. – [자료3]의 문제를 학생들이 모둠활동으로 해결하도록 한다. 문제를 해결할 때 악수를 하는 학생들이 각각 도형의 '점'이 되고, 악수를 하는 행위는 점끼리 잇는 변이 됨을 학생들이 추측할 수 있도록 한다. – [자료3] 이웃한 두 사람과 악수를 하는 경우는 총 7번, 이웃하지 않은 두 사람과 악수를 하는 경우는 n각형의 대각선의 개수를 구하는 경우와 같으므로 $\dfrac{7 \times 4}{2} = 14$를 만족함을 지도한다. 따라서 모든 인원이 서로 한 번씩 악수를 하는 경우는 $7+14=21$이 됨을 풀이한다.
탐구활동	– 주어진 다각형의 대각선의 개수를 구하는 활동
발문	– [자료1] 다각형의 대각선 개수는 어떻게 구할 수 있을까요? – [자료1] 한 꼭짓점에서 그릴 수 있는 대각선의 개수는 몇 개인가요? – [자료1] 왜 대각선의 개수를 구할 때 2로 나눠줘야 할까요? – [자료2] 추측한 사실을 n각형으로 확장하면 대각선의 개수는 어떻게 될까요? – [자료3] 악수 횟수는 어떻게 구할 수 있을까요? – [자료3] 악수를 하는 것은 무엇과 연관지어 생각할 수 있을까요? 악수하는 상황을 그림으로 나타내어 볼까요?
오개념 예시	– 한 꼭짓점에서 대각선의 개수를 구할 때 이웃하는 꼭짓점과 연결한 선분을 포함해 대각선의 개수를 구하는 경우 – 대각선 개수를 구할 때, 동일한 점으로 이동하는 것까지 대각선으로 포함하는 경우 예 A→A – 대각선의 개수를 구하면서 중복되는 것을 고려하지 않고 2로 나누지 않는 경우
지도상의 유의점	– 다각형의 성질에서는 내각과 외각의 크기의 합, 대각선의 개수를 다룬다. – 다각형은 그 모양이 볼록인 것만 다룬다. – 한 꼭짓점에서 그을 수 있는 대각선의 개수와 다각형의 대각선의 개수는 귀납적 방법으로 지도한다. – 공학적 도구나 다양한 교구를 이용하여 도형을 그리거나 만들어보는 활동을 통해 도형의 성질을 추론하고 토론할 수 있게 한다. – 도형의 성질을 이해하고 설명하는 활동은 관찰이나 실험을 통해 확인하기, 사례나 근거를 제시하며 설명하기, 유사성에 근거하여 추론하기, 연역적으로 논증하기 등과 같은 다양한 정당화 방법을 학생 수준에 맞게 활용할 수 있다.

수학 수업실연 모의평가 13회

[실연 조건 및 유의사항]

1. [수업실연 구상지]의 〈수업실연1~3〉에 해당하는 부분을 수업으로 실연한다.
2. 〈수업실연1〉: [자료1]을 동기유발로 지도한다.
   가. 외각의 크기의 합에 대한 성질을 직관적으로 추측할 수 있도록 한다.
   나. 수업을 마무리할 때 학습한 내용과 관련지어 [자료1]의 내용을 정리하도록 한다.
   다. [자료1]은 스마트TV화면에 제시되어 있다고 가정한다.
3. 〈수업실연2〉: [자료2]를 이용해 학생들이 주어진 삼각형을 그려보도록 한다.
   가. 공학도구를 활용하도록 하며, 구체적인 공학도구 사용방법은 지도하지 않는다.
   나. 학생들의 오개념 상황을 포함하며 이를 해결하도록 한다.
   다. 외각과 관련된 성질을 직관적으로 이해할 수 있도록 한다.
   라. 각 꼭짓점에서 내각과 외각의 크기의 합이 180°임을 확인한다.
4. 〈수업실연3〉: [자료3]의 내용을 정당화하도록 한다.
   가. [자료2]의 활동내용을 상기하며 학생들이 스스로 성질을 정당화할 수 있도록 한다.
   나. 정당화 과정을 판서로 남기도록 한다.
5. 학생들과 교사와의 상호작용이 드러나도록 한다.
6. 학습목표는 칠판에 제시된 것으로 간주한다.

[교수·학습 조건]

1. 대상: 중학교 1학년
2. 수업시간: 45분
3. 단원명: 다각형의 외각의 크기의 합
4. 교수·학습 환경

학생 수	지도 장소	수업 형태	매체 및 기자재	평가
30명	교실	모둠학습	칠판, 분필, 교사용 노트북, 학생용 노트북, 스마트TV	자기평가, 동료평가

중 1-13

수학 수업실연 모의평가 13회

[자료1]

다음은 카메라 조리개가 열리고 닫히는 과정을 보여주는 그림이다.

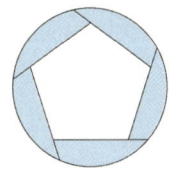 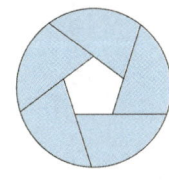 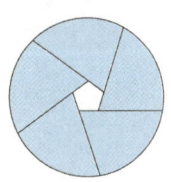 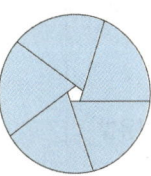

※ 조리개란 카메라로 들어오는 빛의 양을 조절하는 장치이다.

[자료2]

블록코딩을 이용해 거북이를 움직여 아래와 같은 직각삼각형을 그려보려고 한다. 이때, 거북이는 삼각형의 점 B에서 출발하여 점 A 방향으로 이동한다.

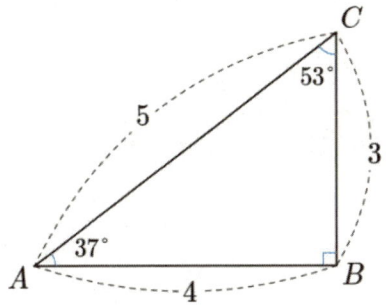

다음은 블록코딩 일부를 나타낸 그림이다.

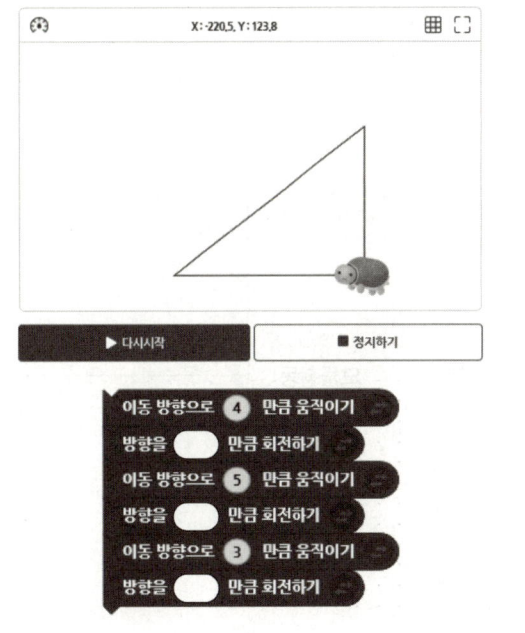

※ 이동 방향으로 ○○만큼 이동하기 : 거북이가 정해진 방향으로 ○○만큼 직선으로 이동함
※ 방향을 ○○만큼 회전하기 : 거북이가 해당 각도만큼 시계방향으로 회전함

[자료3]

다각형의 외각의 크기의 합
다각형의 외각의 크기의 합은 360°이다.

수업실연 구상지

단원	다각형의 외각의 크기의 합		차시	
학습목표	• 다각형의 외각의 합이 가지는 성질을 이해하고 설명할 수 있다.			
학습단계	학습전개	교수·학습 과정		
도입	주의환기	• 인사 및 출석 확인		
	선수학습	• 외각의 정의를 확인		
	동기유발	〈수업실연1〉		
	학습목표	• 학습목표를 제시한다.		
전개	모둠활동	〈수업실연2〉 〈수업실연3〉		
정리	내용정리	• 오늘 배운 내용을 정리한다.		
	형성평가	• 형성평가를 실시한다.		
	차시예고	• 다음 차시를 안내한다.		

수업 한 페이지

문제해설	– [자료1]을 스마트TV에 띄운 뒤 학생들에게 어떤 사진일지를 발문한다. – [자료1]의 사진은 카메라에 들어오는 빛의 양을 조절하는 조리개가 닫히는 모습임을 설명하며, 조리개의 모습이 어떤지를 발문한다. – [자료1] 조리개가 한 점에서 모이는 과정을 설명하면서 어떻게 이런 현상이 나타날 수 있는지를 발문한다. – [자료2]의 내용을 모둠활동으로 지도한다. – [자료2] 블록코딩을 이용해 제시되어 있는 삼각형 ABC를 직접 그려보도록 한다. – [자료2] 학생들이 회전을 할 때, 내각의 크기인 $37°, 53°$만큼 회전하여 원하는 삼각형이 그려지지 않음을 오개념 상황으로 제시한다. – [자료2] 학생들에게 왜 원하는 결과로 그려지지 않았는지를 모둠별로 토의해 보도록 한 뒤, 회전을 할 때 내각의 크기가 아닌 외각의 크기만큼($143°, 127°$) 회전해야 함을 학생들 스스로 인지하도록 한다. – [자료2] $\angle A, \angle C, \angle B$의 외각의 크기를 구해보도록 한 뒤 공통된 특징을 찾아보도록 하여 외각과 내각의 합이 항상 $180°$가 됨을 지도한다. – [자료2] 외각을 이용해 회전하는 블록코딩을 새로 기획하여 다시 실행하도록 한다. 원하는 결과가 나올 때까지 반복하여 잘못된 부분을 스스로 점검하는 과정을 포함해도 좋다. – [자료2] 거북이가 제자리로 돌아왔다는 것은 총 몇 도를 회전한 것인지 학생들에게 발문한 뒤, $360°$를 회전하여 제자리로 돌아오게 됨을 지도한다. $\angle A, \angle C, \angle B$의 외각의 크기의 합을 구해보니 실제로 $360°$가 됨을 확인한다. 다각형의 외각의 합이 항상 $360°$가 되는지를 발문한다. – [자료3] n각형인 다각형의 외각의 합이 $360°$가 됨을 어떻게 정당화할 수 있을지 모둠별로 해결하도록 한다. – [자료3] 외각과 내각의 합이 $180°$인 점에 착안하여 n각형의 내각과 외각의 총합은 $n \times 180°$가 됨을 알 수 있다. 이때 n각형의 내각의 합은 $(n-2) \times 180°$이므로 이를 식으로 정리하면 다음과 같다. – [자료3] $n \times 180° = (n-2) \times 180° + (외각의 합)$이므로 식을 정리하면 외각의 합은 $360°$가 됨을 알 수 있다. – 수업을 정리하며 조리개가 한 점으로 모이는 과정을 학생들에게 다시 한번 발문하도록 한다. 조리개가 한 점으로 모이는 것은 다각형의 외각의 합이 $360°$가 된다는 사실을 이용해 설명할 수 있음을 이야기한 뒤 수업을 마치도록 한다.
탐구활동	– 색종이를 이용해 다각형의 외각을 한 점에 모아 $360°$가 됨을 직관적으로 확인하는 활동
발문	– [자료1] 조리개가 닫히는 모습을 관찰해 볼까요? 어떤 특징이 있나요? – [자료2] 제시된 삼각형을 그리기 위해서는 블록코딩을 어떻게 해야 할까요? – [자료2] 왜 원하는 삼각형이 나오지 않았을까요? 어떻게 거북이가 회전해야 할까요? – [자료2] 각 점에서 외각과 내각이 가지는 특징은 무엇이 있나요? – [자료2] 거북이가 제자리로 돌아왔다는 것은 총 얼마만큼 회전했다는 것일까요? – [자료3] 다각형의 외각의 크기의 합이 $360°$임을 보이기 위해서는 어떻게 해야 할까요? – [자료3] n각형의 내각의 합은 어떻게 되나요?
오개념 예시	– 외각의 개념을 정확히 인지하지 못한 경우 – 외각과 내각의 합이 항상 $180°$가 됨을 이해하지 못하는 경우 – 외각의 합이 항상 $360°$가 됨을 이해하지 못하는 경우
지도상의 유의점	– 다각형은 그 모양이 볼록인 것만 다룬다. – 공학도구나 다양한 교구를 이용하여 도형을 그리거나 만들어보는 활동을 통해 도형의 성질을 추론하고 토론할 수 있게 한다. – 도형의 성질을 이해하고 설명하는 활동은 관찰이나 실험을 통해 확인하기, 사례나 근거를 제시하며 설명하기, 유사성에 근거하여 추론하기, 연역하여 논증하기 등과 같은 다양한 정당화 방법을 학생 수준에 맞게 활용할 수 있게 한다.

수학 수업실연 모의평가 14회

[실연 조건 및 유의사항]

1. [수업실연 구상지]의 〈수업실연1~3〉에 해당하는 부분을 수업으로 실연하시오.
2. 〈수업실연1〉: [자료1]을 이용해 부채꼴의 중심각의 크기와 호의 길이, 넓이 사이의 관계를 지도하시오.
   가. 적절한 탐구활동을 구성하도록 한다.
   나. 부채꼴의 중심각의 크기와 호의 길이, 넓이 사이의 관계에 대한 내용을 구체적으로 판서하도록 한다.
3. 〈수업실연2〉: [자료2]를 수업상황에 가정하고 실연하시오.
   가. 학생들의 대화 내용 중 잘못된 부분을 수정하도록 한다.
   나. 적절한 그림을 포함해 직관적으로 내용을 이해하도록 한다.
   다. 연역적 정당화 과정은 제외한다.
4. 〈수업실연3〉: [자료3]의 내용을 모둠활동으로 실연하시오.
   가. 교사와 학생의 상호작용이 적극적으로 드러날 수 있도록 한다.
   나. 수학과 교과역량 중 추론역량이 드러나도록 한다.
   다. [자료3]의 그림은 칠판에 그려져 있는 것으로 간주한다.
5. 칠판에는 적정량 이상의 판서를 포함한다.
6. 교사와 학생 간 상호작용이 적극적으로 드러나도록 한다.
7. 학습목표는 칠판에 제시된 것으로 간주한다.

[교수·학습 조건]

1. 대상: 중학교 1학년
2. 수업시간: 90분(블록타임제)
3. 단원명: 부채꼴의 중심각과 호의 관계
4. 교수·학습 환경

학생 수	지도 장소	수업 형태	매체 및 기자재	평가
30명	교실	모둠학습	칠판, 분필, 원형 색종이	자기평가, 동료평가

수학 수업실연 모의평가 14회

[자료1]

다음은 원형 색종이를 반으로 세 번 접은 후 펼친 그림을 나타낸 것이다.

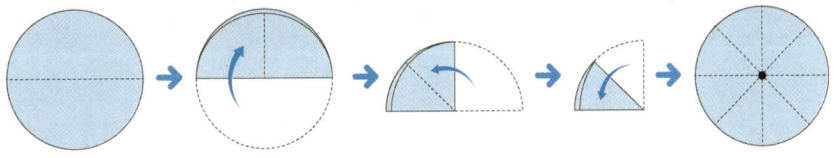

[자료2]

다음은 수업 중 두 학생의 대화이다.
A : 중심각의 크기가 같으면 호의 길이와 넓이뿐 아니라 '현의 길이'도 같아지지 않을까?
B : 맞아. 중심의 크기가 같으면 부채꼴이 서로 포개지니까 현의 길이도 같을 것 같아. 그러면 부채꼴의 호의 길이와 넓이가 중심각의 크기에 비례하는 것처럼 현의 길이도 비례하지 않을까?
A : 오! 맞아 그럴 것 같다. 그러면 중심각의 크기가 2배, 3배, …가 되면 현의 길이도 2배, 3배, …가 되겠네?

[자료3]

〈모둠활동〉
다음 그림은 점 O를 원의 중심으로 하여 하루 24시간을 중심각의 크기에 따라 일정한 간격으로 나눈 재석이의 방학생활 계획표이다. 그런데 재석이가 물을 엎질러 계획표의 일부가 아래 사진처럼 보이지 않게 되었다. 이때 다음 물음에 답하시오.

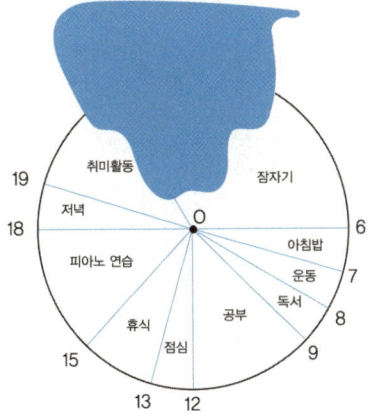

(1) 1시간에 해당하는 부채꼴의 중심각은 몇 도일까요?
(2) '취미활동'에 해당하는 부채꼴의 중심각이 45°라고 할 때, 잠자기는 몇 시부터 시작하는지 구하시오.

수업실연 구상지

단원	부채꼴의 중심각과 호의 관계		차시	
학습목표	• 부채꼴의 중심각과 호의 관계를 말할 수 있다.			
학습단계	학습전개	교수 · 학습 과정		
도입	주의환기	• 인사 및 출석 확인		
	전시학습	• 호, 할선, 현, 부채꼴, 중심각, 활꼴의 개념 정의		
	학습목표	• 학습목표를 제시한다.		
전개	탐구활동	〈수업실연1〉		
	개념지도	〈수업실연2〉		
	모둠활동	〈수업실연3〉		
정리	내용정리	• 오늘 배운 내용을 정리한다.		
	형성평가	• 형성평가를 실시한다.		
	차시예고	• 다음 차시를 안내한다.		

수업 한 페이지

문제해설	– [자료1]의 활동을 학생들에게 직접 해볼 수 있도록 안내한다. – [자료1] 종이접기 활동을 통해 생기는 부채꼴이 서로 포개어짐을 통해 중심각의 크기가 모두 같아짐을 확인한다. – [자료1] 종이접기 과정을 역으로 진행해 보며 각 단계에서 부채꼴의 호의 길이와 넓이가 어떤 관계를 가질지 학생들에게 발문하여 학생들이 부채꼴의 중심각의 크기와 호의 길이, 넓이의 관계를 직관적으로 이해할 수 있도록 지도한다. – [자료1] 활동을 정리하며 부채꼴의 중심각의 크기가 2배, 3배, …가 되면 부채꼴의 호의 길이와 넓이 또한 2배, 3배, …가 되어 정비례함을 지도한다. 부채꼴의 중심각의 크기와 호의 길이, 넓이 사이의 관계 ① 한 원에서 중심각의 크기가 같은 두 부채꼴의 호의 길이와 넓이는 각각 같다. ② 한 원에서 부채꼴의 호의 길이와 넓이는 각각 중심각의 크기에 정비례한다. – [자료2]의 대화를 학생들에게 공유하고 어떻게 생각하는지를 묻는다. 다음 그림과 같은 예시를 통해 일반적으로 현의 길이는 중심각의 크기에 비례하지 않는다는 사실을 직관적으로 이해하도록 한다. – [자료3] 문제를 어떻게 해결하면 좋을지 발문한다. 학생들에게 발문을 통해 1시간에 해당하는 각도를 구해야 함을 인지시킨 뒤 문제를 해결한다. – [자료3] 1시간에 해당하는 중심각을 이용해 45°에 해당하는 시간을 유추하도록 하는 발문을 통해 추론역량이 드러나도록 한다. – [자료3] (1) 15°, (2) 취미활동의 중심각이 45°이므로 3시간에 해당한다. 따라서 취미활동은 19시부터 22시까지, 잠자기는 22시부터 6시까지임을 알 수 있다.
탐구활동	– 원 모양의 종이를 일정하게 접어 8등분한 뒤 중심각의 크기와 호의 길이, 중심각의 크기와 넓이의 관계를 확인해 보는 활동
발문	– [자료1] 중심각의 크기가 같은 부채꼴을 겹쳐보면 어떻게 되나요? – [자료1] 중심각의 크기가 2배, 3배, 4배로 늘어나면 중심각의 크기와 호의 길이는 어떻게 변하나요? – [자료2] 호의 길이가 중심각에 정비례하므로 현의 길이도 중심각에 정비례할까요? – [자료2] 현의 길이가 중심각에 정비례하지 않는 예시는 무엇이 있을까요? – [자료3] 1시간에 해당하는 중심각의 크기는 얼마일까요? – [자료3] 45°는 몇 시간에 해당할까요?
오개념 예시	– 중심각의 크기에 따라 호의 길이가 정비례하는 것처럼 현의 길이도 정비례할 것이라는 생각
지도상의 유의점	– 한 원에서 부채꼴의 호의 길이와 넓이는 각각 중심각의 크기에 정비례함을 직관적인 활동을 통해 이해하도록 한다. – 도형의 성질을 이해하고 설명하는 활동은 관찰이나 실험을 통해 확인하기, 사례나 근거를 제시하며 설명하기, 유사성에 근거하여 추론하기, 연역적으로 논증하기 등과 같은 다양한 정당화 방법을 학생 수준에 맞게 활용할 수 있다.

수학 수업실연 모의평가 15회

[실연 조건 및 유의사항]

1. [수업실연 구상지]의 〈수업실연1~2〉에 해당하는 부분을 수업으로 실연하시오.
2. 〈수업실연1〉 : [자료1]을 탐구활동으로 지도하시오.
   가. 빨대와 색종이를 이용해 직사각형, 직각삼각형, 반원을 1회전 했을 때 생기는 입체도형을 관찰하도록 한다.
   나. 활동의 결과로 생긴 입체도형을 이용해 '회전체', '회전축'의 개념을 지도한다.
3. 〈수업실연2〉 : [자료2]를 협동학습으로 지도하시오.
   가. [자료2]에 주어진 입체도형을 이용해, 회전체의 성질을 학생들이 직관적으로 이해할 수 있도록 하는 수업 활동을 교사가 직접 구성한다.
   나. 활동의 결과를 통해 회전체의 성질을 정리한다.
   다. 교사의 구체적인 발문을 포함한다.
   라. 공학도구를 이용해 활동을 진행한다.
4. 학생들과 교사와의 상호작용이 드러나도록 한다.
5. 학습목표는 칠판에 제시된 것으로 간주한다.

[교수·학습 조건]

1. 대상 : 중학교 1학년
2. 수업시간 : 45분(블록타임제)
3. 단원명 : 회전체
4. 교수·학습 환경

학생 수	지도 장소	수업 형태	교육기자재	평가
24명	교실	모둠학습	빨대, 색종이, 학생용 태블릿, 교사용 노트북, 스마트TV, 공학도구	형성평가

수학 수업실연 모의평가 15회

[자료1]

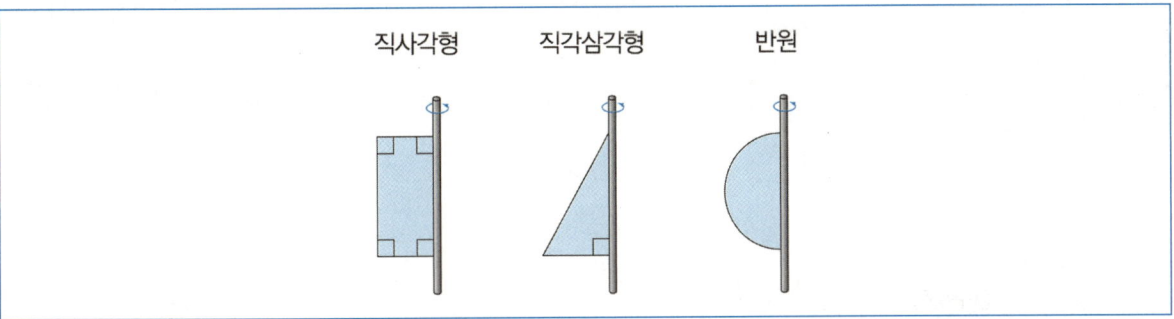

[자료2]

다음은 [자료1]에서 생긴 입체도형을 컴퓨터로 나타낸 것이다.

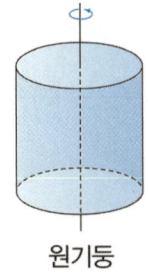 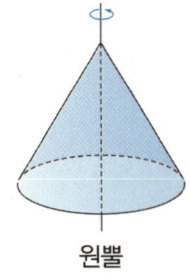 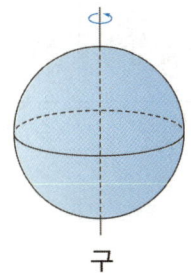

원기둥　　　　　원뿔　　　　　구

회전체의 성질
1. 회전체를 회전축에 수직인 평면으로 자른 단면의 모양은 원이다.
2. 회전체를 회전축을 포함하는 평면으로 자른 단면은 모두 합동이고, 회전축에 대하여 선대칭 도형이다.

수업실연 구상지

단원		회전체		차시	
학습목표		• 회전체의 성질을 이해하고, 이를 설명할 수 있다.			
학습단계	학습전개	교수·학습 과정			
도입	주의환기	• 인사 및 출석 확인			
	학습목표	• 학습목표를 제시한다.			
전개	탐구활동 및 개념지도	〈수업실연1〉			
	모둠활동	〈수업실연2〉			
정리	내용정리	• 오늘 배운 내용을 정리한다.			
	형성평가	• 형성평가를 실시한다.			
	차시예고	• 다음 차시를 안내한다.			

수업 한 페이지

문제해설	- [자료1]을 탐구활동으로 지도한다. - [자료1] 회전했을 때 어떤 입체도형 모양이 될지 학생들에게 추측해 보도록 한다. - [자료1] 활동 결과를 이용해 순서대로 원기둥, 원뿔, 구가 됨을 정리한다. - [자료1] 만들어진 입체도형을 이용해 회전체와 회전축의 개념을 설명한다. - [자료1] 평면도형을 한 직선을 축으로 하여 1회전 시킬 때 생기는 입체도형을 '회전체'로, 그 직선을 '회전축'으로 설명한다. - [자료2]를 모둠활동으로 지도한다. - [자료2] 공학도구를 이용해 입체도형(원기둥, 원뿔, 구)의 단면을 관찰하게 한다. - [자료2] 첫 번째는 회전체를 회전축에 수직인 평면으로 자르도록 한다. 이때, 회전축과 평행하게 자르지 않도록 주의한다. - [자료2] 회전축에 수직인 평면의 위치를 조정해 가며, 생기는 단면의 모양이 어떻게 변화하는지를 모둠원들과 함께 관찰하도록 한다. - [자료2] 단면의 모양은 항상 원이 됨을 관찰하도록 한다. - [자료2] 원뿔, 구의 경우 언제 원의 크기가 가장 커지는지를 추가로 발문할 수 있다. - [자료2] 두 번째는 회전체를 회전축을 포함하는 평면으로 자르도록 한다. 이때, 회전축을 포함하는 평면은 여러 개가 생길 수 있음을 안내한다. - [자료2] 회전축을 포함한다는 표현을 어려워하므로 이에 대한 내용을 강조한다. 직선이 포함된 평면의 개념을 상기시키도록 한다. - [자료2] 단면은 순서대로 사각형, 삼각형, 원 모양이 됨을 확인하도록 하며, 회전축을 포함하는 평면으로 자른 단면의 모양은 모두 합동임을 관찰할 수 있도록 한다. - [자료2] 각 단면이 회전축에 대해 선대칭 도형이 됨을 발견하도록 한다. - [자료2] 입체도형을 자를 때, '회전체의 수직인 평면으로 자른 단면의 모양', '회전축을 포함하는 평면'의 의미를 정확히 이해하지 못해 단면의 모양이 의도와 다르게 나오는 상황을 가정할 수 있다. - [자료2] 활동 내용을 정리해 '회전체의 성질'을 정리하도록 한다.
탐구활동	- 공학도구 혹은 빨대와 색종이 등을 이용해 평면도형을 회전시켜 입체도형을 만들어보게 하는 활동
발문	- [자료1] 빨대를 빠르게 회전시켜 볼까요? 어떤 모양처럼 보이나요? - [자료2] 회전체를 회전축에 수직인 평면으로 자른 단면의 모양은 어떻게 될까요? - [자료2] 회전체를 회전축에 수직인 평면으로 자를 때, 언제 단면의 크기가 가장 클까요? - [자료2] 회전체를 회전축을 포함하는 평면으로 자른 단면에서 알 수 있는 특징은 무엇인가요?
오개념 예시	- '회전축에 수직인 평면으로 자른 단면', '회전축을 포함하는 평면으로 자른 단면'의 의미를 정확히 이해하지 못하는 경우 - 회전체를 회전축에 수직인 평면으로 자를 때 단면이 항상 합동이라고 생각하는 경우
지도상의 유의점	- 구체적인 사물, 전개도, 교구, 컴퓨터 프로그램 등을 이용하여 회전체를 관찰하고 그 성질을 탐구하게 한다. - 여러 가지 평면도형을 회전시킬 때 만들어지는 입체도형을 추측하게 한다. - 회전체의 단면의 모양은 회전체의 성질을 이해하는 데 필요한 정도로 다룬다. - 초등학교에서 배운 원기둥, 원뿔, 구 등의 입체도형을 바탕으로 회전체의 뜻과 성질을 이해하게 한다. - 회전체는 회전축에 수직인 평면으로 자를 때 생기는 단면과 회전축을 포함하는 평면으로 자를 때 생기는 단면의 모양을 추론하게 한다. - 주변의 건축물, 문화유산, 예술 작품 등에서 도형의 성질을 찾게 하여 수학에 대한 흥미와 관심을 가질 수 있게 한다.

수학 수업실연 모의평가 16회

[실연 조건 및 유의사항]

1. [수업실연 구상지]의 〈수업실연1~3〉에 해당하는 부분을 수업으로 실연하시오.
2. 〈수업실연1〉: [자료1]을 이용해 동기유발로 수업실연하시오.
   가. 중앙값의 필요성을 학생들이 인식하도록 한다.
3. 〈수업실연2〉: [자료2]를 수업실연하시오.
   가. 중앙값의 개념을 설명하는 과정을 포함한다.
   나. 학생들의 오개념 상황을 가정하고 이를 수정하는 활동을 포함한다.
4. 〈수업실연3〉: [자료3]을 모둠활동으로 수업실연하시오.
   가. 학생들 간의 상호작용이 드러나도록 한다.
5. 칠판에는 적정량 이상의 판서를 실시한다.
6. 학습목표는 칠판에 제시된 것으로 간주한다.

[교수·학습 조건]

1. 대상: 중학교 1학년
2. 수업시간: 45분
3. 단원명: 대푯값(중앙값)
4. 교수·학습 환경

학생 수	지도 장소	수업 형태	매체 및 기자재	평가
30명	교실	모둠학습	칠판, 분필	자기평가, 동료평가

수학 수업실연 모의평가 16회

[자료1]

2015년 대한민국 국정감사 기간 한 국회의원 의원실에서는 한국 납세자 연맹에서 제시된 자료를 분석한 결과, '2014년 국내 근로소득자의 평균소득은 3172만원, 월 평균 264만원'으로 나왔다고 한다. 이 내용을 보고 많은 사람들은 게시판을 통해 자신의 연봉은 평균에 미치지 못한다는 자조적인 반응을 보여 왔다고 한다. 하지만 실제 자료는 잘못된 것이 없는 정확한 수치였다. 왜 이런 현상이 발생한 것일까?

참고 : JTBC news 〈직장인 평균 월급 264만원... 평균치 맞나?〉

[자료2]

다음은 학생들이 이번 달 스마트폰 데이터 사용량을 나타낸 자료이다. (단위 : GB – 기가바이트)

〈A반〉

사용량	5	17	6	9	12

〈B반〉

사용량	23	2	12	18	20	10

[자료3]

〈토론학습〉

다음은 어느 중학교 학생들의 2분 동안 팔굽혀펴기 개수를 나타낸 자료이다. 어떤 값을 대푯값으로 선택하는 것이 좋을지 모둠원들과 토의해 보자.

10　5　84　9　10　14

수업실연 구상지

단원		대푯값(중앙값)		차시	
학습목표	• 중앙값의 의미를 알고, 이를 구할 수 있다. • 주어진 자료의 특성에 따라 적절히 대푯값을 선택할 수 있다.					
학습단계	학습전개	교수·학습 과정			
도입	주의환기	• 인사 및 출석 확인			
	동기유발	〈수업실연1〉			
	학습목표	• 학습목표를 제시한다.			
전개	개념지도	〈수업실연2〉			
	모둠활동	〈수업실연3〉			
정리	내용정리	• 오늘 배운 내용을 정리한다.			
	형성평가	• 형성평가를 실시한다.			
	차시예고	• 다음 차시를 안내한다.			

수업 한 페이지

문제해설	− [자료1]을 이용해 동기유발을 한다. 제시된 평균 소득을 학생들이 어떻게 생각하는지 발문한다. − [자료1] 일부 사람들의 소득이 높아 평균소득이 높게 나왔으며, 이것은 집단을 대표하기 어려운 값이라는 것을 학생들이 인식하도록 하여 중앙값에 대한 필요성이 드러나도록 한다. − [자료2]를 이용해 중앙값 개념을 설명한다. → 변량을 작은 값부터 크기 순서대로 나열했을 때, 중앙에 위치한 값 − [자료2]의 답은 (1) 9, (2) 15 − [자료2] 변량의 개수가 홀수, 짝수일 때를 구별해 중앙값 개념을 지도한다. − [자료2] 변량을 크기 순서대로 나열하지 않고 중앙값을 구하거나, 변량의 개수가 짝수일 때 중앙값이 존재하지 않는다고 생각하는 경우를 학생들의 오개념으로 가정한다. − [자료3] 주어진 자료의 대푯값을 무엇으로 할지 모둠원들과 토의하도록 한다. − [자료3] 평균은 22, 중앙값은 10 − [자료3] 학생들의 발표를 통해 자료에 84라는 극단적인 값이 존재하기 때문에 평균보다는 중앙값인 10을 대푯값으로 한다. 84라는 극단적인 값을 제외하고 평균을 구해 9.6을 대푯값으로 이야기하는 상황을 포함할 수도 있다. − [자료3] 자료의 특성에 따라 적절히 대푯값을 선택할 수 있음을 학생들에게 지도한다. − 동기유발 내용을 이용해 수업내용을 간단히 정리하도록 한다. 소득은 일부 사람들의 소득이 극단적으로 높기 때문에 예상보다 평균이 높게 나왔으며, 평균보다는 중앙값으로 적절함을 안내한다.
동기유발	− 극단적인 값이 있어 평균 사용이 어려운 예시를 활용 − '대표'라는 용어를 통한 도입 → "대표하면 어떤 것이 떠오르나요?"
탐구활동	− 주어진 자료에서 중앙값 구하기 − 극단적인 값이 주어진 상황에서 평균 구하기
발문	− [자료1] 여러분들은 평균 소득을 보고 어떤 생각이 들었나요? − [자료1] 평균은 어떤 장점(단점)이 있을까요? − [자료2] 중앙값은 어떤 값일까요? − [자료2] 변량의 개수가 짝수일 때는 어떻게 구해야 할까요? − [자료3] 극단적인 값이 있을 때는 어떤 대푯값을 사용하는 것이 좋을까요? − [자료3] 만약 평균을 대푯값으로 정하고 싶다면 어떤 방법으로 구하는 게 효과적일까요?
오개념 예시	− '중앙값'이라는 용어의 의미를 그대로 받아들여 크기 순서대로 나열하지 않고 주어진 자료의 중앙에 있는 값이 중앙값이라고 하는 경우 − 변량의 개수가 짝수개인 상황에서 중앙값을 구할 때 중앙값이 존재하지 않는다고 하는 경우
지도상의 유의점	− 대푯값에는 여러 가지가 있으나 평균, 중앙값, 최빈값만을 다룬다. − 중앙값, 최빈값의 뜻을 알고, 자료의 특성에 따라 적절한 대푯값을 선택하여 구할 수 있다. − 구체적인 자료를 통해 평균, 중앙값, 최빈값의 의미를 이해하고 이를 구할 수 있게 한다. − 주어진 자료의 특성에 따라 적절한 대푯값을 선택하여 구해보고, 각 대푯값이 어떤 상황에서 유용하게 사용될 수 있는지 토론해 보게 한다. − 실생활의 자료와 같이 복잡한 계산이 요구되는 경우 계산기 또는 공학적 도구를 사용할 수 있도록 지도한다. − 변량의 개수가 짝수개 있을 때 중앙값 계산에 유의하도록 한다. − 중앙값을 구할 때 크기 순서대로 배열을 한 뒤 중앙값을 구하도록 한다.

수학 수업실연 모의평가 17회

[실연 조건 및 유의사항]

1. [수업실연 구상지]의 〈수업실연1~2〉에 해당하는 부분을 수업으로 실연하시오.
2. 〈수업실연1〉 : [자료1]을 이용해 히스토그램을 지도하시오.
   가. 주어진 도수분포표를 이용해 히스토그램으로 나타낸다.
   나. 히스토그램의 장점에 대한 내용을 포함한다.
   다. 학생의 질문을 토대로 막대그래프와의 차이점을 2가지 이상 지도한다.
3. 〈수업실연2〉 : [자료2]를 지도하시오.
   가. 질문에 대한 결과가 2가지 이상 드러나도록 한다.
   나. 학생들의 오개념 상황을 가정한다.
4. 학생들과 교사와의 상호작용이 드러나도록 한다.
5. 학습목표는 칠판에 제시된 것으로 간주한다.

[교수 · 학습 조건]

1. 대상 : 중학교 1학년
2. 수업시간 : 45분 (블록타임제)
3. 단원명 : 히스토그램과 도수분포다각형
4. 교수 · 학습 환경

학생 수	지도 장소	수업 형태	교육기자재	평가
24명	교실	모둠학습	학생용 태블릿, 교사용 노트북, 스마트TV	형성평가

수학 수업실연 모의평가 17회

[자료1]

다음은 주말에 학생들이 걸은 일일 걸음 수에 대한 도수분포표이다. (단위 : 천 보)

걸음 수 (천)	학생 수 (명)
2 이상 ~ 4 미만	2
4 ~ 6	4
6 ~ 8	5
8 ~ 10	7
10 ~ 12	4
12 ~ 14	3

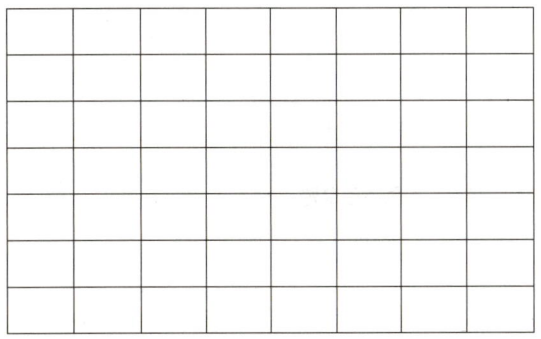

[자료2]

체험활동에서 우리반에서 학생별로 하루 동안 스마트폰으로 찍은 사진 개수에 대한 도수분포표이다. 이를 이용해 도수분포다각형을 그리시오.

사진 (장)	학생 수 (명)
0 이상 ~ 5 미만	1
5 ~ 10	2
10 ~ 15	4
15 ~ 20	6
20 ~ 25	5
25 ~ 30	3
30 ~ 35	2

Q. 도수분포다각형을 통해 알 수 있는 사실을 모둠원들과 토의해 정리해 봅시다.

수업실연 구상지

단원	히스토그램과 도수분포다각형		차시	
학습목표	• 자료를 히스토그램과 도수분포다각형으로 나타내고 이를 해석할 수 있다.			
학습단계	학습전개	교수·학습 과정		
도입	주의환기	• 인사 및 출석 확인		
	학습목표	• 학습목표를 제시한다.		
전개	히스토그램 개념지도	〈수업실연1〉		
	예제	• 히스토그램 관련 예제를 해결한다.		
	도수분포다각형 개념지도	• 도수분포다각형에 대해 지도한다.		
	문제풀이	〈수업실연2〉		
정리	내용정리	• 오늘 배운 내용을 정리한다.		
	형성평가	• 형성평가를 실시한다.		
	차시예고	• 다음 차시를 안내한다.		

수업 한 페이지

문제해설	- [자료1]의 도수분포표를 이용해 히스토그램을 지도한다. - [자료1] 가로축에 각 계급의 양 끝값을 써넣은 뒤, 세로축에 도수를 쓰도록 한다. 각 계급의 크기를 가로로, 그 계급의 도수를 세로로 하는 직사각형을 그려 히스토그램을 나타낸다. - [자료1] 도수분포표와 비교해 히스토그램의 장점을 발문한 뒤, 분포 상태를 한눈에 알아보기 쉽다는 등의 장점을 언급하도록 한다. 줄기와 잎 그림처럼 구체적인 변량을 확인할 수 없음을 단점으로 함께 언급할 수도 있다. - [자료1] 히스토그램의 형태가 막대그래프와 같다는 학생의 발문을 토대로 차이점을 분석한다. - [자료1] | 히스토그램	막대그래프
연속형 자료	이산형, 명목형 변량
세로의 길이는 도수	빈도, 수량 등
구간 폭이 일정해야 함	너비 자체의 의미가 없음
그래프 형태 차이	그래프 형태 차이
가로축에 계급의 양 끝값	가로축에 명목을 나타내는 수나 이름
구간 순서의 의미가 있음	순서를 바꾸어도 의미 변하지 않음 | - [자료2]의 도수분포표를 이용해 도수분포다각형을 그리도록 한다. - [자료2] 히스토그램의 중앙에 점을 찍지 않았거나, 양 끝에 도수가 0인 경우 크기가 같은 계급이 하나씩 더 있는 것으로 생각해야 하지만, 이를 고려하지 않고 구간 0~5에서만 점을 표시한 경우 등의 상황을 오개념 상황으로 가정한다. - [자료2] 학생들에게 발문을 통해 잘못된 부분을 점검하고 이를 수정하도록 한다. - [자료2] 도수분포다각형을 통해 15~20장을 찍은 경우가 가장 많았으며, 0~4장을 찍은 경우는 1명, 30~34장을 찍은 경우 2명임을 정리한다. 도수가 가장 큰 계급, 가장 작은 계급, 퍼센트 등을 구할 수도 있다.
탐구활동	- 주어진 도수분포표 자료를 히스토그램으로 나타내는 활동
발문	- [자료1] 히스토그램은 어떤 장점이 있을까요? - [자료1] 막대그래프와 히스토그램은 어떤 차이점이 있을까요? - [자료1] 가로축, 세로축의 의미는 무엇인가요? - [자료2] (오개념 상황) 어떤 부분이 잘못되었을까요? 어떻게 고치면 좋을까요? - [자료2] 도수분포다각형에서 우리가 알 수 있는 사실은 무엇일까요?
오개념 예시	- 히스토그램과 막대그래프를 혼동하는 경우 - 도수분포다각형을 꺾은선 그래프와 혼동하는 경우 - 도수분포다각형에서 양 끝에 도수가 0인 경우가 있지만, 계급이 하나씩 더 있는 것으로 생각하지 않고 표시하지 않는 경우 - 도수분포다각형에서 히스토그램의 중앙에 점을 찍지 않고 다른 곳에 점을 찍는 경우
지도상의 유의점	- 자료를 줄기와 잎 그림, 도수분포표, 히스토그램, 도수분포다각형으로 나타내고 해석할 수 있다. - 도수분포표를 그래프로 나타내면 표보다 자료의 분포 상태를 한눈에 파악하기 쉽다는 장점이 있음을 예를 통하여 지도한다. - 그래프를 그릴 때 공학도구를 이용할 수 있게 하고, 공학 도구의 편리함과 유용성을 인식하게 한다.

수학 수업실연 모의평가 18회

[실연 조건 및 유의사항]

1. [수업실연 구상지]의 〈수업실연1~3〉에 해당하는 부분을 수업으로 실연한다.
2. 〈수업실연1〉: [자료1]을 이용해 활동을 직접 구성하시오.
   가. 활동을 통해 상대도수의 필요성을 학생들이 인지할 수 있도록 한다.
   나. 구체적인 수치를 하나 이상 사용해 설명한다.
3. 〈수업실연2〉: [자료2]를 지도하시오.
   가. [자료1]의 상대도수를 판서로 남기도록 한다.
   나. 상대도수의 총합에 대한 특징을 학생들이 추론할 수 있도록 한다.
4. 〈수업실연3〉: [자료3]을 협동학습으로 지도하시오.
   가. [자료3]의 도수분포다각형은 칠판에 판서되어 있다고 간주한다.
   나. 공학도구를 이용하도록 한다.
   다. 학생들이 협력해 주어진 과제를 해결할 수 있도록 한다.
5. 학생들과 교사와의 상호작용이 드러나도록 한다.
6. 학습목표는 칠판에 제시된 것으로 간주한다.

[교수·학습 조건]

1. 대상 : 중학교 1학년
2. 수업시간 : 45분
3. 단원명 : 상대도수
4. 교수·학습 환경

학생 수	지도 장소	수업 형태	매체 및 기자재	평가
30명	교실	모둠학습	칠판, 분필, 태블릿, 교사용 컴퓨터, 스마트TV	자기평가, 동료평가

수학 수업실연 모의평가 18회

[자료1]

다음은 두 도시 A, B 근로자의 통근시간과 이에 대한 인구숫자를 나타낸 도수분포표이다.

통근시간(분)	통근인구	
	A도시(만명)	B도시(만명)
0 이상 ~ 10 미만	5	5
10 ~ 20	5	10
20 ~ 30	25	20
30 ~ 40	40	10
40 ~ 50	25	5
합계	100	50

[자료2]

$$(\text{어떤 계급의 상대도수}) = \frac{(\text{그 계급의 도수})}{(\text{도수의 총합})}$$

[자료3]

〈활동지〉
① EBSmath 이지통계에 접속한다.
② 도수분포표를 클릭한 뒤, 계급에 대한 정보를 입력한다. ('두 자료 비교', '상대도수' 체크)
③ [자료1]의 상대도수를 자료를 입력한다.
④ 통계 그래프를 클릭해 도수의 합계를 알맞게 입력한다.
⑤ 그래프의 종류를 선택한다.

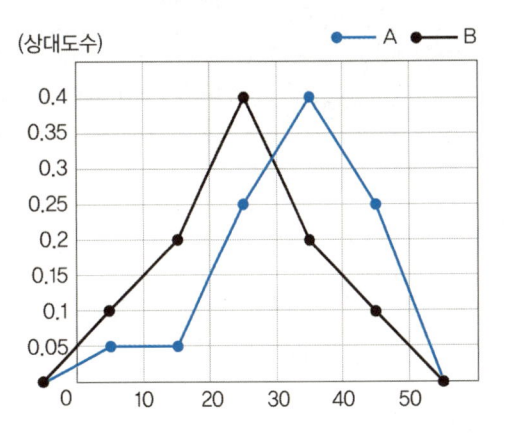

Q. A도시와 B도시의 특징을 비교해 보시오.

Q. 도수분포다각형을 이용해 그래프를 정리했을 때 어떤 점이 편리한가요?

수업실연 구상지

단원		상대도수	차시	
학습목표	• 주어진 자료의 상대도수를 구하고 이를 이용해 그래프를 그릴 수 있다.			
학습단계	학습전개	교수·학습 과정		
도입	주의환기	• 인사 및 출석 확인		
	학습목표	• 학습목표를 제시한다.		
전개	탐구활동	〈수업실연1〉		
	개념지도	〈수업실연2〉		
	문제풀이	**문제풀이** – 상대도수분포표와 관련된 문제를 해결한다.		
	개념지도	**상대도수분포표를 그리는 방법** – 히스토그램과 도수분포다각형을 그릴 때와 같은 방법을 그리는 것을 이해하도록 한다.		
	모둠활동	〈수업실연3〉		
정리	내용정리	• 오늘 배운 내용을 정리한다.		
	형성평가	• 형성평가를 실시한다.		
	차시예고	• 다음 차시를 안내한다.		

수업 한 페이지

문제해설	- [자료1] 주어진 도수분포표에 대한 내용을 확인한다. - [자료1] 통근시간이 20~30분인 인구가 A도시, B도시 중 어디가 더 많다고 할 수 있는지를 발문하며, 학생들 대부분의 답이 A도시라고 하는 상황을 가정한다. - [자료1] 전체 총 도수의 합이 서로 다른 점을 이용해, 어떻게 하면 도수의 총합이 다른 분포를 비교할 수 있을지 발문한다. - [자료1] 상대도수에 대한 개념에 대한 필요성을 직관적으로 이해시키도록 한 뒤 본시학습에 들어가도록 한다. - [자료2]에 제시된 상대도수의 개념을 지도한다. 상대도수란 결국 전체 도수의 총합에 비해 차지하는 비율이라는 점을 강조한다. 이를 이용해 [자료1]에 제시된 도수분포표의 상대도수를 학생들이 직접 구해보도록 한다. 이때 태블릿에 있는 계산기를 사용할 수 있음을 안내한다. - [자료2] 계산된 상대도수가 정확한지 확인한다. - [자료2] 상대도수를 보고 학생들이 특징을 찾을 수 있도록 한 뒤, 상대도수의 총합이 1이 됨을 발견하도록 한다. 이때 왜 1이 되는지를 발문한다. - [자료2] 상대도수의 개념이 그 계급의 도수를 도수의 총합으로 나누는 것이기 때문에 상대도수의 총합은 결국 도수의 총합을 도수의 총합으로 나눈 것이 된다는 사실을 학생들이 직접 추측할 수 있도록 한다. - [자료3]을 협동학습으로 지도하도록 하며, 모둠원들과 협동하여 주어진 활동지를 수행할 수 있도록 한다. 도수분포다각형에 관한 내용을 복습하도록 하며, 그래프로 표현할 때 주의사항에 대해서 한 번 더 안내하도록 한다. A도시와 B도시의 특징을 비교하도록 한다. 〈A도시, B도시 특징 비교〉 • 상대적으로 A도시의 통근시간이 더 오래 걸린다. • A도시는 30~40분 정도 통근시간이 걸리는 사람들이 가장 많다. • B도시는 20~30분 정도 통근시간이 걸리는 사람들이 가장 많다. • B도시는 통근시간이 0~30분인 경우가 많고, A도시는 통근시간이 30~50분인 경우가 많다. - [자료3] 도수분포다각형을 이용하면 전체적인 분포의 특징을 직관적으로 확인할 수 있다.
탐구활동	- 도수의 총합이 다른 두 분포를 비교하는 활동
발문	- [자료1] 통근시간이 20~30분인 인구수는 A도시와 B도시 중 어디가 더 많다고 할 수 있을까요? - [자료2] 우리가 계산한 상대도수가 가지는 특징은 무엇일까요? - [자료3] A도시와 B도시는 어떤 특징을 가지고 있나요? - [자료3] 도수분포다각형을 이용해 그래프를 정리하면 어떤 점이 편리한가요?
오개념 예시	- 상대도수의 총합이 1이 아니라고 생각하는 경우 - 도수의 총합이 서로 다름에도 도수만을 가지고 주어진 자료를 분석하는 경우
지도상의 유의점	- 각 계급의 상대도수의 합은 항상 1이 됨을 이해하도록 한다. - 상대도수를 구할 때, 계산이 복잡한 경우 계산기를 활용할 수 있도록 한다. - 도수의 총합이 다른 두 집단의 자료를 비교할 때, 도수로 비교하는 것보다 상대도수의 분포표나 상대소수의 그래프를 비교하는 것이 유용함을 알게 한다. - 상대도수를 표와 그래프로 나타내는 것은 도수를 도수분포표와 그래프로 나타내는 것과 같은 원리로 이해하도록 지도한다. - 다양한 상황에서 자료를 수집하고, 수집한 자료를 적절한지 판단하게 한 후, 자신의 판단 근거를 설명해 보게 한다. - 다양한 상황의 자료를 표나 그래프로 나타내고, 그 분포의 특성을 설명할 수 있게 한다. - 자료를 부정확하게 나타낸 표나 그래프에서 오류를 찾는 활동을 하게 한다.

통근시간 (분)	통근인구			
	A도시(만명)	상대도수	B도시(만명)	상대도수
0 이상 ~ 10 미만	5	0.05	5	0.1
10 ~ 20	5	0.05	10	0.2
20 ~ 30	25	0.25	20	0.4
30 ~ 40	40	0.4	10	0.2
40 ~ 50	25	0.25	5	0.1
합계	100	1.0	50	1.00

수학
수업실연 A to Z

14

중학교 2학년 모의평가

- 수학 수업실연 모의평가 19회 (+지도안)
- 수학 수업실연 모의평가 20회 (+지도안)
- 수학 수업실연 모의평가 21회
- 수학 수업실연 모의평가 22회
- 수학 수업실연 모의평가 23회
- 수학 수업실연 모의평가 24회
- 수학 수업실연 모의평가 25회
- 수학 수업실연 모의평가 26회
- 수학 수업실연 모의평가 27회
- 수학 수업실연 모의평가 28회
- 수학 수업실연 모의평가 29회
- 수학 수업실연 모의평가 30회

중 2-1

 수학 수업실연 모의평가 19회(지도안)

[지도안 조건 및 유의사항]

1. 아래 조건을 참고해 〈지도안 작성란 1~4〉에 해당하는 부분을 작성하시오.
2. 〈지도안 작성란1〉 : [자료1]을 이용해 기울기에 따른 일차함수 $y = ax + b$ 그래프의 특징을 정리하시오.
   가. 모둠활동으로 지도한다.
   나. 학생들이 일차함수 그래프의 특징을 직접 추측할 수 있도록 한다.
   다. 활동을 마무리한 후, 기울기 a에 따른 그래프의 특징을 판서로 남긴다.
3. 〈지도안 작성란2〉 : [자료2]를 이용해 '일차함수의 그래프의 성질(2)'을 지도하시오.
   가. (1) ~ (6)의 그래프 중 평행인 그래프를 찾도록 한다.
   나. 평행인 그래프를 이용해 '일차함수의 그래프의 성질(2)'을 유도한다.
   다. 그래프는 스마트TV에 제시된 것으로 간주한다.
4. 〈지도안 작성란3〉 : [자료3]의 문제를 해결한다.
   가. 문제 해결을 위한 교사의 적절한 발문을 포함한다.
5. 〈지도안 작성란4〉 : [자료4]를 이용해 그래프가 나타내는 일차함수 식을 지도하시오.
   가. [자료4]의 활동을 이용해 기울기와 y절편을 이용한 일차함수 식 구하기를 지도한다.
   나. 문제를 하나 이상 직접 구성해 y절편과 기울기가 나타내는 그래프의 일차함수 식을 지도한다.
6. 학생들과 교사와의 상호작용이 드러나도록 한다.
7. 학습목표는 칠판에 제시된 것으로 간주한다.

[교수·학습 조건]

1. 대상 : 중학교 2학년
2. 수업시간 : 90분 (블록타임제)
3. 단원명 : 일차함수의 그래프의 성질과 식 구하기
4. 교수·학습 환경

학생 수	지도 장소	수업 형태	교육기자재	평가
30명	교실	모둠학습	학생용 태블릿, 교사용 태블릿, 스마트TV	자기평가

중 2-1

수학 수업실연 모의평가 19회(지도안)

[자료1]

다음은 $y = ax + b$에 대한 함수 그래프이다.

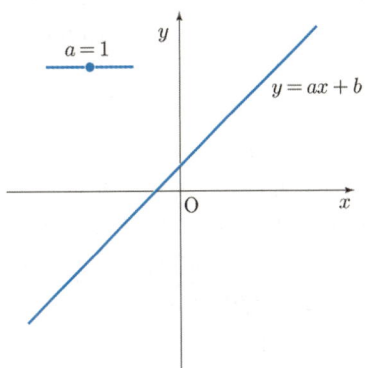

[자료2]

일차함수의 그래프의 성질(2)
1. 기울기가 같은 두 일차함수의 그래프는 서로 평행하거나 일치한다.
2. 서로 평행한 두 일차함수의 그래프의 기울기는 서로 같다.

(1) $y = -2x + 1$	(4) $y = -2 - 2x$
(2) $y = x + 3$	(5) $y = -3x - 5$
(3) $y = x + 2$	(6) $y = -5 - 3x$

[자료3]

[문제]
어떤 일차함수 $y = ax + b$가 1, 2, 4 사분면을 지난다고 한다. 이때, a, b의 부호를 구하시오.

[자료4]

다음은 알지오매스를 이용해 그린 일차함수 그래프이다. 그림을 참고해 다음 물음에 답하시오.

(1) 그래프의 y절편을 구하시오.

(2) 그래프의 기울기를 구하시오.

(3) '(1)', '(2)'를 이용해 일차함수 식을 구하시오.

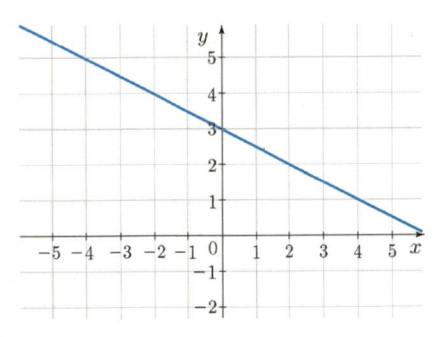

* 지도안 구상지는 AtoZ 카페에서 다운로드

지도안 예시답안

도입	주의환기	• 인사 및 출석 확인
	선수학습	• 선수학습 내용인 두 직선의 평행에 대해 지도한다.
	학습목표	• 학습목표를 확인한다.

전개	본시학습	〈지도안 작성란1〉
		• [자료1]을 모둠활동으로 지도한다.
		• 모둠별로 $y=ax+b$의 그래프를 그리도록 한 뒤, a값을 슬라이드 기능을 이용해 다양하게 조정해 가며, 바뀌는 그래프의 특징을 파악하도록 한다.
		  – 교사 : 모둠별로 $y=ax+b$의 그래프를 그려보도록 합시다.
		  – 학생 : 네! 선생님.
		  – 교사 : 다 그렸죠? 이제 a값을 슬라이드 기능을 이용해 자유롭게 조정해 보겠습니다. 조정하면서 발견할 수 있는 그래프의 특징을 정리해 봅시다.
		• 학생들의 활동 결과를 학생들이 발표하도록 한 뒤, 이를 정리한다.
		  – 교사 : 다들 활동을 마무리한 것 같네요. 모둠별로 활동 결과를 발표해 봅시다.
		  – 학생1 : 저희 1모둠에서 발표해 보겠습니다. 저희 모둠에서는 $a>0$일 때, 그래프가 오른쪽 위를 향한다는 사실을 발견했습니다.
		  – 학생2 : 저희 2모둠에서는 $a<0$일 때, 그래프가 오른쪽 아래로 향한다는 사실을 발견했어요.
		  – 교사 : 두 모둠 모두 잘 발표해 주었습니다. a값에 따라서 그래프의 형태가 달라졌는데요. 왜 이런 현상이 발생하는 걸까요? 기울기의 정의를 이용해 생각해 봅시다.
		  – 학생3 : 저희 3모둠에서 발표해 보겠습니다. a는 기울기를 의미합니다. 기울기는 $\frac{(y의\ 증가량)}{(x의\ 증가량)}$ 입니다. 기울기가 양수이면 x가 증가할 때 y도 증가하여야 하므로 그래프가 오른쪽 위를 향하게 되고, 기울기가 음수이면 x가 증가할 때 y는 감소하여야 하므로 그래프는 오른쪽 아래를 향하게 됩니다.
		  – 교사 : 맞습니다. a는 기울기를 뜻하며, 기울기의 정의를 생각해 보면 a의 부호에 따라 그래프 형태가 어떻게 바뀌는지를 이해할 수 있습니다. 잘 이야기해 주었어요.
		
		〈지도안 작성란2〉
		• (1)~(6)의 그래프를 공학도구를 이용해 그리도록 한 뒤, '평행인 그래프'를 찾도록 한다.
		  – 교사 : 공학도구를 이용해 (1)~(6)의 모든 그래프를 나타내 보도록 합시다.
		  – 학생 : 네 선생님.
		  – 교사 : 모두 다 그렸나요? 이제 서로 평행인 그래프끼리 짝지어 보도록 합시다.
		  – 학생 : (1)과 (4), (2)와 (3), (5)와 (6)이 각각 평행입니다.
		  – 교사 : 잘 찾아주었습니다. 혹시 다른 의견인 친구 있을까요?
		  – 학생 : (5)와 (6)은 그래프가 서로 일치합니다.
		  – 교사 : 맞아요. 잘 찾아주었습니다. 이러한 그래프들 사이에는 어떤 특징이 있나요?
		  – 학생 : 오! 기울기가 서로 같아요.
		  – 교사 : 그렇습니다. 이를 통해 기울기가 서로 같은 두 일차함수의 그래프는 서로 일치하거나 평행하다는 사실을 알 수 있습니다.
		  – 교사 : 그렇다면 평행한 두 일차함수의 그래프는 어떤 특징을 가지고 있을까요?
		  – 학생 : 평행한 그래프는 기울기가 서로 같습니다.
		  – 교사 : 잘 이야기해 주었습니다. 서로 평행한 두 일차함수의 그래프의 기울기는 서로 같습니다. 우리가 학습한 '일차함수의 그래프의 성질(2)'의 2가지 내용을 잘 기억하기 바랍니다.
		  – 학생 : 네! 너무 흥미로워요.
		
		〈지도안 작성란3〉
		• [자료3]의 문제를 해결하도록 한다.
		  – 교사 : 다음 문제를 해결해 보도록 합시다. 지금까지 학습한 내용을 잘 기억하면서 해결해 봐요.
		  – 학생 : 네 선생님! 지금까지 배운 내용을 토대로 해결해 보겠습니다.

		• 문제 해결이 어려운 학생들에게 적절한 도움을 주도록 한다. 　– 학생 : 선생님! 문제를 어떻게 접근해야 할지 고민입니다. 　– 교사 : 그래프가 1, 2, 4 사분면을 지나기 위해서는 그래프 모양이 어떻게 되어야 할지 그려볼까요? 　– 학생 : 아! 선생님 알 것 같아요. 풀어보겠습니다. • 학생들의 풀이를 확인하며, 이를 정리하도록 한다. 　– 교사 : 다들 어떻게 풀었는지 확인해 봅시다. 발표해 볼 친구 있을까요? 　– 학생 : 제가 발표해 보겠습니다. 일차함수가 1, 2, 4 사분면을 지나기 위해서는 그래프가 오른쪽 아래로 향할 수밖에 없습니다. 　– 교사 : 좋아요. 그다음은 어떻게 해야 할까요? 　– 학생 : 오른쪽 아래로 향하기만 하는 조건으로는 무조건 1, 2, 4 사분면을 지난다고 보기 어렵기 때문에 y절편이 양수라는 조건이 포함되어야 합니다. 　– 교사 : 조건을 아주 잘 찾아주었습니다. 그렇다면 이것을 어떻게 정리할 수 있을까요? 　– 학생 : 그래프가 오른쪽 아래를 향해야 하므로 $a<0$이고 y절편이 양수이므로 $b>0$를 만족합니다. 　– 교사 : 잘 찾아주었습니다.
전개	본시학습	〈지도안 작성란4〉 • [자료4]의 문제 (1) ~ (3)을 해결하도록 한다. 　– 교사 : 다음 문제를 해결해 보도록 합시다. (1)의 답은 어떻게 되나요? 　– 학생 : (1)의 답은 3입니다. 　– 교사 : 그렇게 생각한 이유는 무엇인가요? 　– 학생 : y절편의 의미는 그래프가 y축과 만날 때 생기는 y좌표를 뜻합니다. 그림에서 보면 알 수 있듯이 y절편은 3입니다. 　– 교사 : 설명까지 너무 잘 해 주었습니다. (2)는 어떻게 될까요? 　– 학생 : 조금 어려운 것 같아요. 선생님! 　– 교사 : 기울기의 정의를 잘 기억해 볼까요? 　– 학생 : 아! 기울기는 $\dfrac{(y의\ 증가량)}{(x의\ 증가량)}$입니다. 기울기는 항상 일정하기 때문에 직선 위에 두 점을 기준으로 계산하면 될 것 같습니다. x가 2증가할 때, y는 1 감소하므로 기울기는 $\dfrac{-1}{2}$임을 알 수 있습니다. 　– 교사 : (1), (2)를 이용해 일차함수 식을 구해볼까요? 　– 학생 : 일차함수는 $y=ax+b$이고 기울기가 $-\dfrac{1}{2}$이고 y절편이 3이므로 일차함수 식은 $y=-\dfrac{1}{2}x+3$임을 알 수 있습니다. 　– 교사 : 맞습니다. 일차함수 식은 $y=ax+b$이기 때문에 a, b를 알면 식을 구할 수 있습니다. 따라서 기울기와 y절편을 알면 일차함수 식을 구할 수 있습니다. 　– 교사 : 만약 기울기가 3, y절편이 -1이라면 일차함수 식은 어떻게 될까요? 　– 학생 : $y=3x-1$이라고 바로 구할 수 있습니다. 　– 교사 : 맞아요. 실제로 일차함수 식을 구하는 방법에는 다양한 방법이 있습니다. 다음 시간부터는 이것에 대해서 배워보도록 할게요.
정리	내용정리	• 오늘 학습할 내용을 정리한다.
	형성평가	• 형성평가를 풀어보고 피드백을 한다.
	차시예고	• 다음 차시를 예고한다.

중 2-1

수학 수업실연 모의평가 19회

[실연 조건 및 유의사항]

1. [수업실연 구상지]의 〈수업실연1~3〉에 해당하는 부분을 수업으로 실연하시오.
2. 〈수업실연1〉: [자료1]을 이용해 기울기에 따른 일차함수 $y = ax+b$ 그래프의 특징을 정리하시오.
   가. 모둠활동으로 지도한다.
   나. 학생들이 일차함수 그래프의 특징을 직접 추측할 수 있도록 한다.
   다. 활동을 마무리한 후, 기울기 a에 따른 그래프의 특징을 판서로 남긴다.
3. 〈수업실연2〉: [자료2]를 이용해 '일차함수의 그래프의 성질(2)'를 지도하시오.
   가. 공학도구를 활용해 (1)~(6)의 그래프 중 평행인 그래프를 찾도록 한다.
   나. 평행인 그래프를 이용해 '일차함수의 그래프의 성질(2)'를 유도한다.
   다. 그래프는 스마트TV에 제시된 것으로 간주한다.
4. 〈수업실연3〉: [자료3]의 문제를 해결한다.
   가. 문제 해결을 위한 교사의 적절한 발문을 포함한다.
5. 학생들과 교사와의 상호작용이 드러나도록 한다.
6. 학습목표는 칠판에 제시된 것으로 간주한다.

[교수·학습 조건]

1. 대상: 중학교 2학년
2. 수업시간: 90분 (블록타임제)
3. 단원명: 일차함수의 그래프의 성질과 식 구하기
4. 교수·학습 환경

학생 수	지도 장소	수업 형태	교육기자재	평가
30명	교실	모둠학습	학생용 태블릿, 교사용 태블릿, 스마트TV	자기평가

수학 수업실연 모의평가 19회

중 2-1

[자료1]

다음은 알지오매스를 이용해 $y = ax + b$에 대한 함수 그래프를 그린 것이다.

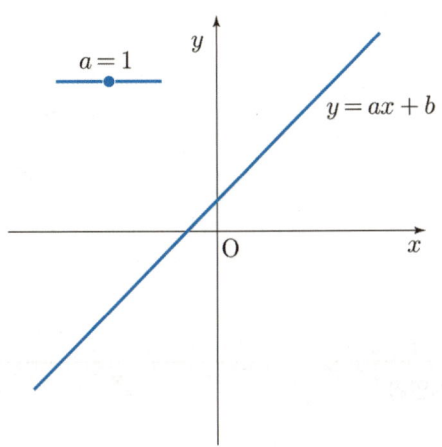

[자료2]

일차함수의 그래프의 성질(2)
1. 기울기가 같은 두 일차함수의 그래프는 서로 평행하거나 일치한다.
2. 서로 평행한 두 일차함수의 그래프의 기울기는 서로 같다.

(1) $y = -2x + 1$
(2) $y = x + 3$
(3) $y = x + 2$
(4) $y = -2 - 2x$
(5) $y = -3x - 5$
(6) $y = -5 - 3x$

[자료3]

[문제]
어떤 일차함수 $y = ax + b$가 1, 2, 4 사분면을 지난다고 한다. 이때, a, b의 부호를 구하시오.

수업실연 구상지

단원	일차함수의 그래프의 성질과 활용	차시	
학습목표	• 일차함수 그래프의 성질을 이해할 수 있다.		
학습단계	학습전개	교수·학습 과정	
도입	주의환기	• 인사 및 출석 확인	
	학습목표	• 학습목표를 제시한다.	
전개	모둠활동	〈수업실연1〉	
	일차함수의 그래프의 성질지도	〈수업실연2〉	
	문제풀이	〈수업실연3〉	
정리	내용정리	• 오늘 배운 내용을 정리한다.	
	형성평가	• 형성평가를 실시한다.	
	차시예고	• 다음 차시를 안내한다.	

📋 수업 한 페이지

문제해설	– [자료1]을 모둠활동으로 지도한다. – [자료1] 알지오매스를 이용해 $y=ax+b$의 그래프를 그린 뒤, a값을 다양하게 바꿔가며 그래프의 특징을 파악하도록 한다. – [자료1] 활동의 결과를 학생들이 발표하도록 한다. – [자료1] 활동을 통해 기울기가 양수일 때$(a>0)$ 그래프는 오른쪽 위를 향하며, 기울기가 음수일 때, $(a<0)$ 그래프는 오른쪽 아래로 향하는 직선임을 정리한다. – [자료1] 이와 같은 특징이 발생하는 이유를 발문한 뒤, 기울기의 정의를 이용해 설명한다. x값이 증가할 때, 기울기가 양수이면 y값이 증가해야 하며 이를 만족하기 위해서는 그래프가 오른쪽 위로 향함을 안내한다. (반대 과정도 동일하게) – [자료2] 태블릿을 이용해 (1)~(6)의 그래프를 그리도록 한다. – [자료2] 6개의 그래프를 관찰한 뒤 특징을 이야기하도록 한다. (혹은 평행인 그래프를 바로 찾도록 할 수도 있다.) – [자료2] (1)과 (4), (2)와 (3) 각각 서로 평행하며 (5)와 (6)은 서로 일치함을 발견한다. 각 그래프의 특징이 무엇인지를 발문한 뒤, 기울기가 같은 두 직선이 서로 평행하거나 일치함을 지도한다. y절편의 값에 따라 일치와 평행으로 나뉜다는 사실을 지도할 수 있다. – [자료2] 반대로 평행한 두 일차함수의 그래프의 기울기가 같음을 안내한다. – [자료3] 주어진 문제를 학생들이 해결할 수 있도록 한다. – [자료3] 1, 2, 4 사분면을 지나기 위해 직선이 어떻게 지나야 하는지를 발문한다. – [자료3] 1, 2, 4 사분면을 지나기 위한 직선을 그리게 한 뒤, 이를 만족하도록 하기 위한 기울기와 y절편의 부호가 어떻게 되어야 하는지를 발문한다. – [자료3] 그래프는 오른쪽 아래로 감소하며, y절편은 양수여야 하므로 $a<0$, $b>0$이 되어야 함을 정리한다. 이때, 기울기에 따른 그래프의 특징을 복습한다.
탐구활동	– 주어진 그래프의 기울기를 구하는 활동 – 기울기를 자유롭게 바꿔가며 그래프의 특징을 파악하는 활동
발문	– [자료1] 기울기 a에 따른 그래프의 특징은 어떻게 되나요? – [자료1] 그래프가 이런 특징을 지니는 이유는 무엇일까요? – [자료2] 평행인 그래프끼리 묶어보면 어떤 특징이 있나요? – [자료2] 기울기가 같으면 평행이거나 일치한다고 하는데, 서로 평행한 두 일차함수의 그래프는 어떤 특징이 있을까요? – [자료3] 일차함수가 1, 2, 4 사분면을 지나기 위해서는 직선이 어떻게 위치해야 할까요? – [자료3] 이러한 일차함수 그래프가 나오기 위해서는 a, b의 부호는 어떻게 돼야 할까요?
지도상의 유의점	– 다양한 상황을 이용하여 일차함수의 의미를 다룬다. – 중학교 1학년에서 다룬 정비례 관계 $y=ax$(단, $a\neq 0$)의 그래프를 바탕으로 일차함수 $y=ax+b$의 그래프를 다룬다. – 일차함수의 그래프에서 x의 값의 범위에 대한 언급이 없으면 그 범위를 수 전체로 생각하게 한다. – 함수의 그래프의 여러 가지 성질을 탐구할 때 공학적 도구를 이용할 수 있다.

중 2-2

 수학 수업실연 모의평가 20회(지도안)

[지도안 조건 및 유의사항]

1. 아래 조건을 참고해 〈지도안 작성란 1~4〉에 해당하는 부분을 작성하시오.
2. 〈지도안 작성란1〉 : [자료1]을 활용해 탐구활동을 실연하시오.
   가. 이등변삼각형의 성질을 직관적으로 이해할 수 있는 탐구활동을 직접 구성하시오.
   나. 연역적 정당화의 필요성이 드러나는 발문을 포함하시오.
   다. 공학도구를 활용한다.
3. 〈지도안 작성란2〉 : [자료2]를 연역적 정당화하시오.
   가. [자료3]을 활용하도록 하며, 증명의 의미를 지도한다.
   나. 학생이 주도적으로 증명을 할 수 있도록 한다.
   다. 교사의 구체적인 발문이 드러나도록 한다.
4. 〈지도안 작성란3〉 : [자료4]의 상황을 수업 상황에 포함해 지도하시오.
   가. 학생의 주장을 증명한다.
5. 〈지도안 작성란4〉 : 오늘 학습한 내용을 정리한다.
6. 학생들과 교사와의 상호작용이 드러나도록 한다.
7. 학습목표는 칠판에 제시된 것으로 간주한다.

[교수 · 학습 조건]

1. 대상 : 중학교 2학년
2. 수업시간 : 90분(블록타임제)
3. 단원명 : 이등변삼각형의 성질
4. 교수 · 학습 환경

학생 수	지도 장소	수업 형태	매체 및 기자재	평가
24명	교실	모둠학습	칠판, 분필, 스마트TV, 교사용 노트북, 학생용 노트북	자기평가, 동료평가

수학 수업실연 모의평가 20회(지도안)

[자료1]

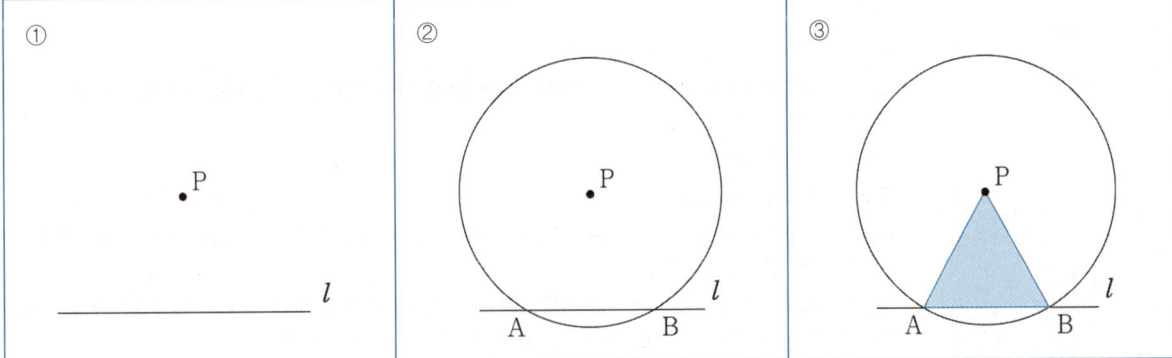

[자료2]

이등변삼각형의 성질
(1) 이등변삼각형의 두 밑각의 크기는 서로 같다.
(2) 이등변삼각형의 꼭지각의 이등분선은 밑변을 수직이등분한다.

[자료3]

$\overline{AB} = \overline{AC}$인 이등변삼각형 ABC에서 ∠A의 이등분선과 $\overline{BC}$가 만나는 점을 D라고 하자.

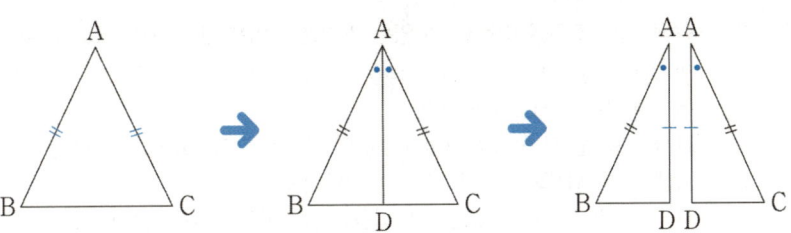

[자료4]

철수 : 선생님! 두 내각의 크기가 같은 삼각형은 항상 이등변삼각형이 될 것 같은데 맞나요?

지도안 예시답안

도입	주의환기	• 인사 및 출석 확인
	선수학습	• 선수학습 내용인 두 직선의 평행에 대해 지도한다.
	학습목표	• 학습목표를 확인한다.

전개	본시학습	⟨지도안 작성란1⟩
		• [자료1]을 이용해 탐구활동을 진행한다.
		• 공학도구를 사용해 탐구활동을 진행하며, [자료1]의 ①~③을 수행하도록 한다.
		  – 교사 : 자, 여러분들! 태블릿에서 알지오매스에 모두 접속해 보도록 합시다. 사용방법은 다들 기억하고 있죠?
		  – 학생 : 네! 지금 접속했습니다.
		  – 교사 : 선생님을 따라서 작도를 해봅시다. 우선 임의의 점P와 직선 l을 표현해 보도록 하겠습니다. 점은 직선 위에 표현해 주세요.
		  – 학생 : 다 그렸습니다.
		  – 교사 : 자, 그러면 이제 점 P를 중심으로 하고 직선 l과 두 점에서 만나는 원을 작도해 보겠습니다. 기능이 어렵거나, 내용이 잘 이해 가지 않는 친구들은 언제든 선생님을 찾아주세요.
		  – 학생 : 모두 완성했습니다.
		  – 교사 : 원과 직선 l이 만나는 두 점을 각각 점 A, 점 B라고 하겠습니다. 세 점을 연결해 삼각형을 만들어 주세요. 그리고 이 삼각형의 특징을 찾아보도록 합시다.
		  – 학생 : 선분 PA와 선분 PB의 길이를 비교해 보았더니 길이가 서로 같아요.
		  – 교사 : 우리는 이런 삼각형을 무엇이라 부르나요?
		  – 학생 : 오! 이등변삼각형이요. 이등변삼각형이 됩니다.
		  – 교사 : 맞아요. 그러면 ∠PAB와 ∠PBA를 비교해 봅시다.
		  – 학생 : 서로 같아집니다. 항상 이렇게 되는 걸까요?
		  – 교사 : 이등변삼각형이 항상 이러한 성질을 가지는지 정당화 해보도록 합시다.
		
		⟨지도안 작성란2⟩
		• [자료3]을 활용하여 '이등변삼각형의 성질'을 연역적으로 정당화하도록 한다.
		• 연역적으로 정당화하기 위해 어떤 과정을 거쳐야 하는 지 학생들에게 발문한다.
		  – 교사 : 다음 이등변삼각형의 성질을 정당화하기 위해서는 어떻게 해야 할까요?
		  – 학생 : 음, 서로 같은 것을 보여야 하기 때문에 삼각형의 합동조건을 활용하면 어떨까 싶습니다.
		  – 교사 : 너무 좋은 아이디어입니다. 이것을 위해 $\overline{AB}=\overline{AC}$인 이등변삼각형을 가지고 와 보겠습니다. ∠A의 이등분선과 $\overline{BC}$가 만나는 점을 D로 표시해 보겠습니다. 그다음 어떻게 하면 좋을까요?
		  – 학생 : 합동조건을 이용할 수 있는 조건을 찾아봅니다. $\overline{AB}$, $\overline{AC}$의 길이가 서로 같고, ∠A의 이등분선과 $\overline{BC}$가 만나는 점을 D라고 하였으므로 ∠BAD = ∠CAD입니다. 또한, $\overline{AD}$를 공통으로 가지고 있습니다.
		  – 교사 : 조건을 잘 찾아주었습니다. 이런 조건을 고려했을 때 삼각형은 어떻게 합동이 되나요?
		  – 학생 : △BAD와 △CAD가 SAS 합동이 됩니다.
		  – 교사 : 정말 잘 찾아주었습니다. 합동인 삼각형의 특징은 무엇이었나요?
		  – 학생 : 대응하는 각과 변의 길이가 같습니다. 아! 그러면 이것에 의해서 ∠B = ∠C 입니다.
		  – 교사 : 또 알 수 있는 것은 무엇일까요?
		  – 학생 : ∠BDA = ∠CDA이고 ∠BDA + ∠CDA = 180°이므로 꼭지각의 이등분선이 밑변을 수직이등분함을 알 수 있습니다.
		  – 교사 : 맞습니다. 우리는 정당화 과정을 통해서 '이등변삼각형의 두 밑각의 크기는 서로 같다.', '이등변삼각형의 꼭지각의 이등분선은 밑변을 수직이등분한다.'라는 사실을 알 수 있습니다. 우리가 정당화하는 과정을 다시 한번 되돌아봅시다. 어떤 특징을 가지고 있나요?
		  – 학생 : 우리가 알고 있는 삼각형의 합동조건을 이용해 성질을 보였습니다.
		  – 교사 : 그렇습니다. 이처럼 우리가 알고 있는 사실을 이용해 어떤 추측이 항상 성립함을 보이는 수학적 과정을 우리는 앞으로 '증명'이라고 부를 것입니다. 수학에서 굉장히 중요한 과정이기 때문에 잘 기억하기 바랍니다.
		  – 학생 : 네, 선생님!

전개	본시학습	⟨지도안 작성란3⟩ • 학생들의 의견을 경청한다. 　– 철수 : 선생님! 두 내각의 크기가 같은 삼각형은 항상 이등변삼각형이 될 것 같은데 맞나요? 　– 교사 : 좋은 질문입니다. 두 내각의 크기만 같으면 항상 이등변삼각형이라고 할 수 있을까요? 　– 학생 : 그럴 것 같기도 하고, 아닐 것 같기도 하고 잘 모르겠어요. 　– 교사 : 좋아요. 그렇다면 모둠원들과 토의해 이것을 증명해 보도록 합시다. 　– 교사 : 그렇다면 실제로 이것이 가능한지 증명해 보도록 합시다. 이등변삼각형이 되는 것을 보이기 위해서는 무엇을 찾아내야 하나요? 　– 학생 : 이등변삼각형이 되는 걸 보여야 하니까 두 변의 길이가 같음을 보여야 합니다. 　– 교사 : 좋습니다. 그러면 두 내각의 크기가 같은 삼각형이 두 변의 길이가 같은지를 증명해 봅시다. 　– 학생 : ∠B = ∠C인 △ABC에서 ∠A의 이등분선과 선분 BC와 만나는 점을 D라고 해 보겠습니다. 이때 삼각형의 세 내각의 합은 180°이므로, ∠BDA = ∠CDA를 만족합니다. 이때 $\overline{AD}$가 공통이므로 △BDA ≡ △CDA (ASA합동)을 만족합니다. 따라서 $\overline{AB} = \overline{AC}$이므로, △ABC는 이등변삼각형이 됨을 알 수 있습니다. 　– 교사 : 잘 증명해 주었습니다. 여러분들의 증명을 통해 두 내각의 크기가 서로 같은 삼각형은 항상 이등변삼각형이 될 수 있음을 알 수 있습니다.
정리	내용정리	⟨지도안 작성란4⟩ • 오늘 학습한 내용을 정리한다. 　– 교사 : 오늘 배운 내용을 함께 정리해 봅시다. 오늘 무엇을 배웠나요? 　– 학생1 : 이등변삼각형의 성질이요! 　– 학생2 : 증명에 대해서 배웠어요. 　– 교사 : 맞습니다. 오늘은 이등변삼각형이 가지는 성질에 대해서 배웠어요. 어떤 성질이 있었죠? 　– 학생 : '이등변삼각형의 두 밑각의 크기는 서로 같다.'와 '이등변삼각형의 꼭지각의 이등분선은 밑변을 수직이등분한다.'에 대해서 배웠습니다. 　– 교사 : 어떤 과정을 통해서 이것이 성립함을 보였죠? 　– 학생 : 각의 이등분선과 삼각형의 합동조건을 이용했습니다. 　– 교사 : 이처럼 '삼각형의 합동조건'처럼 우리가 알고 있는 사실로부터 새로운 추측이 성립함을 보이는 방식을 무엇이라 했죠? 　– 학생 : '증명'입니다. 수학에서 굉장히 중요한 과정이라고 했어요. 　– 교사 : 맞습니다. 오늘 다들 수업을 정말 잘 들어주었네요.
	형성평가	• 형성평가를 풀어보고 피드백을 한다.
	차시예고	• 다음 차시를 예고한다.

중 2-2

수학 수업실연 모의평가 20회

[실연 조건 및 유의사항]

1. [수업실연 구상지]의 〈수업실연1~2〉에 해당하는 부분을 수업으로 실연하시오.
2. 〈수업실연1〉 : [자료1]을 활용해 탐구활동을 실연하시오.
   가. 이등변삼각형의 성질을 직관적으로 이해할 수 있는 탐구활동을 직접 구성한다.
   나. 연역적 정당화의 필요성이 드러나는 발문을 포함한다.
   다. 공학도구를 활용한다.
3. 〈수업실연2〉 : [자료2]를 연역적 정당화하시오.
   가. [자료3]을 활용하도록 하며, 증명의 의미를 지도한다.
   나. 학생이 주도적으로 수행할 수 있도록 한다.
   다. 교사의 구체적인 발문이 드러나도록 한다.
4. 학생들과 교사와의 상호작용이 드러나도록 한다.
5. 학습목표는 칠판에 제시된 것으로 간주한다.

[교수·학습 조건]

1. 대상 : 중학교 2학년
2. 수업시간 : 90분(블록타임제)
3. 단원명 : 이등변삼각형의 성질
4. 교수·학습 환경

학생 수	지도 장소	수업 형태	매체 및 기자재	평가
24명	교실	모둠학습	칠판, 분필, 스마트TV, 교사용 노트북, 학생용 노트북	자기평가, 동료평가

중 2-2

수학 수업실연 모의평가 20회

[자료1]

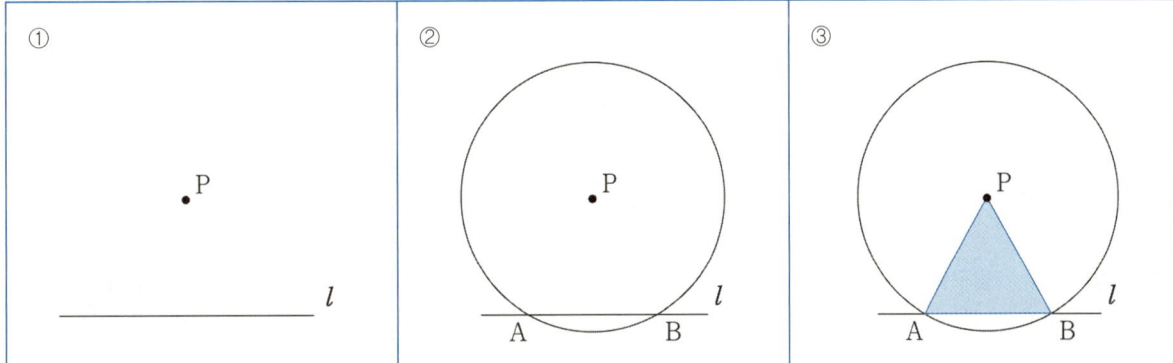

[자료2]

이등변삼각형의 성질
(1) 이등변삼각형의 두 밑각의 크기는 서로 같다.
(2) 이등변삼각형의 꼭지각의 이등분선은 밑변을 수직이등분한다.

[자료3]

$\overline{AB} = \overline{AC}$인 이등변삼각형 ABC에서 ∠A의 이등분선과 $\overline{BC}$가 만나는 점을 D라고 하자.

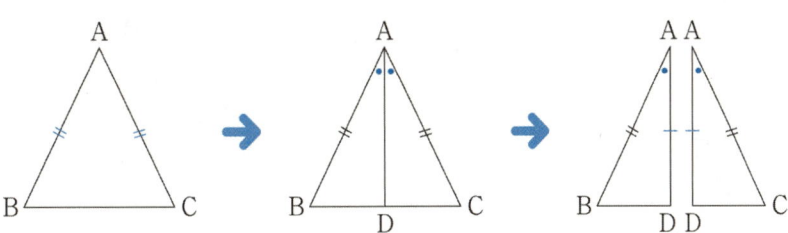

📋 수업실연 구상지

단원		이등변삼각형의 성질	차시	
학습목표		• 이등변삼각형의 성질을 이해하고 설명할 수 있다.		
학습단계	학습전개	교수 · 학습 과정		
도입	주의환기	• 인사 및 출석 확인		
	탐구활동	〈수업실연1〉		
	학습목표	• 학습목표를 제시한다.		
전개	이등변삼각형 성질증명	〈수업실연2〉		
정리	내용정리	• 오늘 배운 내용을 정리한다.		
	형성평가	• 형성평가를 실시한다.		
	차시예고	• 다음 차시를 안내한다.		

수업 한 페이지

문제해설	- [자료1]을 이용해 탐구활동을 구성한다. - [자료1] 태블릿을 이용해 공학도구를 활용한다. 점과 직선을 하나씩 그리도록 한 뒤, 점 P를 중심으로 하고 직선 l과 두 점에서 만나는 원을 작도한다. 점 P, 점 A, 점 B를 연결해 삼각형을 만든다. - [자료1] △PAB가 어떤 삼각형이 되며 어떤 특징을 가지는지 발문한다. $\overline{PA}$, $\overline{PB}$가 원의 반지름이 되어 두 길이가 서로 같음을 인지하도록 하며 △PAB가 이등변삼각형이 됨을 안내한다. - [자료1] △PAB가 어떤 특징을 가지고 있는지 찾아보도록 한다. 활동을 통해 두 밑각의 크기가 같고, 꼭지각의 이등분선이 밑변을 수직이등분한다는 사실을 학생들이 직관적으로 인식할 수 있도록 한다. - [자료1] 다양한 형태의 이등변삼각형이 항상 추측한 성질을 만족하는지를 발문하여 연역적 정당화의 필요성을 인식하도록 한 뒤 본시학습으로 들어가도록 한다. - [자료2] [자료3]을 이용해 [자료2]를 정당화하는 활동을 진행한다. - [자료3] $\overline{AB}$, $\overline{AC}$의 길이가 서로 같고, ∠A의 이등분선과 $\overline{BC}$가 만나는 점을 D라고 하였으므로 ∠BAD = ∠CAD이며, $\overline{AD}$를 공통으로 가지고 있으므로 △BAD와 △CAD가 SAS 합동이 된다. - [자료3] 합동인 삼각형은 대응각과 대응변의 길이가 같음을 이용해 두 밑각의 크기가 서로 같아짐을 설명해 (1)을 정당화한다. - [자료3] 이때, $\overline{BD}$와 $\overline{CD}$의 길이는 △BDA와 △CDA가 서로 합동이므로 같아져 이등분됨을 알 수 있다. 또한, ∠BDA + ∠CDA = 180°이므로 ∠BDA = ∠CDA = 90°가 됨을 알 수 있어 결국 꼭지각의 이등분선이 밑변을 수직이등분함을 설명해 (2)를 지도한다. - 이와 같은 과정의 의미를 학생들에게 고민해 보도록 한다. - 이등변삼각형의 성질을 정당화하는 과정을 '증명'이라고 부른다는 사실을 안내한다. - 증명이란 이미 알고 있는 사실을 이용하여 어떤 추측이 항상 성립함을 보이는 수학적 과정을 뜻하는 것으로, 수학에서 중요한 과정임을 학생들에게 인식시키도록 한다.
탐구활동	- 색종이를 이용해 직접 이등변삼각형의 성질이 적용되는지 확인하는 활동
발문	- [자료1] △PAB의 특징은 무엇이 있을까요? - [자료3] △ABD와 △ACD는 왜 합동이 되나요? 어떤 합동조건을 만족하나요? - [자료3] 서로 합동인 삼각형은 어떤 성질을 만족하나요? - [자료3] 우리가 한 정당화 과정의 의미가 무엇일까요?
오개념 예시	- 보여야 하는 결과를 이용해 성질을 정당화하는 경우
지도상의 유의점	- 종이접기, 작도, 공학도구 등을 이용하여 이등변삼각형의 성질을 추측하게 하고, 그 성질을 삼각형의 합동조건을 이용하여 정당화할 수 있게 한다. 이때, 증명이라는 용어를 도입하고, 그 필요성을 인식하게 한다. - 증명을 할 때, '가정', '결론' 용어는 다루지 않는다. - 도형의 성질을 정당화하는 다양한 방법을 통해 체계적으로 사고하는 타인을 논리적으로 설득하는 태도를 갖게 한다. - 도형의 성질을 이해하고 정당화하는 방법은 관찰이나 실험을 통한 확인, 사례나 근거 제시를 통한 설명, 유사성에 근거한 추론, 증명 등이 있으며, 이를 학생 수준에 맞게 활용할 수 있다. - 도형의 성질을 이해하고 정당화하는 것을 평가할 때는 증명 과정에서 지나치게 엄밀한 형식 논리 규칙의 이용을 요구하는 문제는 다루지 않는다.

중 2-3

수학 수업실연 모의평가 21회

[실연 조건 및 유의사항]

1. [수업실연 구상지]의 〈수업실연1~4〉에 해당하는 부분을 수업으로 실연하시오.
2. 〈수업실연1〉 : [자료1]을 동기유발로 지도하시오.
   가. 순환소수에 대한 학습 흥미를 유발하도록 한다.
   나. 계산기를 이용해 학생들이 직접 값을 구해보도록 한다.
3. 〈수업실연2〉 : [자료2]의 문제를 해결하도록 하시오.
   가. 모둠활동으로 진행하도록 한다.
   나. 활동 결과를 통해 순환소수로 나타낼 수 있는 유리수에 대해 지도한다.
4. 〈수업실연3〉 : [자료3]을 모둠활동으로 지도하시오.
   가. [자료3] -1을 통해 순환소수를 분수로 바꾸는 방법에 대해 지도한다.
   나. [자료3] -2는 학생들이 스스로 문제를 해결할 수 있도록 한다.
   다. [자료3]의 활동의 결과를 통해 유리수와 소수의 관계를 정리한 뒤 이를 판서로 남기도록 한다.
5. 〈수업실연4〉 : 오늘 학습한 내용을 간단히 정리하도록 하시오.
   가. [자료1]과 같은 현상이 발생하는 이유를 수업을 마무리하며 학생들과 함께 정리하도록 한다.
6. 학생들과 교사와의 상호작용이 드러나도록 한다.
7. 학습목표는 칠판에 제시된 것으로 간주한다.

[교수·학습 조건]

1. 대상 : 중학교 2학년
2. 수업시간 : 90분(블록타임제)
3. 단원명 : 유리수와 순환소수
4. 교수·학습 환경

학생 수	지도 장소	수업 형태	교육기자재	평가
24명	교실	모둠학습	칠판, 분필, 계산기	자기평가, 동료평가

수학 수업실연 모의평가 21회

[자료1]

> 프랑스 작가 베르나르 베르베르의 소설 '신'에는 신비의 숫자 142857에 대해서 이야기하고 있다. 142857에 숫자를 차례로 1, 2, 3, 4, 5, 6을 곱하면 수의 배열이 자리만 바뀐 채 똑같은 것을 알 수 있다.
>
> $$142857 \times 1 = 142857$$
> $$142857 \times 2 = 285714$$
> $$142857 \times 3 = 428571$$
> $$142857 \times 4 = 571428$$
> $$142857 \times 5 = 714285$$
> $$142857 \times 6 = 857142$$

[자료2]

> $\dfrac{1}{7}$을 소수로 표현해 보고, 다음 물음에 답하시오.
>
> ① $\dfrac{1}{7}$을 순환소수로 표현해 봅시다.
>
> ② $\dfrac{1}{7}$은 왜 순환소수가 되는지 그 이유에 대해서 토의해 봅시다.

[자료3]

> 1. 순환소수 $0.333\cdots$을 분수로 나타내시오.
>
> 2. (1) 순환소수 $0.38\dot{2}$을 분수로 나타내시오.
>
>   (2) 순환소수 $1.57\dot{2}$을 분수로 나타내시오.

수업실연 구상지

단원		유리수와 순환소수	차시	
학습목표	• 어떤 유리수를 순환소수로 만들 수 있는지 이해한다. • 순환소수를 분수로 나타낼 수 있다.			
학습단계	학습전개	교수 · 학습 과정		
도입	주의환기	• 인사 및 출석 확인		
	선수학습	• 유한소수, 무한소수, 순환소수, 순환마디, 유한소수로 나타낼 수 있는 유리수에 관한 선수학습을 확인한다.		
	동기유발	〈수업실연1〉		
	학습목표	• 학습목표를 제시한다.		
전개	모둠활동	〈수업실연2〉		
		〈수업실연3〉		
		〈수업실연4〉		
정리	형성평가	• 형성평가를 실시한다.		
	차시예고	• 다음 차시를 안내한다.		

수업 한 페이지

문제해설	− [자료1]에 소개된 내용을 설명한 뒤, 계산기를 이용해 직접 주어진 식을 곱해보도록 한다. − [자료1] 계산기로 계산한 결과가 자료와 똑같이 나옴을 확인한 뒤, 학생들에게 왜 이런 결과가 나올 수 있는지를 발문한다. − [자료1] 오늘 수업을 통해 그 이유를 알 수 있음을 안내한 뒤, 본 학습으로 들어가도록 한다. − [자료2] $\frac{1}{7}$을 소수로 표현해 보도록 한다. 이때 $\frac{1}{7}=0.142857142857\cdots$와 같이 결과가 나옴을 확인한다. − [자료2] ① $\frac{1}{7}$이 순환소수가 됨을 학생들이 발견할 수 있도록 한 뒤, 순환마디가 무엇인지를 발문한다. 이를 통해 $\frac{1}{7}=0.\dot{1}4285\dot{7}$이 됨을 확인한다. − [자료2] ② $\frac{1}{7}$이 왜 순환소수가 되는지를 모둠별로 토의해 보도록 한다. − [자료2] 1을 7로 나누면 나눗셈 과정에서 나머지는 7보다 작은 자연수가 나오게 된다. 따라서 적어도 7번째 안에 같은 수가 반드시 나타나게 되며, 그 후의 나눗셈은 이와 같은 과정을 반복하게 되기 때문에 순환마디가 생긴다. 따라서 $\frac{1}{7}$은 순환소수가 된다. − [자료2]의 활동 결과를 통해 정수가 아닌 유리수를 기약분수로 나타내었을 때, 분모에 2 또는 5 이외의 소인수가 있는 유리수는 순환소수로 나타낼 수 있음을 지도한다. 기약분수의 분모의 소인수가 2 또는 5일 때 유한소수가 됨을 다시 한번 상기시키는 것도 좋다. − [자료3] 반대로 순환소수를 유리수로 표현할 수 있을지를 발문하도록 한다. − [자료3] − 1을 이용해 순환소수를 분수로 나타내는 방법을 지도한다. − [자료3] − 1 $x=0.333\cdots$라 한다. 이때 10을 곱해 $10x=3.333\cdots$이라는 식을 만든다. 두 식을 빼면 $9x=3$이므로 $x=\frac{3}{9}=\frac{1}{3}$이 됨을 지도한다. − [자료3] −1 이때 10을 곱한 이유를 발문한 뒤, 소수점 아래의 부분이 서로 같게 만들어 주기 위해 적당한 10의 거듭제곱을 곱한다는 사실을 지도한다. − [자료3] − 2 앞선 문제와 같은 방식으로 모둠별로 문제를 해결하도록 한다. − [자료3] −2 (1) $\frac{379}{990}$, (2) $\frac{1571}{999}$ − [자료3]의 활동 결과와 앞선 내용을 통해 '정수가 아닌 유리수는 유한소수 또는 순환소수로 나타낼 수 있다', '유한소수와 순환소수는 모두 유리수이다'라는 사실을 정리하도록 한다. − 수업 내용을 정리하며 [자료1]의 내용을 다시 한번 발문한다. − 142857은 $\frac{1}{7}$의 순환마디와 동일하므로 142857의 1부터 6까지의 값을 곱하는 것은 결국 $\frac{2}{7},\cdots,\frac{6}{7}$의 순환마디를 구하는 것과 같다는 사실을 정리한다. $\frac{1}{7}$을 소수로 나타낼 때 나머지가 3, 2, 6, 4, 5, 1 순서대로 나오는데 $\frac{2}{7}$는 2인 나머지부터 계산하는 것과 같아지므로 결국 수의 배열이 동일해진다. 나머지도 이와 동일한 방법으로 설명할 수 있어 결국 142857은 순환소수의 성질로 설명할 수 있음을 안내한다.
탐구활동	− 주어진 유리수가 순환소수가 되는지를 확인하는 활동
발문	− [자료1] 142857은 왜 다음과 같은 특징이 나타날까요? − [자료2] $\frac{1}{7}$을 소수로 표현했을 때 나타난 특징이 무엇인가요? 순환마디는 얼마인가요? − [자료2] $\frac{1}{7}$이 순환소수가 되는 이유는 무엇일까요? − [자료3] 순환소수는 유리수가 될 수 있을까요? − [자료3] −1 왜 10을 곱할까요? − [자료3] 유리수와 소수는 어떤 관계를 가지고 있을까요? − 활동 결과를 통해 알 수 있는 사실은 무엇인가요?
오개념 예시	− 순환소수를 유리수로 나타낼 때 적당한 10의 거듭제곱을 제대로 곱하지 못한 경우 − 분모의 소인수가 2 또는 5 이외의 소인수를 가지지만 순환소수가 되지 않을 거라 생각하는 경우
지도상의 유의점	− 유한소수를 순환소수로 나타내는 것은 다루지 않는다. − 순환소수를 분수로 고치는 것은 순환소수가 유리수임을 이해하는 정도로만 다룬다. − 순환소수의 대소관계와 순환소수끼리의 사칙계산은 다루지 않는다.

중 2-4

수학 수업실연 모의평가 22회

[실연 조건 및 유의사항]

1. [수업실연 구상지]의 〈수업실연1~3〉에 해당하는 부분을 수업으로 실연하시오.
2. 〈수업실연1〉: [자료1]을 지도하시오.
   가. 구체적인 예제를 직접 구성해 〈지수법칙1〉을 지도한다.
   나. 〈지수법칙1〉을 학생들이 직관적으로 이해할 수 있도록 교사의 구체적인 발문을 포함한다.
3. 〈수업실연2〉: [자료2]를 지도하시오.
   가. (1)과 (2)는 지도했다고 간주한다.
   나. (3)을 지도하며, 구체적 예제를 직접 구성해 지도한다.
   다. 학생들의 오개념 상황을 1가지 이상 포함한다.
4. 〈수업실연3〉: [자료3]을 모둠활동으로 지도하시오.
   가. 구체적인 활동 결과가 3가지 이상 드러나도록 한다.
   나. 지수법칙을 활용한 결과를 포함한다.
5. 학생들과 교사와의 상호작용이 드러나도록 한다.
6. 학습목표는 칠판에 제시된 것으로 간주한다.

[교수·학습 조건]

1. 대상: 중학교 2학년
2. 수업시간: 90분 (블록타임제)
3. 단원명: 지수법칙
4. 교수·학습 환경

학생 수	지도 장소	수업 형태	교육기자재	평가
30명	교실	모둠학습	교사용 노트북, 스마트TV	자기평가

중 2-4

수학 수업실연 모의평가 22회

[자료1]

〈지수법칙 1〉
m, n이 자연수일 때 $a^m \times a^n = a^{m+n}$

[자료2]

〈지수법칙 3〉
$a \neq 0$이고, m, n이 자연수일 때
(1) $m > n$이면 $a^m \div a^n = a^{m-n}$
(2) $m = n$이면 $a^m \div a^n = 1$
(3) $m < n$이면 $a^m \div a^n = \dfrac{1}{a^{n-m}}$

[자료3]

〈모둠활동〉
숫자 3만을 정확히 4번 사용해 지수법칙과 사칙연산을 이용해 다음 숫자를 완성해 보자.

수	1	2	3	4	5
표현	예 $33 \div 33$	예 $(3 \div 3) + (3 \div 3)$			

수	6	7	8	9	10
표현					

수업실연 구상지

단원		지수법칙	차시	
학습목표	• 지수법칙을 이해하고, 관련 문제를 해결할 수 있다.			
학습단계	학습전개	교수·학습 과정		
도입	주의환기	• 인사 및 출석 확인		
	학습목표	• 학습목표를 제시한다.		
전개	지수법칙1	〈수업실연1〉		
	지수법칙2	• 지수법칙 2를 지도한다.		
	지수법칙3	• 지수법칙 3을 지도한다. $a \neq 0$이고, m, n이 자연수일 때 (1) $m > n$이면 $a^m \div a^n = a^{m-n}$ (2) $m = n$이면 $a^m \div a^n = 1$		
		〈수업실연2〉		
	모둠활동	• 지수법칙 4를 지도한다.		
		〈수업실연3〉		
정리	내용정리	• 오늘 배운 내용을 정리한다.		
	형성평가	• 형성평가를 실시한다.		
	차시예고	• 다음 차시를 안내한다.		

수업 한 페이지

문제해설	– [자료1] $2^3 \times 2^5$와 같은 예제를 이용해 〈지수법칙1〉을 지도한다. – [자료1] 거듭제곱의 의미를 상기시키도록 하며 2^3은 2를 세 번 곱한 것이고, 2^5은 2를 다섯 번 곱한 것이므로 둘을 곱하면 총 몇 번을 곱하게 되는 것인지를 발문한다. – [자료1] 이를 통해 총 8번을 곱한다는 사실을 통해 지수법칙을 이해하도록 한다. – [자료1] 문자를 이용해 〈지수법칙1〉을 정리한다. 이때, 밑이 서로 같을 때에 지수법칙이 성립한다는 것을 강조하며, $a = a^1$로 생각함을 안내한다. – [자료2] (3)을 지도한다. $3^4 \div 3^7$과 같은 예제를 제시한 뒤, 학생들에게 해결하도록 한다. – [자료2] 나누는 과정을 상세히 정리해 $3^4 \div 3^7 = \dfrac{3 \times 3 \times 3 \times 3}{3 \times 3 \times 3 \times 3 \times 3 \times 3 \times 3} = \dfrac{1}{3 \times 3 \times 3} = \dfrac{1}{3^3}$이 됨을 설명한다. – [자료2] $3^4 \div 3^7 = 3^{4 \div 7}$, $3^4 \div 3^7 = 3^3$, $3^4 \div 3^7 = \dfrac{3^4}{3^7} = \dfrac{4}{7}$과 같은 상황을 오개념 예시로 제시한다. 지수법칙의 의미를 다시 한번 생각해 보도록 한다. – [자료2] 문자를 이용해 〈지수법칙3〉 (3)을 정리한다. 이때, $a^m \div a^n = \dfrac{1}{a^{n-m}}$으로 설명하며, 표현에 유의하도록 한다. – [자료3]을 모둠활동으로 지도한다. 이때, 숫자 3을 정확히 네 번만 사용해서 주어진 숫자를 만들어야 함을 안내한다. – [자료3] 구체적인 활동 결과가 3가지 이상 드러나도록 한다. 결과는 지수법칙을 활용하는 경우가 포함되도록 예시를 제시하며, 이 과정에서 지수법칙을 복습한다. 	수	1	2	3	4	5	 |---|---|---|---|---|---| | 표현 | $33 \div 33$ | $(3 \div 3)+(3 \div 3)$ | $3^3 \div (3 \times 3)$ | $3+\left(\dfrac{3}{3}\right)^3$ | $\dfrac{(3+3)}{3}+3$ | | 수 | 6 | 7 | 8 | 9 | 10 | |---|---|---|---|---|---| | 표현 | $3+3+3-3$ | $3+3+\dfrac{3}{3}$ | $\dfrac{3^3-3}{3}$ | $3 \times 3 \times \dfrac{3}{3}$ | $3 \times 3 + \dfrac{3}{3}$ |
탐구활동	– 거듭제곱으로 늘어나는 것과 관련된 예시 ('체스판과 쌀 한 톨 이야기', 이분법 등)
발문	– [자료1] 2^3의 의미는 무엇인가요? – [자료1] $2^3 \times 2^5$이면 2를 총 몇 번 곱하게 되는 것인가요? – [자료2] (오개념 상황) 무엇이 잘못되었을까요? 어떻게 해결할 수 있을까요? – [자료3] 지수법칙 계산 방법은 어떻게 되었었나요?
오개념 예시	– $a = a^0$이라고 생각하는 경우 – 지수법칙 2에서 $3^4 \div 3^7 = 3^{\frac{4}{7}}$, $3^4 \div 3^7 = \dfrac{3^4}{3^7} = \dfrac{4}{7}$, $3^4 \div 3^7 = 3^3$ 등으로 생각하는 경우
지도상의 유의점	– 지수법칙은 지수가 자연수인 범위에서 단항식의 곱셈과 나눗셈을 하는데 필요한 정도로만 다룬다. – 지수법칙은 구체적인 예를 통하여 지도한다. – 지수법칙을 이용하여 계산할 때는 반드시 거듭제곱의 밑을 먼저 확인하도록 지도한다.

중 2-5

수학 수업실연 모의평가 23회

[실연 조건 및 유의사항]

1. [수업실연 구상지]의 〈수업실연1~3〉에 해당하는 부분을 수업으로 실연하시오.
2. 〈수업실연1〉 : [자료1]을 지도하시오.
   가. [자료1]의 활동을 이용해 '미지수가 2개인 연립일차방정식의 뜻'과 '연립일차방정식의 해'의 의미를 지도한다.
3. 〈수업실연2〉 : [자료2]를 지도하시오.
   가. 제시된 문제를 해결하고, 어느 방법이 편리한지에 대한 학생들의 의견이 드러나도록 한다.
4. 〈수업실연3〉 : [자료3]을 모둠활동으로 지도하시오.
   가. 주어진 문제를 모둠별로 해결할 수 있도록 한다.
   나. 답을 점검하는 과정이 포함되도록 한다.
5. 학생들과 교사와의 상호작용이 드러나도록 한다.
6. 학습목표는 칠판에 제시된 것으로 간주한다.

[교수 · 학습 조건]

1. 대상 : 중학교 2학년
2. 수업시간 : 90분(블록타임제)
3. 단원명 : 연립일차방정식과 문제해결
4. 교수 · 학습 환경

학생 수	지도 장소	수업 형태	교육기자재	평가
24명	교실	모둠학습	칠판, 분필	자기평가, 동료평가

수학 수업실연 모의평가 23회

[자료1]

나은이가 학교 안전 퀴즈 대회에 참가하여 2점짜리 문제 x개와 3점짜리 문제 y개를 합하여 모두 5개를 맞혔고, 얻은 점수는 12점이었다.

1. 맞힌 문제 수를 x와 y에 대한 식으로 나타내보자.

2. 얻은 점수를 x와 y에 대한 식으로 나타내보자.

3. 맞힌 문제 수와 얻은 점수를 만족하는 정수 x, y를 각각 다음 표에 나타내보자.

〈맞힌 문제 수〉

x						
y						

〈얻은 점수〉

x			
y			

[자료2]

다음 연립방정식을 대입하는 방법 또는 더하거나 빼는 방법으로 풀고, 각 문제에서 어떤 방법이 더 편리한지 이야기해 봅시다.

(1) $\begin{cases} 7x - y = 16 \\ y = x + 2 \end{cases}$
(2) $\begin{cases} 5x + y = -1 \\ x - y = 7 \end{cases}$

[자료3]

그리스의 수학자 유클리드의 '그리스 시화집'에 나오는 문제이다. 다음 문제를 모둠별로 해결해 보도록 한다.

노새와 당나귀가 터벅터벅 자루를 운반하는데, 당나귀가 짐이 무거워서 한탄하고 있었습니다. 노새가 당나귀에게 말했습니다.
"연약한 소녀가 울 듯이 어째서 너는 한탄하고 있니?
네가 진 짐의 한 자루만 내 등에다 옮겨 놓으면 내 짐은 너의 두 배가 되는 걸.
내 짐 한 자루를 네 등에다 옮기면 나와 너는 같은 수가 되는 거다."
수학을 아는 사람들이여, 어서어서 가르쳐주세요. 노새와 당나귀의 짐이 몇 자루인지를.

수업실연 구상지

단원		연립일차방정식과 문제해결	차시	
학습목표		• 미지수가 2개인 연립일차방정식을 풀 수 있고, 이를 활용하여 문제를 해결할 수 있다.		
학습단계	학습전개	교수 · 학습 과정		
도입	주의환기	• 인사 및 출석 확인		
	학습목표	• 학습목표를 제시한다.		
전개	개념지도	〈수업실연1〉		
		• 식의 대입을 이용하여 연립방정식을 푸는 방법과 두 식의 합과 차를 이용하여 연립방정식을 푸는 방법을 지도한다. • 학생들은 여러 가지 연립방정식 문제를 해결한다.		
		〈수업실연2〉		
		• 연립일차방정식을 활용한 문제 해결방법을 지도한다. • 연립일차방정식 활용 관련 예시문제를 해결한다.		
	모둠활동	〈수업실연3〉		
정리	내용정리	• 오늘 배운 내용을 정리한다.		
	형성평가	• 형성평가를 실시한다.		
	차시예고	• 다음 차시를 안내한다.		

수업 한 페이지

문제해설	— [자료1] x, y를 이용해 맞힌 문제수와 얻은 점수를 나타낼 수 있도록 한다. 　[자료1]-1 $x+y=5$　　[자료1]-2 $2x+3y=12$ — [자료1]의 결과와 같이 미지수가 2개이고, 차수가 1인 방정식을 미지수 2개인 일차방정식이라 하며, 미지수가 2개인 일차방정식을 한 쌍으로 묶어 놓은 것을 미지수가 2개인 연립일차방정식 또는 연립방정식이라고 함을 지도한다. — [자료1] '1.'과 '2.'를 만족하는 음수가 아닌 정수 x, y값을 표로 나타내도록 한다. 〈맞힌 문제 수〉　　　　　　　　　　　　　〈얻은 점수〉 | x | 0 | 1 | 2 | 3 | 4 | 5 |　　| x | 0 | 3 | 6 | | y | 5 | 4 | 3 | 2 | 1 | 0 |　　| y | 4 | 2 | 0 | — [자료1] 두 표에서 동시에 만족하는 x, y의 값을 찾도록 하며 $x=3, y=2$임을 확인한다. — [자료1] 이처럼 미지수가 2개인 일차방정식을 동시에 만족시키는 x, y의 값을 일차방정식의 해라고 하며, 방정식의 해를 모두 구하는 것을 '방정식을 푼다'라고 한다는 것을 지도한다. — [자료2]는 학생들이 두 연립일차방정식을 각각 식의 대입을 이용하는 방법과 두 식의 합 또는 차를 이용하는 방법으로 풀어본 후 어느 방법이 편리한지 비교해 보면서 문제에 따라 편리한 방법을 선택할 수 있도록 지도한다. (1) $\begin{cases} 7x-y=16 \cdots ① \\ y=x+2 \quad \cdots ② \end{cases}$　　(2) $\begin{cases} 5x+y=-1 \cdots ① \\ x-y=7 \quad \cdots ② \end{cases}$ ②를 ①에 대입하면　　　　　　　　　①과 ②를 변끼리 더하면 $7x-(x+2)=16$　　　　　　　　　　$6x=6, x=1$ $7x-x-2=16$　　　　　　　　　　　$x=1$을 ②에 대입하면 $y=-6$ $6x=18$　　　　　　　　　　　　　따라서 연립방정식의 해는 $x=1, y=-6$ $x=3$ $x=3$을 ②에 대입하면 $y=5$ 따라서 연립방정식의 해는 $x=3, y=5$ $y=(x$에 관한 일차식)꼴이 있는 경우 대입을 이용하는 방법이 계산에 용이함　　주어진 두 일차방정식에서 계수의 절댓값이 같은 미지수가 있으므로 두 식의 합 또는 차를 이용하는 방법이 더 편리함 — [자료2] 각 문제를 해결하고 답이 맞는지 다시 대입하여 점검하도록 한다. — [자료3] 제시된 문제를 모둠활동으로 해결할 수 있도록 한다. — [자료3] 노새의 짐의 개수를 x, 당나귀의 짐의 개수를 y로 둔다. 주어진 상황을 x, y를 이용해 표현하면 $\begin{cases} x+1=2(y-1) \\ x-1=y+1 \end{cases}$이 됨을 확인한다. — [자료3] 방정식을 풀어 해가 $x=7, y=5$가 됨을 확인한다. 따라서 노새의 짐은 7자루, 당나귀의 짐은 5자루가 된다. 답이 문제 상황과 맞는지 확인하도록 한다. — 활동을 마무리하며 여러 가지 문제 상황을 수학을 이용해 해결할 수 있음을 안내한다.
탐구활동	— x와 y의 관계식을 구하고 미지수가 2개인 연립일차방정식의 의미를 이해하는 활동
발문	— [자료1] 방정식의 뜻은 무엇이었나요? — [자료1] 두 식을 동시에 만족하는 x, y는 얼마일까요? — [자료1] 항상 표를 이용해서 답을 구할 수 있을까요? 어떤 점이 불편한가요? — [자료2] 어떤 방법이 더 편리한가요? 그렇게 생각한 이유는 무엇인가요? — [자료3] 미지수를 어떻게 두어야 할까요? — [자료3] 식을 어떻게 세워야 할까요? — [자료3] 답이 문제 상황에 맞나요?
오개념 예시	— 미지수가 2개인 연립방정식의 해를 구할 때, 두 미지수 중에서 한 미지수의 값만 구하고 해를 구했다고 생각하는 경우 — 한 미지수의 값을 구한 후 다른 미지수의 값을 구할 때 무조건 첫 번째 방정식에 구한 미지수의 값을 대입하는 경우
지도상의 유의점	— 미지수가 2개인 일차방정식과 연립일차방정식의 의미는 다양한 상황을 통해 도입한다. — 연립방정식의 문제에 따라 대입법, 가감법을 선택할 수 있게 한다. — 연립방정식을 활용한 실생활 문제에서 구한 해가 문제의 뜻에 맞는지 확인하도록 한다. — 연립방정식의 풀이에서 미지수를 없애기 쉬운 쪽을 선택하여 없애고, 문제에 따라 편리한 풀이방법을 선택하여 풀도록 지도한다. — 미지수의 범위가 주어지지 않은 경우에는 수 전체를 범위로 하는 것에 유의하도록 한다.

수학 수업실연 모의평가 24회

중 2-6

[실연 조건 및 유의사항]

1. [수업실연 구상지]의 〈수업실연1~3〉에 해당하는 부분을 수업으로 실연하시오.
2. 〈수업실연1〉 : [자료1]을 이용해 함수의 개념을 직관적으로 도입하시오.
   가. 함수의 의미를 직관적으로 이해하도록 한다.
   나. 함수의 정의를 지도하며, 이를 판서로 남긴다.
   다. 제시된 자료는 스마트TV에 띄워져 있는 것으로 간주한다.
3. 〈수업실연2〉 : [자료2]를 이용해 주어진 상황이 y가 x의 함수인 것을 고르시오.
   가. 오개념 상황을 2가지 이상 포함한다.
4. 〈수업실연3〉 : [자료3]을 수행할 수 있는 상황을 직접 구성해 실연하시오.
   가. (1)의 x값은 교사가 제시하도록 한다. (x의 개수는 자유롭게 정한다.)
5. 학생들과 교사와의 상호작용이 드러나도록 한다.
6. 학습목표는 칠판에 제시된 것으로 간주한다.

[교수·학습 조건]

1. 대상 : 중학교 2학년
2. 수업시간 : 45분
3. 단원명 : 함수
4. 교수·학습 환경

학생 수	지도 장소	수업 형태	교육기자재	평가
24명	교실	모둠학습	교사용 노트북, 스마트TV	형성평가

수학 수업실연 모의평가 24회

[자료1]

다음은 오늘 간식 메뉴인 햄버거, 피자, 김밥, 떡볶이 중 하나를 고르기 위한 사다리타기 게임이다.

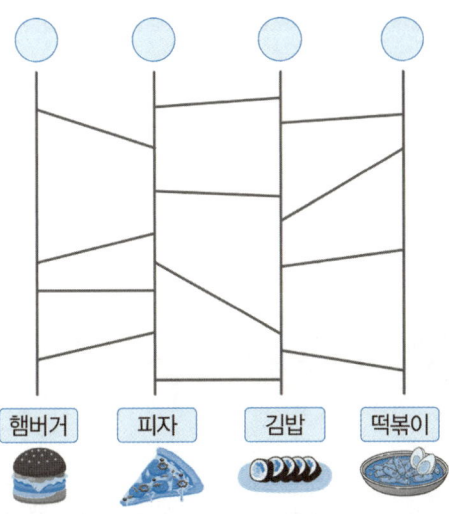

[자료2]

(1) 두 명의 학생 재석이와 명수가 있다. 총 20자루의 연필을 두 학생 모두에게 나누어 주었다. 이때, 재석이는 x자루, 명수는 y자루를 가지고 있다.
(2) 자연수 x보다 작은 소수(prime number)는 y
(3) 1개에 700원 하는 붕어빵 x개를 살 때, 총 지불한 금액 y원
(4) 한 쇼핑몰의 배송비는 물건 개수와 상관없이 3,000원일 때, 물건 x개를 살 때 배송비 y

[자료3]

(1) 다음 표의 빈칸을 채우시오.

x						
y						

(2) x, y 사이의 관계식을 구하시오.

(3) y는 x의 함수인지 설명하시오.

수업실연 구상지

단원		함수		차시	
학습목표	• 함수의 의미를 이해한다.				
학습단계	학습전개	교수 · 학습 과정			
도입	주의환기	• 인사 및 출석 확인			
	학습목표	• 학습목표를 제시한다.			
전개	함수개념 도입	〈수업실연1〉			
	예제풀이	• 함수와 관련된 예제를 통해 함수의 의미를 다시 한 번 정리하도록 한다.			
	함수 판별	〈수업실연2〉			
	예제	〈수업실연3〉			
정리	내용정리	• 오늘 배운 내용을 정리한다.			
	형성평가	• 형성평가를 실시한다.			
	차시예고	• 다음 차시를 안내한다.			

수업 한 페이지

문제해설	- [자료1]의 사진을 스마트TV를 통해 제시한 뒤, 빈칸에 순서대로 1, 2, 3, 4 숫자를 적도록 한다. 이때, 사다리 중간 부분이 보이지 않는 것으로 가정해도 좋다.
	- [자료1] 오늘 간식 메뉴인 햄버거, 피자, 김밥, 떡볶이 중 하나를 고르기 위한 사다리 타기임을 알리며, 당첨된 음식을 오늘 간식으로 제공함을 알린 뒤 번호를 하나만 고르도록 한다.
	- [자료1] 학생들이 선택한 번호에 맞는 음식을 찾아보도록 한다.
	- [자료1] 다음과 같은 결과를 얻는다. 1번 : 김밥, 2번 : 피자, 3번 : 떡볶이, 4번 : 햄버거
	- [자료1] 번호를 하나 골랐을 때, 선택되는 음식의 개수가 몇 개인지를 발문한다.
	- [자료1] 번호 하나를 골랐을 때, 딱 하나의 음식만 선택됨을 확인하며, 번호를 x, 음식을 y라 할 때, 두 변수 x, y에 대하여 x의 값이 변함에 따라 y의 값이 하나씩 정해지는 대응 관계가 성립하는 것을 y를 x의 함수라 함을 설명한다.
	- [자료1] 이때, x를 하나 선택할 때, y의 값이 정확하게 하나만 선택되어야 함을 강조한다.
	  * 함수의 의미를 이해할 수 있는 상황이면 충분하기에 반드시 위와 같은 구성이 아니어도 충분함
	- [자료2] 주어진 상황에 대해 y가 x의 함수 인지, 아닌지를 판별하도록 한다.
	  (1) x자루가 정해질 때마다, y는 $20-x$로 하나씩 정해지므로 함수이다.
	  (2) x가 10이라고 할 때, 10보다 작은 소수는 2, 3, 5, 7 4개가 존재한다. x에 따라 y값이 유일하게 정의되지 않으므로 함수 관계가 아니다.
	  (3) 총 지불한 금액 y는 700원$\times x$로 유일하게 정해지므로 함수이다.
	  (4) 물건 개수 x가 어떤 값을 갖더라도 배송비 y는 3,000원으로 하나씩 정해진다. 따라서 함수 관계이다.
	- [자료2] 오개념 상황을 포함한다.
	  → (1) 함수가 정비례 혹은 반비례 꼴이 아니어서 함수가 아니라고 착각하는 경우
	  → (2) 함수의 의미를 잘못 이해해 (2)를 함수로 착각하는 경우
	  → (4) x가 변하면, y도 변해야 함수로 생각해 함수가 아닌 것으로 착각하는 경우
	- [자료3] 적절한 상황을 제시해 주어진 활동을 수행하도록 한다.
	- [자료3] (예시) 하하는 광희보다 10살이 더 많다. 이때 하하의 나이는 x, 광희의 나이는 y이다.
	- [자료3] x를 40부터 45까지 제시한 뒤 빈칸을 채우도록 한다.
	
	| x
		40	41	42	43	44	45

---	---	---	---	---	---	---
y	30	31	32	33	34	35	 - [자료3] (2) x, y 사이의 관계는 $y=x-10$이다. - [자료3] (3) 하하의 나이 x가 정해질 때마다, 광희의 나이 y가 $x-10$으로 하나씩 대응되므로 y는 x의 함수이다.
탐구활동	- 자판기, 사다리타기 등 함수를 직관적으로 이해할 수 있는 활동 - x값에 따라 y값이 하나씩 정해지는 표 채우기 활동
발문	- [자료1] 다음 그림은 무엇인가요? - [자료1] 번호 하나를 선택할 때, 선택되는 음식의 개수는 몇 개인가요? - [자료2] 주어진 x, y의 관계는 함수일까요? - [자료2] 함수의 정의가 무엇이었나요? - [자료3] x에 대한 y값은 어떻게 되나요?
오개념 예시	- 함수가 정비례 혹은 반비례 꼴이 아니면 함수가 아니라고 생각하는 경우 - x에 따라 y값이 2개 이상임에도 함수라 하는 경우 - 상수함수 형태를 함수로 생각하지 않는 경우
지도상의 유의점	- 함수를 도입할 때, 정비례와 반비례 이외의 상황을 다룰 수 있다. - 함수는 수가 아닌 변하는 두 양 사이의 관계임을 여러 자연현상 및 사회현상의 예를 통해 지도한다. - 함수의 개념은 다양한 상황에서 한 양이 변함에 따라 다른 한 양이 하나씩 정해지는 두 양 사이의 대응 관계를 이용하여 도입한다. - 정의역, 공역, 치역이라는 용어는 다루지 않도록 주의한다. - '함수의 그래프' 용어는 교수·학습 상황에서 사용할 수 있다.

수학 수업실연 모의평가 25회

[실연 조건 및 유의사항]

1. [수업실연 구상지]의 〈수업실연1~3〉에 해당하는 부분을 수업으로 실연하시오.
2. 〈수업실연1〉: [자료1]을 탐구활동으로 실연하시오.
   가. 두 일차함수의 그래프의 교점과 연립방정식의 해를 비교하는 과정을 지도한다.
3. 〈수업실연2〉: [자료2]를 실연하시오.
   가. [자료2]를 활용하여 두 일차함수의 그래프와 연립일차방정식의 관계를 지도한다.
4. 〈수업실연3〉: [자료3]을 모둠활동으로 실연하시오.
   가. 주어진 자료를 활용하여 연립방정식의 해의 개수에 대해 정리하는 교수·학습 과정을 구성한다.
   나. 구체적인 연립방정식의 예시를 포함한다.
5. 학생들과 교사와의 상호작용이 드러나도록 한다.
6. 학습목표는 칠판에 제시된 것으로 간주한다.

[교수·학습 조건]

1. 대상: 중학교 2학년
2. 수업시간: 45분
3. 단원명: 두 일차함수의 그래프와 연립일차방정식
4. 교수·학습 환경

학생 수	지도 장소	수업 형태	교육기자재	평가
20명	교실	모둠학습	칠판, 분필, 교사용 노트북, 공학적 도구, 스마트TV	자기평가, 동료평가

수학 수업실연 모의평가 25회

[자료1]

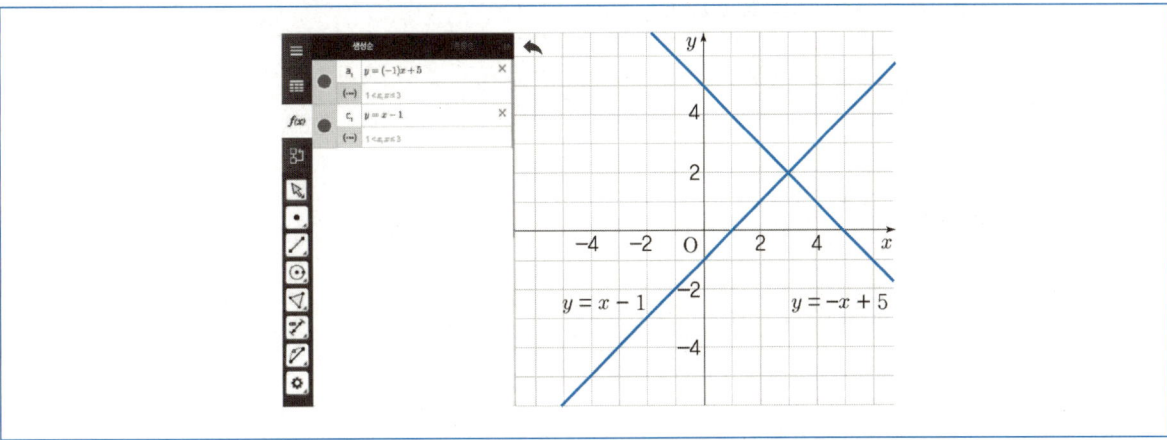

[자료2]

| 연립방정식 $\begin{cases} x+y=5 \\ -x+y=-1 \end{cases}$ 의 해 | 두 일차함수 $y=-x+5$, $y=x-1$의 그래프의 교점의 좌표 |

[자료3]

〈두 직선의 위치 관계〉

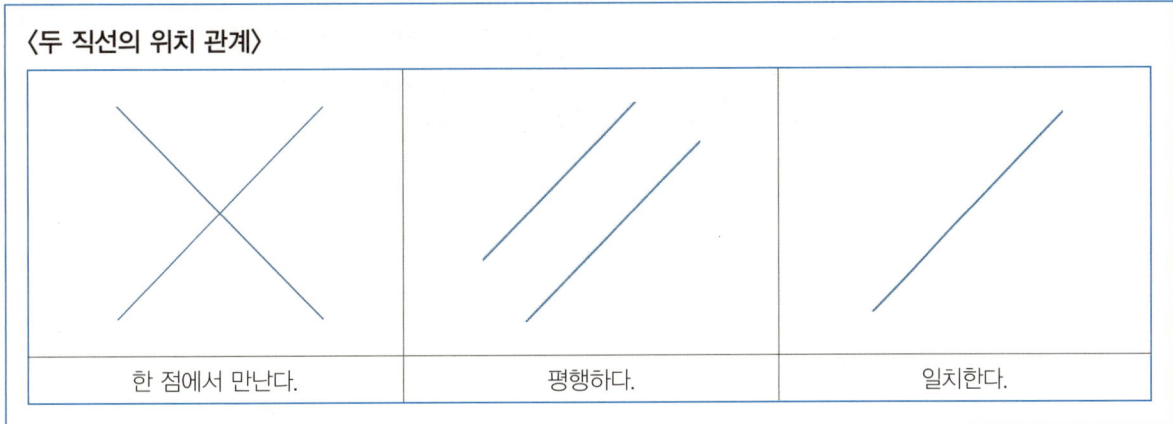

| 한 점에서 만난다. | 평행하다. | 일치한다. |

 **수업실연 구상지**

단원	두 일차함수의 그래프와 연립일차방정식	차시	
학습목표	• 두 일차함수의 그래프와 연립일차방정식의 관계를 이해한다.		

학습단계	학습전개	교수·학습 과정
도입	주의환기	• 인사 및 출석 확인
	선수학습	• 선수학습을 확인한다.
	학습목표	• 학습목표를 제시한다.
전개	탐구활동	〈수업실연1〉
	개념지도	〈수업실연2〉 • 연립방정식의 해와 일차함수의 그래프 관계를 정리한다. **연립방정식의 해와 일차함수의 그래프** 미지수가 2개인 두 일차방정식 $ax+by+c=0\,(a\neq 0, b\neq 0)$, $a'x+b'y+c'=0\,(a'\neq 0, b'\neq 0)$으로 이루어진 연립방정식의 해는 두 일차함수 $y=-\dfrac{a}{b}x-\dfrac{c}{b}$와 $y=-\dfrac{a'}{b'}x-\dfrac{c'}{b'}$의 그래프의 교점의 좌표와 같다.
	모둠활동	〈수업실연3〉
정리	내용정리	• 오늘 배운 내용을 정리한다.
	형성평가	• 형성평가를 실시한다.
	차시예고	• 다음 차시를 안내한다.

수업 한 페이지

문제해설	– [자료1]에서 학생들이 두 일차함수의 그래프의 교점의 좌표가 (3, 2)임을 파악하게 한다. – [자료1]의 두 일차방정식을 묶어 연립방정식 $\begin{cases} x+y=5 \\ -x+y=-1 \end{cases}$로 나타내고 연립방정식의 해가 $x=3$, $y=2$임을 구하게 한다. – [자료1] 두 일차함수의 그래프의 교점의 좌표와 연립방정식의 해가 같음을 통해 두 일차함수의 그래프와 연립일차방정식의 관계를 직관적으로 이해하게 한다. – [자료2] 두 일차함수의 그래프와 연립일차방정식의 관계를 지도한다. 〈연립방정식의 해와 두 일차함수의 교점의 좌표 관계〉 [자료2] 연립방정식 $\begin{cases} x+y=5 \\ -x+y=-1 \end{cases}$을 이루는 두 일차방정식을 일차함수의 식으로 바꾸면 $\begin{cases} y=-x+5 \cdots\cdots ① \\ y=x-1 \cdots\cdots ② \end{cases}$이므로 연립방정식의 해 $x=3$, $y=2$가 두 일차함수의 그래프의 교점의 좌표 (3, 2)와 일치한다는 것을 이해하게 한다. 반대로 두 직선의 교점의 좌표 (3, 2)를 두 일차방정식 $x+y=5$, $-x+y=-1$에 대입하여 두 일차방정식이 모두 참이 되는지를 확인한다. 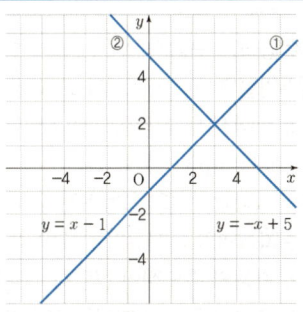 – [자료3] 연립방정식 문제를 제시한다. 이때, 두 직선의 위치 관계에 해당하는 예시를 제시한다. 3개 모두 제시할 수 있으며, 앞선 예제를 활용해 한 점에서 만나는 경우는 제외하고 나머지 2개만 제시할 수도 있다. 예 $\begin{cases} 2x+y=2 \\ 4x+2y=4 \end{cases}$, $\begin{cases} 2x-y=2 \\ 4x-2y=-4 \end{cases}$ – [자료3] 활동 결과를 통해 연립일차방정식의 해가 3가지 경우밖에 나오지 않음을 확인한다. 이외의 경우는 생기지 않을지 발문한다. – [자료3] 연립일차방정식의 해는 결국 두 일차함수의 교점과 같으므로 두 직선의 위치 관계를 이용해 설명할 수 있음을 학생들이 추측할 수 있도록 한다. 이를 정리하면 다음과 같다. | 두 직선의 위치 관계 | 연립방정식의 해 | |---|---| | 한 점에서 만난다. (교점 1개) | 1개 | | 서로 평행하다. (교점 0개) | 0개 | | 서로 일치한다. (교점이 무수히 많다) | 무수히 많다. |
탐구활동	– 학생들이 두 일차함수의 그래프와 연립일차방정식의 관계를 파악하는 활동
발문	– [자료1] 두 일차함수의 그래프와 연립일차방정식의 해를 비교해 볼까요? – [자료2] 두 일차함수의 그래프와 연립일차방정식의 해 사이에는 어떤 관계가 있을까요? – [자료3] 연립일차방정식의 해는 3가지 경우 이외에 다른 경우가 존재할까요? – [자료3] 연립일차방정식의 해를 두 직선의 위치 관계로 생각하면 어떤 사실을 알 수 있을까요?
오개념 예시	– 연립방정식의 해가 무수히 많다는 것을 임의의 순서쌍이 연립방정식의 해가 된다고 생각하는 것 – 두 직선의 위치 관계에서 서로 평행한 경우와 서로 일치하는 경우를 잘 구별하지 못하는 경우
지도상의 유의점	– 연립일차방정식의 해는 두 일차방정식의 공통인 해이므로 각 일차방정식의 그래프의 교점의 좌표가 해가 됨을 이해하게 한다. – 연립일차방정식의 해가 없거나 무수히 많은 경우는 그래프를 통하여 이해하는 정도로 다루고, 지나치게 심화하지 않는다.

수학 수업실연 모의평가 26회

중 2-8

[실연 조건 및 유의사항]

1. [수업실연 구상지]의 〈수업실연1~3〉에 해당하는 부분을 수업으로 실연한다.
2. 〈수업실연1〉: [자료1]과 교육기자재를 활용해 탐구활동을 직접 구성해 실연한다.
   가. 주어진 두 삼각형이 합동임을 학생들이 스스로 추론할 수 있도록 한다.
   나. 이전 학습 내용을 복습하는 적절한 발문을 포함하도록 한다.
   다. 직각삼각형의 합동조건의 학습 필요성이 드러나도록 한다.
3. 〈수업실연2〉: [자료2]에 대한 설명 및 정당화 과정을 실연한다.
   가. 학생의 주도적인 정당화 과정이 드러나도록 한다.
   나. 교사의 적절한 발문을 포함하도록 한다.
4. 〈수업실연3〉: [자료3]을 협동학습으로 지도한다.
   가. 학생들의 추론 과정이 드러나도록 한다.
5. 학생들과 교사와의 상호작용이 드러나도록 한다.
6. 학습목표는 칠판에 제시된 것으로 간주한다.

[교수·학습 조건]

1. 대상 : 중학교 2학년
2. 수업시간 : 90분(블록타임제)
3. 단원명 : 직각삼각형의 합동조건
4. 교수·학습 환경

학생 수	지도 장소	수업 형태	매체 및 기자재	평가
20명	교실	모둠학습	칠판, 분필, 색종이	자기평가, 동료평가

수학 수업실연 모의평가 26회

[자료1]

다음과 같이 $\overline{AC} = \overline{DF}$ 이고, $\angle C = \angle F$, $\angle B = \angle E = 90°$를 만족하는 삼각형 모양의 색종이가 있다.

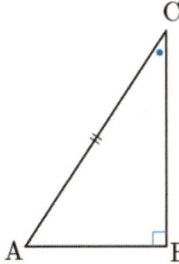 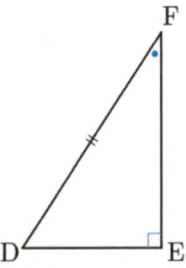

[자료2]

직각삼각형의 합동조건 (2)
빗변의 길이와 다른 한 변의 길이가 각각 서로 같은 두 직각삼각형은 서로 합동이다.

[자료3]

A의 이등분선 위의 한 점 P에서 두 변에 내린 수선의 발을 각각 B, C라고 하면 $\overline{PB} = \overline{PC}$ 임을 증명하시오.

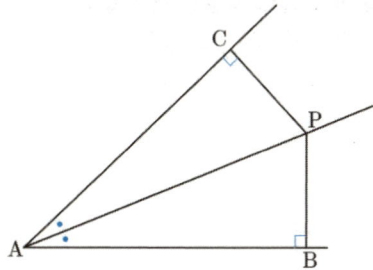

수업실연 구상지

단원		직각삼각형의 합동조건	차시	
학습목표		• 직각삼각형의 합동조건을 이해하고 설명할 수 있다.		
학습단계	학습전개	교수 · 학습 과정		
도입	주의환기	• 인사 및 출석 확인		
	탐구활동	〈수업실연1〉		
	학습목표	• 학습목표를 제시한다.		
전개	개념지도	**직각삼각형의 합동조건 (1)** − 빗변의 길이와 한 예각의 크기가 각각 서로 같은 두 직각삼각형은 서로 합동이다.		
	모둠활동	〈수업실연2〉		
	문제풀이	**직각삼각형 합동조건을 이용한 문제 풀이** − 주어진 직각삼각형 중 서로 합동인 삼각형 찾기		
	모둠활동	〈수업실연3〉		
정리	내용정리	• 오늘 배운 내용을 정리한다.		
	형성평가	• 형성평가를 실시한다.		
	차시예고	• 다음 차시를 안내한다.		

수업 한 페이지

문제해설	- [자료1]을 이용해 탐구활동을 진행하도록 한다. - [자료1]의 그림과 같이 $\overline{AC} = \overline{DF}$이고, $\angle C = \angle F$, $\angle B = \angle E = 90°$를 만족하는 삼각형 모양의 색종이가 있다고 가정한 뒤, 두 삼각형 사이의 어떤 관계가 있을 것 같은지 학생들에게 발문하도록 한다. - [자료1] △ABC, △DEF를 서로 완벽히 포개어지는지를 확인하도록 한다. - [자료1] 두 삼각형이 합동임을 인식시킨 뒤, 어떻게 하면 두 삼각형이 합동이 될 수 있는지를 발문한다. - [자료2] 직각삼각형의 합동조건 (2)를 제시하고 어떻게 하면 정당화할 수 있을지 발문한다. 빗변을 제외한 다른 한 변의 길이가 서로 같기 때문에 서로 같은 두 변을 서로 붙여 삼각형을 만든다. - [자료2] 두 변을 서로 붙여 만들어진 삼각형이 어떤 특징을 가지는지 찾아보도록 한 뒤, 이것이 이등변삼각형이 됨을 정리한다. 이등변삼각형의 특징을 상기시키며 두 밑각의 크기가 서로 같아지므로, 두 직각삼각형의 빗변의 길이와 한 예각의 크기가 각각 서로 같아져 직각삼각형의 합동조건 (1)에 의해 두 삼각형이 서로 합동이 됨을 설명한다. - [자료2] 정당화한 내용을 정리하며 빗변의 길이와 다른 한 변의 길이가 각각 서로 같은 두 직각삼각형은 서로 합동이 됨을 설명한다. - [자료2] 이전에 학습한 삼각형의 합동조건과 직각삼각형의 합동조건의 차이점을 언급하며, 직각삼각형의 합동조건은 반드시 한 각이 직각이고, 빗변의 길이가 서로 같다는 조건이 필요함을 안내한다. - [자료3]의 문제를 협동학습 과제로 제시한다. 모둠별로 주어진 과제를 해결하도록 안내한다. - [자료3] △APC, △APB가 직각삼각형임을 상기하도록 한다. - [자료3] $\overline{PB} = \overline{PC}$가 같음을 보이기 위해서 어떻게 해야 하는지 발문한다. - [자료3] △APC, △APB는 빗변 AP의 길이가 서로 같고, 한 예각의 크기인 ∠PAB = ∠PAC이므로 직각삼각형의 합동조건 (1)에 의해 두 삼각형은 서로 합동이다. 따라서 대응하는 $\overline{PB} = \overline{PC}$가 됨을 설명한다. - [자료1]의 내용을 다시 한번 언급하며 직각삼각형의 합동조건을 이용해 두 삼각형이 합동임을 보일 수 있다는 사실을 정리하며 수업을 마무리한다.
탐구활동	- 색종이를 이용해 직접 이등변삼각형의 성질이 적용되는지 확인하는 활동
발문	- [자료1] △ABC, △DEF를 서로 겹쳐보니 어떻게 되나요? - [자료1] 어떻게 하면 △ABC, △DEF가 합동인지 보일 수 있을까요? - [자료1] 우리가 이전에 배운 삼각형의 합동조건으로 △ABC, △DEF가 서로 합동임을 보일 수 있을까요? - [자료2] 직각삼각형의 합동조건 (2)를 정당화하기 위해서는 어떻게 해야 할까요? - [자료2] 이등변삼각형의 특징은 무엇이 있나요? - [자료3] $\overline{PB} = \overline{PC}$가 같음을 보이기 위해서는 어떻게 해야 할까요?
오개념 예시	- 삼각형의 합동조건과 직각삼각형의 합동조건을 혼동하는 경우 - 직각삼각형의 합동을 보이는데 빗변이 아니라 다른 변의 길이가 서로 같음을 이용하는 경우
지도상의 유의점	- 직각삼각형의 합동조건에서는 한 각이 직각이고, 빗변의 길이가 서로 같다는 조건이 반드시 포함되어야 함을 주의하도록 한다. - 삼각형의 합동조건에서는 세 가지 조건이 필요하지만 직각삼각형에서의 합동조건에서는 직각이라는 조건이 이미 주어져 있으므로, 두 가지 조건만 있으면 된다는 사실에 유의하도록 한다. - 직각삼각형의 합동조건을 이용해 다른 도형의 성질을 설명하는 데 활용할 수 있도록 한다.

수학 수업실연 모의평가 27회

[실연 조건 및 유의사항]

1. [수업실연 구상지]와 〈수업실연1~3〉에 해당하는 부분을 수업으로 실연하시오.
2. 〈수업실연1〉: [자료1]을 이용해 동기유발을 실연하시오.
   가. 수업을 마무리할 때 [자료1]의 내용을 정리하도록 한다.
   나. [자료1]의 그림은 제시되어 있는 것으로 간주한다.
3. 〈수업실연2〉: [자료2]를 연역적 정당화하는 활동을 진행한다.
   가. 학생들의 정당화 과정을 돕는 교사의 구체적인 발문을 포함한다.
   나. 정당화 과정이 드러나도록 판서한다.
4. 〈수업실연3〉: [자료3]을 모둠활동으로 지도한다.
   가. 다양한 답변이 나오도록 한다.
   나. 오개념 상황을 포함해 지도하도록 한다.
5. 칠판에는 적정량 이상의 판서를 실시한다.
6. 교육기자재를 사용할 때는 언급만 하도록 한다.
7. 학습목표는 칠판에 제시된 것으로 간주한다.

[교수·학습 조건]

1. 대상 : 중학교 2학년
2. 수업시간 : 90분(블록타임제)
3. 단원명 : 삼각형의 외심
4. 교수·학습 환경

학생 수	지도 장소	수업 형태	매체 및 기자재	평가
24명	교실	모둠학습	칠판, 분필, 학생용 노트북, 교사용 노트북	동료평가, 자기평가

수학 수업실연 모의평가 27회

[자료1]

수막새는 목조건축 지붕의 기왓골 끝에 사용되었던 기와이다. 경주 얼굴무늬 수막새(慶州 人面文 圓瓦當)는 일제시기 경주 영묘사지(靈廟寺址, 현재 사적 15호 흥륜사지)에서 출토된 신라시대의 기와의 한 종류이다. 연꽃무늬를 새겨놓은 일반적인 수막새와는 달리 얼굴무늬가 아름답게 새겨져 있어 흔히 '신라의 미소'라고도 불린다. 2018년 11월 27일 대한민국의 보물 제2010호로 지정되었다.

Q. 깨진 수막새를 복원하기 위해서는 어떻게 해야 할까?

그림 출처 : 어반브러쉬
출처 : 위키백과, 한국민족문화대백과사전

[자료2]

삼각형의 외심
삼각형의 세 변의 수직이등분선은 한 점(외심)에서 만나고, 이 점에서 삼각형의 세 꼭짓점에 이르는 거리는 모두 같다.

[자료3]

〈모둠활동〉
다음은 세계적인 IT기업 구글의 입사시험에 출제된 문제입니다. 다음 직각삼각형 ABC의 넓이를 구할 수 있을지 모둠원들과 협력해 토의해 보도록 합시다. (힌트 : 직각삼각형의 외심의 위치를 생각해 보세요.)

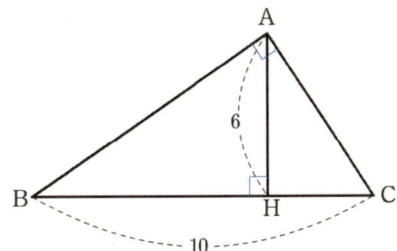

수업실연 구상지

단원		삼각형의 외심	차시	
학습목표	• 삼각형의 외심과 그 성질을 말할 수 있다. • 삼각형의 형태에 따라 달라지는 외심의 위치를 찾을 수 있다.			
학습단계	학습전개	교수·학습 과정		
도입	주의환기	• 인사 및 출석 확인		
	동기유발	〈수업실연1〉		
	학습목표	• 학습목표를 제시한다.		
전개	탐구활동	• 색종이를 이용해 세 변의 수직이등분선의 교점이 한 점에서 만나고, 이 점에서 삼각형의 세 꼭짓점까지의 거리가 서로 같음을 확인한다.		
	개념지도	• 삼각형의 외접, 외접원, 외심의 의미를 지도한다.		
	모둠활동	〈수업실연2〉		
		• 예각, 직각, 둔각삼각형의 외심의 위치에 대해서 학습한다.		
		〈수업실연3〉		
정리	내용정리	• 오늘 배운 내용을 정리한다.		
	형성평가	• 형성평가를 실시한다.		
	차시예고	• 다음 차시를 안내한다.		

수업 한 페이지

문제해설	– [자료1]에 제시된 내용을 통해 수막새에 대해서 아이들과 함께 이야기 나눈다. – [자료1] 깨진 수막새는 원래 모양이 원 모양이었을 것을 가정하고, 어떻게 하면 깨진 수막새를 복원할 수 있을지 발문한다. 오늘 학습한 내용을 통해 수막새 복원 방법을 찾아보도록 한다. – [자료2] 삼각형의 외심의 성질을 정당화하도록 한다. – [자료2] 삼각형의 두 변의 각각 수직이등분선을 그려 이 교점을 점 O라고 한다. 직각삼각형의 합동조건을 이용해 점 O로부터 각 꼭짓점까지의 거리가 같음을 보인다. – [자료2] 점 O에서 수직이등분선을 구하지 않은 나머지 한 변에 수선의 발을 내린 뒤 이 점이 변을 수직이등분한다는 사실을 통해 수직이등분선이 한 점에서 만남을 지도한다. – [자료3] 넓이가 어떻게 될지를 학생들에게 발문한다. – [자료3] 밑변의 길이가 10, 높이가 6이므로 넓이가 30이 되는 상황을 오개념으로 지도하도록 한다. 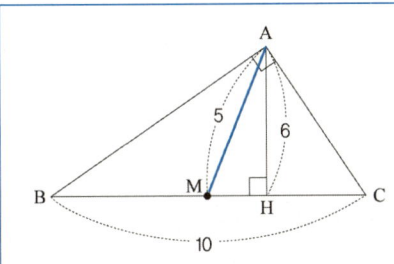 △ABC는 직각삼각형이므로 외심은 빗변의 중점에 위치한다. 빗변의 중점을 M이라 할 때, △ABC의 외접원의 반지름은 5가 되므로 $\overline{MA}$의 길이는 5가 된다. △AMH는 직각삼각형이 되며, 삼각형이 되기 위해서는 빗변의 길이가 5로 가장 길어야 하지만, $\overline{AH}$의 길이가 6이 되므로 모순이다. 따라서 넓이를 구할 수 없다. – [자료1]의 그림을 이용해 수업을 정리한다. 다시 한번 [자료1]의 내용을 발문한 뒤 원 위의 세 점을 찍어 삼각형을 만든 뒤, 삼각형의 외심을 찾도록 한다. 외심을 이용해 깨진 부분까지 원을 완벽하게 그린 뒤 이것을 바탕으로 복원할 수 있다는 사실을 확인한다. – 수학이 문화재를 복원하는 데도 쓰이는 등 실생활에도 다양한 분야에서 유용하게 쓰일 수 있다는 사실을 정리한 뒤 수업을 마무리하도록 한다.
동기유발	– 수막새를 복원하는 활동 – 특정 위치를 찾는 활동(세 지점에서 같은 거리에 있는 곳은?)
탐구활동	– 종이접기를 통해 외심을 직관적으로 관찰하는 활동
발문	– [자료1] 다음 그림은 무엇일까요? – [자료1] 깨진 수막새를 복원하기 위해서는 어떻게 해야 할까요? – [자료2] 수선의 발이 변을 수직이등분했다는 것을 통해 알 수 있는 것은 무엇일까요? – [자료3] 주어진 삼각형의 넓이를 구해볼까요? – [자료3] 외접원의 반지름의 길이는 어떻게 되나요? – [자료3] 삼각형이 되기 위한 조건은 무엇이었나요?
오개념 예시	– 삼각형의 세 변의 수직이등분선의 교점이 한 점에서 만나지 않을 것 같다고 생각하는 경우 – 외심과 내심을 혼동하는 경우 – 외심이 항상 삼각형 내부에 존재한다고 생각하는 경우
지도상의 유의점	– 외접, 외접원, 외심 등의 용어의 뜻을 그림을 통하여 직관적으로 이해하게 한다. – 여러 가지 삼각형에서 외심의 위치를 종이접기나 작도, 공학도구를 등을 통해 직접 찾아봄으로써 그 위치를 확인하게 한다. – 공학적 도구나 다양한 교구를 이용하여 도형을 그리거나 만들어보는 활동을 통해 도형의 성질을 추론하고 토론할 수 있게 한다.

수학 수업실연 모의평가 28회

중 2-10

[실연 조건 및 유의사항]

1. [수업실연 구상지]의 〈수업실연1~3〉에 해당하는 부분을 수업으로 실연하시오.
2. 〈수업실연1〉 : [자료1]을 실연하시오.
   가. 활동의 결과가 2가지 이상 드러나도록 한다.
3. 〈수업실연2〉 : [자료2]를 실연하시오.
   가. [자료1]의 탐구활동 결과와 연계하여 지도한다.
4. 〈수업실연3〉 : [자료3]을 모둠활동으로 실연하시오.
   가. 학생들의 토의과정이 드러나도록 한다.
   나. [자료3]의 활동 결과를 2개 이상 제시한다.
   다. 학생의 오개념 상황을 가정하도록 하며 이를 적절히 해결하는 과정을 포함하도록 한다.
5. 교사와 학생의 상호작용이 적극적으로 드러나도록 한다.
6. 칠판에는 적정량 이상의 판서를 실시한다.
7. 학습목표는 칠판에 제시된 것으로 간주한다.

[교수·학습 조건]

1. 대상 : 중학교 2학년
2. 수업시간 : 45분
3. 단원명 : 여러 가지 사각형(사각형 사이의 관계)
4. 교수·학습 환경

학생 수	지도 장소	수업 형태	매체 및 기자재	평가
30명	교실	모둠학습	칠판, 분필, 빨대, 자	자기평가, 관찰평가

중 2-10

수학 수업실연 모의평가 28회

[자료1]

길이가 같은 두 개의 빨대와 길이가 다른 한 개의 빨대가 총 3개 있다. 이 3개의 빨대 중 2개의 빨대를 골라 서로 포개도록 한다. 이때 두 개의 빨대가 대각선이 되게 하는 사각형의 종류는 무엇이 있는지 찾아보도록 한다.

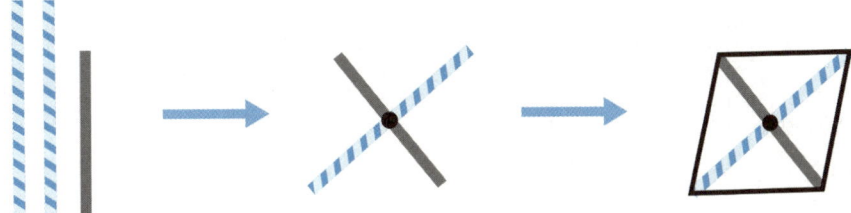

[자료2]

다음 표에서 주어진 성질이 옳으면 ○ 표시를, 옳지 않으면 X 표시를 하시오.

성질	사다리꼴	평행사변형	직사각형	마름모	정사각형
(1) 두 대각선이 서로 다른 것을 이등분한다.					
(2) 두 대각선의 길이가 같다.					
(3) 두 대각선이 서로 수직이다.					

[자료3]

〈모둠활동〉
지금까지 배운 내용을 이용해 사다리꼴, 평행사변형, 직사각형, 마름모, 정사각형 중에서 A와 B에 들어갈 것을 골라 문장을 완성해 보시오.

(A)이면 (B)이다.

수업실연 구상지

단원	여러 가지 사각형(사각형 사이의 관계)		차시	
학습목표	• 사각형 사이의 관계를 설명할 수 있다.			
학습단계	학습전개	교수·학습 과정		
도입	주의환기	• 인사 및 출석 확인		
	동기유발	• 동기유발을 진행한다.		
	학습목표	• 학습목표를 제시한다.		
전개	탐구활동	〈수업실연1〉		
	개념지도	〈수업실연2〉		
	모둠활동	〈수업실연3〉		
정리	내용정리	• 오늘 배운 내용을 정리한다.		
	형성평가	• 형성평가를 실시한다.		
	차시예고	• 다음 차시를 안내한다.		

수업 한 페이지

문제해설	– [자료1] 주어진 빨대를 대각선으로 하는 사각형을 생각해 보도록 한다. – [자료1] 길이가 서로 다른 빨대를 중점이 포개어지도록 연결한 뒤 수직으로 두면 마름모가 만들어지고, 수직이 아니게 두면 평행사변형을 만들 수 있다. – [자료1] 길이가 서로 같은 빨대를 중점이 포개어지도록 연결한 뒤 수직으로 두면 정사각형이 만들어지며, 수직이 아니게 포개는 경우 직사각형이 된다. – [자료1]을 이용해 여러 가지 사각형에 대한 대각선과 관련된 성질을 상기하도록 한다. – [자료2] 각 내용을 학생들이 표로 정리한다. | 성질	사다리꼴	평행사변형	직사각형	마름모	정사각형
---	---	---	---	---	---
(1) 두 대각선이 서로 다른 것을 이등분한다.	×	○	○	○	○
(2) 두 대각선의 길이가 같다.	×	×	○	×	○
(3) 두 대각선이 서로 수직이다.	×	×	×	○	○	 – [자료3] 예시 → 평행사변형이면 사다리꼴이다.　　→ 마름모이면 평행사변형이다. → 직사각형이면 평행사변형이다.　→ 정사각형이면 마름모다. – [자료3]에서 '직사각형이면 마름모이다', '사다리꼴이면 평행사변형이다'와 같은 예시를 오개념으로 제시한다. – [자료3]에서 제시된 오개념은 [자료2]의 내용을 기반으로 오개념을 수정할 수 있도록 한다.
탐구활동	– 길이가 같은 빨대 2개와 길이가 다른 빨대 1개, 총 3개를 이용해 각 빨대가 대각선이 되는 사각형을 만드는 활동
발문	– [자료1] 길이가 서로 같은 두 빨대를 포개면 어떤 사각형이 만들어질까요? – [자료1] 길이가 서로 다른 두 빨대를 포개면 어떤 사각형이 만들어질까요? – [자료1] 두 빨대를 포갤 때 빨대가 이루는 각도가 직각이면 어떻게 될까요? – [자료2] 사각형이 가지는 대각선과 관련된 성질은 무엇이 있었나요? – [자료3] 왜 A이면 B가 될까요? – [자료3] (오개념 상황에서) 어떤 부분이 잘못되었을까요? 어떻게 고치면 좋을까요?
오개념 예시	– 여러 가지 사각형의 성질들 사이의 관계를 반대로 생각하거나 관련 없는 것들끼리 관련짓는 경우 – 사각형의 성질이 아닌 도형의 그림만을 보고 사각형 사이의 관계를 잘못 파악하는 경우
지도상의 유의점	– 사각형의 성질은 대각선에 관한 성질을 위주로 다룬다. – 여러 가지 사각형의 뜻과 성질을 구별할 수 있도록 지도한다. – 도형의 성질을 이해하고 설명하는 활동은 관찰이나 실험을 통해 확인하기, 사례나 근거를 제시하며 설명하기, 유사성에 근거하여 추론하기, 연역적으로 논증하기 등과 같은 다양한 정당화 방법을 학생 수준에 맞게 활용할 수 있다.

중 2-11

수학 수업실연 모의평가 29회

[실연 조건 및 유의사항]

1. [수업실연 구상지]의 〈수업실연1~3〉에 해당하는 부분을 수업으로 실연하시오.
2. 〈수업실연1〉: [자료1]을 동기유발로 제시하시오.
   가. [자료1]과 관련된 수학과 교과역량이 구체적으로 드러나도록 한다.
   나. 수업을 마무리할 때 [자료1]의 내용을 이용해 정리하도록 한다.
   다. [자료1]의 그림은 칠판에 제시된 것으로 간주한다.
3. 〈수업실연2〉: [자료2]를 모둠활동으로 실연하시오.
   가. 교사와 학생의 활발한 상호작용이 드러나도록 한다.
   나. 연역적 정당화 과정이 포함되도록 한다.
4. 〈수업실연3〉: [자료3]을 수업상황에 포함하시오.
   가. 반례를 이용해 직관적으로 학생들의 오개념을 수정하도록 한다.
   나. 반례가 구체적으로 드러나도록 하며 이를 판서로 남기도록 한다.
5. 칠판에는 적정량 이상의 판서를 실시한다.
6. 학습목표는 칠판에 제시된 것으로 간주한다.

[교수·학습 조건]

1. 대상 : 중학교 2학년
2. 수업시간 : 90분(블록타임제)
3. 단원명 : 평행선과 선분의 길이의 비
4. 교수·학습 환경

학생 수	지도 장소	수업 형태	매체 및 기자재	평가
30명	교실	모둠학습	칠판, 분필	자기평가, 관찰평가

중 2-11

수학 수업실연 모의평가 29회

[자료1]

그리스의 철학자 탈레스는 나무막대기를 이용해 피라미드의 높이를 직접 재지 않고도 구해냈다고 한다. 어떻게 하면 피라미드의 높이를 측정할 수 있을까?

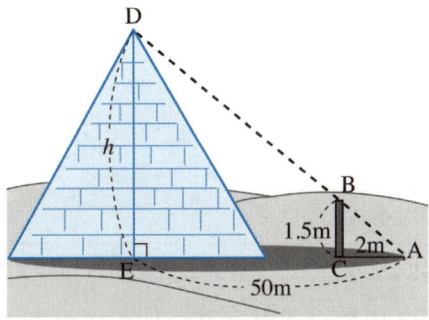

[자료2]

〈모둠활동〉
아래 그림을 이용해 $\overline{AD} : \overline{DB} = \overline{AE} : \overline{EC}$ 임을 설명하시오.

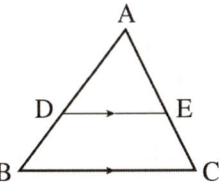

[자료3]

명수 : 선생님! 삼각형에서 평행선과 선분의 길이의 비가 성립했으니까 다음 그림과 같이 △ABC가 있을 때 $\overline{AD} : \overline{DB} = \overline{DE} : \overline{BC}$ 도 성립하는 건가요?

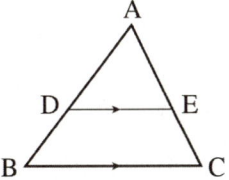

수업실연 구상지

단원		평행선과 선분의 길이의 비	차시	
학습목표		• 삼각형에서 평행선 사이의 선분의 길이의 비를 구할 수 있다.		
학습단계	학습전개	교수·학습 과정		
도입	주의환기	• 인사 및 출석 확인		
	동기유발	〈수업실연1〉		
	학습목표	• 학습목표를 제시한다.		
전개	모둠활동	• 삼각형에서 평행선과 선분 사이의 길이의 비를 지도한다. → $\overline{AB}:\overline{AD} = \overline{AC}:\overline{AE} = \overline{BC}:\overline{DE}$		
		• 삼각형에서 평행선과 선분 사이의 길이의 비와 관련된 문제를 해결한다.		
		〈수업실연2〉		
	문제풀이	〈수업실연3〉		
		• 삼각형에서 평행선과 선분의 길이의 비와 관련된 다양한 문제를 해결한다. → $\overline{AD}:\overline{DB} = \overline{AE}:\overline{EC}$		
정리	내용정리	[자료1]을 이용해 오늘 배운 내용을 정리한다.		
	형성평가	• 형성평가를 실시한다.		
	차시예고	• 다음 차시를 안내한다.		

수업 한 페이지

문제해설	– [자료1]에서 탈레스는 어떤 방법으로 피라미드의 높이를 잴 수 있었는지를 발문한 뒤 본 수업을 통해서 이 방법을 찾을 수 있음을 암시하도록 한다. – [자료1] 수학과 교과역량 중 '태도 및 실천 능력'에서 아래 두 내용 중 하나와 연관 지어 내용을 설명한다. → 수학을 생활 주변과 사회 및 자연 현상과 관련지어 지도하여 수학의 필요성과 유용성을 알게 하고, 수학의 역할과 가치를 인식할 수 있게 한다. → 수학에 대한 관심과 흥미, 호기심과 자신감을 갖고 수학 학습에 적극적으로 참여하게 하며, 끈기 있게 도전하도록 격려하고 학습 동기와 의욕을 유발한다. – [자료2] 다음 그림을 이용해 $\overline{AD} : \overline{DB} = \overline{AE} : \overline{EC}$ 임을 보이도록 한다. 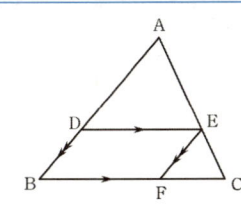 △ABC와 왼쪽의 그림과 같을 때, ∠DAE=∠FEC(동위각), ∠AED=∠ECF(동위각)이므로 △ADE와 △EFC는 서로 닮음이다(AA닮음). 따라서 $\overline{AD} : \overline{EF} = \overline{AE} : \overline{EC}$ 이다. 이때, □DBEF는 평행사변형이므로 $\overline{DB} = \overline{EF}$ 를 만족한다. 이를 정리하면 $\overline{AD} : \overline{DB} = \overline{AE} : \overline{EC}$ 임을 알 수 있다. – [자료3]은 구체적인 반례를 제시하며 연역적 정당화 과정 없이 직관적으로 이해할 수 있는 범주에서 반례를 설명하도록 한다. 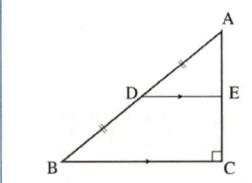 ∠C=90°인 직각삼각형 △ABC를 그린 뒤 선분 AB의 중점을 D라고 한다. 선분 BC와 평행이고 점 D를 지나는 선분 DE를 그리도록 한다. 이때 $\overline{AD} = \overline{BD}$ 이므로 $\overline{AD} : \overline{BD} = 1 : 1$ 이다. 하지만 그림에서 알 수 있듯이 $\overline{DE} < \overline{BC}$ 이므로 $\overline{DE} \neq \overline{BC}$ 이다. 따라서 $\overline{AD} : \overline{DB} = \overline{DE} : \overline{BC}$ 는 성립하지 않는다. – [자료1]을 이용해 수업을 정리하도록 한다. 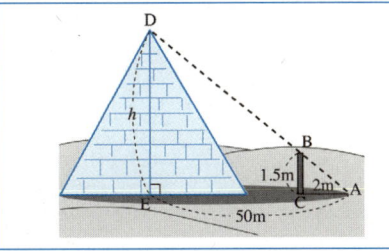 $\overline{DE} // \overline{BC}$ 이므로 평행선과 선분의 길이의 비에 의해 $2 : 50 = 1.5 : h$ 이다. 따라서 식을 정리하면 $50 \times 1.5 = 2 \times h$ 이므로 $75 = 2h$ 가 되어 $h = 37.5 (\text{m})$ 이다. – 평행선과 선분의 길이의 비에 관한 내용을 정리하도록 한다. – 실제로 높이를 측정하지 않아도 높이를 구할 수 있음을 인지시킨 뒤 수학의 유용성이 드러나도록 발문한다.
동기유발	– 피라미드 높이 재기
발문	– [자료1] 피라미드의 높이는 어떻게 잴 수 있을까요? – [자료2] $\overline{AD} : \overline{DB} = \overline{AE} : \overline{EC}$ 를 만족할까요? – [자료2] $\overline{AD} : \overline{DB} = \overline{AE} : \overline{EC}$ 를 보이기 위해서는 어떻게 해야 할까요? – [자료3] $\overline{AD} : \overline{DB} = \overline{DE} : \overline{BC}$ 는 성립할까요? – [자료3] $\overline{AD} : \overline{DB} = \overline{DE} : \overline{BC}$ 가 성립하지 않는 예시는 무엇이 있을까요?
오개념 예시	– $\overline{AD} : \overline{DB} = \overline{DE} : \overline{BC}$ 가 성립한다고 생각하는 경우([자료3] 참고) – 비례식 사용에 어려움을 겪는 경우
지도상의 유의점	– 삼각형에서 평행선과 선분의 길이의 비에 대한 성질과 평행선 사이에 있는 선분의 길이의 비에 대한 성질을 이해하게 한다. 이때 연역적으로 정당화하는 것을 강조하지 않는다. – 삼각형의 두 변의 중점을 연결한 선분의 성질은 삼각형에서 평행선과 선분의 길이의 비의 특수한 경우임을 이해하게 한다. – 선분의 길이의 비에 대한 성질의 결과를 암기하지 않고, 닮음이 활용됨을 이해하도록 한다.

수학 수업실연 모의평가 30회

[실연 조건 및 유의사항]

1. [수업실연 구상지]의 〈수업실연1~3〉에 해당하는 부분을 수업으로 실연하시오.
2. 〈수업실연1〉 : [자료1]을 지도하시오.
   가. 피타고라스 정리를 직관적으로 이해하도록 지도한다.
   나. 학생들이 스스로 결과를 추측하고 비교하는 과정을 포함하도록 한다.
3. 〈수업실연2〉 : [자료2]를 이용해 피타고라스 정리를 지도하시오.
   가. 삼각형의 닮음을 이용해 연역적으로 정당화하도록 한다.
   나. 연역적 정당화 과정이 구체적인 판서로 포함되도록 한다.
4. 〈수업실연3〉 : [자료3]을 모둠활동으로 지도하시오.
   가. 학생들의 다양한 의견과 토의과정이 드러나도록 하시오.
   나. 활동을 돕는 교사의 적절한 발문이 포함되도록 한다.
5. 교사와 학생의 상호작용이 적극적으로 드러나도록 한다.
6. 칠판에는 적정량 이상의 판서를 실시한다.
7. 학습목표는 칠판에 제시된 것으로 간주한다.

[교수·학습 조건]

1. 대상 : 중학교 2학년
2. 수업시간 : 90분(블록타임제)
3. 단원명 : 피타고라스 정리
4. 교수·학습 환경

학생 수	지도 장소	수업 형태	매체 및 기자재	평가
25명	교실	모둠학습	칠판, 분필, 태블릿, 스마트TV, 교사용 노트북	자기평가, 동료평가

수학 수업실연 모의평가 30회

[자료1]

한 변의 길이가 $a+b$인 정사각형을 다음 두 그림과 같이 나누었다고 한다. 이때 색칠된 부분의 넓이를 비교하시오.

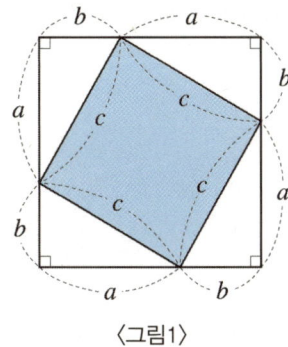
〈그림1〉

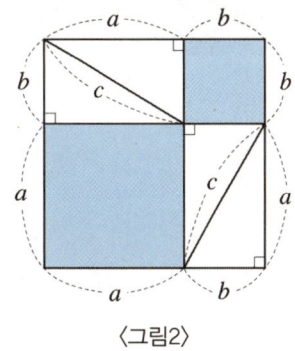
〈그림2〉

[자료2]

〈피타고라스 정리〉

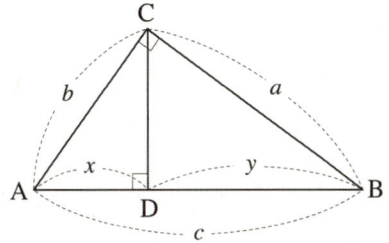

[자료3]

〈모둠활동〉

토지를 측량하거나 건물의 모양 등을 정할 때, '직각'이 필요한 경우가 많다. 역사적으로 고대 이집트의 사람들은 동일한 간격으로 12개의 매듭이 있고, 양 끝이 붙어 있는 줄을 팽팽하게 잡아 당겨 직각삼각형을 만들어 이를 건축에 활용했다고 한다. 고대 이집트인들은 어떻게 이것이 가능하였을까?

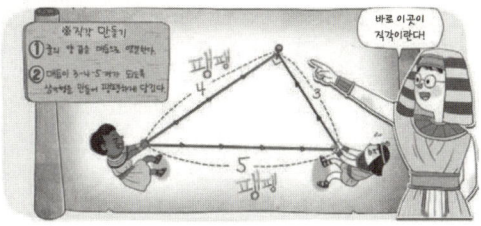

(1) 매듭이 12개인 밧줄을 이용해 어떻게 고대 이집트 사람들은 '직각'을 만들어 냈을까요?

(2) 만약 매듭의 개수를 바꾼다면 몇 개로 바꿀 수 있을까요? 바꾼 매듭으로 '직각'은 어떻게 찾아낼 수 있을까요?

📋 수업실연 구상지

단원		피타고라스 정리		차시	
학습목표	• 피타고라스 정리에 대해 설명할 수 있다.				
학습단계	학습전개	교수 · 학습 과정			
도입	주의환기	• 인사 및 출석 확인			
	선수학습	• 삼각형의 닮음			
	동기유발	• 피타고라스 정리의 역사와 관련된 내용으로 동기유발한다.			
	학습목표	• 학습목표를 제시한다.			
전개	탐구활동	〈수업실연1〉			
	개념지도	〈수업실연2〉			
		• 피타고라스 정리와 관련된 다양한 문제를 해결한다.			
		• 직각삼각형이 되는 조건(피타고라스 정리의 역)을 지도한다.			
	모둠활동	〈수업실연3〉			
정리	내용정리	• 오늘 배운 내용을 정리한다.			
	형성평가	• 형성평가를 실시한다.			
	차시예고	• 다음 차시를 안내한다.			

수업 한 페이지

문제해설	- [자료1] 〈그림1〉의 각 직각삼각형이 삼각형의 합동조건에 의해 서로 합동임을 보인다. - [자료1] 삼각형의 합동을 이용해 색칠된 사각형의 네 각이 각각 90°가 됨을 설명한다. - [자료1] 사각형의 네 각이 90°이므로 〈그림1〉에서 색칠된 부분의 사각형 넓이는 c^2이 됨을 설명한다. - [자료1] 〈그림2〉의 전체 사각형의 넓이가 〈그림1〉의 전체 사각형의 넓이와 같음을 확인한 뒤 색칠된 두 정사각형의 넓이의 합이 a^2+b^2이 됨을 설명한다. - [자료1] 학생들에게 〈그림1〉과 〈그림2〉의 색칠된 부분의 넓이가 서로 어떻게 될지 발문한 뒤, 전체 사각형의 넓이가 $(a+b)^2$이므로 〈그림1〉과 〈그림2〉의 색칠된 부분의 넓이가 같음을 설명한다. → $a^2+b^2=c^2$의 관계를 만족함 - [자료2] △ABC, △ACD, △CBD가 서로 닮음임을 이용해 피타고라스 정리를 정당화한다. 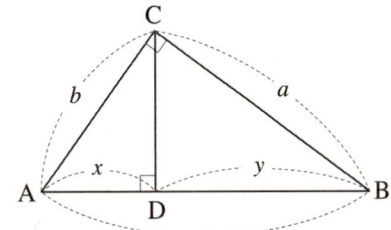 - [자료2] △ABC와 △ACD는 서로 닮음이므로 $c:b=b:x$를 만족하여 $b^2=cx$임을 알 수 있다. 같은 방식으로 △ABC와 △CBD가 서로 닮음이므로 $c:a=a:y$를 만족하여 $a^2=cy$임을 알 수 있다. 두 식을 더하면 $b^2+a^2=cx+cy=c(x+y)=c^2(\because x+y=c)$를 만족한다. 즉, $c^2=a^2+b^2$임을 정리한다. - [자료3]에 제시된 읽기 자료를 이용해 모둠활동을 지도하며, 모둠원들과 협력하여 문제를 해결할 수 있도록 안내한다. - [자료3] (1) 매듭이 3개, 4개, 5개인 밧줄을 잡아당기면 직각이 만들어진다는 사실을 확인한다. $5^2=3^2+4^2$을 만족하므로 직각삼각형이 되는 조건에 의해 직각삼각형이 만들어져 직각을 만들 수 있다는 사실을 확인한다. - [자료3] (2) 매듭의 개수를 30개로 바꾸어 매듭이 5, 12, 13개인 밧줄을 잡아당기면 $13^2=12^2+5^2$이므로 직각을 만들 수 있음을 지도한다. 이외에 24개(6, 8, 10), 40개(8, 15, 17)도 답으로 제시할 수 있다.
동기유발	- 역사적 사실을 기반으로 한 피타고라스 정리 설명 - 직각삼각형에서 주어져 있지 않은 한 변의 길이 구하기 - 중국 주비산경의 구고현 정리, 고대 바빌로니아의 점토판 플림튼 322, 고대 이집트의 건축술 등
탐구활동	- 다각형의 넓이를 비교하는 과정을 통해 피타고라스 정리를 직관적으로 이해하는 활동
발문	- [자료1] 〈그림1〉과 〈그림2〉에서 색칠된 부분의 넓이를 비교해 볼까요? - [자료2] △ABC, △ACD, △CBD는 왜 서로 닮음인가요? - [자료3] 밧줄을 이용해 직각을 만들 수 있을까요? 왜 그렇게 생각했나요? - [자료3] 피타고라스 이전부터 피타고라스 정리를 사용했지만, 왜 피타고라스 정리라는 이름이 붙었을까요?
오개념 예시	- 피타고라스 정리의 역에 대한 이해의 어려움 - 직각삼각형이 아닌 삼각형에서 피타고라스 정리를 적용하는 경우 - $a^2+b^2=c^2$에서 빗변 이외의 길이를 c에 대입하여 계산하는 경우
지도상의 유의점	- 피타고라스 정리를 도입할 때는 직관적인 방법으로 지도하도록 한다. - 피타고라스 정리의 의미를 파악하고 활용하는 데 중점을 두어 지도한다. - 피타고라스 정리의 내용은 직각삼각형의 세 변의 길이 사이의 관계임을 이해하게 한다. - 피타고라스 정리의 역은 직관적으로 이해하게 한다.

수업실연 A to Z

15

중학교 3학년 모의평가

- 수학 수업실연 모의평가 31회 (+지도안)
- 수학 수업실연 모의평가 32회 (+지도안)
- 수학 수업실연 모의평가 33회
- 수학 수업실연 모의평가 34회
- 수학 수업실연 모의평가 35회
- 수학 수업실연 모의평가 36회
- 수학 수업실연 모의평가 37회
- 수학 수업실연 모의평가 38회
- 수학 수업실연 모의평가 39회
- 수학 수업실연 모의평가 40회

수학 수업실연 모의평가 31회(지도안)

중 3-1

[지도안 조건 및 유의사항]

1. 아래 조건을 참고해 〈지도안 작성란 1~4〉에 해당하는 부분을 작성하시오.
2. 〈지도안 작성란1〉: $y=a(x-p)^2+q$의 그래프에 대해서 복습한다.
   가. 오늘 학습할 내용과 연결성이 드러나도록 한다.
3. 〈지도안 작성란2〉: [자료1]을 이용하여 실연하시오.
   가. 공학적 도구를 이용하여 $y=2x^2-4x+5$과 $y=2(x-p)^2+q$가 같아지는 p, q를 찾도록 한다.
   나. 주어진 식을 $y=a(x-p)^2+q$ 꼴로 바꿔야 하는 필요성이 느껴지도록 한다.
   다. $y=2x^2-4x+5$를 $y=2(x-p)^2+q$꼴로 식을 고친 뒤, 공학도구를 이용해 발견한 결과와 비교한다.
4. 〈지도안 작성란3〉: [자료2]를 이용하여 실연하시오.
   가. 이차함수 $y=\dfrac{1}{3}x^2-2x+1$의 그래프에 대한 학생의 오개념을 수정하는 과정을 포함한다.
5. 〈지도안 작성란4〉: [자료3]을 이용하여 실연하시오.
   가. 이차함수 $y=ax^2+bx+c$의 그래프에서 a,b,c의 부호를 추론하는 교수 · 학습 과정이 드러나게 한다.
6. 학생들과 교사와의 상호작용이 드러나도록 한다.
7. 학습목표는 칠판에 제시된 것으로 간주한다.

[교수 · 학습 조건]

1. 대상 : 중학교 3학년
2. 수업시간 : 45분
3. 단원명 : 이차함수 $y=ax^2+bx+c$의 그래프
4. 교수 · 학습 환경

학생 수	지도 장소	수업 형태	교육기자재	평가
20명	교실	모둠학습	칠판, 분필, 교사용 노트북, 학생용 태블릿, 컴퓨터 프로그램, 스마트TV	자기평가, 동료평가

중 3-1

수학 수업실연 모의평가 31회(지도안)

[자료1]

$y = 2x^2 - 4x + 5$ ······ ㉠
$y = 2(x-p)^2 + q$ ······ ㉡

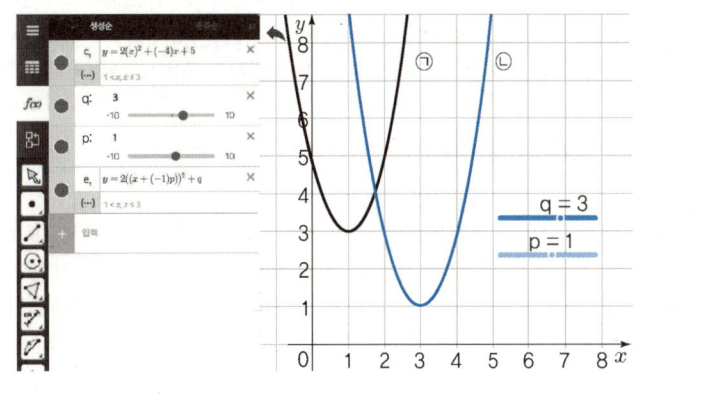

[자료2]

〈1모둠〉	〈2모둠〉
$y = \dfrac{1}{3}x^2 - 2x + 1$ $\quad = \dfrac{1}{3}(x-1)^2$ 이므로 $y = \dfrac{1}{3}x^2$의 그래프를 x축의 방향으로 1만큼 평행이동한 그래프입니다.	$y = \dfrac{1}{3}(x^2 - 6x + 9 - 9) + 1$ $\quad = \dfrac{1}{3}(x-3)^2 - 3 + 1$ $\quad = \dfrac{1}{3}(x-3)^2 - 2$ 이므로 꼭짓점의 좌표는 $(-3, -2)$입니다.

[자료3]

다음은 이차함수 $y = ax^2 + bx + c$ (단, $a \neq 0$)의 그래프이다. (가)와 (나)에 대해 각 물음에 답하시오.

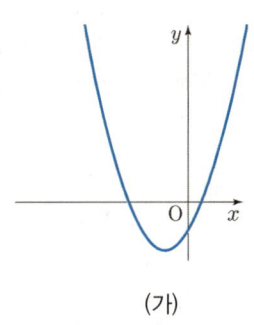
(가)

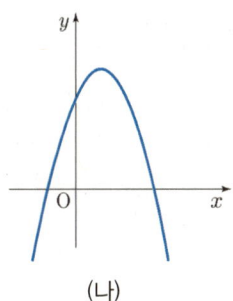
(나)

1. (가)와 (나)의 a와 c의 부호를 각각 구하시오.

2. (가)와 (나)의 이차함수식을 $y = a(x-p)^2 + q$의 꼴로 나타내었을 때, p와 q의 부호를 각각 구하시오.

3. (가)와 (나)의 b의 부호를 각각 구하시오.

* 지도안 구상지는 AtoZ 카페에서 다운로드

지도안 예시답안

도입	주의환기	• 인사 및 출석 확인
	전시학습	〈지도안 작성란1〉 • $y=a(x-p)^2+q$의 그래프에 대한 내용을 복습한다. – 교사 : 저번 시간에 학습한 $y=a(x-p)^2+q$에 대해 복습해 봅시다. $y=ax^2$의 그래프를 어떻게 평행이동한 그래프였나요? – 학생 : $y=ax^2$을 x축의 방향으로 p만큼, y축의 방향으로 q만큼 평행이동한 그래프입니다. – 교사 : 잘 이야기해 주었습니다. 찾을 수 있는 다른 특징에는 무엇이 있나요? – 학생 : $x=p$를 축으로 하고, 점 (p, q)를 꼭짓점으로 하는 포물선입니다. – 교사 : 특징을 잘 찾아주었습니다. 우리가 지금 하고 있는 것은 이차함수의 그래프에 대한 정보에 대해서 찾고자 하는 것입니다. 오늘은 이차함수가 $y=a(x-p)^2+q$와 같은 형태가 아닌 $y=ax^2+bx+c$와 같은 형태일 때, 이차함수 그래프 특징을 어떻게 찾을 수 있는지 살펴보도록 합시다. – 학생 : 네, 선생님.
	학습목표	• 학습목표를 확인한다.
전개	본시학습	〈지도안 작성란2〉 • [자료1]과 같이 공학도구를 이용해 이차함수 $y-2(x-p)^2+q$를 p, q값을 다양하게 바꿔가며, 언제 $y=2x^2-4x+5$와 포개어지는지를 살펴보도록 한다. – 교사 : 화면에 두 개의 그래프가 표현되어 있습니다. 여기에서 $y=2(x-p)^2+q$의 p, q값을 자유롭게 조정하며, 언제 $y=2x^2-4x+5$와 포개어지는지를 살펴보도록 합시다. – 학생 : 네, 선생님. • 포개어지는 순간 두 이차함수 식을 비교해 보도록 한다. – 학생 : 선생님, 포개어졌습니다. – 교사 : 잘해 주었습니다. 언제 두 이차함수가 포개어지나요? 함수식의 특징을 찾아보도록 해요. – 학생 : $p=1$, $q=3$일 때, 두 이차함수 식이 포개어집니다. – 교사 : 좋아요. 그렇다면 두 이차함수 식이 포개어진다는 것은 결국 무엇을 뜻하나요? – 학생 : 아! 함수식이 서로 같아집니다. ⓒ의 식을 전개하면 왠지 ⊙이 될 것 같아요. • $y=2x^2-4x+5$를 $y=2(x-p)^2+q$와 같은 형태로 표현했을 때 장점에 대해서 발문한다. – 교사 : 맞습니다. 그렇다면 이처럼 $y=2x^2-4x+5$를 $y=2(x-p)^2+q$와 같은 형태로 바꾸면 어떤 장점이 있을까요? – 학생 : 오늘 복습했던 $y=a(x-p)^2+q$형태가 되면 그래프의 형태, 축, 꼭짓점 등의 정보를 바로 알 수 있습니다. $y=2x^2-4x+5$만 봤을 때는 이런 것을 알기 어려웠던 것 같아요. – 교사 : 잘 이야기해 주었습니다. 우리는 그래프 형태나 특징 등을 파악하기 위해 이러한 방식으로 식을 자주 변형해서 활용할 거예요. 그렇다면 실제로 $p=1$, $q=3$일 때 두 식이 같아지는지를 확인해 봅시다. – 학생 : $2x^2-4x+5=2(x^2-2x+1-1)+5=2(x-1)^2+3$이 되어서 식이 같아집니다. – 교사 : 잘 정리해 주었습니다. 식을 바꾸는 과정을 잘 기억해 두기 바랍니다.
		〈지도안 작성란3〉 • $y=\dfrac{1}{3}x^2-2x+1$의 그래프의 특징을 파악하기 위해 $y=ax(x-p)^2+q$꼴로 바꾸도록 한다. – 교사 : 우리는 이차함수 그래프의 형태와 특징을 파악하기 위해 $y=ax^2+bx+c$꼴의 이차함수를 어떻게 표현하였나요? – 학생 : $y=a(x-p)^2+q$ 형태로 바꿔서 특징을 찾았습니다. – 교사 : 그렇다면 $y=\dfrac{1}{3}x^2-2x+1$의 그래프 특징을 한 번 파악해 보도록 합시다. • 결과를 발표하도록 하며, 〈1모둠〉, 〈2모둠〉의 해결방법을 포함해 지도한다. – 교사 : 발표해 볼 모둠 있을까요? – 학생1 : 1모둠에서 발표해 보겠습니다. 저희 모둠에서는 다음과 같이 해결했습니다. – 학생2 : 2모둠에서도 발표해 보겠습니다. 저희 모둠에서는 다음과 같이 해결했습니다.

〈1모둠〉	〈2모둠〉
$y=\dfrac{1}{3}x^2-2x+1$ $=\dfrac{1}{3}(x-1)^2$ 이므로 $y=\dfrac{1}{3}x^2$의 그래프를 x축의 방향으로 1만큼 평행이동한 그래프입니다.	$y=\dfrac{1}{3}(x^2-6x+9-9)+1$ $=\dfrac{1}{3}(x-3)^2-3+1$ $=\dfrac{1}{3}(x-3)^2-2$ 이므로 꼭짓점의 좌표는 $(-3, -2)$ 입니다.

전개	본시학습	– 교사: 모두 잘 발표해 주었습니다. 혹시, 1모둠과 2모둠의 발표에 대해서 의견을 줄 친구가 있을까요? – 학생: 1모둠의 경우 x^2의 계수인 $\frac{1}{3}$으로 묶어서 계산하는 과정에서 x의 계수와 상수항을 그대로 사용해서 계산했습니다. – 교사: 맞습니다. 1모둠 잘 발표해 주었지만, 계수로 묶는 과정에서 착오가 있었던 것 같습니다. 2모둠은 어떤가요? – 학생: 식은 올바르게 변형하였지만, 꼭짓점의 좌표가 $(3, -2)$입니다. – 교사: 맞아요. 식은 잘 변형해 주었는데, 마지막에 x좌표를 파악하는데 착오가 있었네요. 식을 변형할 때, 실수하지 않도록 유의할 필요가 있겠습니다. – 교사: 그렇다면 내용을 최종 정리해서 발표해 줄 모둠 있을까요? – 학생: 3모둠에서 정리한 내용을 발표해 보겠습니다. $y = \frac{1}{3}(x^2 - 6x + 9 - 9) + 1$은 $y = \frac{1}{3}(x-3)^2 - 3 + 1$로 변형할 수 있고, $y = \frac{1}{3}(x-3)^2 - 2$와 같이 정리됩니다. 따라서 $y = \frac{1}{3}x^2$의 그래프를 x축으로 3만큼, y축으로 -2만큼 평행이동한 그래프이며 꼭짓점의 좌표는 $(3, -2)$입니다. – 교사: 잘 발표해 주었어요. 〈지도안 작성란4〉 • [자료3]의 문제를 해결하도록 한다. – 교사: [자료3]의 1 ~ 3 문제를 해결해 보도록 합시다. – 학생: 네, 선생님. 그런데 어떻게 접근해야 할지 잘 모르겠어요. – 교사: 그래프 형태와 식의 관계를 잘 되짚어 보고, 꼭짓점과 축에 대한 내용을 잘 기억해 보면 좋겠습니다. 오늘 학습한 $y = ax^2 + bx + c$를 $y = a(x-p)^2 + q$로 바꾸는 과정도 잘 생각해 보구요. – 학생: 오! 알 것 같아요. 선생님. 해보도록 하겠습니다. • 학생들의 풀이를 함께 정리하도록 하며, 오늘 학습한 내용을 상기시키도록 한다. – 교사: 자, 그러면 이제 풀이 결과를 하나씩 발표해 볼까요? – 학생: 1번은 제가 답변해 보겠습니다. (가)의 경우 아래로 볼록이고 y절편이 음수, (나)의 경우 위로 볼록이고 y절편은 양수입니다. 따라서 (가)는 $a > 0$, $c < 0$이고, (나)는 $a < 0$, $c > 0$임을 알 수 있습니다. – 교사: 설명을 잘해 주었어요. 그래프가 아래로 볼록인지, 위로 볼록인지에 따라 최고차항의 계수의 부호가 달라졌죠. y절편에 해당하는 것은 뭐였죠? – 학생: c입니다. – 교사: 좋아요. 2번으로 넘어가 보겠습니다. 발표해 볼 친구 있나요? – 학생: 제가 발표해 보겠습니다. (가)의 꼭짓점의 좌표는 3 사분면에 있으므로 $p < 0$, $q < 0$임을 알 수 있습니다. (나)의 꼭짓점의 좌표는 1 사분면에 있으므로 $p > 0$, $q > 0$임을 알 수 있습니다. – 교사: 좋아요. 잘 설명해 주었어요. 그러면 마지막 3번은 어떻게 해야 할까요? – 학생: 제가 발표해 보겠습니다. $y = ax^2 + bx + c = a(x^2 + \frac{b}{a}x + \frac{b^2}{4a^2}) + c - \frac{b^2}{4a}$을 만족합니다. 따라서 $y = a(x + \frac{b}{2a})^2 + c - \frac{b^2}{4a}$이므로 꼭짓점의 좌표는 $(\frac{-b}{2a}, c - \frac{b^2}{4a})$임을 알 수 있습니다. 이때, $p = -\frac{b}{2a}$이므로 $b = -2ap$가 되어 b의 부호를 구할 수 있습니다. (가)의 경우 2번 문제에 의해 p가 음수, a는 양수임을 이용하면 $b > 0$임을 알 수 있습니다. 같은 방법으로 (나)의 경우 p가 양수, a가 음수이므로 $b > 0$임을 알 수 있습니다. – 교사: 맞아요. 잘 설명해 주었습니다. 이처럼 그래프 형태만 보고도 이차함수의 계수들의 부호를 추측해 볼 수 있답니다.
정리	내용정리	• 오늘 학습한 내용을 정리한다.
	형성평가	• 형성평가를 풀어보고 피드백을 한다.
	차시예고	• 다음 차시를 예고한다.

중 3-1

수학 수업실연 모의평가 31회

[실연 조건 및 유의사항]

1. [수업실연 구상지]의 〈수업실연1~2〉에 해당하는 부분을 수업으로 실연하시오.
2. 〈수업실연1〉: [자료1]을 이용하여 실연하시오.
   가. 공학적 도구를 이용하여 $y=2x^2-4x+5$와 $y=2(x-p)^2+q$가 같아지는 p, q를 찾도록 한다.
   나. 주어진 식을 $y=a(x-p)^2+q$꼴로 바꿔야 하는 필요성이 느껴지도록 한다.
   다. $y=2x^2-4x+5$를 $y=2(x-p)^2+q$꼴로 식을 고친 뒤, 공학도구를 이용해 발견한 결과와 비교한다.
3. 〈수업실연2〉: [자료2]를 이용하여 실연하시오.
   가. 이차함수 $y=ax^2+bx+c$의 그래프에서 a, b, c의 부호를 추론하는 교수·학습 과정이 드러나게 한다.
4. 학생들과 교사와의 상호작용이 드러나도록 한다.
5. 학습목표는 칠판에 제시된 것으로 간주한다.

[교수·학습 조건]

1. 대상 : 중학교 3학년
2. 수업시간 : 45분
3. 단원명 : 이차함수 $y=ax^2+bx+c$의 그래프
4. 교수·학습 환경

학생 수	지도 장소	수업 형태	교육기자재	평가
20명	교실	모둠학습	칠판, 분필, 교사용 노트북, 학생용 태블릿, 컴퓨터 프로그램, 스마트TV	자기평가, 동료평가

수학 수업실연 모의평가 31회

[자료1]

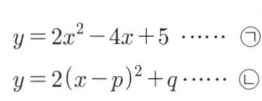

$y = 2x^2 - 4x + 5$ ······ ㉠
$y = 2(x-p)^2 + q$ ······ ㉡

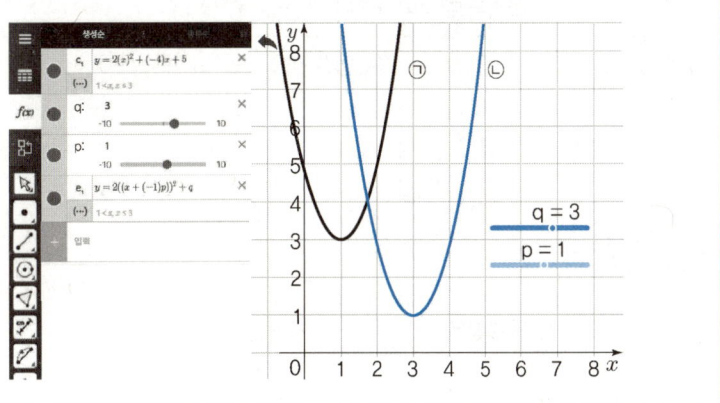

[자료2]

다음은 이차함수 $y = ax^2 + bx + c$ (단, $a \neq 0$)의 그래프이다. (가)와 (나)에 대해 각 물음에 답하시오.

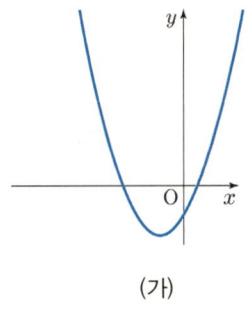

(가)

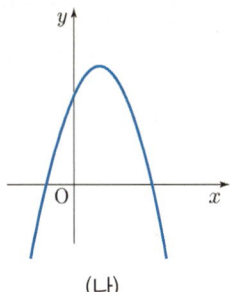

(나)

1. (가)와 (나)의 a와 c의 부호를 각각 구하시오.

2. (가)와 (나)의 이차함수식을 $y = a(x-p)^2 + q$의 꼴로 나타내었을 때, p와 q의 부호를 각각 구하시오.

3. (가)와 (나)의 b의 부호를 각각 구하시오.

수업실연 구상지

단원	이차함수 $y=ax^2+bx+c$의 그래프		차시	
학습목표	• 이차함수 $y=ax^2+bx+c$의 그래프를 그리고, 그 성질을 이해한다.			
학습단계	학습전개	교수·학습 과정		
도입	주의환기	• 인사 및 출석 확인		
	선수학습 확인	• 이차함수 $y=a(x-p)^2+q$의 그래프에 대한 선수학습을 확인한다.		
	학습목표	• 학습목표를 제시한다.		
전개	탐구활동	〈수업실연1〉		
	문제풀이	• 이차함수 $y=ax^2+bx+c$의 그래프와 관련된 문제를 해결한다.		
	모둠활동	〈수업실연2〉		
정리	내용정리	• 오늘 배운 내용을 정리한다.		
	형성평가	• 형성평가를 실시한다.		
	차시예고	• 다음 차시를 안내한다.		

수업 한 페이지

문제해설	- [자료1]에서 공학적 도구의 슬라이더를 이용하여 $p=1, q=3$일 때 $y=2x^2-4x+5$와 $y=2(x-p)^2+q$가 같아지므로 이차함수 $y=2x^2-4x+5$의 그래프는 $y=2(x-1)^2+3$으로 나타낼 수 있음을 발견하게 한다. - [자료1] $y=2x^2-4x+5$가 $y=2(x-1)^2+3$과 같으므로 이차함수 $y=2x^2-4x+5$의 그래프는 $y=2x^2$의 그래프를 이용하여 그릴 수 있음을 추측하게 한다. - [자료1] 식을 직접 유도해 두 식이 같음을 보이도록 한다. $\rightarrow 2x^2-4x+5 = 2(x^2-2x+1-1)+5 = 2(x-1)^2+3$ - [자료1] $y=2(x-1)^2+3$을 이용하면 이차함수 $y=2x^2-4x+5$의 그래프는 $y=2x^2$의 그래프를 x축의 방향으로 1만큼, y축의 방향으로 3만큼 평행이동한 것을 손쉽게 알 수 있음을 확인한다. 이를 통해, $y=ax^2+bx+c$의 그래프의 개형을 손쉽게 파악하기 위해 $y=a(x-p)^2+q$의 형태로 식을 바꾸어 접근한다는 사실을 학생들이 이해할 수 있도록 한다. - [자료1] 추가로 이차함수가 $y=ax^2+bx+c$의 꼴로 주어졌을 때, 확인할 수 있는 함수의 그래프의 성질은 a의 부호에 따라 그래프가 아래로 볼록한지 위로 볼록한지와 점 $(0,c)$를 지난다는 것이다. 이것만으로는 그래프를 정확하게 표현하기 어려우므로 주어진 이차함수를 $y=a(x-p)^2+q$의 꼴로 변형함을 이해하도록 한다. - [자료2]에서 주어진 이차함수의 그래프를 이용하여 이차함수 $y=ax^2+bx+c$에서 세 수 a, b, c의 부호를 판단할 수 있게 한다. b의 부호는 $y=a(x-p)^2+q=ax^2+bx+c$이므로 $b=-2ap$를 이용하여 판단한다. | (가)	그래프의 모양이 아래로 볼록하고 y절편이 음수이므로 $a>0$, $c<0$ 꼭짓점의 좌표 (p, q)가 제3사분면에 있으므로 $p<0$, $q<0$ $a>0$, $p<0$이므로 $b>0$	(나)	그래프의 모양이 위로 볼록하고 y절편이 양수이므로 $a<0$, $c>0$ 꼭짓점의 좌표 (p, q)가 제1사분면에 있으므로 $p>0$, $q>0$ $a<0$, $p>0$이므로 $b>0$
---	---	---	---	
탐구활동	- 학생들이 이차함수 $y=ax^2+bx+c$의 꼴을 $y=a(x-p)^2+q$의 꼴로 고치는 활동
발문	- [자료1] 이차함수가 $y=ax^2+bx+c$의 꼴일 때 그래프를 바로 그릴 수 있나요? - [자료1] 이차함수 $y=a(x-p)^2+q$ 그래프의 특징은 무엇이었나요? - [자료1] $y=ax^2+bx+c$를 $y=a(x-p)^2+q$꼴로 바꾸면 무엇이 좋을까요? - [자료2] $y=ax^2+bx+c$를 $y=a(x-p)^2+q$의 꼴로 고치고 두 식을 비교해 볼까요?
오개념 예시	- 이차함수 $y=ax^2+bx+c$를 $y=a(x-p)^2+q$의 꼴로 적절히 고치지 못하는 경우 - 이차함수 $y=ax^2+bx+c$의 그래프의 꼭짓점의 좌표, 축, y축과의 교점을 잘못 파악하는 경우
지도상의 유의점	- 이차함수 $y=ax^2+bx+c$를 $y=a(x-p)^2+q$의 꼴로 고친 후, 꼭짓점의 좌표, 축, y축과 만나는 점의 좌표를 구하여 그래프를 그릴 수 있게 한다. - 이차방정식의 해와 이차함수의 그래프 사이의 관계는 다루지 않는다. - 이차함수의 그래프를 그리고 여러 가지 성질을 탐구할 때, 공학적 도구를 이용할 수 있다.

수학 수업실연 모의평가 32회(지도안)

중 3-2

[지도안 조건 및 유의사항]

1. 아래 조건을 참고해 〈지도안 작성란 1~3〉을 작성하시오.
2. 〈지도안 작성란1〉 : [자료1]을 이용해 '양의 상관관계', '음의 상관관계'를 지도하시오.
   가. ①, ②에 대한 실생활 관련 예시가 포함되도록 한다.
   나. '상관관계가 강하다'의 의미에 대해 지도한다.
3. 〈지도안 작성란2〉 : [자료2]의 상황을 수업에 포함하도록 하시오.
   가. '준하'의 말을 통해 상관관계가 없는 경우를 지도하며, 구체적인 상황을 2가지 이상 포함한다.
   나. '형돈'이의 질문을 학생들이 스스로 해결할 수 있도록 한다.
4. 〈지도안 작성란3〉 : [자료3]을 모둠활동으로 지도하시오.
   가. 학생과 교사 사이의 상호작용이 드러나도록 한다.
6. 학습목표는 칠판에 제시된 것으로 간주한다.
7. 칠판에는 적정량 이상의 판서를 실시한다.

[교수 · 학습 조건]

1. 대상 : 중학교 3학년
2. 수업시간 : 45분
3. 단원명 : 산점도와 상관관계
4. 교수 · 학습 환경

학생 수	지도 장소	수업 형태	매체 및 기자재	평가
35명	교실	거꾸로 수업	칠판, 분필, 태블릿PC	동료평가, 과정중심 평가

수학 수업실연 모의평가 32회(지도안)

중 3-2

[자료1]

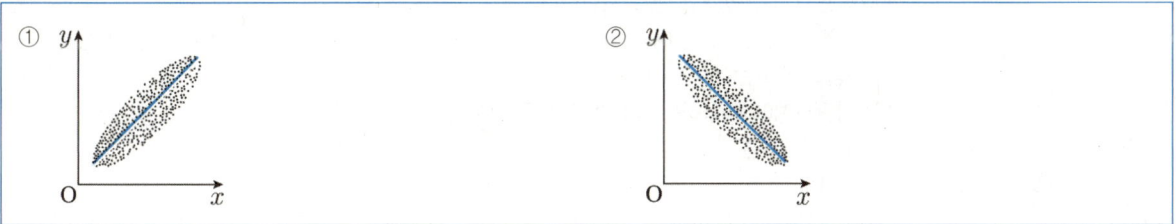

[자료2]

준하 : 선생님, 그러면 어떤 두 개의 변량을 가지고 와도 항상 상관관계가 있다고 할 수 있나요?
교사 : (   )
형돈 : 선생님, 그러면 산점도가 아래와 같은 그래프 형태를 이루고 있으면 x, y는 어떤 상관관계가 있다고 말할 수 있나요?

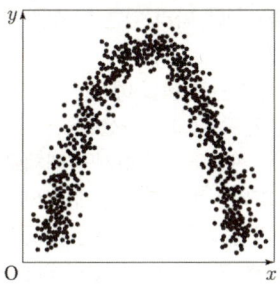

[자료3]

〈모둠활동〉
다음은 학생들의 이번 학기 중간고사 수학 점수와 하루 동안 학생들이 게임에 사용하는 시간을 산점도로 나타낸 것이다. 모둠원들과 토의해 다음 물음에 답하시오.

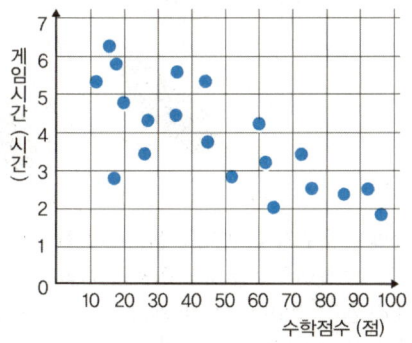

(1) 수학 점수와 게임시간 사이에 상관관계가 있는지를 그 이유와 함께 설명하시오.

(2) 위 산점도에서 알 수 있는 사실은 무엇인지 말하시오.

* 지도안 구상지는 AtoZ 카페에서 다운로드

지도안 예시답안

도입	주의환기	• 인사 및 출석 확인
	동기유발	• 동기유발을 한다.
	학습목표	• 학습목표를 확인한다.

전개	본시학습	〈지도안 작성란1〉
		• [자료1]을 이용해 양의 상관관계, 음의 상관관계를 지도한다.
		• 두 변량 x와 y 중 한쪽이 증가함에 따라 다른 한쪽이 대체로 증가 또는 감소할 때, x와 y 사이에 상관관계가 있다고 함을 지도한다.
		• x와 y 중 한쪽이 증가함에 따라 다른 한쪽도 대체로 증가할 때, x와 y 사이에 양의 상관관계가 있음을 지도한다.
		• 양의 상관관계에 해당하는 실생활 예시를 학생들에게 발문한다.
		  – 교사 : 여러분들, 이제 양의 상관관계에 대해 의미를 알겠죠?
		  – 학생 : 네!
		  – 교사 : 그렇다면 우리 생활 주변에서 양의 상관관계에 해당되는 관계에는 무엇이 있을까요?
		  – 학생1 : 키가 클수록 몸무게가 보통 더 많이 나가기 때문에 양의 상관관계일 것 같습니다.
		  – 교사 : 잘 찾아주었습니다. 키가 성장할 때 몸무게가 대체로 늘어나기 때문에 양의 상관관계입니다.
		  – 학생2 : 기온이 높을수록 아이스크림의 판매량이 증가하기 때문에 양의 상관관계일 것 같습니다.
		  – 교사 : 잘 말해 주었어요. 기온이 높을수록 사람들이 더우니까 아이스크림을 많이 사 먹겠죠? 따라서 판매량이 대체로 늘어납니다. 둘 사이의 관계는 양의 상관관계입니다.
		• x와 y 중 한쪽이 증가함에 따라 다른 한쪽은 대체로 감소할 때, x와 y 사이에 음의 상관관계가 있음을 지도한다.
		• 음의 상관관계에 해당하는 실생활 예시는 무엇이 있을지 발문한다.
		  – 교사 : 음의 상관관계도 잘 이해하셨죠?
		  – 학생 : 네! 양의 상관관계와 비슷하지만 대체로 감소한다는 것에 주목하면 됩니다.
		  – 교사 : 좋습니다. 그러면 음의 상관관계 실생활 예시를 찾아볼까요?
		  – 학생3 : 산의 높이가 올라갈수록 기온은 조금씩 떨어지므로, 음의 상관관계일 것 같습니다.
		  – 교사 : 이번에는 다른 친구들이 학생3의 의견에 대해 이야기해 볼까요?
		  – 학생4 : 음의 상관관계입니다! 높이가 대체로 높아질 때, 기온이 대체로 낮아지는 것이기 때문에 음의 상관관계라고 생각해요.
		  – 교사 : 맞아요. 좋은 예시와 구체적인 설명 모두 잘해 주었습니다. 다른 예시를 찾은 친구가 있을까요?
		  – 학생5 : 제품의 가격과 소비량입니다. 제품의 가격이 올라갈수록 일반적으로 소비량은 줄어들게 됩니다. 따라서 음의 상관관계입니다.
		  – 교사 : 좋습니다. 모두 예시를 너무 잘 찾아주었네요. 그렇다면 다음 두 산점도를 한 번 비교해봅시다. 둘은 어떤 차이점이 있나요?
		
		  – 학생 : 첫 번째 산점도가 두 번째 산점도보다 직선 주위에 더 가까이 모여 있습니다.
		  – 교사 : 특징을 잘 찾아주었습니다. 이처럼 산점도가 직선 주위에 더 가까이 모여 있는 경우 우리는 그렇지 않은 것보다 '상관관계가 강하다'라고 합니다.
		  – 학생 : 선생님! 그러면 음의 상관관계도 같겠네요?
		  – 교사 : 맞습니다. 음의 상관관계인 경우도 직선 주위에 더 가까이 모이면 상관관계가 강하다고 표현해요. '상관관계가 있다', '양의 상관관계', '음의 상관관계', '상관관계가 강하다' 이 모든 개념을 잘 기억하기 바랍니다.
		  – 학생 : 네, 선생님! 내용이 너무 흥미롭습니다.

전개	본시학습	⟨지도안 작성란2⟩
		• 학생의 질문을 경청한다.
		  – 준하 : 선생님, 상관관계에 대해서 저희가 배웠는데요. 그러면 어떤 두 개의 변량을 가지고 오더라도 항상 상관관계가 있다고 할 수 있나요? 그럴 것 같기도 하고, 그렇지 않을 것 같기도 해서 헷갈려요.
		  – 교사 : 맞아요. 헷갈리기 쉬운 부분입니다. 그렇다면 다음 그림을 한 번 봐볼까요?
		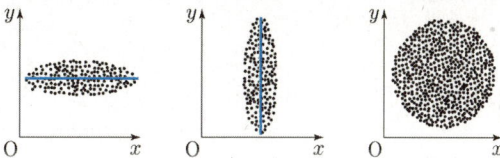
		  – 교사 : 위 그림은 상관관계가 있을까요? 없을까요?
		  – 학생 : 상관관계가 있으려면 한 변량이 커질 때, 다른 변량이 대체로 커지거나 작아져야 하는데 위 세 가지 경우는 모두 한 변량이 커질 때, 다른 변량이 대체로 커지거나 작아진다고 할 수 없으므로 상관관계가 없습니다.
		  – 교사 : 맞습니다. 이처럼 두 변량이 주어졌을 때 항상 상관관계가 있는 것은 아니며, 상관관계가 없는 경우도 있답니다.
		  – 형돈 : 선생님 그러면 산점도가 아래와 같은 그래프 형태를 이루고 있으면 x, y는 어떤 상관관계가 있다고 말할 수 있나요?
		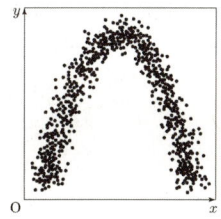
		  – 교사 : 어떻다고 말할 수 있을까요? 여러분들은 형돈이가 이야기한 산점도가 어떤 상관관계가 있다고 생각하나요?
		  – 학생 : x가 커짐에 따라 y가 커졌다가 작아진 상황입니다. 이것은 y가 대체로 커지거나 대체로 작아진다고 볼 수는 없으므로 상관관계가 없는 것 같습니다.
		  – 교사 : 맞아요. 산점도에서 보면 알 수 있듯이 x가 커짐에 따라 y는 커졌다가 작아지기 때문에 상관관계가 있다고 볼 수는 없습니다. 헷갈리기 쉬우니 잘 기억해 둡시다.
		
		⟨지도안 작성란3⟩
		• [자료3]을 모둠활동으로 지도한다.
		  – 교사 : 자 여러분, [자료3]에 제시된 문제를 잘 읽고 모둠원들과 토의해 (1)과 (2)의 답을 찾아보도록 합시다. 오늘 배운 상관관계를 기억하도록 해요.
		  – 학생 : 네, 알겠습니다.
		• 문제 (1)에 대한 답을 학생들에게 발문한다.
		  – 교사 : 문제 (1)을 해결한 모둠 있을까요?
		  – 학생1 : 1모둠에서 발표해 보겠습니다. 수학점수가 높아질 때, 게임 시간이 대체로 적다는 사실을 알 수 있습니다. 따라서 음의 상관관계가 있다고 저희 모둠에서는 결론을 내렸습니다.
		  – 교사 : 1모둠에서 답변을 잘 주었습니다. 수학점수와 게임시간은 산점도를 살펴봤을 때 음의 상관관계가 있음을 알 수 있습니다. 그렇다면 (2)는 어떤 모둠에서 발표해 볼까요?
		  – 학생2 : 2모둠에서 발표해 보겠습니다. 게임시간이 적으므로 수학점수가 높다는 결론을 내릴 수 있습니다.
		  – 교사 : 잘 설명해 주었지만, 상관관계는 원인과 결과에 대해서 이야기하는 것은 아닙니다. 반드시 인과관계가 있다고 보기 어렵기 때문에 '수학점수가 높은 친구는 대체로 게임시간은 적음을 알 수 있다.'라고 설명하는 것이 좋겠습니다.
		  – 학생2 : 아! 그렇군요. 당연히 원인과 결과일 것이라 생각했습니다. 주의해서 생각해야겠네요.

정리	내용정리	• 오늘 학습한 내용을 정리한다.
	형성평가	• 형성평가를 풀어보고 피드백을 한다.
	차시예고	• 다음 차시를 예고한다.

중 3-2

수학 수업실연 모의평가 32회

[실연 조건 및 유의사항]

1. [수업실연 구상지]의 〈수업실연1~3〉에 해당하는 부분을 수업으로 실연하시오.
2. 〈수업실연1〉: [자료1]을 이용해 '양의 상관관계', '음의 상관관계'를 지도하시오.
   가. ①, ②에 대한 실생활 관련 예시가 포함되도록 한다.
3. 〈수업실연2〉: [자료2]의 상황을 수업에 포함하도록 하시오.
   가. '준하'의 말을 통해 상관관계가 없는 경우를 지도하며, 구체적인 상황을 2가지 이상 포함한다.
4. 〈수업실연3〉: [자료3]을 모둠활동으로 지도하시오.
   가. 학생과 교사 사이의 상호작용이 드러나도록 한다.
5. 학습목표는 칠판에 제시된 것으로 간주한다.
6. 칠판에는 적정량 이상의 판서를 실시한다.

[교수·학습 조건]

1. 대상: 중학교 3학년
2. 수업시간: 45분
3. 단원명: 산점도와 상관관계
4. 교수·학습 환경

학생 수	지도 장소	수업 형태	매체 및 기자재	평가
35명	교실	거꾸로 수업	칠판, 분필, 태블릿PC	동료평가, 과정중심 평가

[자료1]

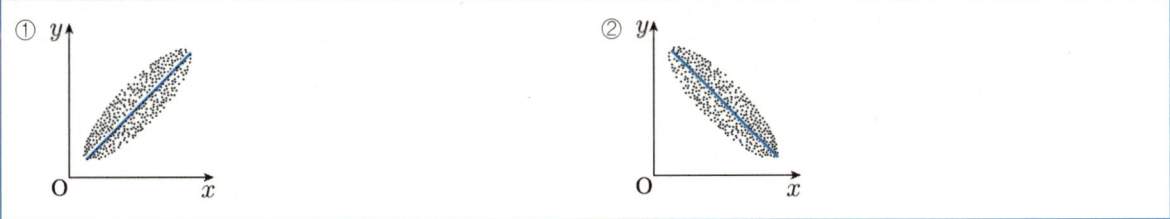

[자료2]

준하 : 선생님, 그러면 어떤 두 개의 변량을 가지고 와도 항상 상관관계가 있다고 할 수 있나요?
교사 : (   )

[자료3]

〈모둠활동〉
다음은 학생들의 이번 학기 중간고사 수학점수와 하루 동안 학생들이 게임에 사용하는 시간을 산점도로 나타낸 것이다. 모둠원들과 토의해 다음 물음에 답하시오.

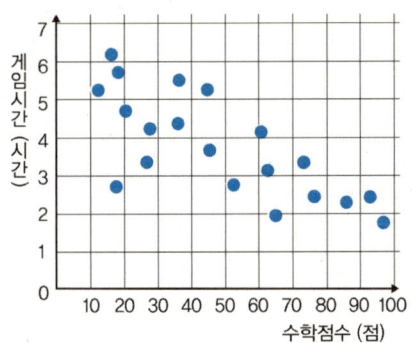

(1) 수학점수와 게임시간 사이에 상관관계가 있는지를 그 이유와 함께 설명하시오.

(2) 위 산점도에서 알 수 있는 사실은 무엇인지 말하시오.

수업실연 구상지

단원		산점도와 상관관계	차시	
학습목표	• 주어진 자료를 산점도로 나타내고 이를 상관관계로 해석할 수 있다.			
학습단계	학습전개	교수·학습 과정		
도입	주의환기	• 인사 및 출석 확인		
	선수학습	• 선수학습을 확인한다.		
	학습목표	• 학습목표를 제시한다.		
전개	상관관계 개념지도	〈수업실연1〉 〈수업실연2〉		
	모둠활동	〈수업실연3〉		
정리	내용정리	• 오늘 배운 내용을 정리한다.		
	형성평가	• 형성평가를 실시한다.		
	차시예고	• 다음 차시를 안내한다.		

수업 한 페이지

문제해설	– [자료1]을 이용해 두 변량 x, y 중 한 변량이 증가함에 따라 다른 변량도 대체로 증가할 때 두 변량 사이에 양의 상관관계가 있으며, 한 변량이 증가함에 따라 다른 변량이 대체로 감소할 때 두 변량 사이에 음의 상관관계가 있다는 사실을 지도한다. – [자료1] 양의 상관관계와 음의 상관관계에 대한 구체적 예시를 이용해 내용을 설명한다. {| 양의 상관관계 예시	음의 상관관계 예시 | |---|---| | • 키와 몸무게 사이의 관계 • 기온과 아이스크림 판매량 사이의 관계 | • 산의 높이와 기온 사이의 관계 • 제품의 가격과 소비량 |} (+) 이때 상관관계가 가지는 장점을 학생들에게 발문할 수도 있습니다. → 예 두 변량 사이의 관계를 한눈에 파악할 수 있다. – [자료2] 학생들에게 준하의 의견에 대해서 어떻게 생각하는지를 발문한다. – [자료2] '발 크기(x)'와 '수학 시험 점수(y)'와 같은 예시를 통해 두 변량 x, y가 반드시 상관관계를 가지는 것은 아님을 설명한다. 구체적인 그림을 통해 예시를 제시한 뒤, 상관관계가 없는 이유를 학생들에게 발문한다. 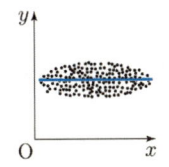 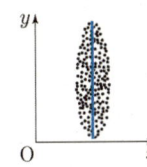 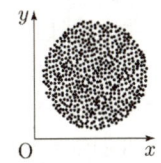 – [자료2] 제시된 예시는 모두 x가 증가함에 따라 y가 대체로 증가하거나 감소한다고 볼 수 없기 때문에 상관관계가 없음을 설명한다. – [자료3]을 모둠활동으로 지도한다. 주어진 자료를 이용해 어떤 상관관계가 있는지, 산점도를 통해 얻을 수 있는 사실이 무엇인지를 모둠활동 내용으로 실연한다. – [자료3] 수학점수와 게임 시간은 음의 상관관계가 있음을 지도한다. – [자료3] 수학점수가 높은 친구는 대체로 게임시간은 적음을 알 수 있다. – [자료3] 학생들의 오개념 상황을 가정한다. 게임 시간과 수학점수를 인과관계로 해석하는 내용을 오개념으로 포함한 뒤 상관관계를 인과관계로 해석하지 않도록 지도한다.
동기유발	– 양의 상관관계, 음의 상관관계에 대한 예시 예 TV 시청률과 광고 개수, 키와 몸무게 등
탐구활동	– 산점도를 이용하여 상관관계 해석하기
발문	– [자료1] 다음 그래프는 x가 증가함에 따라 y는 어떻게 변하나요? – [자료1] 양(음)의 상관관계의 예시는 어떤 것들이 있을까요? – [자료1] 산점도에서 상관관계를 해석하는 것은 어떤 장점이 있을까요? – [자료2] 준하의 질문에 대해서 어떻게 생각하나요? – [자료2] 주어진 산점도는 상관관계가 있을까요?(or 없을까요?) – [자료3] 주어진 산점도는 상관관계가 있을까요? – [자료3] 수학점수와 게임 시간 사이에는 어떤 관계가 있을까요?
오개념 예시	– 상관관계가 항상 인과관계가 있다고 생각하는 경우 – 두 변량이 항상 상관관계가 있다고 생각하는 경우 – 상관관계가 강하고 약한 것을 산점도에 그려진 직선의 방향이나 기울기의 크기와 연관 짓는 경우
지도상의 유의점	– 상관관계는 양의 상관관계, 음의 상관관계, 상관관계가 없는 경우로 구분하여 다룬다. – 극단적인 값으로 인해 상관관계를 적절히 해석하지 못하는 경우를 유의하도록 한다.

중 3-3

수학 수업실연 모의평가 33회

[실연 조건 및 유의사항]

1. [수업실연 구상지]의 〈수업실연1~3〉에 해당하는 부분을 수업으로 실연한다.
2. 〈수업실연1〉: [자료1]을 이용해 제곱근의 개념을 지도하시오.
   가. 제곱근 개념에 관한 내용을 판서로 남기도록 한다.
3. 〈수업실연2〉: [자료2]를 활용해 근호($\sqrt{}$)의 개념을 지도하시오.
   가. 근호 개념의 필요성과 유용성이 느껴지도록 하는 교사의 발문이 포함되도록 한다.
   나. [자료2]를 이용해 교사가 활동을 직접 구성한다.
   다. 근호 개념에 대한 내용을 판서로 정리하도록 한다.
4. 〈수업실연3〉: [자료3]을 지도하시오.
   가. 학생의 오개념 상황을 2가지 이상 포함하고 이를 해결하는 과정을 포함한다.
5. 학생들과 교사와의 상호작용이 드러나도록 한다.
6. 학습목표는 칠판에 제시된 것으로 간주한다.

[교수 · 학습 조건]

1. 대상 : 중학교 3학년
2. 수업시간 : 90분(블록타임제)
3. 단원명 : 제곱근과 그 성질
4. 교수 · 학습 환경

학생 수	지도 장소	수업 형태	교육기자재	평가
30명	교실	모둠학습	칠판, 분필	자기평가, 동료평가

수학 수업실연 모의평가 33회

[자료1]

다음은 ∠C = 90°인 직각삼각형 ABC로 $\overline{BC}$ = 4cm, $\overline{AC}$ = 3cm, $\overline{AB}$ = x cm 라고 한다. 피타고라스 정리를 이용해 x^2의 값을 구하고, x^2을 만족하는 자연수 x의 값을 구하시오.

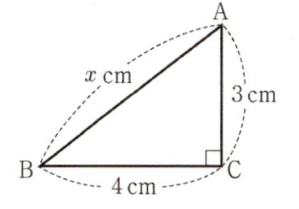

[자료2]

다음은 ∠F = 90°인 직각삼각형 DEF로 $\overline{EF}$ = 2cm, $\overline{DF}$ = 3cm, $\overline{DE}$ = x cm 라고 한다. 피타고라스 정리를 이용해 x^2의 값을 구하고, x^2을 만족하는 자연수 x의 값을 구하시오.

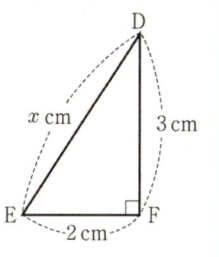

[자료3]

다음 문제를 해결하시오.

(1) $(\sqrt{5})^2 + \sqrt{(-2)^2}$

(2) $a < 0$일 때, $-\sqrt{(-a)^2} - \sqrt{(3a)^2}$의 값을 구하시오.

수업실연 구상지

단원	제곱근과 그 성질		차시	
학습목표	• 제곱근의 뜻을 알고, 근호를 사용하여 제곱근을 나타낼 수 있다. • 제곱근의 성질을 말할 수 있다.			
학습단계	학습전개	교수·학습 과정		
도입	주의환기	• 인사 및 출석 확인		
	탐구활동	• 탐구활동을 실시한다.		
	학습목표	• 학습목표를 제시한다.		
전개	개념지도	〈수업실연1〉 〈수업실연2〉 • 제곱근의 성질을 지도한다. 　$a>0$일 때, 　1. $(\sqrt{a})^2=a$, $(-\sqrt{a})^2=a$ 　2. $\sqrt{a^2}=a$, $\sqrt{(-a)^2}=a$		
	모둠활동	〈수업실연3〉		
	문제풀이	• 제곱근의 성질을 이용한 문제를 해결한다.		
정리	내용정리	• 오늘 배운 내용을 정리한다.		
	형성평가	• 형성평가를 실시한다.		
	차시예고	• 다음 차시를 안내한다.		

수업 한 페이지

문제해설	– [자료1] 피타고라스 정리를 이용해 주어진 문제를 해결하도록 한다. 이때, 피타고라스 정리를 간단히 복습한다. – [자료1] 주어진 삼각형은 직각삼각형이므로 피타고라스 정리에 의해 $x^2=3^2+4^2$이므로 $x^2=25$임을 알 수 있다. 이때, 25를 만족하는 자연수 x값을 찾아야 하므로 x는 5가 됨을 알 수 있다. 학생들이 제곱근 개념을 직관적으로 이해할 수 있도록 한다. – [자료1] 이처럼 어떤 수 x를 제곱하여 a가 될 때, $x^2=a$가 될 때, x를 a의 제곱근이라고 함을 지도한다. – [자료2]의 문제를 해결하도록 한다. – [자료2]는 [자료1]과 다르게 피타고라스 정리를 이용해 쉽게 구할 수 없음을 인식하도록 한다. x값은 존재하지만 기존에 알고 있는 방법으로는 설명할 수 없음을 안내하며 근호 개념을 도입한다. – [자료2] 일반적으로 양수의 제곱근에는 양수, 음수 2개가 있으며 이 중 양수인 것을 양의 제곱근 $\sqrt{a}$, 음수인 것을 음의 제곱근 $-\sqrt{a}$라고 나타낸다. 기호 $\sqrt{}$를 근호라 하고 '제곱근 a', '루트 a'라고 부름을 안내한다. 이때, 제곱근 a와 a의 제곱근을 잘 구별하도록 한다. – [자료2] 지도한 내용을 바탕으로 주어진 문제를 근호를 이용해 정리해 보도록 한다. 피타고라스 정리에 의해 $x^2=3^2+2^2$이므로 $x^2=13$이다. $x=\pm\sqrt{13}$이고 x는 양수이므로 $x=\sqrt{13}$임을 알 수 있다. – [자료3] 주어진 문제를 해결하도록 한다. – [자료3] (1) 제곱근 성질에 의해 $5+2=7$이다. 이때, $\sqrt{(-2)^2}=-2$로 계산하는 경우를 오개념 상황으로 제시하며, 어느 부분이 잘못되었는지를 발문한다. – [자료3] (1) 근호 안에 값이 양수여야 $\sqrt{a^2}=a$가 성립함을 한 번 더 확인하도록 한다. – [자료3] (2) 제곱근 성질에 의해 $-\sqrt{(-a)^2}-\sqrt{(3a)^2}=-(-a)-(-3a)=a+3a=4a$이다. 이때, $\sqrt{(-a)^2}=a$ 혹은 $\sqrt{(3a)^2}=3a$라고 생각하는 경우를 오개념 예시로 제시한다. 제곱근 성질을 만족하기 위해서는 근호 안에 값이 양수임을 주의하도록 하며, 문자는 음수가 될 수도 있음을 상기하도록 한다.
탐구활동	– 피타고라스 정리를 이용해 제곱근의 개념을 직관적으로 도입하는 활동
발문	– [자료1] 피타고라스 정리는 무엇이었나요? 언제 사용할 수 있었나요? – [자료1] x^2의 값은 얼마일까요? 자연수 x의 값은 얼마일까요? – [자료2] x의 값은 어떻게 계산할 수 있을까요? – [자료3] 제곱근의 성질을 만족하기 위해서는 근호 안에 값은 부호가 어떻게 되어야 하나요? – [자료3] 문자는 항상 양수인가요?
오개념 예시	– 근호 안의 값의 부호를 생각하지 않고 근호를 계산하는 경우 예 $\sqrt{(-3)^2}=-3$ – 문자는 항상 양수라고 생각하는 경우 예 $a<0$일 때, $\sqrt{(a)^2}=a$라고 생각하는 경우
지도상의 유의점	– 제곱근과 무리수는 피타고라스 정리를 이용하여 도입할 수 있다. – 실수를 제곱하여 음수가 되는 경우는 생각하지 않도록 한다. – 양수 a에 대하여 $\sqrt{a}$는 a의 제곱근 중에서 양수인 것을 나타내는 것을 주의하게 한다. – 0의 제곱근은 0 하나뿐임을 이해하게 한다.

수학 수업실연 모의평가 34회

중 3-4

[실연 조건 및 유의사항]

1. [수업실연 구상지]의 〈수업실연1~3〉에 해당하는 부분을 수업으로 실연하시오.
2. 〈수업실연1〉 : [자료1]을 실연하시오.
   가. 직관적으로 무리수의 존재를 이해하게 하는 교수·학습 과정을 포함한다.
3. 〈수업실연2〉 : [자료2]를 이용하여 실연하시오.
   가. [자료1]의 활동의 결과를 통해 무리수의 뜻에 대해 지도한다.
   나. 소수의 분류에 대해 지도한다.
4. 〈수업실연3〉 : [자료3]을 모둠활동으로 실연하시오.
   가. 무리수의 필요성과 유용성을 인식하게 하는 발문을 포함한다.
5. 학생들과 교사와의 상호작용이 드러나도록 한다.
6. 학습목표는 칠판에 제시된 것으로 간주한다.

* 참고 : $\sqrt{2} = 1.41421356237\cdots$

[교수·학습 조건]

1. 대상 : 중학교 3학년
2. 수업시간 : 45분
3. 단원명 : 무리수
4. 교수·학습 환경

학생 수	지도 장소	수업 형태	교육기자재	평가
24명	교실	모둠학습	칠판, 분필, 계산기, 교사용 노트북, 스마트TV	자기평가, 동료평가

수학 수업실연 모의평가 34회

중 3-4

[자료1]

1. 한 변의 길이가 1인 정사각형 ABCD의 대각선의 길이를 x라고 할 때, 피타고라스 정리를 이용하여 x의 값을 구해보자.

2. 아래의 표를 참고하여 x의 값을 부등호를 사용하여 나타내보자.

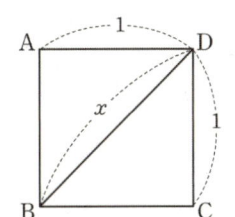

a	a^2
1.3	1.69
1.4	1.96
1.5	2.25

a	a^2
1.41	1.9881
1.42	2.0164
1.43	2.0449

a	a^2
1.413	1.996569
1.414	1.999396
1.415	2.002225

3. 계산기를 이용하여 x의 값을 소수로 나타내보자.

[자료2]

소수는 다음과 같이 분류할 수 있다.

소수 { 유한소수 ⎫
       무한소수 { 순환소수 ⎬ 유리수
                순환소수가 아닌 무한소수 …… 무리수

[자료3]

복사용지로 많이 사용되는 용지에는 A시리즈가 있다. A0용지(841mm×1189mm)를 반으로 자르면 A1, 2번, 3번,… 자르면 각각 A2, A3, …이 된다. 우리가 가장 많이 사용하는 복사용지인 A4용지(210mm×297mm)는 A0용지를 4번 접어 만든 종이이다.

(1) 위 글을 참고하여 처음 전지의 가로와 세로의 비율을 어떻게 두어야 절반으로 잘라도 닮은꼴의 종이가 만들어질 수 있을지 모둠원과 토의해 봅시다.

(2) A4용지의 규격을 이와 같이 정한 이유가 무엇일지 설명해 봅시다.

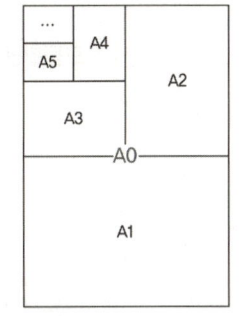

참고: EBSi A4용지 비율에 숨겨진 비밀?!

수업실연 구상지

단원		무리수와 실수		차시	
학습목표	• 무리수의 개념을 이해하고 실수의 대소 관계를 안다.				
학습단계	학습전개	교수·학습 과정			
도입	주의환기	• 인사 및 출석 확인			
	학습목표	• 학습목표를 제시한다.			
전개	개념지도	〈수업실연1〉 〈수업실연2〉 • 실수의 분류를 지도한다.			
	모둠활동	〈수업실연3〉			
정리	내용정리	• 오늘 배운 내용을 정리한다.			
	형성평가	• 형성평가를 실시한다.			
	차시예고	• 다음 차시를 안내한다.			

수업 한 페이지

문제해설	– [자료1]–1 피타고라스 정리에 의하여 $x^2 = 1^2 + 1^2$, $x^2 = 2$이고 x는 양수이므로 $x = \sqrt{2}$임을 알 수 있다. $\sqrt{2}$의 값이 어떻게 될지 학생들에게 추측해 보도록 한다. – [자료1]–2 $a > 0, b > 0$일 때 $a^2 < x < b^2$이면 $a < \sqrt{x} < b$임을 이용해 $\sqrt{2}$의 값을 소수로 나타내도록 한다. $1.4 < \sqrt{2} < 1.5$, $1.41 < \sqrt{2} < 1.42$, $1.414 < \sqrt{2} < 1.415$로 나타낼 수 있다. – [자료1]–2 과정을 반복하면 값이 어떻게 될지 추측해 보게 한다. – [자료1]–3 계산기를 이용하여 $\sqrt{2}$의 값을 확인한 뒤, $\sqrt{2}$는 순환소수가 아닌 무한소수임을 직관적으로 이해하게 한다. – [자료2]를 통해 $\sqrt{2}$는 순환소수가 아닌 무한소수이므로 $\sqrt{2}$는 유리수가 아님을 알게 한다. 순환소수가 아닌 무한소수로 나타내어지는 수를 무리수라고 정의하며 무리수의 뜻을 도입한다. – [자료2] 학습한 내용을 통해 소수를 구분한다. 유한소수와 순환소수를 유리수, 순환하지 않는 무한소수를 무리수로 정리한다. 이때, 무한소수는 모두 무리수 혹은 유리수라고 생각하지 않도록 한다. (이를 오개념 상황으로 가정해도 좋다.) – [자료3]의 복사용지에 대해 설명한 뒤, 주어진 문제를 모둠별로 해결할 수 있도록 한다. – [자료3] (1) 어떻게 하면 잘라도 닮은 비율이 나올지를 발문한 뒤, 이를 식으로 정리해 해결하도록 한다. – [자료3] (1) 잘랐을 때 닮음비가 같아야 하므로 $1 : x = \dfrac{x}{2} : 1$이며 식을 정리하면 $\dfrac{1}{2}x^2 = 1$, $x^2 = 2$, $x = \sqrt{2}$를 만족한다. 따라서 가로와 세로의 비율이 $1 : \sqrt{2}$를 가지면 종이를 절반으로 잘라도 닮은 꼴의 종이가 만들어 질 수 있음을 설명한다. – [자료3] (2) 왜 A4용지의 규격이 이와 같이 정해졌는지, 혹은 왜 가로와 세로의 비율이 $1 : \sqrt{2}$가 되었는지를 발문한 뒤 이를 학생들이 생각해 보게 한다. – [자료3] (2) 종이를 잘랐을 때도 똑같은 비율을 유지하기 때문에 종이를 낭비하지 않고 사용할 수 있으며, 다른 비율로 종이를 만든다면 버려지는 종이가 많이 생긴다는 사실을 안내한다. – [자료3] (2) 무리수를 이용해 우리가 실생활에서 마주할 수 있는 다양한 문제를 해결할 수 있음을 안내하며 무리수의 필요성과 유용성을 학생들에게 인식시킨 뒤 수업을 마무리한다.
탐구활동	– 학생들이 $\sqrt{2}$가 순환소수가 아닌 무한소수임을 파악하는 활동
발문	– [자료1] $\sqrt{2}$를 소수로 어떻게 나타낼 수 있을까요? – [자료2] $\sqrt{2}$는 어떤 특징이 있을까요? – [자료2] 소수 중에서 유리수(혹은 무리수)에 해당되는 것은 무엇일까요? – [자료3] 왜 A4용지의 규격은 이와 같을까요? – [자료3] A4용지의 (짧은 변의 길이) : (긴 변의 길이)가 간단한 정수 비라면 어떻게 될까요?
오개념 예시	– 근호를 사용하여 나타낸 수가 항상 무리수라고 생각하는 경우 – 무한소수를 무리수 혹은 유리수라고 하는 경우
지도상의 유의점	– 한 변의 길이가 1인 정사각형의 대각선의 길이 등을 이용하여 직관적으로 무리수의 존재를 이해하게 할 수 있다. – 실생활에서 사용되는 무리수의 예를 찾아보는 활동을 통해 무리수의 필요성과 유용성을 인식하게 한다. – 순환소수가 아닌 무한소수로 나타내어지는 수가 유리수가 아님을 알게 하고, 실수를 이해하게 한다. – 근호를 사용하여 나타낸 수 중에서 무리수가 아닌 수가 있음을 유의하게 한다.

중 3 - 5

수학 수업실연 모의평가 35회

[실연 조건 및 유의사항]

1. [수업실연 구상지]의 〈수업실연1~3〉에 해당하는 부분을 수업으로 실연하시오.
2. 〈수업실연1〉 : [자료1]을 이용해 제곱근의 대소관계를 복습하시오.
   가. 직관적 이해를 돕는 시각적 예시를 포함한다.
   나. 본시학습 내용과의 연계성을 고려한다.
3. 〈수업실연2〉 : [자료2]를 이용해 실수를 수직선 위에 대응하는 방법을 지도하시오.
   가. (1)과 (2)를 교사의 구체적 발문을 통해 지도한다.
   나. (3)과 (4)는 학생들이 스스로 해결할 수 있도록 한다.
   다. (3), (4)에서 문제해결을 어려워하는 학생의 상황을 포함하며, 이를 해결하도록 한다.
4. 〈수업실연3〉 : [자료3]의 문제를 해결하시오.
   가. 2가지 이상의 방법으로 두 실수의 대소를 비교한다.
5. 학생들과 교사와의 상호작용이 드러나도록 한다.
6. 학습목표는 칠판에 제시된 것으로 간주한다.

[교수 · 학습 조건]

1. 대상 : 중학교 3학년
2. 수업시간 : 45분 (블록타임제)
3. 단원명 : 실수의 대소관계
4. 교수 · 학습 환경

학생 수	지도 장소	수업 형태	교육기자재	평가
30명	교실	모둠학습	컴퍼스, 교사용 노트북, 스마트TV	자기평가

수학 수업실연 모의평가 35회

[자료1]

〈제곱근의 대소관계〉
$a>0, b>0$ 일 때,
(1) $a<b$ 이면 $\sqrt{a} < \sqrt{b}$
(2) $\sqrt{a} < \sqrt{b}$ 이면 $a<b$

[자료2]

다음 그림은 한 칸의 가로와 세로의 길이가 각각 1인 모눈종이 위에 수직선을 그린 것이다. 수직선 위에서 다음 값이 대응하는 점을 나타내시오.

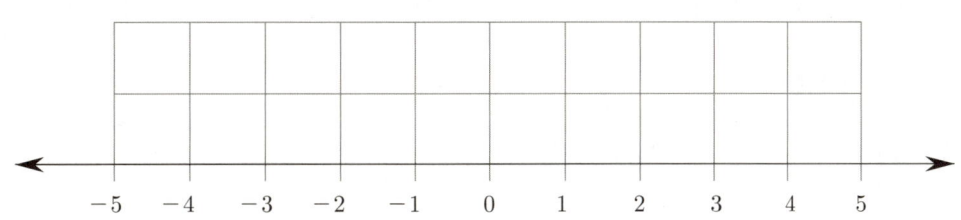

(1) $\sqrt{2}$ (2) $\sqrt{5}$ (3) $2-\sqrt{5}$ (4) $-1+\sqrt{13}$

[자료3]

다음 두 실수의 대소를 비교하시오.

$\sqrt{10}-1$, 2

수업실연 구상지

단원		실수의 대소관계	차시	
학습목표	• 실수를 수직선 위에 나타낼 수 있다. • 실수의 대소관계를 이해한다.			
학습단계	학습전개	교수·학습 과정		
도입	주의환기	• 인사 및 출석 확인		
	선수학습	〈수업실연1〉		
	학습목표	• 학습목표를 제시한다.		
전개	모둠활동	〈수업실연2〉		
	개념지도	〈실수의 대소관계〉 a, b가 실수일 때, (1) $a-b>0$ 이면 $a>b$ (2) $a-b=0$ 이면 $a=b$ (3) $a-b<0$ 이면 $a<b$		
	문제풀이	• 실수의 대소관계와 관련된 문제를 해결한다.		
	문제풀이	〈수업실연3〉		
정리	내용정리	• 오늘 배운 내용을 정리한다.		
	형성평가	• 형성평가를 실시한다.		
	차시예고	• 다음 차시를 안내한다.		

수업 한 페이지

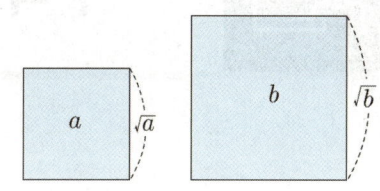

문제해설	– [자료1]을 이용해 제곱근의 대소관계를 복습한다. – [자료1] 다음과 같이 넓이가 각각 a, b인 정사각형과 한 변의 길이를 이용해 제곱근의 대소관계를 학생들이 직관적으로 이해할 수 있도록 돕는다. – [자료1] 정사각형의 넓이가 더 크면 한 변의 길이가 더 커지므로 $a<b$이면 $\sqrt{a}<\sqrt{b}$임을 설명하며, 한 변의 길이가 더 크면 정사각형의 넓이가 더 커지므로 $\sqrt{a}<\sqrt{b}$이면 $a<b$임을 설명한다. – [자료1] 제곱근의 대소관계가 아닌 임의의 두 실수의 대소관계는 어떻게 할 수 있을지 발문한 뒤, 오늘 수업을 통해 자세히 알아보도록 한다. – [자료2] 교사의 주도로 (1)과 (2)를 해결하도록 한다. 두 수 중 어떤 수가 더 큰지를 발문하며, 이전에 배웠던 것과 동일하게 실수의 경우도 오른쪽에 있는 실수가 왼쪽에 있는 실수보다 더 큼을 지도한다. – [자료2] 어떻게 해당 값을 수직선 위에 표시할 수 있을지 발문한다. – [자료2] 피타고라스 정리를 활용해 수직선 위에 표시함을 이야기하며 (1) $\sqrt{2}$의 경우 한 변의 길이가 1인 정사각형의 대각선을 이용해 수직선 위에 표시한다. (2) $\sqrt{5}$의 경우 밑변의 길이와 높이가 각각 2, 1인 직각 사각형의 대각선의 길이를 이용해 정리한다. – [자료2] (1)과 (2)의 활동을 통해 무리수를 수직선 위에 나타낼 수 있음을 강조하며, 결국 모든 실수를 수직선 위에 표현할 수 있음을 직관적으로 이해하도록 한다. – [자료2] (3), (4)는 학생들이 스스로 해결할 수 있도록 안내한다. – [자료2] '$-\sqrt{5}$와 같이 음의 실수를 수직선 위에 어떻게 표현해야 하는지', '$-1+\sqrt{13}$처럼 정수와 제곱근이 더해진 형태는 어떻게 해결해야 하는지' 등을 어려워하는 상황을 포함한다. – [자료2] (음의 실수 표현 관련) 원점을 기준으로 왼쪽이 음수이므로, (1)과 (2)와 동일하지만 방향만 반대이면 됨을 설명한다. – [자료2] (정수 + 제곱근 꼴 관련) $-1+\sqrt{13}$은 결국 -1에 $\sqrt{13}$을 더한 것이므로 수직선 위에 -1을 먼저 표시한 뒤에, 해당 지점을 기준으로 $\sqrt{13}$을 표현해야 함을 설명한다. – [자료3] $\sqrt{10}-1$과 2의 대소관계를 비교하도록 한다. – [자료3] (풀이1) [자료2]에서와 같이 수직선 위에 모눈종이를 그려 $\sqrt{10}-1$과 2의 대소관계를 비교하도록 한다. 이를 통해 $\sqrt{10}-1$이 더 큰 값임을 설명한다. – [자료3] (풀이2) $a-b$의 부호를 이용해 a, b의 대소관계를 파악하는 방법을 사용한다. $\sqrt{10}-1-2=\sqrt{10}-3=\sqrt{10}-\sqrt{9}(>0)$임을 이용해 $\sqrt{10}-1$이 더 큰 값임을 설명한다. 이때, $\sqrt{10}-\sqrt{9}$의 부호가 양수가 되는 이유를 [자료1]의 제곱근의 대소관계를 이용해 설명한다.
탐구활동	– 주어진 두 실수의 대소관계를 물어보는 활동 – 수직선 위에 놓인 모눈종이에 제곱근을 표현해 보는 활동
발문	– [자료1] 제곱근의 대소관계는 무엇이었나요? – [자료1] 넓이가 각각 a, b인 정사각형과 제곱근의 대소관계는 어떤 관련이 있었나요? – [자료2] $\sqrt{2}$를 어떻게 수직선 위에 표현할 수 있을까요? – [자료2] 두 수의 대소관계는 어떻게 될까요? – [자료2] $-\sqrt{5}$와 같은 경우 어떻게 나타낼 수 있을까요? – [자료2] 정수와 제곱근이 더해진 경우 어떻게 나타내야 할까요?
오개념 예시	– 수직선에 표현해 보거나, 계산을 통해 대소관계를 비교하는 것이 아닌 감각에 의해 대소관계를 구하는 경우 – 제곱근, 음의 제곱근, (정수 + 제곱근)과 같은 경우를 수직선 위에 나타내기 어려워하는 경우
지도상의 유의점	– 무리수를 수직선 위의 점에 대응시킬 수 있음을 이해하게 하고, 수직선은 유리수와 무리수, 즉 실수에 대응하는 점으로 메워져 있음을 직관적으로 이해하게 한다. – 두 실수의 대소관계는 두 수의 차의 부호에 의해 결정됨을 이해하게 한다. – 두 실수의 대소를 비교할 때 제곱근의 계산을 해야 하는 경우는 다루지 않는다.

수학 수업실연 모의평가 36회

중 3-6

[실연 조건 및 유의사항]

1. [수업실연 구상지]의 〈수업실연1~3〉에 해당하는 부분을 수업으로 실연하시오.
2. 〈수업실연1〉 : [자료1]을 이용해 $a^2 - b^2 = (a+b)(a-b)$임을 지도하시오.
   가. 수업기자재를 이용해 직관적으로 이해하도록 한다.
   나. 2가지 이상의 방법이 드러나도록 한다.
3. 〈수업실연2〉 : [자료2]를 실연하시오.
   가. 인수분해의 유용성이 드러나도록 한다.
   나. 2가지 이상의 풀이가 드러나도록 한다.
4. 〈수업실연3〉 : [자료3]을 모둠활동으로 실연하시오.
   가. (2)에서 2가지 이상의 방법이 드러나도록 한다.
   나. 성취 수준이 낮은 학생에게 적절한 발문을 제시한다.
   다. 활동을 돕는 교사의 구체적인 발문이 포함되도록 한다.
5. 학생들과 교사와의 상호작용이 드러나도록 한다.
6. 학습목표는 칠판에 제시된 것으로 간주한다.

[교수·학습 조건]

1. 대상 : 중학교 3학년
2. 수업시간 : 45분
3. 단원명 : 인수분해
4. 교수·학습 환경

학생 수	지도 장소	수업 형태	교육기자재	평가
24명	교실	모둠학습	칠판, 분필, 대수타일, 색종이	자기평가, 동료평가

수학 수업실연 모의평가 36회

[자료1]

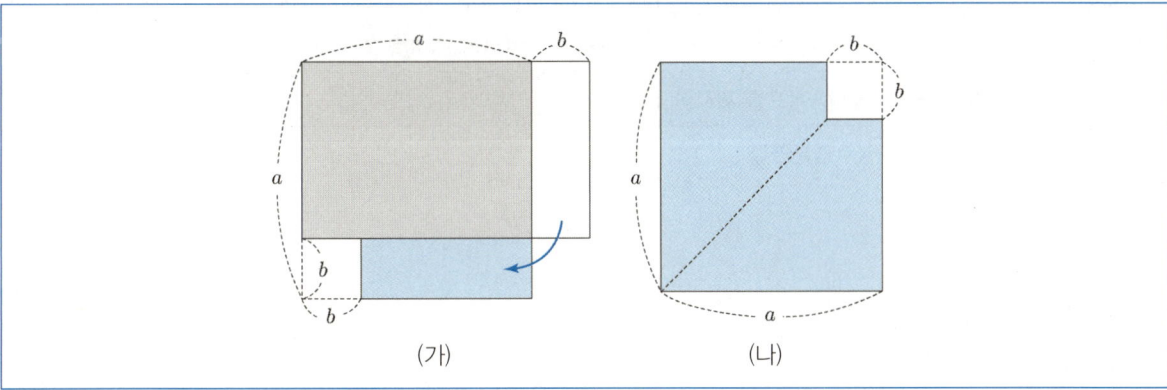

[자료2]

다음은 양궁의 과녁을 나타내고 있다. 가장 안쪽부터 원의 반지름의 길이가 각각 5cm, 11cm, 21cm라고 할 때, 색칠된 부분의 넓이를 구하시오.

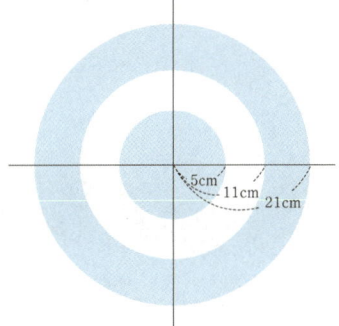

[자료3]

(1) $x^2 + (a+b)x + ab = (x+a)(x+b)$가 성립함을 보이자.

> A모둠 : 저희 모둠에서는 곱셈공식을 이용해 보겠습니다.
> B모둠 : 저희 모둠에서는 대수타일을 이용해 보겠습니다.
>
>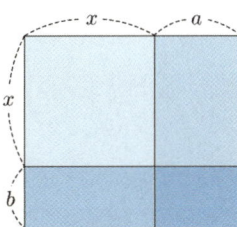

(2) $x^2 + x - 12$를 인수분해하시오.

📋 수업실연 구상지

단원		인수분해		차시	
학습목표	• 다항식의 인수분해를 할 수 있다.					
학습단계	학습전개	교수·학습 과정			
도입	주의환기	• 인사 및 출석 확인			
	선수학습 확인	• 인수분해와 인수분해 공식 (1), (2), (3)에 대한 선수학습을 확인한다. • 인수분해 공식 (1) : $ma+mb=m(a+b)$ • 인수분해 공식 (2) : $a^2+2ab+b^2=(a+b)^2$, $a^2-2ab+b^2=(a-b)^2$			
	학습목표	• 학습목표를 제시한다.			
전개	인수분해 공식지도	〈수업실연1〉			
	문제풀이	〈수업실연2〉			
	모둠활동	〈수업실연3〉			
정리	내용정리	• 오늘 배운 내용을 정리한다.			
	형성평가	• 형성평가를 실시한다.			
	차시예고	• 다음 차시를 안내한다.			

수업 한 페이지

문제해설	– [자료1] 대수타일, 색종이를 이용해 $a^2-b^2=(a+b)(a-b)$임을 보이도록 한다. 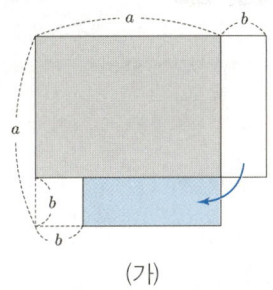 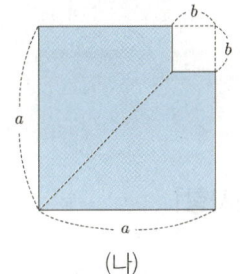 　　　　(가)　　　　　　　　　　　(나) – [자료1] (가) 가로, 세로의 길이를 각각 $a+b, a-b$로 하는 직사각형을 대수막대를 조작해 (가)와 같이 만든다. 두 사각형의 넓이를 비교해 $(a+b)(a-b)=a^2-b^2$이 됨을 설명한다. – [자료1] (나) 가로, 세로의 길이를 각각 $a+b, a-b$로 하는 직사각형을 사선으로 잘라붙여 (나)와 같이 만든다. – [자료2]의 색칠된 부분의 넓이를 구하도록 한다. – [자료2] 색칠된 부분을 식으로 세우면 $(21^2-11^2+5^2)\pi$가 됨을 알 수 있다. 　이때, $(21^2-11^2+5^2)\pi=(441-121+25)\pi=345\pi$와 같이 문제를 해결한 경우와 $(21^2-11^2+5^2)\pi$ $=(21+11)(21-11)\pi+25\pi=345\pi$로 경우를 나누어 설명한다. 두 방법 모두 똑같은 결과가 나오지만 인수분해를 이용한 방법이 계산을 좀 더 효과적으로 할 수 있음을 통해 인수분해의 유용성이 드러나도록 한다. – [자료3] (1) $x^2+(a+b)x+ab=(x+a)(x+b)$가 성립함을 보인다. A모둠에서는 곱셈공식을 이용한다. 식이 $(x+a)(x+b)=x^2+bx+ax+b^2=x^2+(a+b)x+ab$와 같이 전개됨을 확인한다. – [자료3] (1) B모둠에서는 대수타일을 이용한다. 전체 사각형의 넓이는 $(x+a)(x+b)$가 되며, 각 사각형의 넓이는 $x^2+ax+bx+ab$이므로 식을 정리하면 $x^2+(a+b)x+ab$가 됨을 알 수 있다. 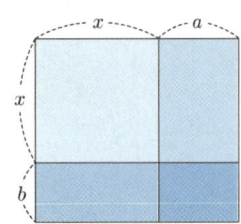 – [자료3] (1)의 활동을 통해 $x^2+(a+b)x+ab=(x+a)(x+b)$가 됨을 정리한다. – [자료3] (2)의 문제를 다양한 방법으로 해결해 보도록 한다. – [자료3] (2) 두 정수의 곱과, 합을 이용해 풀이한다. 　두 정수의 합이 1, 곱이 −12인 정수를 정리해 만족하는 값을 찾는다. – [자료3] (2) 대수타일을 이용해 문제를 해결하도록 한다. 두 방법 모두 $x^2+x-12=(x+4)(x-3)$이 됨을 정리한다. | 곱이 −12인 정수 | 두 정수의 합 | |---|---| | −1, 12 | 11 | | −2, 6 | 4 | | −3, 4 | 1 | | 1, −12 | −11 | | 2, −6 | −4 | | 3, −4 | −1 |
탐구활동	– 대수타일을 이용해 인수분해를 직관적으로 이해하는 활동
발문	– [자료1] 주어진 사각형의 넓이를 구해볼까요? 각 사각형의 넓이를 비교해 볼까요? – [자료2] 어떤 방법이 더 좋은 것 같나요? – [자료3] $x^2+(a+b)x+ab=(x+a)(x+b)$ 성립함을 어떻게 보일 수 있을까요? – [자료3] x^2+x-12를 어떻게 인수분해할 수 있을까요?
오개념 예시	– $3x^2y+6xy^2=3x(xy+2y^2)$ 또는 $3x^2y+6xy^2=xy(3x+6y)$와 같이 공통인 인수가 남는 경우 – x^2-5x-6을 인수분해할 때, $6=2\times3$이 익숙하여 $(x-2)(x-3)$으로 인수분해하는 경우
지도상의 유의점	– 수에 대한 소인수분해가 다항식으로 확장될 수 있음을 이해하게 한다. – 다항식의 곱셈과 다항식의 인수분해의 역관계를 이해하고, 이와 유사한 관계를 찾아보는 활동을 하게 할 수 있다. – 곱셈공식을 바탕으로 인수분해를 도입한다.

수학 수업실연 모의평가 37회

중 3-7

[실연 조건 및 유의사항]

1. [수업실연 구상지]의 〈수업실연1~3〉에 해당하는 부분을 수업으로 실연하시오.
2. 〈수업실연1〉: [자료1]을 실연하시오.
   가. 이차방정식 $ax^2+bx+c=0$의 풀이 방법에 대한 교수·학습 과정을 포함한다.
3. 〈수업실연2〉: [자료2]의 문제 풀이를 실연하시오.
   가. 수업활동을 돕는 교사의 적절한 발문을 포함한다.
   나. 다양한 풀이 방법이 드러나도록 한다.
4. 〈수업실연3〉: [자료3]을 모둠활동으로 실연하시오.
   가. 학생의 발표 과정이 판서에 적정량 이상 드러나도록 한다.
   나. 다양한 풀이 방법이 드러나도록 한다.
5. 학생들과 교사와의 상호작용이 드러나도록 한다.
6. 학습목표는 칠판에 제시된 것으로 간주한다.

[교수·학습 조건]

1. 대상 : 중학교 3학년
2. 수업시간 : 45분
3. 단원명 : 이차방정식의 풀이
4. 교수·학습 환경

학생 수	지도 장소	수업 형태	교육기자재	평가
24명	교실	모둠학습	칠판, 분필	자기평가, 동료평가

중 3-7

수학 수업실연 모의평가 37회

[자료1]

	$ax^2+bx+c=0$의 풀이
❶ 양변을 x^2의 계수로 나눈다.	
❷ 좌변의 상수항을 우변으로 이항한다.	
❸ 양변에 $\left(\dfrac{x의\ 계수}{2}\right)^2$을 더한다.	
❹ 좌변을 완전제곱식으로 나타낸다.	
❺ 제곱근을 구한다.	
❻ 좌변의 상수항을 우변으로 이항하여 근을 구한다.	

[자료2]

다음 이차방정식을 푸시오.

$0.1x^2 + 0.3x - 0.2 = 0$

[자료3]

다음은 세 학생이 이차방정식 $4x^2 + 3x - 10 = 0$을 푸는 방법을 말한 것이다. 세 학생의 풀이방법을 비교해 보자.

- 재석 : 난 인수분해를 이용할래.
- 준하 : 난 완전제곱식을 이용해야지.
- 명수 : 난 근의 공식을 이용할 거야.

수업실연 구상지

단원		이차방정식의 풀이	차시	
학습목표	• 이차방정식을 풀 수 있고, 이를 활용하여 문제를 해결할 수 있다.			
학습단계	학습전개	교수·학습 과정		
도입	주의환기	• 인사 및 출석 확인		
	학습목표	• 학습목표를 제시한다.		
전개	개념지도	〈수업실연1〉		
	문제풀이	• 근의 공식을 이용하여 다양한 이차방정식 문제를 해결한다.		
		〈수업실연2〉		
	모둠활동	〈수업실연3〉		
정리	내용정리	• 오늘 배운 내용을 정리한다.		
	형성평가	• 형성평가를 실시한다.		
	차시예고	• 다음 차시를 안내한다.		

수업 한 페이지

문제해설	– [자료1]에서 이차방정식 $ax^2+bx+c=0\,(a\neq 0)$의 풀이 방법을 지도한다. – [자료1] 각 단계별로 교사의 적절한 발문이 포함되도록 한다. 〈이차방정식의 근의 공식〉 이차방정식 $ax^2+bx+c=0\,(a\neq 0)$의 근은 $x=\dfrac{-b\pm\sqrt{b^2-4ac}}{2a}$ (단, $b^2-4ac\geq 0$) $x^2+\dfrac{b}{a}x+\dfrac{c}{a}=0$ $x^2+\dfrac{b}{a}x=-\dfrac{c}{a}$ $x^2+\dfrac{b}{a}x+\left(\dfrac{b}{2a}\right)^2=-\dfrac{c}{a}+\left(\dfrac{b}{2a}\right)^2$ $\left(x+\dfrac{b}{2a}\right)^2=\dfrac{b^2-4ac}{4a^2}$ $x+\dfrac{b}{2a}=\pm\dfrac{\sqrt{b^2-4ac}}{2a}$ (단, $b^2-4ac\geq 0$) $x=\dfrac{-b\pm\sqrt{b^2-4ac}}{2a}$ – [자료2]의 이차방정식을 해결하도록 한다. 근의 공식을 바로 적용하여 푸는 상황을 가정한 뒤, 학생들에게 풀이의 불편한 점은 없었는지 발문한다. – [자료2] 어떻게 하면 이차방정식을 좀 더 효과적으로 해결할 수 있을지를 발문한 뒤, 10을 곱해 계수를 정수로 고쳐 풀면 좀 더 편리하게 계산할 수 있음을 안내한다. 분수의 경우도 비슷한 방법으로 해결할 수 있음을 추가로 안내할 수도 있다. – [자료3]은 이차방정식을 여러 가지 방법으로 풀어보고, 풀이를 비교하도록 한다. | 재석 : 인수분해 이용	준하 : 완전제곱식 이용	명수 : 근의 공식 이용
---	---	---
$4x^2+3x-10=0$을 인수분해하여 식을 정리하면 $(4x-5)(x+2)=0$이므로 $4x-5=0$ 또는 $x+2=0$ 따라서 $x=\dfrac{5}{4}$ 또는 $x=-2$	$4x^2+3x-10=0$을 $(x-p)^2=q$(단, $q>0$)꼴로 만들면 $\left(x+\dfrac{3}{8}\right)^2=\dfrac{169}{64}$ 이를 정리하면 $x+\dfrac{3}{8}=\pm\sqrt{\dfrac{169}{64}}$ 이므로 $x+\dfrac{3}{8}=\pm\dfrac{13}{8}$ 따라서 $x=\dfrac{5}{4}$ 또는 $x=-2$	근의 공식에 $a=4, b=3, c=-10$을 대입 $x=\dfrac{-3\pm\sqrt{3^2-4\times 4\times(-10)}}{2\times 4}$ $=\dfrac{-3\pm 13}{8}$ 따라서 $x=\dfrac{5}{4}$ 또는 $x=-2$	 – [자료3]에서 주어진 이차방정식은 인수분해가 가능하므로 인수분해를 이용하는 것이 풀이에 용이하다. 주어진 식이 완전제곱 형태이면 완전제곱식을, 인수분해가 어려울 때는 근의 공식이 풀이에 효과적임을 설명한다. – [자료3] 문제 상황에 따라 적절한 방법을 선택해 문제를 해결할 수 있음을 학생들에게 안내한다.
탐구활동	– 학생들이 근의 공식을 유도하는 활동 – 인수분해를 이용해 이차방정식 풀이가 까다로운 문제를 푸는 경우
발문	– [자료1] 왜 x의 계수를 2로 나눈 값을 제곱해 양변에 더할까요? – [자료2] $0.1x^2+0.3x-0.2=0$을 어떻게 하면 좀 더 효과적으로 계산할 수 있을까요? – [자료3] 세 학생의 방법을 비교해 볼까요? 어떤 특징이 있나요?
오개념 예시	– 근의 공식에 값을 적절히 대입하지 못한 경우 – 근의 공식을 사용해 항상 이차방정식의 근을 구할 수 있다고 생각하는 경우
지도상의 유의점	– 완전제곱식을 이용하여 근의 공식을 지도한다. 근의 공식에서 근호 안의 값이 음수가 되는 경우, 즉 $b^2-4ac<0$인 경우는 다루지 않는다. – 이차방정식의 근과 계수의 관계는 다루지 않는다.

중 3-8

수학 수업실연 모의평가 38회

[실연 조건 및 유의사항]

1. [수업실연 구상지]의 〈수업실연1~3〉에 해당하는 부분을 수업으로 실연한다.
2. 〈수업실연1〉은 [자료1]을 지도한다.
   가. 공학도구를 활용하도록 한다.
   나. 제시된 그림은 스마트TV에 띄워져 있다고 간주한다.
3. 〈수업실연2〉는 [자료2] ①을 연역적으로 정당화하도록 한다.
   가. 정당화에 필요한 적당한 그림을 판서로 나타내도록 한다.
   나. 이전 내용을 복습하는 과정을 포함한다.
   다. 정당화 과정을 돕는 교사의 발문이 구체적으로 드러나도록 한다.
4. 〈수업실연3〉은 [자료3]을 협동학습으로 지도한다.
   가. 활동을 마친 뒤 [자료1]의 내용을 다시 한번 정리하도록 한다.
5. 학생들과 교사와의 상호작용이 드러나도록 한다.
6. 학습목표는 칠판에 제시된 것으로 간주한다.

[교수·학습 조건]

1. 대상 : 중학교 3학년
2. 수업시간 : 45분
3. 단원명 : 원의 현
4. 교수·학습 환경

학생 수	지도 장소	수업 형태	매체 및 기자재	평가
24명	교실	모둠학습	칠판, 분필, 교사용 컴퓨터, 스마트TV, 학생용 태블릿, 공학도구	동료평가

수학 수업실연 모의평가 38회

[자료1]

다음 그림은 원 O의 둘레를 30등분한 후 1부터 30까지의 숫자를 순서대로 넣은 것이다. 다음 물음에 답하시오.

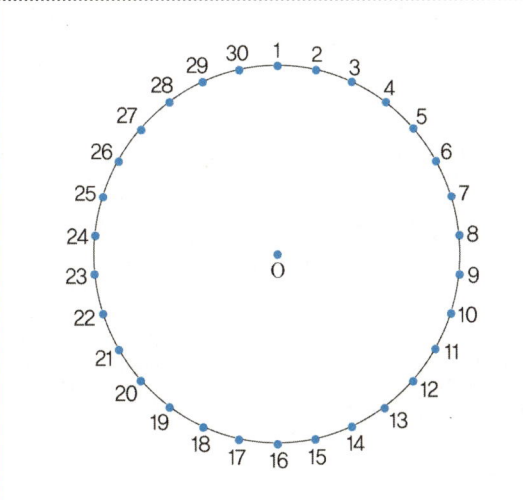

1. 1부터 14까지의 수 중에서 하나를 선택하고, 1에서 시작하여 선택한 수만큼 더한 수와 연결해 보자. 이때 더한 수가 30보다 크면 30을 뺀 수와 연결한다.
(예) 5를 선택 → 1, 6을, 2, 7을, …, 30, 5를 연결)

2. 1의 결과로 원 안에 생겨난 모양에 대해 이야기하고, 이유에 대해 모둠원들과 토의해 봅시다.

[자료2]

원의 중심에서 현까지의 거리와 현의 길이 사이의 관계
① 한 원에서 중심으로부터 같은 거리에 있는 두 현의 길이는 같다.
② 한 원에서 길이가 같은 두 현은 원의 중심으로부터 같은 거리에 있다.

[자료3]

다음 그림과 같이 △ABC의 내접원과 외접원의 중심이 일치할 때, △ABC가 정삼각형인 까닭을 모둠원들과 토의해 봅시다.

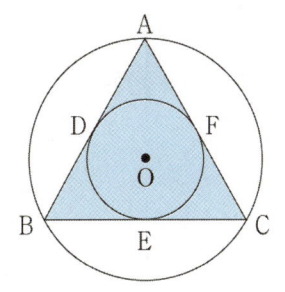

수업실연 구상지

단원		원의 현		차시	
학습목표		• 원의 중심으로부터 같은 거리에 있는 두 현의 길이 사이의 관계를 이해한다.			
학습단계	학습전개	교수·학습 과정			
도입	주의환기	• 인사 및 출석 확인			
	탐구활동	〈수업실연1〉			
	학습목표	• 학습목표를 제시한다.			
전개	모둠활동	〈수업실연2〉			
		• [자료2] ②를 증명한다.			
		〈수업실연3〉			
정리	내용정리	• 오늘 배운 내용을 정리한다.			
	형성평가	• 형성평가를 실시한다.			
	차시예고	• 다음 차시를 안내한다.			

수업 한 페이지

문제해설	— [자료1]을 지도한다. — [자료1] 모둠별로 적절한 숫자를 하나 선택하도록 하고, 숫자를 연결하도록 한 뒤, 나타난 모양을 관찰하도록 한다. 원 안에 또 하나의 원의 형태가 나타나며 선택한 숫자가 작을수록 원의 크기가 커짐을 확인한다. 원 모양이 나타나는 이유에 대해 이야기한다. — [자료1] 원은 한 점으로부터 같은 거리에 있는 점의 집합을 의미하므로, 원의 중심으로부터 각 현까지의 거리가 서로 같지 않을까 하는 추측을 학생들이 직관적으로 할 수 있도록 한다. 오늘 수업을 통해 정확한 이유를 파악할 수 있음을 안내한다. — [자료2] ①을 정당화하도록 한다. 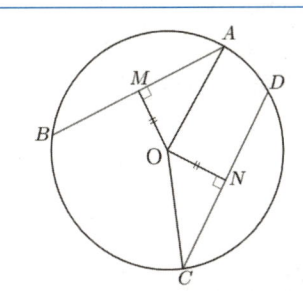 두 현 AB, CD에 원의 중심에서 내린 수선의 발을 M, N이라 하자. $\overline{OM}=\overline{ON}$ 이라고 하면, 이때 $\overline{OA}, \overline{OC}$ 는 원의 반지름이므로 $\overline{OA}=\overline{OC}$ 를 만족한다. 직각삼각형의 합동조건에 의해 △OAM ≡ △OCN (∵ RHS 합동)을 만족한다. 원의 중심에서 현에 내린 수선은 현을 수직이등분하므로 $\overline{AM}=\overline{BM}, \overline{CN}=\overline{DN}$ 을 만족한다. 따라서, $\overline{AB}=2\overline{BM}=2\overline{CN}=\overline{CD}$ 이므로 두 현 $\overline{AB}, \overline{CD}$ 의 길이는 서로 같다. — [자료3]의 문제를 모둠원들과 토의해 해결하도록 한다. — [자료3] $\overline{OD}, \overline{OE}, \overline{OF}$ 는 내접원의 반지름이므로 모두 그 길이가 같아진다. 이때, [자료2]의 ①에 의해 현 AB, 현 BC, 현 CA의 길이는 서로 모두 같다. 세 변의 길이가 서로 같으므로 삼각형 ABC는 정삼각형이 된다. — [자료1]의 탐구활동을 다시 상기하도록 한 뒤, 왜 원이 생기는지를 다시 한번 발문한다. — [자료1] 활동1에서 동일한 간격으로 현을 그렸기 때문에 [자료2]의 ②에 의해 중심으로부터 현까지의 거리가 같아진다. 따라서, 현에 의해 원이 만들어짐을 알 수 있다.
탐구활동	— 공학도구를 이용해 길이가 같은 두 현과 원의 중심으로부터 거리가 같음을 측정하는 활동 — 공학도구를 이용해 원의 중심으로부터 거리가 같은 현과의 관계를 파악하는 활동
발문	— [자료1] 두 숫자를 연결한 각 선분의 길이는 서로 어떻게 되나요? — [자료1] 활동1의 결과로 생겨난 모양은 어떤 모양인가요? — [자료1] 왜 원 모양이 생겨났을까요? — [자료2] $\overline{OA}$ 와 $\overline{OC}$ 의 길이를 비교해 볼까요? 왜 길이가 서로 같을까요? — [자료2] 왜 △OAM ≡ △OCN일까요? — [자료2] 현에 내린 수선이 가진 특징은 무엇이 있었나요? — [자료3] 원의 중심으로부터 접점 D, E, F까지의 거리는 왜 같을까요? 이것을 통해 우리가 알 수 있는 것은 무엇일까요?
오개념 예시	— 한 원에서 길이가 같은 두 현에 대해 원의 중심으로부터 거리가 다를 거라 생각하는 경우 — 중심각의 크기에 따라 현의 길이도 정비례할 것이라 생각하는 경우
지도상의 유의점	— 원의 현에 대한 성질은 직각삼각형의 합동조건을 이용하여 설명하므로, 직각삼각형의 합동조건을 정확히 알고 이를 이용할 수 있도록 한다. — 원의 현에 대한 성질을 구체적인 활동을 통해 직관적으로 이해하게 한 뒤, 성질이 성립함을 보이도록 한다.

중 3-9

수학 수업실연 모의평가 39회

[실연 조건 및 유의사항]

1. [수업실연 구상지]의 〈수업실연1~3〉에 해당하는 부분을 수업으로 진행하시오.
2. 〈수업실연1〉 : [자료1]을 실연하시오.
   가. 공학도구를 사용해 원 밖의 한 점에서 원에 그은 접선에 대한 활동을 직접 구성한다.
3. 〈수업실연2〉 : [자료2]를 지도하시오.
   가. 연역적으로 정당화하도록 한다.
   나. 교사의 구체적인 발문을 포함한다.
4. 〈수업실연3〉 : [자료3]을 모둠활동으로 지도하시오.
   가. 교사와 학생 사이의 상호작용이 구체적으로 드러나도록 지도한다.
5. 학습목표는 칠판에 제시된 것으로 간주한다.
6. 칠판에는 적정량 이상의 판서를 실시한다.

[교수·학습 조건]

1. 대상 : 중학교 3학년
2. 수업시간 : 90분(블록타임제)
3. 단원명 : 접선의 길이
4. 교수·학습 환경

학생 수	지도 장소	수업 형태	매체 및 기자재	평가
30명	교실	모둠학습	칠판, 분필, 학생용 태블릿, 교사용 태블릿, 교사용 노트북	자기평가, 동료평가

수학 수업실연 모의평가 39회

[자료1]

다음은 공학도구를 이용해 원 밖의 한 점에서 원에 그은 접선을 나타낸 것이다.

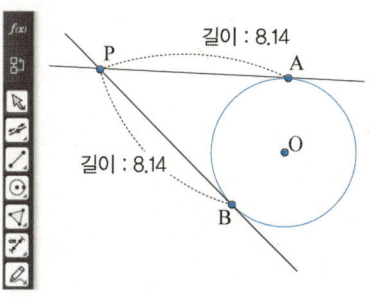

[자료2]

〈접선의 길이〉
원 밖의 한 점에서 그 원에 그은 두 접선의 길이는 같다.

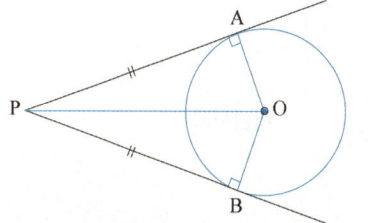

[자료3]

〈모둠활동〉

다음 △ABC는 직각삼각형이고 $\overline{AB} = 4$cm, $\overline{BC} = 3$cm를 만족하며 원 O는 △ABC의 내접원이다. 이때 다음 물음에 답하시오.

1. 원 O와 △ABC의 접점을 D, E, F라 할 때, 사각형 OEBF가 정사각형임을 보이시오.

2. 원 O의 반지름의 길이를 구하시오.

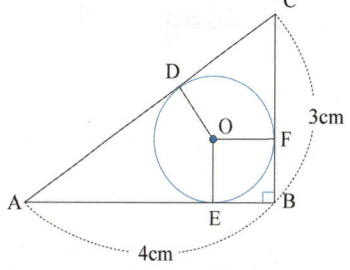

수업실연 구상지

단원		접선의 길이	차시	
학습목표	• 원의 외부에 있는 한 점에서 그 원에 그을 수 있는 접선은 2개이며 두 접선의 길이는 서로 같음을 설명할 수 있다.			
학습단계	학습전개	교수·학습 과정		
도입	주의환기	• 인사 및 출석 확인		
	학습목표	• 학습목표를 제시한다.		
전개	탐구활동	〈수업실연1〉		
	개념지도	〈수업실연2〉		
	모둠활동	〈수업실연3〉		
정리	내용정리	• 오늘 배운 내용을 정리한다.		
	형성평가	• 형성평가를 실시한다.		
	차시예고	• 다음 차시를 안내한다.		

수업 한 페이지

문제해설	− [자료1] 공학도구를 이용해 학생들이 원 밖의 한 점에서 원에 그은 접선의 길이를 비교하도록 한다. 이때 원 외부의 한 점에서 원에 그을 수 있는 접선의 개수는 2개뿐임을 학생들이 인지할 수 있도록 한다. − [자료1] 원 밖의 한 점에서 원에 그은 두 접선의 길이가 같음을 확인한다. → 선분 PA와 선분 PB의 길이가 서로 같음 − [자료1] 점 P의 위치를 자유롭게 바꾸어보도록 한 뒤, 점 P의 위치와 관계 없이 선분 PA와 선분 PB의 길이가 같음을 확인한다. 활동을 통해 원 밖의 한 점에서 원에 그은 접선의 길이가 서로 같음을 학생들이 직관적으로 이해하도록 한다. − [자료2]의 내용을 연역적으로 정당화하도록 한다. − [자료2] 점 P에서 원에 그은 접선이므로 ∠PAO = ∠PBO = 90°이다. $\overline{OP}$가 공통이고, $\overline{OA}=\overline{OB}$이므로 직각삼각형의 합동조건에 의해 △PAO ≡ △PBO(RHS 합동)임을 알 수 있다. 두 삼각형이 서로 합동일 때 서로 대응되는 변의 길이가 서로 같으므로 $\overline{PA}=\overline{PB}$이다. − [자료3]을 모둠활동으로 지도한다. − [자료3] $\overline{OF}$는 원의 반지름이고 이를 r이라 하자. $\overline{OF}=\overline{OE}=r$을 만족한다. 접선과 접점을 지나는 반지름이 이루는 각도는 90°이고, ∠B = 90°이다. 이때 점 B에서 원 O에 그은 두 접선의 길이가 같으므로 $\overline{BE}=\overline{BF}$이고 $\overline{OF}=\overline{OE}=\overline{BE}=\overline{BF}=r$이므로 사각형 OEBF는 정사각형이다. − [자료3] $\overline{AC}$는 피타고라스 정리에 의해 5cm이다. 이때 $\overline{AD}=4-r$, $\overline{CF}=3-r$로 표현할 수 있다. $\overline{AC}=\overline{AD}+\overline{CD}$이므로 $7-2r=5$을 만족한다. 따라서 $r=1$(cm)이다.
탐구활동	− 원 밖의 한 점에서 원에 그은 두 접선의 길이를 비교하는 활동
발문	− [자료1] 선분 PA의 길이와 선분 PB의 길이를 서로 비교해 볼까요? − [자료1] 점 P의 위치가 바뀔 때 선분 PA와 선분 PB의 길이는 어떤 관계가 있을까요? − [자료1] 활동을 통해 얻을 수 있는 결과는 무엇일까요? − [자료2] 접선과 접점을 지나는 반지름이 이루는 각도는 몇 도인가요? − [자료2] 접선의 길이가 같음을 보이기 위해서는 어떻게 해야 할까요? − [자료3] 정사각형임을 보이기 위해서는 어떻게 해야 할까요? 정사각형의 정의가 무엇이었나요? − [자료3] $\overline{AC}$의 길이는 얼마일까요?
오개념 예시	− 원 밖의 한 점에서 원에 그을 수 있는 접선의 개수가 2개보다 많거나 적다고 생각하는 경우 − 원 밖의 한 점에서 원에 그은 접선의 길이가 서로 다르다고 생각하는 경우
지도상의 유의점	− 원의 접선에 대한 성질을 공학적 도구나 다양한 교구를 사용하여 직관적으로 파악하게 하고 이를 논리적으로 설명해 보도록 지도한다. − 한 원에서 그을 수 있는 접선은 무수히 많지만, 원 밖의 한 점에서 그을 수 있는 접선은 2개뿐임을 직관적으로 이해하게 한다. − '접선의 길이' 용어는 교수·학습 상황에서 사용할 수 있다.

수학 수업실연 모의평가 40회

[실연 조건 및 유의사항]

1. [수업실연 구상지]의 〈수업실연1~2〉에 해당하는 부분을 수업으로 실연한다.
2. 학습목표는 칠판에 제시된 것으로 간주한다.
3. 〈수업실연1〉: [자료1]을 이용해 원주각의 개념을 설명하고, 원주각의 크기가 원 위의 점 P의 위치와 관계 없이 항상 일정함을 지도하시오.
   가. 공학도구를 사용하여 학생들이 탐구할 수 있도록 한다.
   나. 중심각의 개념을 복습할 수 있도록 한다.
4. 〈수업실연2〉: 원주각의 크기는 중심각의 크기의 $\frac{1}{2}$이 됨을 연역적으로 정당화하시오.
   가. 학생들의 탐구 과정이 드러나도록 한다.
   나. 정당화 과정을 돕는 교사의 구체적인 발문이 드러나도록 한다.
   다. 중심각의 크기가 180°보다 큰 상황에서 학생들이 가질 만한 오개념 상황을 포함해 지도한다.
5. 교사와 학생 간 상호작용이 활발하게 이루어지게 한다.
6. 칠판에는 적정량 이상의 판서를 실시한다.

[교수·학습 조건]

1. 대상 : 중학교 3학년
2. 수업시간 : 45분
3. 단원명 : 원주각
4. 교수·학습 환경

학생 수	지도 장소	수업 형태	매체 및 기자재	평가
20명	교실	모둠학습	칠판, 분필, 스마트TV, 교사용 노트북, 태블릿	자기평가, 동료평가

수학 수업실연 모의평가 40회

[자료1]

다음 그림은 원 O와 호 $\overset{\frown}{AB}$ 위에 있지 않은 점 P에 대한 설명이다.

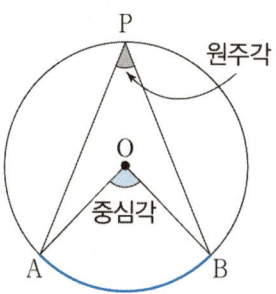

[자료2]

(가) ∠APB의 한 변 위에 원의 중심 O가 있는 경우	(나) ∠APB의 내부에 원의 중심 O가 있는 경우
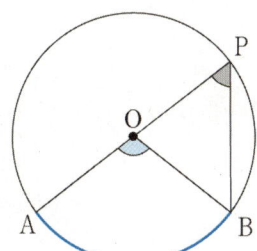	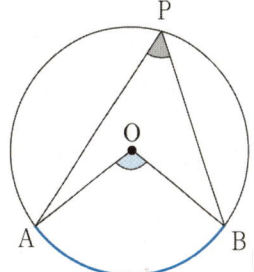

수업실연 구상지

단원		원주각		차시	
학습목표	• 원주각의 뜻과 성질을 이해한다.				
학습단계	학습전개	교수 · 학습 과정			
도입	주의환기	• 인사 및 출석 확인			
	선수학습	• 선수학습 내용을 확인한다.			
	학습목표	• 학습목표를 제시한다.			
전개	개념지도	〈수업실연1〉			
	모둠활동	〈수업실연2〉 • ∠APB의 외부에 원의 중심 O가 있는 경우를 지도한다.			
	문제풀이	• 원주각과 중심각의 크기와 관련된 문제를 해결한다.			
정리	내용정리	• 오늘 배운 내용을 정리한다.			
	형성평가	• 형성평가를 실시한다.			
	차시예고	• 다음 차시를 안내한다.			

수업 한 페이지

문제해설	- [자료1] 중심각의 의미를 복습한 뒤, 원주각의 의미를 지도한다. 원 O에서 $\overset{\frown}{AB}$ 위에 있지 않은 점 P에 대하여 ∠APB를 호 $\overset{\frown}{AB}$에 대한 원주각으로 안내한다. 이때, 원주각이 무수히 많이 생길 수 있다는 사실을 강조한다. - [자료1] 공학도구를 이용해 점 P의 위치를 자유롭게 바꿔가면서 원주각이 어떻게 변하는지를 관찰한다. 활동 결과 한 호에 대한 원주각의 크기는 항상 일정함을 확인한다. - [자료2] 원주각의 크기와 중심각의 크기 사이의 관계를 정당화한다. 이때, 점 P의 위치에 따라 경우를 나누어 정당화하도록 한다. - [자료2] ∠APB의 한 변 위에 원의 중심 O가 있는 경우 $\overline{OA}=\overline{OB}$(반지름), $\overline{OP}=\overline{OB}$(반지름)이므로 △OAB와 △OBP는 이등변삼각형이 됨을 알 수 있다. ∠OBP=∠OPB이고 한 외각의 크기는 이웃하지 않는 두 내각의 크기의 합과 같기 때문에 ∠AOB=∠OBP+∠OPB=2∠OPB이고, 따라서 ∠APB=∠OPB=$\frac{1}{2}$∠AOB임을 알 수 있다. - [자료2] ∠APB의 내부에 원의 중심 O가 있는 경우를 정당화한다. 점 O, 점 P를 지나는 직선과 원이 만나서 생기는 교점을 H라고 하면 앞 경우에 의해 ∠APO=$\frac{1}{2}$×∠AOH, ∠BPO=$\frac{1}{2}$×∠BOH를 만족한다. ∠APB=∠APO+∠BPO이므로 ∠APB=$\frac{1}{2}$∠AOB가 됨을 알 수 있다. - [자료2] 중심각의 크기가 180°보다 클 때, 원주각을 찾기 어려워하는 경우를 오개념 예시로 든 뒤, 원주각의 정의를 상기시키며 원주각을 다시 찾도록 한다.
탐구활동	- 호의 길이가 고정되어 있을 때 원주각의 크기를 관찰하는 활동 - 중심각과 원주각을 관찰, 비교해 보는 활동 - 카메라 레일 설치하기
발문	- [자료1] 원주각의 개수는 몇 개일까요? - [자료1] 왜 이름이 원주각일까요? - [자료1] 원주각과 중심각 사이에는 어떤 관계가 있을까요? - [자료2] - (가) 왜 $\overline{OA}=\overline{OB}$일까요? - [자료2] - (가) ∠AOB와 ∠APB 사이에는 어떤 관계가 있을까요? - [자료2] - (나) 어떻게 보일 수 있을까요? 보조선을 어떻게 그리면 좋을까요?
오개념 예시	- 호에 대한 원주각의 개수가 한 개라고 생각하는 경우 - 원주각의 크기가 서로 다를거라고 생각하는 경우 - 중심각의 크기가 180°가 넘어갈 때 원주각을 찾기 어려워하는 경우
지도상의 유의점	- 원과 비례에 관한 성질은 다루지 않는다. - 공학적 도구나 다양한 교구를 이용하여 도형을 그리거나 만들어보는 활동을 통해 도형의 성질을 추론하고 토론할 수 있게 한다. - 도형의 성질을 이해하고 설명하는 활동은 관찰이나 실험을 통해 확인하기, 사례나 근거를 제시하며 설명하기, 유사성에 근거하여 추론하기, 연역적으로 논증하기 등과 같은 다양한 정당화 방법을 학생 수준에 맞게 활용할 수 있다. - '(도형의) 대응', '삼각형의 중점연결정리', '접선의 길이' 용어는 교수·학습 상황에서 사용할 수 있다.

수학
수업실연 A to Z

16
고등학교 1학년 모의평가

- 수학 수업실연 모의평가 41회 (+지도안)
- 수학 수업실연 모의평가 42회 (+지도안)
- 수학 수업실연 모의평가 43회 (+지도안)
- 수학 수업실연 모의평가 44회
- 수학 수업실연 모의평가 45회
- 수학 수업실연 모의평가 46회
- 수학 수업실연 모의평가 47회
- 수학 수업실연 모의평가 48회
- 수학 수업실연 모의평가 49회
- 수학 수업실연 모의평가 50회
- 수학 수업실연 모의평가 51회
- 수학 수업실연 모의평가 52회
- 수학 수업실연 모의평가 53회
- 수학 수업실연 모의평가 54회
- 수학 수업실연 모의평가 55회
- 수학 수업실연 모의평가 56회

수학 수업실연 모의평가 41회(지도안)

고 1-1

[지도안 조건 및 유의사항]

1. 아래 조건을 참고해 〈지도안 작성란 1~4〉에 해당하는 부분을 작성하시오.
2. 〈지도안 작성란1〉 : [자료1]을 이용해 행렬의 곱셈을 지도하시오.
    가. 제시된 그림을 활용한다.
    나. 주어진 문제 (1)과 (2)를 설명하며, 풀이 과정을 포함한다.
    다. (질문)을 통해 행렬의 곱셈이 가능하기 위한 조건에 대해 강조한다.
3. 〈지도안 작성란2〉 : [자료2]를 수업 상황에 포함해 지도하시오.
    가. 각 학생의 주장이 맞는지, 틀린 지를 판단한다.
    나. 구체적인 예시를 포함한다.
4. 〈지도안 작성란3〉 : 단위행렬에 대해 지도한 뒤, [자료3]의 문제를 해결하시오.
    가. 단위행렬의 의미에 대해서 학생들이 생각할 수 있도록 한다.
5. 〈지도안 작성란4〉 : [자료4]를 모둠활동으로 지도하시오.
    가. 주어진 상황을 행렬을 이용해 표현하도록 한다.
    나. 행렬의 곱셈을 이용해 주어진 상황을 해결할 수 있도록 한다.
    다. 행렬의 곱셈의 필요성과 유용성을 이해할 수 있도록 한다.
6. 학생들과 교사와의 상호작용이 드러나도록 한다.
7. 학습목표는 칠판에 제시된 것으로 간주한다.

[교수·학습 조건]

1. 대상 : 고등학교 1학년
2. 수업시간 : 50분
3. 단원명 : 행렬의 곱셈
4. 교수·학습 환경

학생 수	지도 장소	수업 형태	교육기자재	평가
24명	교실	모둠학습	교사용 노트북, 스마트TV	형성평가

수학 수업실연 모의평가 41회(지도안)

고 1-1

[자료1]

다음은 행렬 A, B의 곱에 대해 나타낸 것이다.

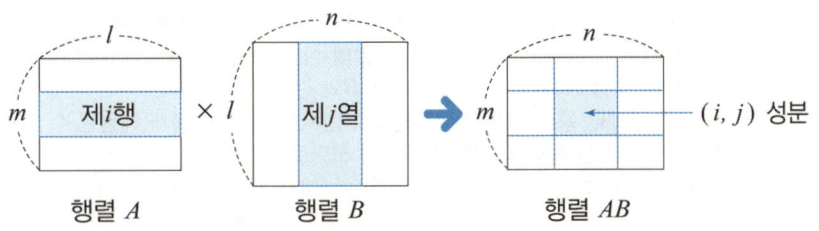

(1) $\begin{pmatrix} 2 & -1 \\ 3 & 0 \end{pmatrix} \begin{pmatrix} -1 & 2 \\ -3 & 4 \end{pmatrix}$ 　　　　　　(2) $\begin{pmatrix} 1 \\ 2 \end{pmatrix} (3 \ 4)$

(질문) 그렇다면 $(1 \ 3)(2 \ -5)$의 계산 결과는 어떻게 될까요?

[자료2]

하하 : 행렬도 지금까지 배웠던 것처럼 똑같이 $AB = BA$를 만족할 것 같아.
홍철 : 아니야. 어떤 행렬을 가지고 오더라도 $AB = BA$를 만족하지 않아.

* 이때, 행렬 A, B는 모두 2×2 행렬

[자료3]

행렬 $\begin{pmatrix} 5 & 3 \\ 4 & 1 \end{pmatrix} \begin{pmatrix} 1 & 0 \\ 0 & 1 \end{pmatrix}$, $\begin{pmatrix} 1 & 0 \\ 0 & 1 \end{pmatrix} \begin{pmatrix} 5 & 3 \\ 4 & 1 \end{pmatrix}$을 각각 계산한 뒤, 그 값을 비교하시오.

[자료4]

명수는 수학을 80점, 영어를 92점 받았고, 준하는 수학을 95점, 영어를 70점을 받았다고 한다. 명수와 준하가 다음의 조건을 만족하는 대학을 지원한다고 했을 때, 어느 대학을 선택하는 것이 유리한지 행렬을 이용해 설명하시오.

대학	수학반영 비율	영어반영 비율
A대학	30%	70%
B대학	70%	30%

* 지도안 구상지는 AtoZ 카페에서 다운로드

지도안 예시답안

도입	주의환기	• 인사 및 출석 확인
	학습목표	• 학습목표를 확인한다. – 행렬의 곱셈을 할 수 있다.
전개	행렬의 곱셈 지도	〈지도안 작성란1〉 • 교사 : 행렬의 곱셈을 지도한다. – 교사 : 지금까지 행렬의 덧셈, 뺄셈, 실수배에 대해서 배웠습니다. 그렇다면 곱셈은 어떻게 할까요? – 학생 : 각 성분끼리 곱하면 될 것 같아요. – 교사 : 행렬의 곱셈의 경우 덧셈, 뺄셈, 실수배와 달리 각 성분끼리 연산을 하는 것이 아닙니다. 따라서 곱셈 방법을 잘 이해하는 것이 중요해요. • 교사 : [자료1]의 그림을 제시한 뒤, 이를 이용해 구체적인 계산에 대해 지도한다. – 교사 : 두 행렬 A, B에 대하여 행렬 A의 열의 개수와 행렬 B의 행의 개수가 같을 때, 행렬 A의 제i행의 성분과 행렬 B의 제j열의 성분을 각각 차례로 곱하여 더한 값을 (i, j)성분으로 하는 행렬 A, B의 곱이라 하며 AB와 같이 나타냅니다. – 교사 : 문제를 통해 자세히 살펴보도록 합시다. (1)은 어떻게 해결할 수 있을까요? – 학생 : 열의 성분과 행의 성분을 곱해야 하므로 $$\begin{pmatrix} 2 & -1 \\ 3 & 0 \end{pmatrix}\begin{pmatrix} -1 & 2 \\ -3 & 4 \end{pmatrix} = \begin{pmatrix} 2\times(-1)+(-1)\times(-3) & 2\times 2+(-1)\times 4 \\ 3\times(-1)+0\times(-3) & 3\times 2+0\times 4 \end{pmatrix} = \begin{pmatrix} 1 & 0 \\ -3 & 6 \end{pmatrix}$$과 같이 계산할 수 있습니다. – 교사 : 잘해 주었습니다. (2)는 어떻게 될까요? – 학생 : $\begin{pmatrix} 1 \\ 2 \end{pmatrix}(3 \ \ 4) = \begin{pmatrix} 1\times 3 & 1\times 4 \\ 2\times 3 & 2\times 4 \end{pmatrix} = \begin{pmatrix} 3 & 4 \\ 6 & 8 \end{pmatrix}$과 같이 계산할 수 있습니다. • (질문)을 통해 행렬의 곱셈 조건에 대해 강조한다. – 교사 : 그렇다면 $(1 \ \ 3)(2 \ -5)$의 계산 결과는 어떻게 될까요? 학생1 : 어떻게 계산해야 할지 잘 모르겠어요. – 학생2 : $(1 \ \ 3)(2 \ -5) = (1\times 2 \ \ 3\times(-5)) = (2 \ -15)$입니다. – 교사 : 행렬의 곱셈 조건에 대해서 다시 한번 생각해 봅시다. 행렬 AB를 계산한다고 할 때, A의 열의 개수와 행렬 B의 행의 개수가 같아야 했습니다. 하지만 $(1 \ \ 3)(2 \ -5)$은 어떻죠? – 학생 : $(1 \ \ 3)$의 열의 개수는 2개, $(2 \ -5)$의 행의 개수는 1개입니다. 열의 성분과 행의 성분을 계산할 수 없으므로 계산이 불가능하네요. 〈지도안 작성란2〉 • 학생의 주장을 정리한다. – 하하 : 행렬도 지금까지 배웠던 것들처럼 교환법칙이 성립해 $AB = BA$를 만족할 것 같아. – 홍철 : 아니야. 어떤 행렬을 가지고 오더라도 $AB = BA$를 만족하지 않아. – 교사 : 두 명의 친구들이 다음과 같이 이야기를 해 주었습니다. 여러분들은 어떻게 생각하나요? 친구들의 주장이 맞는지 아닌지를 살펴봅시다. • 각 학생의 주장이 맞는지, 틀렸는지를 구체적인 예시를 통해 판단한다. – 학생1 : 선생님 제가 다음과 같이 두 행렬을 곱해봤더니 결과가 다르게 나왔어요. 두 행렬을 곱할 때, 항상 $AB = BA$는 아닌 것 같아요. $$\begin{pmatrix} 2 & 3 \\ 1 & 1 \end{pmatrix}\begin{pmatrix} -1 & 2 \\ 1 & -3 \end{pmatrix} = \begin{pmatrix} 1 & -5 \\ 0 & -1 \end{pmatrix}, \ \begin{pmatrix} -1 & 2 \\ 1 & -3 \end{pmatrix}\begin{pmatrix} 2 & 3 \\ 1 & 1 \end{pmatrix} = \begin{pmatrix} 0 & -1 \\ -1 & 0 \end{pmatrix}$$ – 교사 : 잘 설명해 주었습니다. 설명한 것처럼, 항상 $AB = BA$가 된다고 할 수는 없습니다. 이것이 뜻하는 것이 무엇일까요? – 학생 : 두 값이 교환되지 않는 것이기 때문에 교환법칙이 성립하지 않는다고 이야기할 수 있습니다. – 교사 : 맞아요. 행렬은 이처럼 항상 $AB = BA$가 되지 않으므로 교환법칙이 성립한다고 할 수 없습니다. 우리가 지금까지 배웠던 많은 경우는 대부분 교환법칙이 성립했지만, 그렇지 않은 경우도 있다는 좋은 예시가 되겠습니다. 그렇다면 홍철이의 의견은 어떤가요? – 학생2 : 저는 다음과 같은 경우를 생각했습니다. '학생1'의 의견을 보고 항상 $AB \ne BA$가 될 것이라 생각했는데, $AB = BA$가 되는 경우도 있다는 것을 알게 되었습니다. $$\begin{pmatrix} 2 & 0 \\ 0 & 2 \end{pmatrix}\begin{pmatrix} 5 & 0 \\ 0 & 3 \end{pmatrix} = \begin{pmatrix} 5 & 0 \\ 0 & 3 \end{pmatrix}\begin{pmatrix} 2 & 0 \\ 0 & 2 \end{pmatrix} = \begin{pmatrix} 10 & 0 \\ 0 & 6 \end{pmatrix}$$ – 교사 : 잘 이야기해 주었습니다. 친구들의 의견을 종합해 보면, 행렬의 상황에 따라 어떤 경우에는 $AB = BA$이고 어떤 경우에는 $AB \ne BA$임을 알 수 있습니다. 좋은 의견을 준 하하와 홍철이, 구체적인 예시를 찾아준 학생1과 학생2에게도 모두 박수를 보내주도록 합시다.

전개	행렬의 곱셈 지도	• 행렬의 거듭제곱에 대해서 지도한다. 〈지도안 작성란3〉 • 단위행렬 개념 지도한다. • [자료3]의 행렬의 곱셈을 학생들이 직접 계산할 수 있도록 한다. – 교사 : $\begin{pmatrix} 5 & 3 \\ 4 & 1 \end{pmatrix}\begin{pmatrix} 1 & 0 \\ 0 & 1 \end{pmatrix}$, $\begin{pmatrix} 1 & 0 \\ 0 & 1 \end{pmatrix}\begin{pmatrix} 5 & 3 \\ 4 & 1 \end{pmatrix}$을 각각 계산해 볼까요? – 학생 : $\begin{pmatrix} 5 & 3 \\ 4 & 1 \end{pmatrix}\begin{pmatrix} 1 & 0 \\ 0 & 1 \end{pmatrix}=\begin{pmatrix} 5 & 3 \\ 4 & 1 \end{pmatrix}$, $\begin{pmatrix} 1 & 0 \\ 0 & 1 \end{pmatrix}\begin{pmatrix} 5 & 3 \\ 4 & 1 \end{pmatrix}=\begin{pmatrix} 5 & 3 \\ 4 & 1 \end{pmatrix}$이 됩니다. – 교사 : 어떤 특징이 있나요? – 학생 : 신기하게도 $\begin{pmatrix} 1 & 0 \\ 0 & 1 \end{pmatrix}$을 곱해도 원래 행렬이 그대로 나옵니다. – 교사 : 맞습니다. 우리는 이처럼 $\begin{pmatrix} 1 & 0 \\ 0 & 1 \end{pmatrix}$, $\begin{pmatrix} 1 & 0 & 0 \\ 0 & 1 & 0 \\ 0 & 0 & 1 \end{pmatrix}$과 같이 왼쪽 위에서 오른쪽 아래로 내려가는 대각선 위의 성분은 모두 1이고, 그 외의 성분은 모두 0인 행렬을 단위행렬이라고 합니다. 단위행렬은 기호 E와 같이 나타내며, $AE=EA=A$를 만족해요. 단위행렬이 곱해지는 형태를 보니 무언가 떠오르는 것이 없나요? – 학생 : 마치 숫자 1과 비슷해요. 곱하면 자기 자신이 나오니까요. – 교사 : 정말 그렇죠? 단위행렬은 어떤 숫자에 1을 곱했을 때 숫자가 그대로 나오는 것처럼 행렬을 그대로 나오게 하는 역할을 한다는 사실을 잊지 말도록 합시다. 〈지도안 작성란4〉 • [자료4]를 모둠활동으로 지도한다. • 주어진 상황을 안내한 뒤, 이를 행렬을 이용해서 표현하도록 한다. – 교사 : [자료4]를 잘 읽어본 뒤에, 모둠원들과 토의해 주어진 상황을 행렬로 나타내 봅시다. – 교사 : 어떤 모둠에서 발표해 볼까요? – 1모둠 : 저희 1모둠에서 발표해 보겠습니다. 저희 모둠에서는 1행에 준하의 점수 2행에 명수의 점수를 넣었고, 1열에는 수학점수 2열에는 영어점수를 넣었어요. 그래서 $\begin{pmatrix} 95 & 70 \\ 80 & 92 \end{pmatrix}$와 같은 행렬을 만들었습니다. • 행렬을 이용해 주어진 문제를 해결하도록 한다. – 교사 : 각 모둠에서 만든 행렬을 이용해서 문제를 해결해 보도록 합시다. 어떤 대학을 선택하는 것이 유리할까요? – 2모둠 : 저희 모둠에서 발표해 보겠습니다. 저희 모둠에서는 대학별 반영비율을 1열에는 A대학의 반영비율, 2열에는 B대학의 반영비율을 넣었습니다. 이때, 1행에는 수학 2행에는 영어 반영비율 점수를 넣었어요. – 2모둠 : 각 대학에서 점수가 어떻게 반영되는지를 계산하기 위해 행렬의 곱셈을 이용해 $\begin{pmatrix} 95 & 70 \\ 80 & 92 \end{pmatrix}\begin{pmatrix} 0.3 & 0.7 \\ 0.7 & 0.3 \end{pmatrix}=\begin{pmatrix} 77.5 & 87.5 \\ 88.4 & 83.6 \end{pmatrix}$ 과 같은 식을 도출했습니다. – 교사 : 반영비율을 행렬로 잘 표현해서, 곱셈을 이용해서 계산까지 너무 잘해 주었습니다. 결과를 분석하는 것은 다른 모둠에서 발표해 볼까요? – 3모둠 : 저희 모둠에서 이어서 발표해 보겠습니다. 행렬의 곱셈을 통해 준하는 A대학에서 77.5점, B대학에서 87.5점을 받았고, 명수는 A대학에서 88.4점, B대학에서 83.6점을 받았습니다. 따라서 A대학에서는 명수가, B대학에서는 준하가 더 유리합니다. – 교사 : 잘 분석해 주었습니다. 이렇게 주어진 상황을 행렬로 표현한 뒤, 계산하니 어떤 점이 좋았나요? – 학생1 : 주어진 상황을 간단히 표현할 수 있어서 좋았습니다. – 학생2 : 행렬을 이용해 문제를 효과적으로 해결할 수 있었고, 계산 결과를 다시 문제 상황에 적용할 수 있어서 좋았습니다. – 교사 : 이처럼 행렬은 다양한 상황에 효과적으로 적용할 수 있는 유용한 수학 개념이랍니다.
정리	내용정리	• 오늘 학습한 내용을 정리한다.
	형성평가	• 형성평가를 풀어보고 피드백을 한다.
	차시예고	• 다음 차시를 예고한다.

수학 수업실연 모의평가 41회

고 1-1

[실연 조건 및 유의사항]

1. [수업실연 구상지]의 〈수업실연1~2〉에 해당하는 부분을 수업으로 실연하시오.
2. 〈수업실연1〉 : [자료1]을 이용해 행렬의 곱셈을 지도하시오.
   가. 제시된 그림을 활용한다.
   나. 주어진 문제 (1)과 (2)를 설명하며, 풀이 과정을 포함한다.
   다. (질문)을 통해 행렬의 곱셈이 가능하기 위한 조건에 대해 강조한다.
3. 〈수업실연2〉 : [자료2]를 수업 상황에 포함해 지도하시오.
   가. 각 학생의 주장이 맞는지, 틀렸는지를 판단한다.
   나. 구체적인 예시를 포함한다.
4. 학생들과 교사와의 상호작용이 드러나도록 한다.
5. 학습목표는 칠판에 제시된 것으로 간주한다.

[교수 · 학습 조건]

1. 대상 : 고등학교 1학년
2. 수업시간 : 100분 (블록타임제)
3. 단원명 : 행렬의 곱셈
4. 교수 · 학습 환경

학생 수	지도 장소	수업 형태	교육기자재	평가
24명	교실	모둠학습	교사용 노트북, 스마트TV	형성평가

수학 수업실연 모의평가 41회

[자료1]

다음은 행렬 A, B의 곱에 대해 나타낸 것이다.

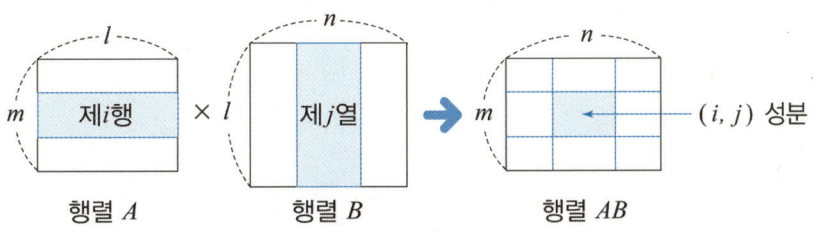

행렬 A 행렬 B 행렬 AB

(1) $\begin{pmatrix} 2 & -1 \\ 3 & 0 \end{pmatrix} \begin{pmatrix} -1 & 2 \\ -3 & 4 \end{pmatrix}$

(2) $\begin{pmatrix} 1 \\ 2 \end{pmatrix} (3 \ \ 4)$

(질문) 그렇다면 $(1 \ \ 3)(2 \ \ -5)$의 계산 결과는 어떻게 될까요?

[자료2]

하하 : 행렬도 지금까지 배웠던 것처럼 똑같이 $AB = BA$를 만족할 것 같아.

홍철 : 아니야. 어떤 행렬을 가지고 오더라도 $AB \neq BA$를 만족하지 않아.

*이때, 행렬 A, B는 모두 2×2행렬

수업실연 구상지

단원		행렬의 곱셈		차시	
학습목표	• 행렬의 곱셈을 할 수 있다.					
학습단계	학습전개	교수·학습 과정			
도입	주의환기	• 인사 및 출석 확인			
	학습목표	• 학습목표를 제시한다.			
전개	행렬의 곱셈 지도	〈수업실연1〉 〈수업실연2〉 			
	개념지도	• 행렬의 거듭제곱에 대해서 지도한다.			
		• 단위행렬에 대해 지도한다.			
	협동학습	• 행렬의 곱셈과 관련된 활용문제를 이용해 협동학습을 진행한다.			
정리	내용정리	• 오늘 배운 내용을 정리한다.			
	형성평가	• 형성평가를 실시한다.			
	차시예고	• 다음 차시를 안내한다.			

수업 한 페이지

문제해설	- [자료1]을 이용해 행렬 곱에 대해 지도한다. - [자료1] 행렬의 곱셈은 어떻게 해야 할지 발문한다. 덧셈, 뺄셈, 상수배와 다르게 같은 위치에 있는 성분끼리 곱하는 것이 아닌, 다른 방식으로 계산함을 안내한다. - [자료1] 두 행렬 A, B에 대하여 행렬 A의 열의 개수와 행렬 B의 행의 개수가 같을 때, 행렬 A의 제i행의 성분과 행렬 B의 제j열의 성분을 각각 차례로 곱하여 더한 값을 (i, j)성분으로 하는 행렬 A, B의 곱이라 하며 AB와 같이 나타냄을 설명한다. - [자료1] 이때 주어진 그림을 활용하도록 한다. - [자료1] 행렬의 곱셈을 이용해 (1)과 (2)를 해결하도록 한다. (1) $\begin{pmatrix} 2 & -1 \\ 3 & 0 \end{pmatrix}\begin{pmatrix} -1 & 2 \\ -3 & 4 \end{pmatrix} = \begin{pmatrix} 2\times(-1)+(-1)\times(-3) & 2\times 2+(-1)\times 4 \\ 3\times(-1)+0\times(-3) & 3\times 2+0\times 4 \end{pmatrix} = \begin{pmatrix} 1 & 0 \\ -3 & 6 \end{pmatrix}$ (2) $\begin{pmatrix} 1 \\ 2 \end{pmatrix}(3 \ 4) = \begin{pmatrix} 1\times 3 & 1\times 4 \\ 2\times 3 & 2\times 4 \end{pmatrix} = \begin{pmatrix} 3 & 4 \\ 6 & 8 \end{pmatrix}$ - [자료1] (2)와 같은 경우 학생들이 자주 틀리는 형태의 행렬이기도 하므로, 오개념 상황을 가정할 수도 있다. - [자료1] (질문)에 제시된 문제에 대해 발문한다. - [자료1] 오개념 상황을 가정한 뒤, 행렬의 곱셈의 조건에 대해 왜 그러한 조건이 나왔는지를 다시 한번 상기시키도록 한다. - [자료1] 행렬 A, B를 곱할 때 A의 행의 성분과 B의 열의 성분이 서로 차례대로 곱해져야 하므로, A의 열의 개수와 B의 행의 개수가 서로 같아야 성분이 하나씩 곱해질 수 있음을 설명한다. - [자료2]의 하하와 홍철이의 생각을 발문한 뒤, 학생들이 어떻게 생각하는지 확인한다. - [자료2] 하하의 경우 $\begin{pmatrix} 2 & 3 \\ 1 & 1 \end{pmatrix}\begin{pmatrix} -1 & 2 \\ 1 & -3 \end{pmatrix} = \begin{pmatrix} 1 & -5 \\ 0 & -1 \end{pmatrix}$, $\begin{pmatrix} -1 & 2 \\ 1 & -3 \end{pmatrix}\begin{pmatrix} 2 & 3 \\ 1 & 1 \end{pmatrix} = \begin{pmatrix} 0 & -1 \\ -1 & 0 \end{pmatrix}$임을 이용해 항상 $AB = BA$가 성립하지 않음을 설명한다. 이를 통해, 행렬의 곱셈의 경우 교환법칙이 성립하지 않음을 강조하도록 한다. - [자료2] 홍철이의 경우 $\begin{pmatrix} 2 & 0 \\ 0 & 2 \end{pmatrix}\begin{pmatrix} 5 & 0 \\ 0 & 3 \end{pmatrix} = \begin{pmatrix} 5 & 0 \\ 0 & 3 \end{pmatrix}\begin{pmatrix} 2 & 0 \\ 0 & 2 \end{pmatrix} = \begin{pmatrix} 10 & 0 \\ 0 & 6 \end{pmatrix}$과 같은 예시를 통해 모든 행렬이 반드시 $AB \neq BA$는 아님을 설명한다.
탐구활동	- 실생활 내용과 연관지어 행렬의 곱셈을 직관적으로 계산할 수 있는 활동
발문	- [자료1] 행렬의 곱셈은 어떻게 할 수 있을까요? - [자료1] 주어진 행렬을 곱하면 어떻게 될까요? - [자료1] $(1 \ 3)(2 \ -5)$는 어떻게 계산할 수 있을까요? - [자료1] 행렬을 곱셈하기 위한 조건은 무엇이었나요? - [자료2] 행렬은 반드시 $AB = BA$일까요? - [자료2] 모든 행렬은 $AB \neq BA$를 만족할까요?
오개념 예시	- 행렬을 곱셈할 때, 각 성분끼리 곱하는 경우 - 행렬의 곱셈조건을 제대로 이해하지 못한 경우 - 행렬 또한 교환법칙이 성립한다고 생각하는 경우 - 모든 행렬이 $AB \neq BA$라고 생각하는 경우
지도상의 유의점	- 행렬의 곱셈은 실생활의 구체적인 예를 통하여 그 의미를 이해할 수 있게 한다. - 두 행렬 A와 B의 곱인 AB는 행렬 A의 열의 개수와 행렬 B의 행의 개수가 같을 때 정의됨을 알게 한다. - 수의 곱셈과 달리 행렬의 곱셈에서 교환법칙은 성립하지 않음을 알게 한다. - '단위행렬'용어는 교수ㆍ학습 상황에서 사용할 수 있다. - 행과 열의 수가 각각 2를 넘지 않는 범위에서 행렬의 곱셈을 할 수 있게 한다. - 지나치게 복잡한 행렬의 연산 문제는 다루지 않는다.

수학 수업실연 모의평가 42회(지도안)

[지도안 조건 및 유의사항]

1. 아래 조건을 참고해 〈지도안 작성란 1~4〉에 해당하는 부분을 작성하시오.
2. 〈지도안 작성란1〉은 모둠활동으로 지도하시오.
   가. 공학도구를 활용하도록 한다.
   나. 두 직선이 수직이 되기 위한 조건을 학생들이 직관적으로 추측할 수 있도록 한다.
   다. 수업활동을 촉진하는 교사의 구체적인 발문을 포함하도록 한다.
3. 〈지도안 작성란2〉는 〈자료2〉를 증명하시오.
   가. 증명 과정을 돕는 교사의 구체적인 발문이 드러나도록 한다.
   나. [자료1]의 활동과 연계하여 지도한다.
4. 〈지도안 작성란3〉은 [자료3]의 문제를 해결하시오.
   가. 직선의 방정식을 구하기 위해 필요한 조건을 상기시키도록 한다.
5. 〈지도안 작성란4〉는 주어진 활동을 수행하시오.
   가. 두 직선이 수직인 조건을 이용해 학생들이 스스로 추측할 수 있도록 한다.
   나. 교사의 구체적 발문을 포함한다.
6. 학생들과 교사와의 상호작용이 드러나도록 한다.
7. 학습목표는 칠판에 제시된 것으로 간주한다.

[교수·학습 조건]

1. 대상 : 고등학교 1학년
2. 수업시간 : 100분(블록타임제)
3. 단원명 : 두 직선의 수직
4. 교수·학습 환경

학생 수	지도 장소	수업 형태	매체 및 기자재	평가
30명	교실	모둠학습	칠판, 분필, 교사용 컴퓨터, 교사용 태블릿, 스마트TV, 학생용 태블릿	동료평가

수학 수업실연 모의평가 42회(지도안)

[자료1]

공학도구를 이용해 직선의 방정식을 표현하고 '수직선' 기능을 이용해 점 하나와 직선을 선택하여 수직선을 표현한 다음, 대수창에 나타난 직선의 방정식을 확인한다.

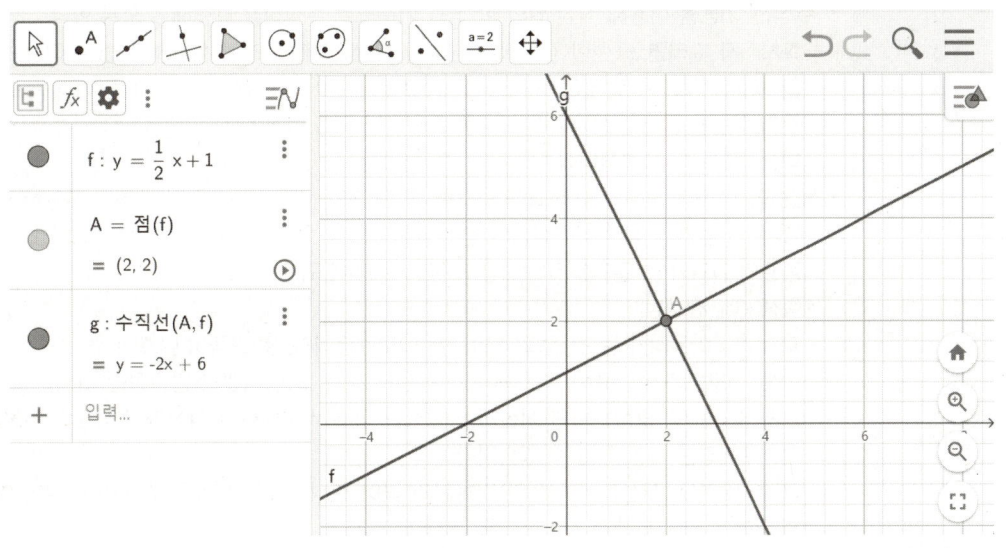

[자료2]

두 직선 $y = mx + n$과 $y = m'x + n'$에서

1. 두 직선이 서로 수직이면 $mm' = -1$이다.
2. $mm' = -1$이면 두 직선은 서로 수직이다.

[자료3]

점 $(2, 1)$을 지나고 직선 $y = 2x - 3$에 수직인 직선의 방정식을 구하시오.

[자료4]

두 직선 $ax + by + c = 0$, $a'x + b'y + c' = 0$이 서로 수직이면 $aa' + bb' = 0$임을 설명해 보자.
(단, $ab \neq 0$, $a'b' \neq 0$)

* 지도안 구상지는 AtoZ 카페에서 다운로드

지도안 예시답안

도입	주의환기	• 인사 및 출석 확인
	선수학습	• 선수학습 내용인 두 직선의 평행에 대해 지도한다.
	학습목표	• 학습목표를 확인한다.
전개	본시학습	〈지도안 작성란1〉 • [자료1]을 모둠활동을 이용해 지도한다. • 공학도구를 이용해 직선의 방정식을 표현해 보도록 한 뒤, 직선 위의 점 하나를 선택하도록 한다. 　– 교사 : 모둠별로 공학도구를 이용해 직선의 방식을 하나 그린 뒤, 직선 위의 임의의 점 하나를 선택해 보도록 합시다. 　– 학생 : 직선의 방정식은 아무거나 해도 되나요? 　– 교사 : 네! 여러분이 하고 싶은 직선의 방정식을 대수창을 이용해 하나만 그리면 됩니다. 　– 학생 : 네 알겠습니다. 선생님. • '수직선' 기능을 이용해 직선 위의 한 점을 기준으로 수직선을 표현해 보도록 한다. 　– 교사 : 자 그러면, 표현한 직선의 방정식과 한 점을 기준으로 '수직선' 기능을 이용해 수직선을 표현해 보도록 할게요. 기능을 잘 모르겠거나 어려운 친구들은 모둠원끼리 서로 도움을 주거나 손을 들어 선생님에게 도움을 요청하면 되겠습니다. 　– 학생 : 모두 다 그렸습니다. • 직선과 수직선의 함수식을 비교해 보도록 한 뒤, 모둠원들과 비교하며 특징을 찾도록 한다. 　– 교사 : 모둠별로 직선과 수직선의 함수식을 비교해 가며 특징을 찾아보도록 하겠습니다. 모둠원의 결과와 내 결과를 비교하면 도움이 될 거예요. 　– 학생 : 네, 선생님! 　– 교사 : 다 마무리가 된 것 같으니 발표를 해보겠습니다. 몇 모둠이 발표해 볼까요? 　– 학생 : 5모둠에서 발표해 보겠습니다. 처음에 제가 그린 직선의 방정식만 봐서는 느낌이 잘 오지 않았는데, 모둠원들의 직선의 방정식과 함께 비교해보니 직선과 수직선의 기울기의 곱이 -1이라는 사실을 알 수 있습니다. 　– 교사 : 맞아요. 직선과 수직선의 기울기의 곱이 항상 -1이 되죠? 왜 이런 성질이 발생하는지 오늘 수업을 통해서 알아보도록 합시다. 〈지도안 작성란2〉 • [자료2]의 내용을 증명한다. 　– 교사 : 자 그러면, 우리가 추측한 서로 수직인 직선의 방정식의 기울기의 곱이 -1이 됨을 수학적으로 맞는지 증명해 보도록 합시다. 우선 좌표 평면 위의 임의의 두 직선 $l_1 : y = mx + n$과 $l_2 : y = m'x + n'$이 서로 수직이라고 가정해 봅시다. 　– 학생 : 네! 좌표 평면 위에 임의의 서로 수직인 두 직선을 표현했습니다. 　– 교사 : 이때, 직선을 평행이동하려고 하는데요. 임의의 두 직선을 모두 원점을 지나도록 평행이동 시켜 보겠습니다. 평행이동하면 그래프는 어떻게 될까요? 　– 학생 : 위치만 바뀌는 것이고 서로 수직이라는 사실은 바뀌지 않습니다. 　– 교사 : 좋습니다. 원점으로 이동시키는 이유는 우리가 증명을 조금 더 용이하게 하기 위함이예요. 수직이라는 사실에 변함은 없으니 이것을 이용해서 증명해 봅시다. 평행이동한 두 직선을 각각 $l_1' : y = mx, l_2' : y = m'x$라고 하겠습니다. 　– 교사 : 증명을 위해 $x = 1$을 가지고 오겠습니다. 직선 l_1', l_2'의 $x = 1$과의 교점은 어떻게 되나요? 　– 학생 : 교점을 각각 P, Q라고 하면 $P(1, m), Q(1, m')$을 만족합니다. 　– 교사 : 삼각형 POQ는 어떤 특징을 가지게 되나요? 　– 학생 : 직각삼각형이 됩니다! 　– 교사 : 맞습니다. 삼각형 POQ는 직각삼각형이므로 피타고라스 정리를 만족합니다. 변의 길이 관계가 어떻게 될까요? 　– 학생 : $\overline{OP}^2 + \overline{OQ}^2 = \overline{PQ}^2$을 만족합니다. 　– 교사 : 점 P, Q의 좌표를 이용해 식을 정리해 볼까요? 　– 학생 : $P(1, m), Q(1, m')$이므로 $(1^2 + m^2) + (1^2 + (m')^2) = (m - m')^2$을 만족함을 알 수

전개	본시학습	있습니다. 식을 정리하면 $1^2+m^2+1^2+(m')^2 = m^2-2mm'+(m')^2$ $2=-2mm'$ $1=-mm'$ $\therefore mm' = -1$ 이렇게 기울기의 곱이 -1이 되네요! – 교사 : 우리가 찾은 것은 원점을 지나도록 평행이동한 것이었죠? 각 직선을 다시 평행이동 시켜도 기울기는 바뀌지 않기 때문에 두 직선 $y=mx+n$, $y=m'x+n'$의 기울기의 곱도 -1임을 알 수 있습니다. – 학생 : 선생님! 그러면 반대로 $mm'=-1$이면 직선 l과 l'은 서로 수직이라 할 수 있을까요? – 교사 : 좋은 질문입니다. 서로 수직이면 기울기의 곱이 -1이 됨을 보였던 과정을 다시 한번 떠올려 봅시다. 어떻게 될 것 같나요? – 학생 : $mm'=-1$이면 $\overline{OP}^2+\overline{OQ}^2=\overline{PQ}^2$을 만족합니다. 따라서 $\angle POQ = 90°$이므로 $\triangle POQ$는 직각삼각형이 되어서 l과 l'은 서로 수직이라 할 수 있습니다. – 교사 : 논리적으로 설명을 잘 해 주었습니다. 학생의 설명과 마찬가지로 기울기의 곱이 -1이라는 조건을 만족하면 두 직선은 서로 수직이라 할 수 있습니다.
		〈지도안 작성란3〉 • [자료3]의 문제를 해결하도록 한다. • 직선의 방정식을 구하기 위해 필요한 조건을 상기시키도록 한다. – 교사 : [자료3]의 문제를 해결해 볼까요? – 학생 : 선생님. 어떻게 풀어야 할지 잘 모르겠어요. – 교사 : 우리가 직선의 방정식을 구하기 위해서 필요한 조건은 무엇이었나요? – 학생 : 두 점을 알면 됩니다. – 학생 : 한 점과 기울기를 알아도 돼요. – 교사 : 맞습니다. [자료3]의 문제도 직선의 방정식을 찾는 것이므로 이 조건들을 잘 기억해서 풀어보도록 합시다. – 학생 : 아! 선생님 알 것 같아요. • [자료3]의 문제를 풀이한다. 이때, [자료2]의 내용을 적절히 복습한다. – 교사 : 문제를 풀기 위해 어떻게 했나요? – 학생 : 우선 $y=2x-3$에 수직인 직선의 방정식을 찾는 것이므로, 기울기의 곱이 -1이 되는 것을 이용합니다. 따라서 기울기는 $-\frac{1}{2}$이에요. – 교사 : 기울기를 잘 찾아주었습니다. 직선의 방정식을 구하기 위해서는 한 점과 기울기를 알면 되었는데, 기울기와 한점이 모두 주어졌네요. 그렇다면 식은 어떻게 구하면 될까요? – 학생 : $y=-\frac{1}{2}(x-2)+1$을 만족합니다. 따라서 $y=-\frac{1}{2}x+2$가 우리가 찾고자 하는 직선의 방정식입니다.
		〈지도안 작성란4〉 • [자료4]의 내용을 학생들에게 발문한 뒤, 스스로 추측할 수 있도록 한다. – 교사 : [자료4]에 나온 것과 같이 두 직선 $ax+by+c=0$, $a'x+b'y+c'=0$이 서로 수직이면 $aa'+bb'=0$임을 설명해 봅시다. 어떤 조건을 이용해야 할까요? – 학생 : 두 직선이 서로 수직이므로 기울기의 곱이 -1임을 이용해야 할 것 같아요. – 교사 : 그렇다면 두 직선의 기울기를 구해볼까요? – 학생 : 기울기를 구하기 위해 직선의 방정식을 정리해 보았습니다. $ax+by+c=0$은 $y=-\frac{a}{b}x-\frac{c}{b}$이고, $a'x+b'y+c'=0$은 $y=-\frac{a'}{b'}x-\frac{c'}{b'}$로 식을 변형할 수 있으므로 기울기는 각각 $-\frac{a}{b}, -\frac{a'}{b'}$가 됨을 알 수 있습니다. – 교사 : 두 직선의 기울기를 곱해서 -1이 됨을 표현해 볼까요? – 학생 : $\left(-\frac{a}{b}\right)\times\left(-\frac{a'}{b'}\right)=-1$이 되어서 $aa'+bb'=0$임을 알 수 있습니다. – 교사 : 잘 설명해 주었습니다.
정리	내용정리	• 오늘 학습할 내용을 정리한다.
	형성평가	• 형성평가를 풀어보고 피드백을 한다.
	차시예고	• 다음 차시를 예고한다.

고 1-2

수학 수업실연 모의평가 42회

[실연 조건 및 유의사항]

1. [수업실연 구상지]의 〈수업실연1~2〉에 해당하는 부분을 수업으로 실연한다.
2. 〈수업실연1〉은 모둠활동으로 지도하시오.
   가. 공학도구를 활용하도록 한다.
   나. 두 직선이 수직이 되기 위한 조건을 학생들이 직관적으로 추측할 수 있도록 한다.
   다. 수업활동을 촉진하는 교사의 구체적인 발문을 포함하도록 한다.
3. 〈수업실연2〉는 〈자료2〉를 증명하시오.
   가. 정당화 과정을 돕는 교사의 구체적인 발문이 드러나도록 한다.
   나. [자료1]의 활동과 연계하여 지도한다.
4. 학생들과 교사와의 상호작용이 드러나도록 한다.
5. 학습목표는 칠판에 제시된 것으로 간주한다.

[교수·학습 조건]

1. 대상 : 고등학교 1학년
2. 수업시간 : 100분(블록타임제)
3. 단원명 : 두 직선의 수직
4. 교수·학습 환경

학생 수	지도 장소	수업 형태	매체 및 기자재	평가
30명	교실	모둠학습	칠판, 분필, 교사용 컴퓨터, 교사용 태블릿, 스마트TV, 학생용 태블릿	동료평가

수학 수업실연 모의평가 42회

고 1-2

[자료1]

공학도구를 이용해 직선의 방정식을 표현하고 '수직선' 기능을 이용해 점 하나와 직선을 선택하여 수직선을 표현한 다음, 대수창에 나타난 직선의 방정식을 확인한다.

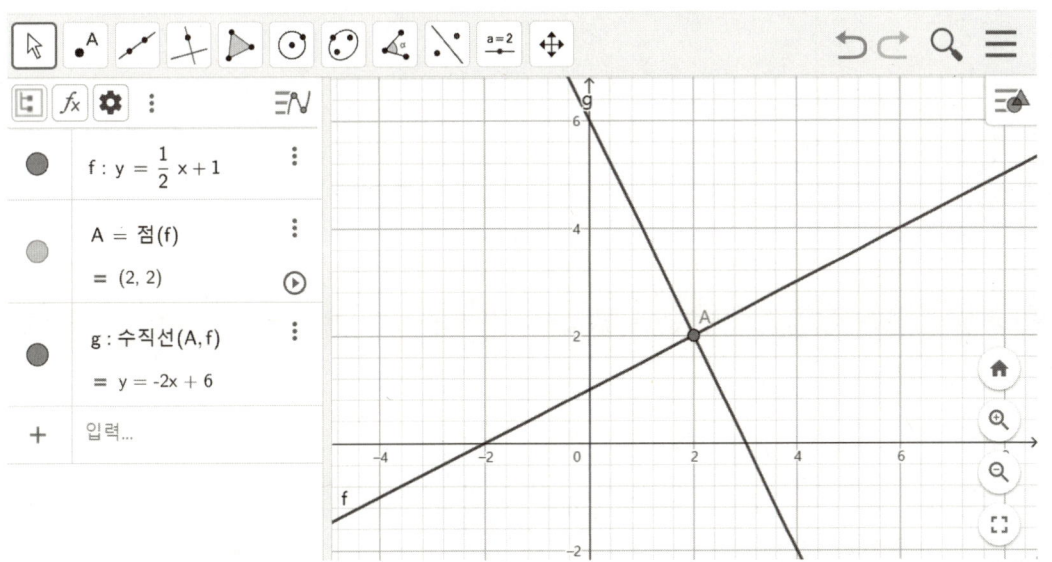

[자료2]

두 직선 $y = mx + n$과 $y = m'x + n'$에서

1. 두 직선이 서로 수직이면 $mm' = -1$이다.
2. $mm' = -1$이면 두 직선은 서로 수직이다.

수업실연 구상지

단원		두 직선의 수직		차시	
학습목표		• 두 직선의 수직 조건을 이해한다.			
학습단계	학습전개	교수·학습 과정			
도입	주의환기	• 인사 및 출석 확인			
	탐구활동	• 탐구활동을 실시한다.			
	학습목표	• 학습목표를 제시한다.			
전개	모둠활동	〈수업실연1〉 〈수업실연2〉			
	문제풀이	• 두 직선의 수직 조건과 관련된 문제를 해결한다.			
정리	내용정리	• 오늘 배운 내용을 정리한다.			
	형성평가	• 형성평가를 실시한다.			
	차시예고	• 다음 차시를 안내한다.			

수업 한 페이지

문제해설	– [자료1]을 모둠활동으로 지도한다. – [자료1] 공학도구(자료에 보이는 그림은 지오지브라입니다)를 활용해 직선의 방정식을 하나 그려보게 한 뒤, '수직선' 기능을 활용해 점 하나와 직선을 선택해 수직선을 그리게 한다. – [자료1] 수직선의 방정식을 대수창을 이용해 확인하도록 한다. – [자료1] 여러 개의 직선의 방정식을 같은 과정을 반복해 표현해 보도록 하거나, 모둠의 결과를 교사가 수합하는 과정을 통해 학생들이 서로 수직인 직선의 방정식이 가지는 특징을 직관적으로 이해할 수 있도록 한다. – [자료1] 직선의 방정식을 비교해 서로 수직인 직선의 방정식의 기울기 곱이 -1이 됨을 추측한다. 추측한 결과가 실제로 성립하는지 수학적 증명을 통해 확인해 보도록 한다. – [자료2] 임의의 두 직선 $l_1 : y = mx + n$과 $l_2 : y = m'x + n'$이 서로 수직이라고 가정한다. 이때 두 직선을 원점을 지나도록 평행이동시키면 두 직선은 여전히 서로 수직이며 기울기는 변하지 않음을 강조한다. 평행이동한 직선을 $l_1' : y = mx, l_2' : y = m'x$라고 한다. – [자료2] 직선 l_1', l_2'의 $x=1$과의 교점을 P, Q라고 하면 $P(1, m), Q(1, m')$을 만족한다. 이때 삼각형 POQ는 직각삼각형이므로 피타고라스 정리에 의해 $\overline{OP}^2 + \overline{OQ}^2 = \overline{PQ}^2$을 만족한다. 따라서 $(1^2 + m^2) + (1^2 + (m')^2) = (m - m')^2$을 만족함을 알 수 있다. 식을 정리하면 $$1^2 + m^2 + 1^2 + (m')^2 = m^2 - 2mm' + (m')^2$$ $$2 = -2mm'$$ $$1 = -mm'$$ $$\therefore mm' = -1$$ – [자료2] 직선 l_1', l_2'가 서로 수직이고 기울기의 곱이 -1이므로 직선 l_1, l_2 또한 서로 수직이고 기울기의 곱이 -1이 됨을 설명한 뒤, 기울기의 곱이 -1인 두 직선의 방정식은 어떻게 될지를 발문한다. – [자료2] 두 직선의 기울기의 곱이 -1이면 식 $\overline{OP}^2 + \overline{OQ}^2 = \overline{PQ}^2$을 만족하므로 삼각형 OPQ는 직각삼각형이 됨을 알 수 있으며, ∠POQ = 90°이므로 직선 l_1, l_2가 서로 수직임을 알 수 있다. – [자료2] 정당화 과정을 통해 직선이 서로 수직이 되기 위한 조건을 확인했음을 강조한다. – 오늘 배운 내용을 다시 한번 정리하도록 한다.
발문	– [자료1] 직선의 방정식과 수직선의 방정식을 서로 비교해 볼까요? 어떤 특징이 있나요? – [자료2] 직선을 서로 평행이동시키면 두 직선의 기울기는 어떻게 될까요? – [자료2] 기울기의 곱이 -1일 때 두 직선의 방정식이 수직이라고 할 수 있을까요?
오개념 예시	– 두 직선이 평행하기 위한 조건이 기울기가 서로 다른 경우라고만 답하는 경우 – 직교하는 두 직선 l_1, l_2을 평행이동한 l_1', l_2'은 직교하지 않는다고 생각하는 경우
지도상의 유의점	– 두 직선의 위치 관계를 알기 위해서는 주어진 방정식을 $y = mx + n$꼴로 나타내는 것이 편리함을 지도한다. – 두 직선의 평행 조건과 수직 조건을 탐구하고 이해한다. – 두 직선의 평행 조건과 수직 조건은 중학교에서 학습한 일차방정식과 일차함수의 그래프, 직선의 방정식과 연계하여 다룰 수 있다.

고 1-3

 수학 수업실연 모의평가 43회(지도안)

[지도안 조건 및 유의사항]

1. 아래 조건을 참고해 〈지도안 작성란 1~4〉에 해당하는 부분을 작성하시오.
2. 교사와 학생들과의 적절한 상호작용이 드러나도록 하시오.
3. 〈지도안 작성란1〉 : [자료1]을 탐구활동으로 지도하시오.
   가. 합성함수를 직관적으로 이해하도록 한다.
4. 〈지도안 작성란2〉 : [자료2]를 참고해 합성함수 개념을 지도하시오.
   가. 합성함수의 의미와 기호를 지도한다.
5. 〈지도안 작성란3〉 : [자료3]을 수업상황에 포함해 진행하시오.
   가. '합성함수는 항상 정의되는가?'를 주제로 토론 학습을 진행하시오.
   나. 수학과 교과 역량 중 의사소통능력을 함양시킬 수 있는 발문을 한다.
   다. 활동을 통해 합성함수가 정의되기 위한 조건을 명확히 한다.
6. 〈지도안 작성란4〉 : [자료4]를 모둠활동으로 지도하시오.
   가. 합성함수의 교환법칙이 성립하지 않음을 지도한다.
   나. 오개념을 발표하고 피드백하는 상황을 포함한다.

[교수·학습 조건]

1. 대상 : 고등학교 1학년
2. 수업시간 : 100분(블록타임제)
3. 단원명 : 합성함수
4. 교수·학습 환경

학생 수	지도 장소	수업 형태	매체 및 기자재	평가
20명	교실	모둠학습	칠판, 분필	형성평가

수학 수업실연 모의평가 43회(지도안)

고 1-3

[자료1]

〈탐구활동〉

다음 그림은 수도, 나라, 대륙 사이의 대응 관계를 나타낸 것이다.

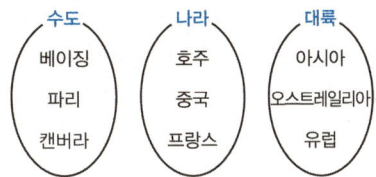

(1) 위 그림의 대응 관계를 알맞게 완성하시오.
(2) 파리는 어느 대륙에 위치해 있는지 말해보시오.
(3) 수도와 그 수도가 속한 대륙 사이의 대응은 함수라고 할 수 있는지 말해보시오.

[자료2]

세 집합 X, Y, Z에 대하여 $f: X \to Y$, $g: Y \to Z$인 함수가 주어져 있다.

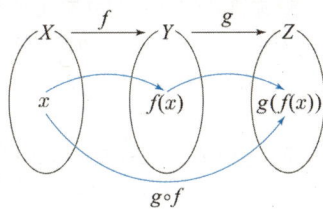

[자료3]

다음은 합성함수의 개념을 학습한 뒤 학생들의 질문이다.

민지 : 다음과 같은 경우 f와 g를 합성하여 $g \circ f$를 만드는 것이 가능할까?

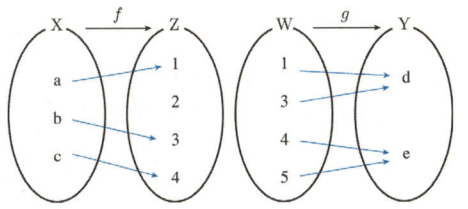

준영 : 다음과 같은 경우 f와 g를 합성하여 $g \circ f$를 만드는 것이 가능할까?

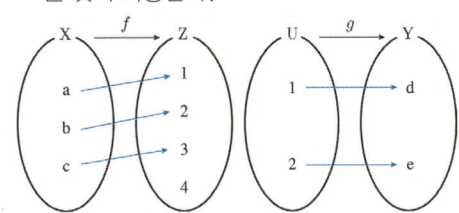

[자료4]

서점에서 10,000원 이상인 책을 구매할 때, 다음과 같은 할인권을 사용할 수 있다고 한다. 두 할인권을 동시에 사용할 때, 어떤 할인권을 먼저 사용하는 것이 유리할지 합성함수를 이용해 추측해 보시오.

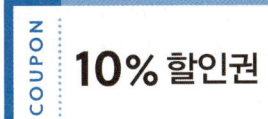

* 지도안 구상지는 AtoZ 카페에서 다운로드

지도안 예시답안

도입	주의환기	• 인사 및 출석 확인
	선수학습	• 선수학습 내용을 지도한다.
	학습목표	• 학습목표를 확인한다.

| 전개 | 본시학습 | 〈지도안 작성란1〉
• [자료1]을 탐구활동으로 지도한다.
• 탐구활동의 (1)~(3)을 학생들이 해결할 수 있도록 한다.
  – 교사 : 여러분들 다음 그림을 봐볼까요? 수도, 나라, 대륙이 각각 나와 있습니다. 이걸 활용해서 (1)~(3)의 문제를 해결해 봅시다.
  – 학생 : 네! 재미있을 것 같아요. 선생님
  – 교사 : (1)번 문제였던 수도, 나라, 대륙의 대응 관계를 알맞게 완성해 볼 친구 있을까요?
  – 학생 : 제가 답변해 보겠습니다. 대응 관계는 다음과 같습니다.

    수도: 베이징, 파리, 캔버라 / 나라: 호주, 중국, 프랑스 / 대륙: 아시아, 오스트레일리아, 유럽

  – 교사 : 수도, 나라, 대륙을 서로 잘 연결해 주었죠? (2)에서 파리는 어느 대륙에 위치해 있을까요?
  – 학생 : 그림을 보니 유럽이라는 사실을 바로 알 수 있습니다.
  – 교사 : 맞아요. 파리라는 수도가 프랑스라는 나라와 연결되고, 이것이 유럽이라는 대륙과 바로 연결되는 관계를 통해서 원하는 정보를 바로 얻을 수 있었습니다. 그렇다면 이처럼 수도와 대륙 사이의 대응은 함수라고 할 수 있을까요?
  – 학생 : 수도가 하나 정해질 때, 대륙이 유일하게 하나만 대응되므로 함수라고 할 수 있을 것 같아요.
  – 교사 : 잘 설명해 주었습니다. 수도와 대륙 사이의 대응은 함수 관계를 만족해요. 오늘은 이처럼 수도와 나라의 대응 관계, 나라와 대륙 사이의 대응 관계를 합쳐서 수도와 대륙 사이의 대응 관계를 만든 것처럼 함수를 서로 합성하는 방법에 대해 알아보려고 합니다.
  – 학생 : 기대돼요. 선생님.

〈지도안 작성란2〉
• [자료2]를 참고해 합성함수 개념을 지도한다.
• 합성함수란 $f: X \rightarrow Y, g: Y \rightarrow Z$가 주어져 있을 때, 원소 x에 Y의 원소 $f(x)$가 대응하고, 다시 이 $f(x)$를 Z의 원소 $g(f(x))$에 대응하는 것으로 X를 정의역, Z를 공역으로 하는 함수임을 설명한다.
• 합성함수 기호에 대해서 지도한다.
  – 교사 : 합성함수를 나타낼 때는 $g \circ f$와 같이 나타내며, 함숫값은 $(g \circ f)(x)$로 나타냅니다. 이때, $(g \circ f)(x) = g(f(x))$를 만족해요. $f \circ g$라고 혼동하지 않도록 주의하기 바랍니다.
  – 학생 : 네 알겠습니다.

〈지도안 작성란3〉
• [자료3]의 민지와 준영이의 상황을 수업에 포함해 지도한다.
  – 민지 : 선생님 질문이 있습니다. 다음과 같은 경우 f와 g를 합성하여 $g \circ f$를 만드는 것이 가능할까요?
  – 준영 : 선생님 저도 비슷한 질문이 있는데요. 다음과 같은 경우 f와 g를 합성하여 $g \circ f$를 만드는 것이 가능할까요?
  – 교사 : 두 친구 모두 좋은 질문입니다. 민지와 준영이가 이야기한 함수들을 이용해서 합성함수를 만들 수 있을까요? '합성함수는 항상 정의되는가?'를 주제로 토론해 보도록 합시다.
• 민지와 준영이의 주장에 대해 생각해 보며, 활동을 통해 합성함수가 정의되기 위한 조건을 명확히 한다.
  – 교사 : 다들 이야기를 잘 나누어 보았나요? 의견을 이야기해 줄 친구 있나요? |

- 학생 : 제가 발표해 보겠습니다. 저는 민지의 경우 합성함수를 정의할 수 있다고 생각해요. 모든 X의 원소에 대해서 이에 대응되는 Y의 원소가 유일하게 하나씩 대응되므로 합성함수가 가능합니다.
- 교사 : 맞아요. a, b, c가 각각 Y의 원소인 d, e로 유일하게 하나씩 대응되기 때문에 함수라고 할 수 있습니다. 준영이의 경우는 어떤가요?
- 학생 : 제가 발표해 보겠습니다. 준영이의 경우 합성함수가 정의될 수 없습니다. X의 원소인 c는 $f(c) = 3$을 만족하지만, $g(3)$은 정의할 수 없으므로 함수가 될 수 없습니다.
- 교사 : 잘 정리해 주었네요. 준영이의 경우는 함수가 될 수 없습니다. 그렇다면 어떤 조건이 있어야 합성함수를 명확하게 정의할 수 있을까요?
- 학생 : 민지와 준영이의 경우를 잘 살펴보니 $g \circ f$가 정의되기 위해서는 함수 f의 치역이 함수 g의 정의역의 부분집합이 되면 합성함수가 정의될 수 있습니다.
- 교사 : 맞습니다. 함수의 정의를 잘 기억하며 합성함수가 정의되기 위한 조건도 잘 알아두도록 해요.

〈지도안 작성란4〉
- [자료4]의 문제를 모둠활동으로 해결할 수 있도록 한다.
  - 교사 : 자, 이제부터 모둠별로 [자료4]의 문제를 해결해 보도록 할 거예요. 어떤 할인권을 먼저 사용해야 할까요?
  - 학생 : 무엇을 먼저 사용해도 똑같을 것 같아요.
  - 학생 : A할인권이요.
  - 학생 : B할인권이요.
  - 교사 : 친구들이 여러 의견을 주고 있습니다. 오늘 학습한 합성함수를 이용해 어떤 할인권을 먼저 사용하는 것이 유리할지 추측해 봅시다.
- 모둠활동 결과를 학생들이 발표할 수 있도록 하며, 다양한 의견이 나오도록 유도한다.
  - 교사 : 활동을 모두 마무리한 것 같으니, 이제 모둠별로 토의한 결과를 발표해 봅시다.
  - 학생 : 저희 모둠에서 먼저 발표해 보겠습니다. 주어진 상황을 함수로 정의하기 위해서 책의 가격을 우선 x원으로 가정했습니다. A할인권을 사용하는 것을 함수 $f(x) = \dfrac{9x}{10}$으로 정의했고, B할인권을 사용하는 상황을 함수 $g(x) = x - 4000$으로 정의했습니다.
  - 교사 : 우선 주어진 상황을 수학적으로 잘 정리해 주었네요. 나머지 부분은 그러면 다른 모둠에서 발표해 보겠습니다.
  - 학생1 : 저희 모둠에서는 B할인권을 먼저 사용하는 것이 유리하다고 추측했는데요. A할인권을 먼저 사용하는 경우는 $g(f(x)) = \dfrac{9}{10}x - 4000$가 되고 B할인권을 먼저 사용하는 경우는 $f(g(x)) = \dfrac{9}{10}x - 3600$입니다. 따라서 $f(g(x)) > g(f(x))$가 되므로 $g(f(x))$ 즉, A할인권을 먼저 사용하는 경우가 더 저렴하게 제품을 구입할 수 있어 유리합니다.
  - 교사 : 합성함수 개념을 이용해 설명을 정말 잘해 주었습니다. 여기에서 새롭게 알게 된 사실이 있나요?
  - 학생 : 저는 처음에 어떤 할인권을 사용하더라도 결과가 똑같이 나올 거라 생각했는데요. A할인권을 먼저 사용했는지 B할인권을 먼저 사용했는지에 따라 결과가 다르게 나온다는 것이 신기했습니다.
  - 교사 : 이것을 함수로 생각해 보면 어떨까요?
  - 학생 : $(f \circ g)(x) \neq (g \circ f)(x)$ 이므로 합성함수는 교환법칙이 성립하지 않습니다.
  - 교사 : 맞아요. 우리가 [자료4]의 예시에서도 알 수 있듯이, 합성함수는 교환법칙이 성립하지 않다는 것에 유념합시다.

정리	내용정리	• 오늘 학습한 내용을 정리한다.
	형성평가	• 형성평가를 풀어보고 피드백을 한다.
	차시예고	• 다음 차시를 예고한다.

수학 수업실연 모의평가 43회

[실연 조건 및 유의사항]

1. [수업실연 구상지]의 〈수업실연1~3〉에 해당하는 부분을 수업으로 실연하시오.
2. 〈수업실연1~3〉에 대하여 학생들과의 적절한 상호작용과 교사의 적절한 발문을 포함하여 교수·학습 활동을 실연하시오.
3. 〈수업실연1〉 : [자료1]을 참고해 합성함수 개념을 지도하시오.
   가. 합성함수의 의미와 기호를 지도한다.
4. 〈수업실연2〉 : [자료2]를 수업상황에 포함해 진행하시오.
   가. '합성함수는 항상 정의되는가?'를 주제로 토론 학습을 진행하시오.
   나. 수학과 교과 역량 중 의사소통능력을 함양시킬 수 있는 발문을 한다.
   다. 활동을 통해 합성함수가 정의되기 위한 조건을 명확히 한다.
5. 〈수업실연3〉 : [자료3]을 모둠활동으로 지도하시오.
   가. 합성함수의 교환법칙이 성립하지 않음을 지도한다.
   나. 오개념을 발표하고 피드백하는 상황을 포함한다.

[교수·학습 조건]

1. 대상 : 고등학교 1학년
2. 수업시간 : 100분(블록타임제)
3. 단원명 : 합성함수
4. 교수·학습 환경

학생 수	지도 장소	수업 형태	매체 및 기자재	평가
20명	교실	모둠학습	칠판, 분필	형성평가

수학 수업실연 모의평가 43회

[자료1]

세 집합 X, Y, Z에 대하여 $f: X \to Y$, $g: Y \to Z$인 함수가 주어져 있다.

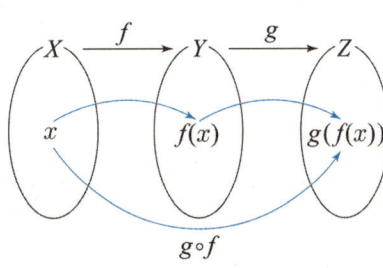

[자료2]

다음은 합성함수의 개념을 학습한 뒤 학생들의 질문이다.

민지 : 다음과 같은 경우 f와 g를 합성하여 $g \circ f$를 만드는 것이 가능할까?	준영 : 다음과 같은 경우 f와 g를 합성하여 $g \circ f$를 만드는 것이 가능할까?
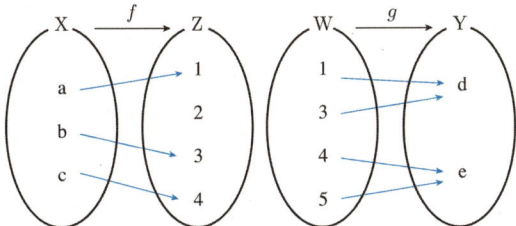	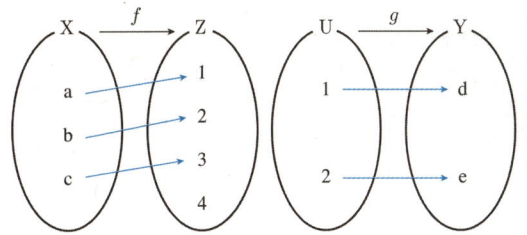

[자료3]

서점에서 10,000원 이상인 책을 구매할 때, 다음과 같은 할인권을 사용할 수 있다고 한다. 두 할인권을 동시에 사용할 때, 어떤 할인권을 먼저 사용하는 것이 유리할지 합성함수를 이용해 추측해 보시오.

수업실연 구상지

단원		합성함수	차시	
학습목표	• 함수의 합성을 이해하고 합성함수를 구할 수 있다.			
학습단계	학습전개	교수·학습 과정		
도입	주의환기	• 인사 및 출석 확인		
	선수학습	• 함수의 뜻과 그래프		
	학습목표	• 학습목표를 제시한다.		
전개	탐구활동	• 합성함수 개념을 직관적으로 이해할 수 있는 탐구활동을 진행한다.		
	합성함수 개념지도	〈수업실연1〉 〈수업실연2〉		
	모둠활동	〈수업실연3〉		
정리	내용정리	• 오늘 배운 내용을 정리한다.		
	형성평가	• 형성평가를 실시한다.		
	차시예고	• 다음 차시를 안내한다.		

수업 한 페이지

문제해설	- [자료1] 합성함수란 X의 임의의 원소 x에 함숫값 $f(x)$를 대응시키고, 다시 이 $f(x)$를 함숫값 $g(f(x))$에 대응시키는 것으로 X를 정의역, Z를 공역으로 하는 함수임을 설명한다. 합성함수는 두 개의 함수를 연결 짓는 개념으로 생각하며, 함수 기호는 $g \circ f$이고 함숫값은 $(g \circ f)(x)$로 나타냄을 안내한다. - [자료1] 합성함수를 나타낼 때, $f \circ g$로 나타내지 않음을 주의하도록 한다. - [자료2] 각 경우가 합성함수가 될 수 있는지 학생들에게 발문하여 학생들이 스스로 합성함수의 조건에 대해 고민해 볼 수 있도록 한다. 이때, 함수의 정의를 다시한 번 상기시키도록 한다. - [자료2] 민지의 경우 합성함수를 정의할 수 있다. 정의역에 해당하는 모든 x값에 대하여 $g(f(x))$값을 $(g \circ f)(a) = d, (g \circ f)(b) = d, (g \circ f)(c) = e$과 같이 정의할 수 있으므로 함수를 정의할 수 있다. - [자료2] 준영이의 합성함수를 정의할 수 없다. 함수가 정의되기 위해서는 모든 정의역의 원소에 x에 대하여 $g(f(x))$값이 대응되어야 하지만, $(g \circ f)(c)$를 정의할 수 없다. - [자료2] 학생들이 의사소통을 통해 합성함수 $g \circ f$가 정의되기 위한 조건은 '함수 f의 치역이 함수 g의 정의역의 부분집합이어야 한다는 것'을 학생들 스스로 발견할 수 있도록 한다. 의사소통 능력을 신장시키기 위해서 토론 상황에서 학생들이 자신의 의견을 논리적 근거를 통해 이야기하도록 하며 치역, 정의역과 같은 수학적 표현을 정확하게 사용하도록 한다. - [자료3]에 제시된 문제를 학생들에게 발문한다. 학생들에 따라 'A할인권이 유리하다', 'B할인권이 유리하다', '차이 없다'와 같이 다양한 의견이 나오는 상황을 포함한다. - [자료3] 책의 가격을 x원이라고 가정한다. A할인권을 사용하는 상황을 함수로 $f(x) = \frac{9}{10}x$, B할인권을 사용하는 상황을 함수로 $g(x) = x - 4000$로 나타낼 때, A할인권을 사용한 후 B 할인권을 사용한다면 $g(f(x)) = \frac{9}{10}x - 4000$, B할인권을 사용한 후 A할인권을 사용한다면 $f(g(x)) = \frac{9}{10}x - 3600$입니다. 따라서 모든 실수 x에서 $g(f(x)) < f(g(x))$이므로 A할인권을 사용한 후 B할인권을 사용하는 것이 유리함을 설명한다. - [자료3] A할인권을 사용한 후 B할인권을 사용하는 경우를 $f(g(x)) = \frac{9}{10}x - 3600$으로 생각하거나, B할인권을 사용한 후 A할인권을 사용하는 경우를 $g(f(x)) = \frac{9}{10}x - 4000$로 생각하는 경우, 두 결과가 동일하다고 생각하는 경우 등을 오개념 상황으로 포함하여 지도할 수 있다. - [자료3] 활동의 결과를 통해 $(f \circ g)(x) \neq (g \circ f)(x)$이고 합성함수의 교환법칙은 성립하지 않는다는 것을 강조한다.
동기유발	- 수도 → 나라, 나라 → 대륙 간의 대응을 수도 → 나라 → 대륙의 대응으로 나타내기 - (기획사, 가수, 노래의 관계 나타내기), (환율과 환전의 관계 나타내기)
발문	- [자료1] 함수의 정의는 무엇인가요? - [자료2] 민지와 준영이의 경우 함수라고 정의할 수 있을까요? - [자료2] $g \circ f$가 정의되기 위해서는 어떤 조건을 만족해야 할까요? - [자료3] A할인권과 B할인권 중 어떤 할인권을 먼저 사용해야 더 유리할까요? - [자료3] A할인권과 B할인권을 사용하는 경우를 함수로 나타내어 볼까요? - [자료3] 합성함수의 교환법칙은 성립할까요?
오개념 예시	- [자료2] f의 공역이 g의 정의역의 부분집합이어야 합성함수가 정의된다고 생각하는 경우 - [자료3] f와 g 순서로 합성할 때, $f \circ g$라고 생각하는 경우 - [자료3] 함수의 교환법칙이 성립한다고 생각하는 경우
지도상의 유의점	- $g \circ f$에서 함수의 합성($\circ$)을 함수 사이의 연산으로 이해하게 한다. - $g \circ f$가 정의되려면 f의 치역이 함수 g의 정의역의 부분집합이어야 한다는 것을 이해하게 한다. - f와 g의 합성함수는 $f \circ g$가 아니라 $g \circ f$임에 주의하게 한다. 순서의 의미를 그림으로 이해할 수 있도록 한다. - 함수의 합성에서는 교환법칙이 성립하지 않는다는 것을 강조한다.

수학 수업실연 모의평가 44회

[실연 조건 및 유의사항]

1. [수업실연 구상지]의 〈수업실연1~3〉에 해당하는 부분을 수업으로 실연하시오.
2. 〈수업실연1~3〉에 대하여 교사의 구체적인 발문과 학생들과의 적절한 상호작용을 포함하여 교수·학습 활동을 실연하시오.
3. 〈수업실연1〉 : [자료1]을 지도하시오.
   가. 학생이 오개념이 담긴 풀이를 발표하고, 이를 올바르게 수정하는 과정을 포함한다.
4. 〈수업실연2〉 : [자료2]를 활용하여 수업을 실연하시오.
   가. 미서의 풀이를 수정하며 학생들이 다항식을 $2x-1$로 나눌 때 유의해야 할 점에 대해 스스로 깨닫는 과정을 포함한다.
5. 〈수업실연3〉 : [자료3]을 활용하여 조립제법의 유용성을 이해하는 과정을 실연하시오.
6. 칠판에는 적정량 이상의 판서를 실시한다.
7. 학습목표는 칠판에 제시된 것으로 간주한다.

[교수·학습 조건]

1. 대상 : 고등학교 1학년
2. 수업시간 : 50분
3. 단원명 : 나머지정리(조립제법)
4. 교수·학습 환경

학생 수	지도 장소	수업 형태	매체 및 기자재	평가
20명	교실	모둠학습	칠판, 분필	형성평가

고 1-4

수학 수업실연 모의평가 44회

[자료1]

> 조립제법을 이용하여 다음 나눗셈의 몫과 나머지를 각각 구하시오.
>
> $$(3x^3 - x + 1) \div (x + 1)$$

[자료2]

> 조립제법을 이용하여 다음 나눗셈의 몫과 나머지를 구한 미서의 풀이를 보고, 의견을 말해보자.
>
> $$(2x^3 - x^2 + 4x + 1) \div (2x - 1)$$
>
> (미서의 풀이)
>
> $$\begin{array}{c|cccc} \frac{1}{2} & 2 & -1 & 4 & 1 \\ & & 1 & 0 & 2 \\ \hline & 2 & 0 & 4 & 3 \end{array}$$ 이므로 몫은 $2x^2 + 4$, 나머지는 3이야.

[자료3]

> 〈모둠활동〉
> 다음 다항식의 나눗셈에서 몫과 나머지를 구하시오. 문제를 해결한 뒤, 어떤 방법으로 몫과 나머지를 구하는 것이 편리한지 모둠별로 토의해 봅시다.
>
> (1) $(4x^3 + 2x^2 - 12x + 1) \div (x - 2)$
>
> (2) $(2x^3 - 6x^2 + x - 1) \div (x^2 + x + 2)$

수업실연 구상지

단원		나머지정리(조립제법)		차시	
학습목표		• 조립제법을 이용하여 다항식의 몫과 나머지를 구할 수 있다.			
학습단계	학습전개	교수·학습 과정			
도입	주의환기	• 인사 및 출석 확인한다.
	선수학습	• 선수학습 내용을 확인한다. – 나머지정리, 인수정리
	학습목표	• 학습목표를 제시한다.
전개	오개념 수정	• 조립제법을 이용해 몫과 나머지를 구하는 방법을 지도한다. 〈수업실연1〉 〈수업실연2〉
	모둠활동	〈수업실연3〉
정리	내용정리	• 오늘 배운 내용을 정리한다.
	형성평가	• 형성평가를 실시한다.
	차시예고	• 다음 차시를 안내한다.

수업 한 페이지

문제해설	- [자료1] 계수가 0인 x^2항 자리에 0을 적지 않고 풀거나, 다항식이 $x-(-1)$로 나누므로 왼쪽 상단의 -1을 써야 하지만, 1을 적는 경우 등을 오개념 예시로 제시한다. $\begin{array}{r\|rrrr} -1 & 3 & -1 & 1 & \\ & & -3 & 4 & \\ \hline & 3 & -4 & \boxed{5} & \end{array}$ $\qquad$ $\begin{array}{r\|rrrr} 1 & 3 & 0 & -1 & 1 \\ & & 3 & 3 & 2 \\ \hline & 3 & 3 & 2 & \boxed{3} \end{array}$ - [자료1] 올바른 풀이는 다음과 같다. $\begin{array}{r\|rrrr} -1 & 3 & 0 & -1 & 1 \\ & & -3 & 3 & -2 \\ \hline & 3 & -3 & 2 & \boxed{-1} \end{array}$ 몫은 $3x^2-3x+2$이며, 나머지는 -1이다. - [자료2]의 미서와 같이 조립제법을 이용하면 몫은 $2x^2+4$, 나머지는 3이므로, 이를 식으로 표현하면 $2x^3-x^2+4x+1=\left(x-\dfrac{1}{2}\right)(2x^2+4)+3$이다. 하지만 문제에서 구하고자 하는 것은 $2x^3-x^2+4x+1=(2x-1)Q(x)+R$에서의 $Q(x)$와 R이다. 따라서 최종적인 몫은 $2x^2+4$를 2로 나누어야 함을 다음 식을 통해 깨닫도록 한다. $2x^3-x^2+4x+1=\left(x-\dfrac{1}{2}\right)(2x^2+4)+3=2\left(x-\dfrac{1}{2}\right)(x^2+2)+3=(2x-1)(x^2+2)+3$ - [자료3] (1) 몫 : $4x^2+10x+8$, 나머지 : 17 (2) 몫 : $2x-8$, 나머지 : $5x+15$ - [자료3] (1)은 일차식으로 나누는 경우이므로 몫과 나머지를 모두 구하는 경우에는 조립제법을 이용하는 것이 편리하며, 나머지만 구하는 경우에는 나머지정리를 이용하는 것이 편리함을 스스로 깨닫도록 한다. (2)는 이차식으로 나누는 경우이므로 직접 나누어서 몫과 나머지를 구하는 것이 편리함을 안내하며, 이차식 이상으로 나누는 경우에는 일반적으로 조립제법을 적용할 수 없음을 강조한다. - [자료3] 각자 자신이 생각한 방법으로 문제를 해결한 뒤에 친구들과 비교하며 어떤 방법이 편리한지 토의하도록 한다. - [자료3] 조립제법과 나머지정리 모두 다항식을 일차식으로 나눌 때 나머지를 구하는 방법이지만, 조립제법은 몫과 나머지를 동시에 구할 수 있으며 나머지만을 구할 때는 나머지정리가 좀 더 효율적임을 지도한다.
발문	- [자료1] x^2 자리에 왜 0을 써야 할까요? - [자료2]의 문제와 $(2x^3-x^2+4x+1)\div\left(x-\dfrac{1}{2}\right)$은 어떤 점이 다른가요? - [자료2] 미서와 같이 조립제법을 사용한 후 $2x^3-x^2+4x+1=\left(x-\dfrac{1}{2}\right)Q(x)+R$의 형태로 나타내봅시다. - [자료2] 다항식을 $2x-1$로 나눈 몫과 나머지를 구하기 위해서는 식을 어떻게 변형해야 할까요? - [자료3] 조립제법은 다항식을 몇 차식으로 나눌 때 사용하는 방법일까요? - [자료3] 나머지정리와 조립제법의 공통점과 차이점은 무엇이 있을까요? - [자료3] 나머지만을 구할 때는 나머지정리와 조립제법 중 무엇이 더 편리한가요?
오개념 예시	- [자료1] 계수가 0인 x^2항 자리에 0을 적지 않고 푼 경우 - [자료1] $x-(-1)$로 나누는 상황에서 -1 대신 1을 쓴 경우 - [자료2] 미서 : 조립제법을 이용하고 그 몫인 $2x^2+4$와 나머지 3을 답이라고 하는 경우 - [자료3] (2)에서 조립제법을 사용하는 경우
지도상의 유의점	- 조립제법은 그 방법을 예를 통하여 간단히 지도한다. - 나눗셈의 과정에서 같은 열의 두 수를 빼는 것과 달리 조립제법은 같은 열의 두 수를 더해야 한다. - 이차식 이상으로 나누는 경우에는 일반적으로 조립제법을 적용할 수 없다는 점에 유의한다. - $ax+b(a\neq 1)$로 나누는 경우에는 $x+\dfrac{b}{a}$로 나누었을 때의 몫과 나머지를 조립제법을 이용하여 구한 후 $P(x)=\left(x+\dfrac{b}{a}\right)Q(x)+R=(ax+b)\left\{\dfrac{1}{a}Q(x)\right\}+R$임을 이용하여 $x+\dfrac{b}{a}$로 나누었을 때의 몫에 $\dfrac{1}{a}$배 한 것이 $ax+b(a\neq 1)$로 나눈 것의 몫이 됨을 이해하도록 해야 한다.

수학 수업실연 모의평가 45회

고 1-5

[실연 조건 및 유의사항]

1. [수업실연 구상지]의 〈수업실연1~4〉에 해당하는 부분을 수업으로 실연하시오.
2. 〈수업실연1~4〉에 대하여 학생들과의 적절한 상호작용을 포함하여 교수·학습 활동을 실연하시오.
3. 〈수업실연1〉: 중학교 때 학습한 인수분해의 의미와 공식을 복습하시오.
    가. 구체적인 공식이 2가지 이상 포함되도록 한다.
    나. 선수학습 내용을 복습하는 정도로 가볍게 다룬다.
4. 〈수업실연2〉: [자료1]을 지도하시오.
    가. 인수분해 공식을 다양한 방법을 이용해 설명할 수 있음을 강조한다.
5. 〈수업실연3〉: [자료2]를 지도하시오.
    가. 인수분해 공식의 유용성이 드러나도록 한다.
    나. 학생들의 학습 흥미를 유발하는 발문을 포함하도록 한다.
6. 〈수업실연4〉: [자료3]을 활용하여 인수정리를 이용한 인수분해 방법을 지도하시오.
    가. 교사의 적절한 발문을 포함한다.
7. 칠판에는 적정량 이상의 판서를 실시한다.
8. 학습목표는 칠판에 제시된 것으로 간주한다.

[교수·학습 조건]

1. 대상: 고등학교 1학년
2. 수업시간: 100분(블록타임제)
3. 단원명: 인수분해
4. 교수·학습 환경

학생 수	지도 장소	수업 형태	매체 및 기자재	평가
20명	교실	모둠학습 (4인 1모둠)	칠판, 분필	형성평가

수학 수업실연 모의평가 45회

[자료1]

다음 도형을 이용하여 인수분해 공식 $a^3 - b^3 = (a-b)(a^2 + ab + b^2)$가 성립함을 보이자.

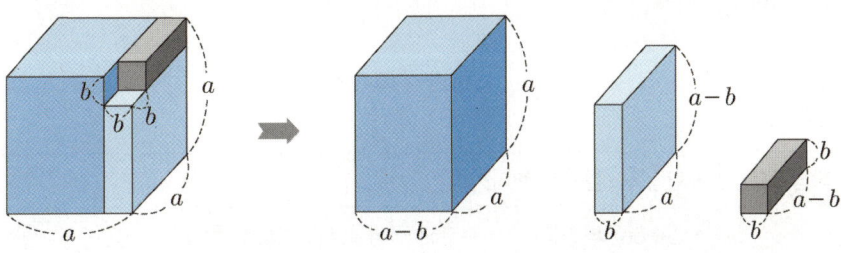

[자료2]

1000027이 소수가 아님을 확인하시오.

[자료3]

일차식인 인수를 갖는 다항식 $P(x) = x^3 - 5x^2 - 8x + 12$를 인수분해하려고 한다. 모둠원과 토의하여 다항식 $P(x)$를 인수분해 해보자.

수업실연 구상지

단원		인수분해	차시	
학습목표	• 인수정리를 이용하여 다항식의 인수분해를 할 수 있다.			
학습단계	학습전개	교수 · 학습 과정		
도입	주의환기	• 인사 및 출석 확인		
	선수학습	〈수업실연1〉		
	학습목표	• 학습목표를 제시한다.		
전개	개념지도	• 인수분해의 의미와 인수분해 공식을 지도하도록 한다.		
		〈수업실연2〉		
	문제해결	• 인수분해와 관련된 문제를 해결하도록 한다.		
	개념지도	〈수업실연3〉		
	모둠활동	〈수업실연4〉		
정리	내용정리	• 오늘 배운 내용을 정리한다.		
	형성평가	• 형성평가를 실시한다.		
	차시예고	• 다음 차시를 안내한다.		

수업 한 페이지

문제해설	− 중학교 때 학습한 인수분해 내용을 복습한다. − 인수분해의 의미를 발문하며, 인수분해란 하나의 다항식을 두 개 이상의 인수의 곱으로 나타내는 것을 의미하며, 다항식의 곱셈과 역관계임을 정리한다. − 인수분해 공식을 2가지 이상 예시로 들어 제시한다. $\bullet\ ma+mb=m(a+b)$ $\bullet\ a^2-b^2=(a+b)(a-b)$ $\bullet\ a^2+2ab+b^2=(a+b)^2$ $\bullet\ x^2+(a+b)x+ab=(x+a)(x+b)$ $\bullet\ a^2-2ab+b^2=(a-b)^2$ $\bullet\ acx^2+(ad+bc)x+bd=(ax+b)(cx+d)$ − [자료1] 인수분해 공식을 유도하는 다양한 방법이 있음을 안내하며, 제시된 도형의 그림을 이용해 a^3-b^3 공식의 유도과정을 지도한다. 부피가 서로 같다는 사실을 이용해 식을 정리한다. − [자료1] $a^3-b^3=a^2(a-b)+ab(a-b)+b^2(a-b)$이므로 공통인수인 $(a-b)$로 묶어주면 $a^3-b^3=(a-b)(a^2+ab+b^2)$임을 알 수 있다. 이처럼 인수분해 공식을 유도하는 다양한 방법이 있음을 안내하며, 다른 인수분해 공식 또한 이러한 방법으로 유도될 수 있음을 안내한다. − [자료2] 1000027이 소수인지 아닌지를 발문한다. 바로 답이 나오지 않는 상황을 가정하고 학생들에게 인수분해를 이용해 문제를 접근해 보도록 안내한다. − [자료2] $a^3+b^3=(a+b)(a^2-ab+b^2)$을 이용하여 $1000027=100^3+3^3=(100+3)(100^2-100\times3+3^2)=103\times9709$와 같이 계산되므로 주어진 수는 소수가 아니다. 이와 같이 인수분해를 활용하면 복잡하고 큰 수의 계산을 간단히 할 수 있으며, 연산의 구조를 단순화시키고 연산 횟수를 줄이는 등 계산을 쉽게 할 수 있는 유용성이 있다는 점을 안내한다. − [자료3] 모둠별로 다항식 $P(x)$을 인수분해하도록 한다. − [자료3] 인수분해 공식, 공통인 것을 치환해 푸는 방식 등으로 다항식을 인수분해할 수 없음을 이해하고 다른 방법 사용의 필요성을 인식시키도록 한다. − [자료3] 다항식 $P(x)$는 일차식인 인수를 가지므로 이를 식으로 표현해 보도록 한다. 식을 정리하면 $P(x)=(x-a)(x^2+bx+c)$로 정리된다. − [자료3] 다항식 $P(x)$를 전개하면 $P(x)=x^3+(b-a)x^2+(c-ab)x-ac$가 됨을 알 수 있다. $P(x)=x^3-5x^2-8x+12$과 식을 비교해 보도록 한다. − [자료3] 상수항을 비교하면 $-ac=12$가 되어 $ac=-12$임을 알 수 있다. 이때 a,c는 정수이므로 a는 -12의 약수가 됨을 알 수 있다. 따라서 a가 가질 수 있는 값은 $\pm1, \pm2, \pm3, \pm4, \pm6, \pm12$ 중 하나가 됨을 알 수 있다. 이때 $P(1)=0$이 되어 인수정리에 의해 $(x-1)$을 인수로 가짐을 알 수 있다. 이를 반복해 $P(x)$를 인수분해하면 $P(x)=(x-1)(x+2)(x-6)$와 같이 인수분해됨을 알 수 있다. − [자료3] 인수정리를 이용해 인수분해하는 방법을 다시 한번 정리하도록 한다.
발문	− (복습) 인수분해란 무엇이었나요? 중학교 때 학습한 인수분해 공식은 무엇이 있었나요? − [자료1] 주어진 도형을 이용해 인수분해 공식을 어떻게 보일 수 있을까요? − [자료2] 1000027은 소수일까요? 아닐까요? 어떻게 확인할 수 있을까요? − [자료3] 어떻게 인수분해할 수 있을까요? − [자료3] 일차식인 인수를 갖는 다항식을 식으로 표현하면 어떻게 될까요? − [자료3] 인수정리를 이용해 어떻게 식을 인수분해할 수 있을까요?
오개념 예시	− [자료2] $P(\alpha)=0$일 때, $P(x)$의 인수는 반드시 $x+\alpha$라고 생각하는 경우 − [자료2] 삼차 이상의 다항식 $f(x)$를 인수분해할 때, $f(\alpha)=0$을 만족시키는 α의 값은 $\pm(f(x)$의 상수항의 약수) 중에서만 찾을 수 있다고 생각하는 경우 → 최고차항이 1이 아닌 경우에는 찾지 못할 수 있음 − 사차 이상의 식도 인수정리를 이용해 반드시 인수분해할 수 있다고 생각하는 경우
지도상의 유의점	− 곱셈공식의 역 과정으로 인수분해 공식을 이해할 수 있게 하고 복잡한 인수분해 문제는 다루지 않는다. − 두 개 이상의 문자를 포함하는 식은 한 문자에 대하여 내림차순으로 정리한 다음 인수분해하게 한다. − 다항식의 인수분해는 계수가 실수인 범위에서만 다룬다.

고 1-6

수학 수업실연 모의평가 46회

[실연 조건 및 유의사항]

1. [수업실연 구상지]의 〈수업실연1~3〉에 해당하는 부분을 수업으로 실연하시오.
2. 〈수업실연1~3〉에 대하여 학생들과의 적절한 상호작용을 포함하여 교수·학습 활동을 실연하시오.
3. 〈수업실연1〉 : [자료1]을 이용해 복소수 개념을 지도하시오.
   가. 학생들이 복소수 개념의 필요성이 느껴지도록 하는 발문을 포함한다.
   나. 허수단위, 복소수, 실수부분, 허수부분, 허수의 개념을 지도한다.
4. 〈수업실연2〉 : [자료2]를 지도하고, 관련 내용을 일반화하여 정리하시오.
   가. 음수 제곱근 계산에서 주의해야 할 점을 지도한다.
5. 〈수업실연3〉 : [자료3]을 모둠활동으로 지도하시오.
   가. 제시된 문제를 학생들이 모둠원과 협력하여 해결하도록 한다.
   나. 다양한 풀이방법이 나오도록 하며, 2가지 이상의 방법을 구체적인 판서로 남긴다.
   다. 허수단위 i의 거듭제곱의 규칙을 지도한다.
6. 칠판에는 적정량 이상의 판서를 실시한다.
7. 학습목표는 칠판에 제시된 것으로 간주한다.

[교수·학습 조건]

1. 대상 : 고등학교 1학년
2. 수업시간 : 100분(블록타임제)
3. 단원명 : 복소수의 뜻과 연산
4. 교수·학습 환경

학생 수	지도 장소	수업 형태	매체 및 기자재	평가
20명	교실	모둠학습	칠판, 분필	자기평가, 동료평가

수학 수업실연 모의평가 46회

[자료1]

교사 : $x+1=0$의 해는 무엇인가요?
학생 : $x=-1$이에요.
교사 : $x^2=2$의 해는 무엇인가요?
학생 : $x=\pm\sqrt{2}$ 입니다.
교사 : 그러면 $x^2+1=0$의 해는 무엇일까요?

[자료2]

다음은 어느 학생의 음수의 제곱근식의 계산이다. 어떤 부분이 잘못되었는지를 찾고, 이를 바르게 계산해 보도록 하자.

[자료3]

아래에 주어진 식의 값을 구해보자.
$$i+i^2+i^3+i^4+\cdots+i^{231}$$

📋 수업실연 구상지

단원	복소수의 뜻과 성질(음수의 제곱근)	차시	
학습목표	• 복소수의 뜻과 성질을 이해하고, 사칙연산을 할 수 있다.		

학습단계	학습전개	교수·학습 과정
도입	주의환기	• 인사 및 출석 확인
	동기유발	• 동기유발을 진행한다.
	학습목표	• 학습목표를 제시한다.
전개	개념지도	〈수업실연1〉
		• 복소수의 곱셈과 나눗셈에 대해서 지도한다. • 음수의 제곱근에 대하여 지도한다.
	문제풀이	〈수업실연2〉
	모둠활동	〈수업실연3〉
정리	내용정리	• 오늘 배운 내용을 정리한다.
	형성평가	• 형성평가를 실시한다.
	차시예고	• 다음 차시를 안내한다.

수업 한 페이지

문제해설	− [자료1]에 제시된 발문을 이용해 $x^2+1=0$의 해를 생각해 보도록 한다. $x=-1$, $x=\sqrt{2}$ 또한 방정식의 해를 표현하기 위한 값이었음을 이해하도록 하고 $x^2+1=0$의 방정식의 해에 대해서 고민해 보도록 한다. − [자료1] $x^2+1=0$의 해, 즉 제곱해서 -1이 되는 새로운 수를 $i=\sqrt{-1}$로 정의함을 지도한다. − [자료1] 실수 a, b를 이용하여 $a+bi$꼴로 나타내어지는 수를 복소수라 하며, 이때 a를 복소수의 실수 부분, b를 허수 부분이라고 한다. 이때 $b=0$일 수 있으므로 실수도 복소수에 포함되며 실수가 아닌 복소수 $a+bi(b\neq 0)$을 허수라고 한다. − [자료2]의 상황을 수업 상황에 포함해 어떻게 해당 풀이를 수정해야 하는지를 발문한다. − [자료2] 실수에서는 일반적으로 $\sqrt{a}\sqrt{b}=\sqrt{ab}$와 같은 형태가 성립하지만, 복소수에서는 항상 성립하지 않음을 지도한다. − [자료2] $\sqrt{-2}\times\sqrt{-3}=\sqrt{2}i\times\sqrt{3}i=-\sqrt{2\times 3}=-\sqrt{6}$ 이 됨을 설명한다. 이를 일반화하여 $a<0$, $b<0$일 때 $\sqrt{a}\sqrt{b}$의 값이 어떻게 될지를 학생들이 스스로 추론할 수 있도록 하며, 그 결과가 $-\sqrt{ab}$가 됨을 정리한다. − [자료3] 제시된 문제를 모둠별로 해결해 보도록 한다. − [자료3] 학생들이 하나씩 계산하며 규칙성을 찾을 수 있도록 한다. 이때, 수의 배열이 $i, -1, -i, 1$ 순으로 반복됨을 안내한다. 이를 모두 더하면 0이 됨을 이용해 식을 계산하도록 한다. − [자료3] $i+i^2+i^3+i^4+\cdots+i^{231}=\{i+(-1)+(-i)+1\}\times 57+i+(-1)+(-i)=-1$과 같은 방식으로 문제를 풀거나 $i+i^2+i^3+i^4+\cdots+i^{231}=\{i+(-1)+(-i)+1\}\times 58-1=-1$과 같이 해결할 수도 있다. i의 거듭제곱을 하나씩 계산한 내용을 포함할 수도 있다. − [자료3] 복소수의 거듭제곱이 아래 표와 같이 규칙성을 가지게 됨을 한 번 더 확인한다. | n	1	2	3	4	5	6	⋯
---	---	---	---	---	---	---	---
i^n	i	-1	$-i$	1	i	-1	⋯	
발문	− [자료1] $x^2+1=0$의 해는 무엇일까요? − [자료2] $a<0, b<0$일 때 $\sqrt{a}\sqrt{b}=\sqrt{ab}$를 만족할까요? 아니라면 왜 그럴까요? − [자료3] 다음 문제의 결과는 어떻게 될까요? − [자료3] i^n은 어떤 규칙성을 가지고 있나요? (n은 자연수)
오개념 예시	− $x^2+1=0$의 해는 존재하지 않는다고 생각한 경우 − [자료1] $a>0$일 때, $-a$의 제곱근이 $\sqrt{-a}$ 뿐이라고 하는 경우 − [자료2] $a<0, b<0$일 때, $\sqrt{a}\sqrt{b}=\sqrt{ab}$ 가 성립한다고 하는 경우 − [자료2] $a>0, b<0$일 때, $\dfrac{\sqrt{b}}{\sqrt{a}}=\sqrt{\dfrac{b}{a}}$ 가 성립한다고 생각하는 경우
지도상의 유의점	− 허수의 필요성이 드러나도록 한다. − 복소수 연산에서 허수단위 i는 문자처럼 생각하고 $i^2=-1$로 계산하게 한다. − $a>0$일 때, $-a$의 제곱근은 $x^2=-a$를 만족시키는 x로서 $\pm\sqrt{-a}=\pm\sqrt{a}i$의 두 가지가 있음에 유의한다. − $\sqrt{-a}\,(a>0)$의 곱셈과 나눗셈에 있어서 $a<0, b<0$일 때, $\sqrt{a}\sqrt{b}=\sqrt{ab}$ 가 성립하지 않고, $a>0$, $b<0$일 때, $\dfrac{\sqrt{a}}{\sqrt{b}}=\sqrt{\dfrac{a}{b}}$ 가 성립하지 않는다는 점에 유의한다.

수학 수업실연 모의평가 47회

고 1-7

[실연 조건 및 유의사항]

1. [수업실연 구상지]의 〈수업실연1~2〉에 해당하는 부분을 수업으로 실연하시오.
2. 〈수업실연1~2〉에 대하여 학생들과의 적절한 상호작용을 포함하여 교수·학습 활동을 실연하시오.
3. 〈수업실연1〉: [자료1]을 활용하여 연립일차부등식에 대한 활동을 직접 구성하여 지도하시오.
    가. 활동 내용이 구체적으로 드러나도록 한다.
    나. 연립일차부등식에 대한 필요성을 알도록 하는 발문을 포함한다.
    다. 탐구활동의 결과를 이용하여 연립일차부등식의 뜻과 연립일차부등식을 푼다는 것의 의미를 지도한다.
4. 〈수업실연2〉: [자료2]를 모둠활동으로 지도하시오.
    가. 구체적인 예시가 2가지 이상 드러나도록 한다.
    나. 학생의 오개념 상황을 가정하고, 이를 해결하는 과정을 포함한다.
5. [자료1]의 그림은 수업 기자재에 제시된 것으로 간주한다.
6. 학습목표는 제시되어 있는 것으로 간주한다.

[교수·학습 조건]

1. 대상: 고등학교 1학년
2. 수업시간: 50분
3. 단원명: 연립일차부등식
4. 교수·학습 환경

학생 수	지도 장소	수업 형태	매체 및 기자재	평가
20명	교실	모둠학습 (4인 1모둠)	칠판, 분필, 빔프로젝터, 컴퓨터	형성평가

수학 수업실연 모의평가 47회

[자료1]

다음은 어느 놀이 동산에서 운영하고 있는 놀이기구와 입장가능 제한을 나타낸 사진이다.

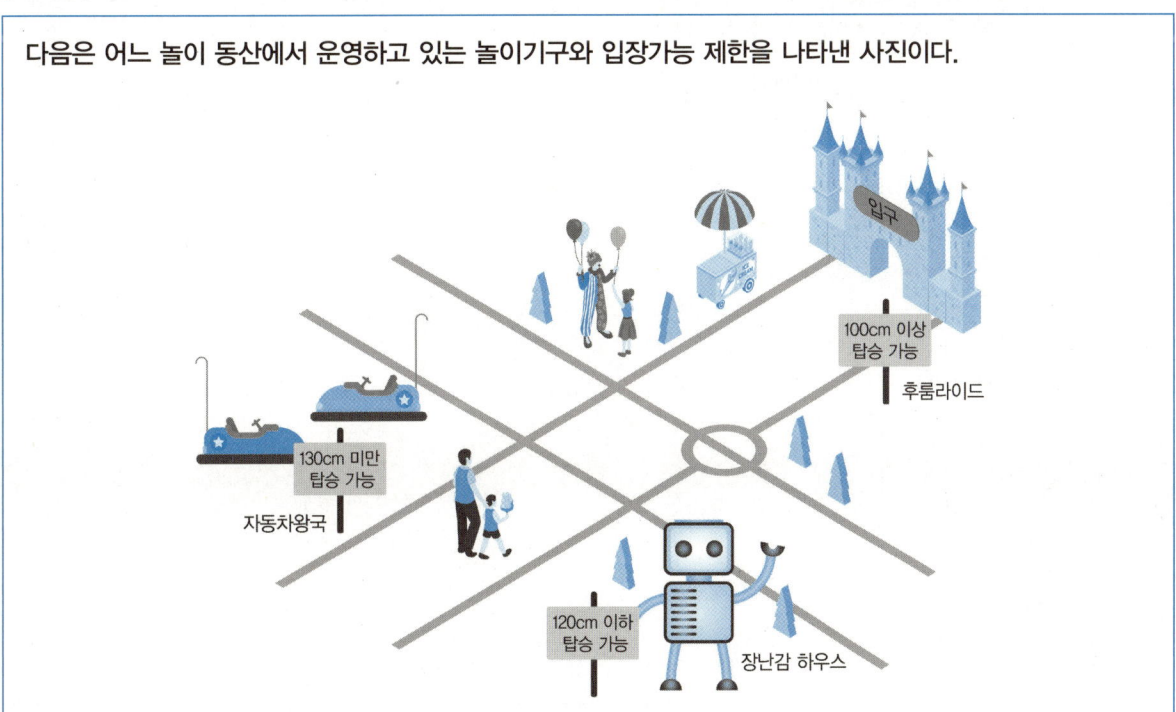

[자료2]

다음 □ 안에 적절한 부등호 기호를 넣어 연립일차부등식을 풀어보자.

$$\begin{cases} 3x+1 \leq 4 & \cdots ① \\ 6x+2 \;\square\; x+7 & \cdots ② \end{cases}$$

수업실연 구상지

단원	연립일차부등식		차시	
학습목표	• 미지수가 1개인 연립일차부등식을 풀 수 있다.			
학습단계	학습전개	교수·학습 과정		
도입	주의환기	• 인사 및 출석 확인		
	선수학습	• 선수학습을 확인한다.		
	학습목표	• 학습목표를 제시한다.		
전개	탐구활동	〈수업실연1〉		
	모둠활동	〈수업실연2〉		
	개념지도	• $A < B < C$ 꼴의 연립일차부등식을 지도한다.		
정리	내용정리	• 오늘 배운 내용을 정리한다.		
	형성평가	• 형성평가를 실시한다.		
	차시예고	• 다음 차시를 안내한다.		

수업 한 페이지

문제해설	– [자료1]에 제시된 내용을 설명한 뒤, 적절한 질문을 통해 탐구활동을 구성한다. 　예 놀이동산에 간 철수는 자동차왕국과 후룸라이드를 둘 다 타고 싶어한다. 두 놀이기구를 타기 위해서 철수의 키는 얼마여야 할까요? 　예 놀이동산에 간 영희는 자동차왕국은 탔지만, 장난감하우스는 타지 못했다고 한다. 이때 영희의 키의 범위는 어떻게 될까요? – [자료1] 구체적인 예시를 발문을 통해 제시하며, 각 상황을 문자 x를 이용해 부등식으로 나타내어 보게 한다. x에 대한 두 일차부등식을 한 쌍으로 묶어 놓은 것을 연립일차부등식이라고 한다는 것을 지도한다. – [자료1] 질문에 대한 답을 고민하는 과정을 통해 연립일차부등식을 푼다는 것은 두 일차부등식을 동시에 만족하는 x값을 구하는 과정임을 지도한다. 이전에 학습한 연립일차방정식이나 연립이차방정식을 언급해 지도해도 좋다. – [자료1] 예시에 대한 답을 구해보도록 하며, 이때 수직선을 포함해 지도한다. – [자료2] ▢를 채운 뒤, 연립일차부등식을 해결하도록 한다. ① >를 넣은 경우 $\begin{cases} 3x+1 \leq 4 \\ 6x+2 > x+7 \end{cases}$ 이므로 이를 정리하면 $\begin{cases} x \leq 1 \\ x > 1 \end{cases}$ 을 만족한다. 따라서, 해가 존재하지 않는다. ② ≥를 넣은 경우 $\begin{cases} 3x+1 \leq 4 \\ 6x+2 \geq x+7 \end{cases}$ 이므로 이를 정리하면 $\begin{cases} x \leq 1 \\ x \geq 1 \end{cases}$ 을 만족한다. 따라서, $x=1$을 해로 가진다. ③ <를 넣은 경우 $\begin{cases} 3x+1 \leq 4 \\ 6x+2 < x+7 \end{cases}$ 이므로 이를 정리하면 $\begin{cases} x \leq 1 \\ x < 1 \end{cases}$ 을 만족한다. 따라서, $x<1$을 해로 가진다. ④ ≤를 넣은 경우 $\begin{cases} 3x+1 \leq 4 \\ 6x+2 \leq x+7 \end{cases}$ 이므로 이를 정리하면 $\begin{cases} x \leq 1 \\ x \leq 1 \end{cases}$ 을 만족한다. 따라서, $x \leq 1$을 해로 가진다. – [자료2] 위 네 가지 경우 중 2가지 이상이 수업에 드러나도록 한다. 이때 ①을 오개념 예시로 제시할 수 있다. 학생들이 ①의 경우를 해결하는데 '$x=1$', '답이 없다', '잘못 푼 것 같다'라는 반응을 가정하고 수업을 진행하도록 한다. – [자료2] 연립일차부등식을 풀었을 때, 해가 존재하지 않을 수 있음을 지도한다. (②를 예시로 들어, 해가 반드시 부등식 형태로 나올 필요가 없음을 지도할 수도 있습니다.)
동기유발	– 최고 속력과 최저 속력이 쓰여 있는 교통안전 표지판이 있을 때, 가능한 속력의 범위 – 롤러코스터에 쓰여있는 탑승자의 키 제한이 있을 때, 가능한 키의 범위
발문	– [자료1] 다음과 같이 놀이기구를 타려고 한다면 키의 범위는 어떻게 되어야 할까요? – [자료1] 일차부등식의 해를 수직선으로 나타내볼까요? – [자료1] 연립일차부등식을 푼다는 것의 의미는 무엇일까요? – [자료1] 주어진 상황을 식으로 표현하면 어떻게 될까요? – [자료2] (①의 경우가 이상하다고 답한 경우) 왜 그렇게 생각했나요?
오개념 예시	– 이상, 초과, 이하, 미만의 뜻을 구분하지 못하는 경우 – 연립일차부등식을 푼다는 것의 의미를 잘 이해하지 못하는 경우 – 해가 없거나, 해가 하나만 존재하는 경우를 잘 이해하지 못하는 경우
지도상의 유의점	– 연립일차부등식의 해는 각 부등식의 해의 공통인 부분으로 수직선을 이용하여 구하면 편리함을 지도한다. – 부등식에 등호가 있는 경우와 없는 경우를 구분할 수 있도록 지도한다. – 연립일차부등식 $A<B<C$는 $\begin{cases} A<B \\ B<C \end{cases}$ 꼴로 고쳐서 풀게 하고, $\begin{cases} A<B \\ A<C \end{cases}$ 나 $\begin{cases} A<C \\ B<C \end{cases}$ 꼴로 고치지 않도록 주의하게 한다. – 연립일차부등식의 해가 없는 경우도 있음을 구체적인 예를 통하여 이해하게 한다. – 연립일차부등식은 앞에서 배운 연립일차방정식과는 달리 미지수가 1개임을 유의하게 한다.

수학 수업실연 모의평가 48회

[실연 조건 및 유의사항]

1. [수업실연 구상지]의 〈수업실연1~3〉에 해당하는 부분을 수업으로 실연하시오.
2. 〈수업실연1~3〉에 대하여 학생들과의 적절한 상호작용을 포함하여 교수·학습 활동을 실연하시오.
3. 〈수업실연1〉 : [자료1]을 활용하여 절댓값을 포함한 일차부등식을 도입하시오.
   가. 오늘 수업과 연관된 선수학습을 포함한다.
   나. 절댓값을 포함한 일차부등식의 해의 의미를 지도한다.
4. 〈수업실연2〉 : [자료2]를 이용해 절댓값을 포함한 일차부등식을 해결하시오.
   가. 오개념을 가진 학생이 존재하여 이를 극복하는 과정을 포함한다.
5. 〈수업실연3〉 : [자료3]을 활용하여 학생 중심의 모둠활동을 진행하시오.
6. 칠판에는 적정량 이상의 판서를 실시한다.
7. 학습목표는 제시되어 있는 것으로 간주한다.

[교수·학습 조건]

1. 대상 : 고등학교 1학년
2. 수업시간 : 100분(블록타임제)
3. 단원명 : 절댓값을 포함한 일차부등식
4. 교수·학습 환경

학생 수	지도 장소	수업 형태	매체 및 기자재	평가
20명	교실	모둠학습	칠판, 분필, 스마트TV, 학생용 노트북, 교사용 노트북	관찰평가, 동료평가

수학 수업실연 모의평가 48회

[자료1]

수직선 위에 원점으로부터의 거리가 2 이하인 점 P가 있다. 점 P의 좌표를 x라고 할 때, x의 범위를 수직선 위에 나타내고, 절댓값 기호를 사용하여 그 범위를 부등식으로 나타내보자.

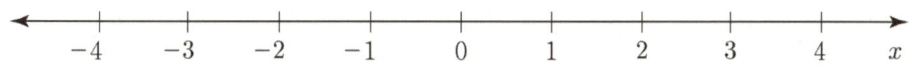

[자료2]

다음 부등식을 푸시오.

(1) $|x+1| \leq 4$ 　　　　　　　　　　　(2) $|2x-3| > 2$

[자료3]

어느 냉난방기는 온도조절기에 설정한 희망 온도와 실내 온도의 차이가 1℃보다 크면 실외기가 작동되어 희망 온도와 실내 온도의 차이를 1℃ 이하로 유지시켜 준다고 한다. 물음에 답해보자.

1. 희망 온도를 19℃로 설정했을 때, 실외기가 작동되는 실내 온도의 범위를 구해보자.

2. 희망 온도를 a℃라고 할 때, 실내 온도가 여름철 실내 적정 온도 범위 내에서 유지되도록 하는 a의 값의 범위를 구해보자. (단, 여름철 실내 적정 온도 범위는 25℃ 이상 28℃ 이하이다.)

수업실연 구상지

단원		절댓값을 포함한 일차부등식	차시	
학습목표		• 절댓값을 포함한 일차부등식을 풀 수 있다.		
학습단계	학습전개	교수·학습 과정		
도입	주의환기	• 인사 및 출석 확인		
	학습목표	• 학습목표를 제시한다.		
전개	탐구활동	〈수업실연1〉		
	개념지도	$a > 0$일 때, 다음이 성립한다. 　$\|x\| < a$이면 $-a < x < a$ $\|x\| > a$이면 $x < -a$ 또는 $x > a$		
	문제풀이	〈수업실연2〉		
	모둠활동	〈수업실연3〉		
정리	내용정리	• 오늘 배운 내용을 정리한다.		
	형성평가	• 형성평가를 실시한다.		
	차시예고	• 다음 차시를 안내한다.		

수업 한 페이지

문제해설	– [자료1] 원점으로부터의 거리가 2 이하라는 말에서 절댓값의 뜻을 상기하도록 한다.
	– [자료1] x의 범주를 수직선 위에 나타내고, 절댓값 기호를 사용해 그 범위를 부등식으로 나타내도록 한다.
	– [자료1] 수직선 위에 나타낸 x의 범위와 부등식 $|x| \leq 2$을 비교해 보도록 한 뒤, 수직선 위에 나타낸 범위가 부등식의 해에 해당함을 인식하도록 한다.
	– [자료1] 일차부등식의 의미를 상기시키며, 절댓값을 포함한 일차부등식을 어떻게 해결할 수 있을지 학생들이 고민하게 한다.
	– [자료2] 학생의 발표를 통해 (1)을 해결한다.
	  → $|x+1| \leq 4$이면 $-4 \leq x+1 \leq 4$이므로 $-5 \leq x \leq 3$을 만족한다.
	– [자료2] (1)의 방법을 그대로 적용하여 (2)의 해를 잘못 구하는 학생의 상황을 가정한다.
	  → $|2x-3| > 2$이면 $-2 > 2x-3 > 2$이므로 $1 > 2x > 5$를 만족한다. 따라서 해는 $\frac{1}{2} > x > \frac{5}{2}$임을 알 수 있다.
	– [자료2] 학생의 잘못된 풀이를 보고, 발문을 통해 학생이 스스로 자신의 풀이가 잘못되었음을 발견하게 한다. 이때, 절댓값의 의미를 다시 한번 상기시키도록 하며 $2x-3$의 원점으로부터의 거리가 2보다 커야 한다는 점을 재확인한다.
	– [자료2] 주어진 부등식을 만족하기 위한 $2x-3$의 범위는 $2x-3 > 2$ 또는 $2x-3 < -2$임을 깨닫고 학생이 자신의 풀이를 개선하도록 한다.
	– [자료3] 모둠활동을 통해 주어진 문제를 해결하도록 한 뒤, 결과를 발표한다. [자료3] 1의 경우 실내 온도를 x℃ 라 하면, 실외기가 작동하기 위해서는 온도 차이가 1℃ 보다 커야 하므로 $|x-19| > 1$로 식을 정리한다. 따라서 $x-19 < -1$ 또는 $1 < x-19$를 만족하므로 실외기가 작동되는 실내 온도의 범위는 $x < 18$ 또는 $20 < x$이다.
	– [자료3] 2의 문제를 해결한다. 실내 온도를 x℃, 희망 온도를 a℃ 라 하자. 희망 온도와 실내 온도의 차이가 1℃ 보다 작거나 같아야 하므로 $|x-a| \leq 1$, $-1+a \leq x \leq 1+a$라 할 수 있다. 이때, 여름철 실내 적정 온도 범위는 $25 \leq x \leq 28$라 하였으므로 적정 온도 범위 내에서 실내 온도가 유지되도록 하는 a의 값의 범위는 $25 \leq -1+a \leq x \leq 1+a \leq 28$을 만족한다. 따라서 a의 범위는 $26 \leq a \leq 27$을 만족한다.

발문	– [자료1] 원점으로부터의 거리가 2 이하라는 것을 우리가 배운 내용을 활용해 어떻게 나타낼 수 있을까요? – [자료1] 수직선 위에 나타낸 x의 범위와 $|x| \leq 2$를 만족하는 x의 범위를 비교해 볼까요? – [자료2] 구한 해가 주어진 부등식의 해가 맞는지 확인해 볼까요? – [자료3] 주어진 상황을 부등식으로 세워 볼까요?
오개념 예시	– [자료2]의 $|x| < a$와 $|x| > a$의 풀이를 혼동하는 경우 – 절댓값의 의미를 어려워하는 경우
지도상의 유의점	– 절댓값을 포함한 부등식을 절댓값을 포함하지 않는 부등식으로 나타내는 방법을 이해하게 한다. – 절댓값을 포함한 일차부등식을 풀 때는 절댓값 기호 안의 식의 값이 0이 되도록 하는 x의 값을 기준으로 범위를 나누어 풀 수 있도록 한다.

수학 수업실연 모의평가 49회

[실연 조건 및 유의사항]

1. [수업실연 구상지]의 〈수업실연1~3〉에 해당하는 부분을 수업으로 실연하시오.
2. 〈수업실연1~3〉에 대하여 학생들과의 적절한 상호작용을 포함하여 교수·학습 활동을 실연하시오.
3. 〈수업실연1〉 : [자료1]을 지도하시오.
   가. 이차부등식과 이차함수의 관계에 대해 지도한다.
   나. [자료1]에서 이차부등식의 해의 의미를 이해할 수 있도록 하는 적절한 발문을 포함한다.
4. 〈수업실연2〉 : [자료2]를 모둠활동으로 지도하시오.
   가. 표의 ㉠, ㉡, ㉢, ㉣에 해당하는 부분만 지도하며 나머지 부분은 지도했다고 가정한다.
   나. 학생들의 오개념 상황을 1가지 이상 포함하며 이를 해결하도록 한다.
   다. 공학도구를 활용해 모둠원과 협력하여 지도하도록 한다.
5. 〈수업실연3〉 : [자료3]을 지도하시오.
   가. 2가지 이상의 풀이 방법을 포함한다.
   나. 교사의 적절한 발문을 포함한다.

[교수·학습 조건]

1. 대상 : 고등학교 1학년
2. 수업시간 : 100분(블록타임제)
3. 단원명 : 이차부등식과 이차함수의 관계
4. 교수·학습 환경

학생 수	지도 장소	수업 형태	매체 및 기자재	평가
20명	교실	모둠학습	칠판, 분필, 학생용 태블릿, 교사용 노트북, 스마트TV	형성평가

수학 수업실연 모의평가 49회

[자료1]

다음과 같이 이차함수 $y = ax^2 + bx + c$의 그래프가 주어져 있다고 한다. 이차방정식 $ax^2 + bx + c = 0$의 해가 α, β ($\alpha < \beta$)라고 할 때, a의 값에 따라 이차부등식 $ax^2 + bx + c > 0$의 해가 어떻게 되는지 알아봅시다. (단, $a \neq 0$)

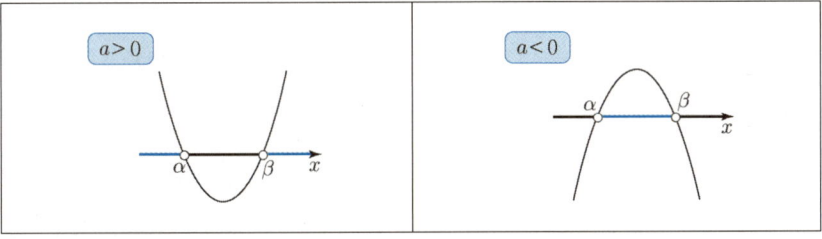

[자료2]

다음은 이차부등식과 이차함수의 관계를 표로 정리한 것이다. 모둠원과 협력하여 빈칸에 들어갈 이차부등식의 해를 구하시오.

	$D>0$	$D=0$	$D<0$
$y=ax^2+bx+c$의 그래프	(그래프: α, β)	(그래프: $\alpha=\beta$)	(그래프)
$ax^2+bx+c>0$의 해		㉡	
$ax^2+bx+c \geq 0$의 해			㉣
$ax^2+bx+c<0$의 해			
$ax^2+bx+c \leq 0$의 해	㉠	㉢	

[자료3]

이차부등식 $-2x^2 + 3x + \boxed{} < 0$의 답은 '모든 실수'였다고 한다. 그런데 상수항이 가려 보이질 않는다. 지워진 부분에 들어갈 수 있는 수에는 무엇이 있을까?

$-2x^2+3x+ <0$의 답은 모든 실수였는데, 식이 지워져버렸네.

수업실연 구상지

단원	이차부등식과 이차함수의 관계		차시	
학습목표	• 이차부등식과 이차함수의 관계를 이해하고, 이차부등식을 풀 수 있다.			
학습단계	학습전개	교수 · 학습 과정		
도입	주의환기	• 인사 및 출석 확인		
	선수학습	• 이차함수의 그래프와 직선의 위치 관계		
	학습목표	• 학습목표를 제시한다.		
전개	개념지도	• 이차부등식의 뜻을 지도한다.		
		〈수업실연1〉		
	모둠활동	〈수업실연2〉		
	문제풀이	〈수업실연3〉		
정리	내용정리	• 오늘 배운 내용을 정리한다.		
	형성평가	• 형성평가를 실시한다.		
	차시예고	• 다음 차시를 안내한다.		

수업 한 페이지

문제해설	- [자료1] 이차부등식의 해가 어떤 의미일지 발문한다. - [자료1] 이차부등식의 해는 이차함수 $y=ax^2+bx+c$의 $y>0$ 혹은 $y<0$일 때 x 값의 범위를 나타낸다는 사실을 이해하도록 한다. - [자료1]에 제시된 그림을 이용해 이차방정식 $ax^2+bx+c=0$의 해가 α, β일 때, 각 함수의 해가 어떻게 될지를 발문한 뒤 $a>0$인 경우 $x<\alpha$ 혹은 $x>\beta$이고, $a<0$인 경우 $\alpha<x<\beta$가 됨을 지도한다. - [자료2] 이차부등식의 해의 의미를 상기하도록 하며 제시된 각 경우를 지도한다. - [자료2]의 결과는 다음과 같다(음영 처리되어 있는 부분은 참고). |	$D>0$	$D=0$	$D<0$
---	---	---	---
$y=ax^2+bx+c$의 그래프		$\alpha=\beta$	
$ax^2+bx+c>0$의 해	$x<\alpha$ 또는 $x>\beta$	ⓒ $x\neq\alpha$인 모든 실수	모든 실수
$ax^2+bx+c\geq 0$의 해	$x\leq\alpha$ 또는 $x\geq\beta$	모든 실수	ⓔ 모든 실수
$ax^2+bx+c<0$의 해	$\alpha<x<\beta$	없다.	없다.

$ax^2+bx+c\leq 0$의 해	㉠ $\alpha\leq x\leq\beta$	ⓒ $x=\alpha$	없다.	
				
				- [자료2] 오개념 예시는 다음과 같다.
				  → ㉠ $x=\alpha$, $x=\beta$인 경우를 생략한 경우
				  → ⓒ 답을 모든 실수로 대답하는 경우
				  → ⓒ, ⓔ 답이 없다고 생각하거나 의미를 이해하지 못하는 경우
				    ※학생들은 ⓒ, ⓔ과 같은 경우를 어려워하는 경우가 많습니다.
				- [자료3] 주어진 이차부등식의 답이 '모든 실수'이기 위해서는 지워진 부분에 대한 값이 무엇이 되어야 할지를 발문한다.
				- [자료3] 이차항의 계수가 음수이므로 위로 볼록인 그래프 개형을 생각하도록 하며, 해가 모든 실수이기 위해서는 그래프가 x축보다 아래에 있어야 함을 추측하도록 한다. 즉, 해가 존재하지 않으므로 판별식이 0보다 작음을 이용해 문제를 해결할 수 있음을 이해한다. 양변에 -1을 곱하여 아래로 볼록인 그래프 개형을 이용해 문제를 해결할 수도 있다.
				- [자료3] 가려져 보이지 않는 부분을 a라 두면 $D=3^2-4\times(-2)\times a=9+8a<0$이므로 해는 $a<-\dfrac{9}{8}$가 됨을 알 수 있다.

발문	- [자료1] 이차부등식의 해가 뜻하는 것은 무엇일까요? - [자료2] 이차방정식과 판별식에 따른 이차함수 그래프와 해의 관계는 어떻게 될까요? - [자료3] 해가 모든 실수이기 위해서는 그래프의 개형은 어떻게 되어야 할까요? - [자료3] 최고차항의 계수가 양수와 음수인 경우를 나누어 생각해 볼까요? 지워진 부분에 어떤 값이 들어가야 할까요?
오개념 예시	- [자료2] 이차부등식의 해가 없거나 하나이거나 모든 실수인 경우를 이해하지 못하고 $\alpha<x<\beta$, $x<\alpha$ 또는 $x>\beta$와 같은 꼴로 결론 내는 경우 - [자료3] 양변에 -1을 곱할 때 부등호 방향을 바꾸지 않는 경우
지도상의 유의점	- 이차부등식의 해는 수직선에서 어떤 구간으로 나타내어짐을 이해하게 한다. - 이차방정식의 판별식의 부호에 따른 이차부등식의 해를 이해하게 한다. - 이차부등식에서 이차항의 계수가 음수일 때는 양변에 음수를 곱하여 이차항의 계수를 양수로 고쳐서 풀도록 한다. 이때 부등호의 방향이 바뀌는 것에 주의하게 한다. - 이차부등식의 해가 없거나 모든 실수인 경우도 있음을 이해하게 한다.

수학 수업실연 모의평가 50회

고 1-10

[실연 조건 및 유의사항]

1. [수업실연 구상지]의 〈수업실연1~3〉에 해당하는 부분을 수업으로 실연하시오.
2. 〈수업실연1~3〉에 대하여 학생들과의 적절한 상호작용을 포함하여 교수·학습 활동을 실연하시오.
3. 〈수업실연1〉: [자료1]을 활용하여 순열에 대한 탐구활동을 실연하시오.
    가. 순열 개념의 필요성이 드러날 수 있는 교사의 구체적인 발문을 포함하시오.
4. 〈수업실연2〉: [자료2]를 이용해 순열의 개념을 지도하시오.
    가. 순열의 개념과 기호를 도입하시오.
    나. 학생들의 오개념 상황을 가정하고 이를 해결하도록 하시오.
5. 〈수업실연3〉: [자료3]을 모둠활동으로 지도하시오.
    가. 2022 개정 수학과 교육과정 교과역량 중 '문제해결 역량'이 드러나도록 하시오.
6. 학습목표는 제시되어 있는 것으로 간주한다.

[교수·학습 조건]

1. 대상: 고등학교 1학년
2. 수업시간: 100분(블록타임제)
3. 단원명: 순열
4. 교수·학습 환경

학생 수	지도 장소	수업 형태	매체 및 기자재	평가
20명	교실	모둠학습	칠판, 분필, 컴퓨터, 빔프로젝터	동료평가

수학 수업실연 모의평가 50회

[자료1]

재석이는 친구들과 놀이공원에서 오전, 오후에 놀이기구를 타려고 한다. 놀이기구는 관람차, 범퍼카, 회전목마, 롤러코스터 총 4가지를 선택할 수 있다고 한다. 재석이가 놀이기구를 오전에 한 대, 오후에 한 대를 타려고 한다면 놀이기구를 선택할 수 있는 방법은 몇 가지일까? (단, 한번 탄 놀이기구는 다시 탈 수 없다.)

[자료2]

순열의 수
서로 다른 n개에서 r개를 택하는 순열의 수는
$_nP_r = n(n-1)(n-2) \times \cdots \times (n-r+1)$ (단, $0 < r \leq n$)

[자료3]

모둠원들과 협력해 다음 과제를 해결하시오.

$$_nP_r = {_{n-1}P_r} + r \times {_{n-1}P_{r-1}}$$ 임을 보이시오.

 **수업실연 구상지**

단원		순열	차시	
학습목표	• 순열의 의미를 이해하고 순열의 수를 구할 수 있다.			
학습단계	학습전개	교수·학습 과정		
도입	주의환기	• 인사 및 출석 확인		
	선수학습	• 선수학습 내용을 확인한다.		
	학습목표	• 학습목표를 제시한다.		
전개	탐구활동	〈수업실연1〉		
	개념지도	〈수업실연2〉		
		• 순열 관련 문제를 해결한다. • 계승 개념에 대해서 학습한다. ① $_nP_n = n!,\ 0! = 1,\ _nP_0 = 1$ ② $_nP_r = \dfrac{n!}{(n-r)!}$ (단, $0 \leq r \leq n$)		
	모둠활동	〈수업실연3〉		
정리	내용정리	• 오늘 배운 내용을 정리한다.		
	형성평가	• 형성평가를 실시한다.		
	차시예고	• 다음 차시를 안내한다.		

수업 한 페이지

문제해설	– [자료1] 놀이기구를 탈 수 있는 경우의 수를 발문한 뒤 오전, 오후를 나누어 (관람차, 범퍼카), (관람차, 회전목마), (관람차, 롤러코스터), (범퍼카, 관람차), (범퍼카, 회전목마), (범퍼카, 롤러코스터), (회전목마, 관람차), (회전목마, 범퍼카), (회전목마, 롤러코스터), (롤러코스터, 관람차), (롤러코스터, 범퍼카), (롤러코스터, 회전목마)와 같이 총 12개의 경우가 있음을 지도한다. 수형도를 이용해 설명할 수도 있다. – [자료1] 놀이기구의 개수가 많아지고 오전, 오후, 저녁 등 경우가 다양해지면 어떻게 될지를 발문하며, 직접 세는 방법으로는 계산이 어려움을 학생들이 느낄 수 있도록 한다. 오늘 학습할 개념을 통해 좀 더 효과적인 계산 방법을 알 수 있음을 안내한다. – [자료2] 서로 다른 n개에서 $r(r \leq n)$개를 택하여 일렬로 배열하는 것을 n개에서 r개를 택하는 순열이라 하며 기호로 $_n\mathrm{P}_r$로 나타냄을 지도한다. – [자료2] 어떻게 계산할 수 있을지를 학생들에게 발문하며, 선택한 것을 일렬로 배열한다고 하였으므로 첫 번째 자리에 n개, 두 번째 자리에 $n-1$개, $\cdots$, r번째 자리에 $n-(r-1)$개가 되어 곱의 법칙에 따라 $_n\mathrm{P}_r = n(n-1)(n-2) \times \cdots \times (n-r+1)$이 됨을 확인한다. – [자료2] r번째 자리에 가능한 경우의 수를 $n-r$로 생각하는 경우를 오개념 예시로 제시한다. – [자료3] 제시된 문제를 모둠별로 해결하도록 한다. – [자료3] 수학과 교과역량 중 문제해결역량 '㉠ 수학의 개념, 원리, 법칙을 이용하여 해결 가능한 문제를 학생에게 제시한다. 이때 다양한 방법으로 해결 가능한 문제, 여러 가지 해답이 나올 수 있는 문제 등을 활용할 수 있다.'를 통해 학생이 다양한 방식으로 문제를 해결하도록 한다. ① 특정한 원소가 포함되는 경우와 그렇지 않은 경우로 나누어 계산하는 경우 특정한 원소가 r개에 포함되는 경우 $(n-1)$개 중 $r-1$개를 택하여 일렬로 배열한 후, 양 끝과 사이 사이에 생기는 r개의 공간 중 하나에 특정한 원소를 배열하면 되므로 $r \times {_{n-1}\mathrm{P}_{r-1}}$이고, 특정한 원소가 r개에 포함되지 않는 경우 $(n-1)$개 중 r개를 택하여 배열하면 되므로 $_{n-1}\mathrm{P}_r$이다. 따라서 $_n\mathrm{P}_r = {_{n-1}\mathrm{P}_r} + r \times {_{n-1}\mathrm{P}_{r-1}}$임을 알 수 있다. ② 순열 식을 이용하는 방법 $$_{n-1}\mathrm{P}_r + r \times {_{n-1}\mathrm{P}_{r-1}} = \frac{(n-1)!}{(n-r-1)!} + r \times \frac{(n-1)!}{(n-r)!} = \frac{(n-r) \times (n-1)! + r \times (n-1)!}{(n-r)!}$$ $$= \frac{n!}{(n-r)!} = {_n\mathrm{P}_r} \text{을 만족한다. 따라서 } _n\mathrm{P}_r = {_{n-1}\mathrm{P}_r} + r \times {_{n-1}\mathrm{P}_{r-1}}$$
발문	– [자료1] 놀이기구를 선택할 수 있는 방법은 몇 가지일까요? – [자료2] $_n\mathrm{P}_r$은 어떻게 구할 수 있을까요? – [자료2] r번째 자리에 오는 경우의 수는 몇 가지일까요? – [자료3] $_n\mathrm{P}_r = {_{n-1}\mathrm{P}_r} + r \times {_{n-1}\mathrm{P}_{r-1}}$을 어떻게 설명할 수 있을까요?
오개념 예시	– [자료1] r번째 자리의 경우의 수를 $n-r$이라고 생각하는 경우 – 순서를 고려하지 않고 순열을 계산하는 경우
지도상의 유의점	– 순열의 수는 직접 나열하거나 수형도를 이용하는 등 다양한 방법으로 구하게 하고, 지나치게 복잡한 문제는 다루지 않는다. – 순열의 수를 구해보는 경험을 통해 체계적으로 사고하여 합리적으로 의사결정하는 태도를 기르게 한다. – 순열을 이용하여 실생활 문제를 해결해 봄으로써 다양한 상황에서 그 필요성과 유용성을 인식하게 한다.

수학 수업실연 모의평가 51회

[실연 조건 및 유의사항]

1. [수업실연 구상지]의 〈수업실연1~3〉에 해당하는 부분을 수업으로 실연하시오.
2. 〈수업실연1~3〉에 대하여 학생들과의 적절한 상호작용을 포함하여 교수·학습 활동을 실연하시오.
3. 〈수업실연1〉: [자료1]을 활용하여 행렬의 개념을 지도하시오.
   가. 행렬의 뜻과 기호, 성분, 행, 열, $m \times n$ 행렬을 도입한다.
4. 〈수업실연2〉: [자료2]를 이용해 행렬에 대한 탐구활동을 실연하시오.
   가. 학생의 사고를 촉진하는 교사의 발문을 포함한다.
   나. 학생들의 활동을 통해 행렬의 유용성이 드러나도록 한다.
5. 〈수업실연3〉: [자료3]을 활용하여 행렬의 덧셈과 뺄셈을 지도하시오.
   가. 학생이 스스로 행렬의 연산과 실수 연산과의 공통점을 발견하도록 한다.
6. 2022 개정 수학과 교육과정 교과역량 중 '의사소통 역량'이 드러나도록 한다.
7. 학습목표는 제시되어 있는 것으로 간주한다.

[교수·학습 조건]

1. 대상 : 고등학교 1학년
2. 수업시간 : 100분(블록타임제)
3. 단원명 : 행렬의 덧셈과 뺄셈
4. 교수·학습 환경

학생 수	지도 장소	수업 형태	매체 및 기자재	평가
20명	교실	모둠학습	칠판, 분필, 컴퓨터, 빔프로젝터	동료평가

고 1-11

수학 수업실연 모의평가 51회

[자료1]

서울, 인천, 대전의 미세 먼지 농도($\mu g/m^3$)를 측정한 결과 각각 75, 70, 71이었으며, 초미세 먼지 농도($\mu g/m^3$)는 각각 41, 39, 36이라고 할 때, 다음 표를 완성해 보자.

(단위 : $\mu g/m^3$)

	서울	인천	대전
미세 먼지			
초미세 먼지			36

[자료2]

다음은 어느 학교에서 봉사활동에 지원한 학년별 인원수를 조사한 것이다.

(1) 주어진 자료를 하나의 행렬로 나타내고, 각 행과 열이 표현하는 내용이 무엇인지 설명하시오.
(2) 주어진 자료 이외에 실생활에서 행렬로 표현하면 편리한 자료를 찾고, 이를 행렬로 표현해 보시오.

도서관 봉사	급식 봉사	교문 봉사	분리수거 봉사
1학년 3명	2학년 3명	2학년 3명	1학년 2명
2학년 2명	1학년 3명	3학년 4명	2학년 2명
3학년 1명	3학년 0명	1학년 2명	3학년 4명

[자료3]

동규와 혜지가 4일 동안 총 4만 보를 걷기로 하였다. 오른쪽 그림은 1일 차, 2일 차, 3일 차에 동규와 혜지가 걸음 수를 일별로 나타낸 것이다. 다음 물음에 답해보자.

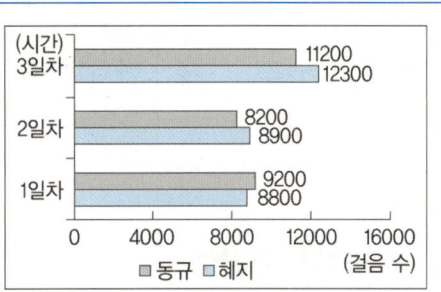

1. 오른쪽 그림을 이용하여 하루에 동규와 혜지가 각각 걸은 걸음 수를 2×1 행렬 A, B, C로 나타내고, 각 행렬의 의미를 말해보자.

2. $A+B+C$를 계산하고, 각 성분의 의미를 말해보자.

3. 행렬 $D = \begin{pmatrix} 40000 \\ 40000 \end{pmatrix}$ 이라고 할 때, 혜지와 동규가 목표를 달성하기 위해 4일 차에 몇 걸음을 더 걸어야 하는지 행렬 A, B, C, D를 이용하여 나타내고, 이를 계산해 보자.

 **수업실연 구상지**

단원		행렬의 덧셈과 뺄셈	차시	
학습목표		• 행렬의 뜻을 이해하고, 실생활 상황을 행렬로 표현할 수 있다. • 행렬의 덧셈과 뺄셈을 수행하고, 관련된 문제를 해결할 수 있다.		
학습단계	학습전개	교수·학습 과정		
도입	주의환기	• 인사 및 출석 확인		
	학습목표	• 학습목표를 제시한다.		
전개	개념지도	〈수업실연1〉		
	학습활동	〈수업실연2〉		
	개념지도	• 행렬의 덧셈과 뺄셈에 대해 학습한다. ① $A=\begin{pmatrix} a_{11} & a_{12} \\ a_{21} & a_{22} \end{pmatrix}$, $B=\begin{pmatrix} b_{11} & b_{12} \\ b_{21} & b_{22} \end{pmatrix}$ 일 때, $A+B=\begin{pmatrix} a_{11}+b_{11} & a_{12}+b_{12} \\ a_{21}+b_{21} & a_{22}+b_{22} \end{pmatrix}$ 이다. ② $A=\begin{pmatrix} a_{11} & a_{12} \\ a_{21} & a_{22} \end{pmatrix}$, $B=\begin{pmatrix} b_{11} & b_{12} \\ b_{21} & b_{22} \end{pmatrix}$ 일 때, $A-B=\begin{pmatrix} a_{11}-b_{11} & a_{12}-b_{12} \\ a_{21}-b_{21} & a_{22}-b_{22} \end{pmatrix}$ 이다.		
	모둠활동	〈수업실연3〉		
정리	내용정리	• 오늘 배운 내용을 정리한다.		
	형성평가	• 형성평가를 실시한다.		
	차시예고	• 다음 차시를 안내한다.		

수업 한 페이지

문제해설	−[자료1] 학생의 발표를 통해 [자료1]의 표를 완성한다. (단위 : $\mu g/m^3$) |	서울	인천	대전 | |---|---|---|---| | 미세 먼지 | 75 | 70 | 71 | | 초미세 먼지 | 41 | 39 | 36 | −[자료1] 다음과 같이 표로 자료가 정리되었을 때 어떤 장점이 있을지 발문한다. −[자료1] 자료를 효과적으로 정리할 수 있으며, 원하는 정보를 쉽게 얻을 수 있다는 장점을 정리하도록 한다. −[자료1] 미세먼지 농도를 표를 이용해 정리한 것처럼 몇 개의 수 또는 문자를 직사각형 모양으로 배열하여 괄호로 묶어 나타낸 것을 행렬이라 하고, 행렬의 기호와 성분, 행, 열, $m \times n$ 행렬이라는 용어를 도입한다. −[자료1] 학생의 발표를 통해 [자료1]의 표를 행렬로 나타내어 봄으로써 주어진 자료를 표에서 행렬로 변환하는 과정을 경험하게 한다. 이때 [자료1]의 행렬은 $\begin{pmatrix} 75 & 70 & 71 \\ 41 & 39 & 36 \end{pmatrix}$과 같다. −[자료2]의 내용을 소개하며 주어진 상황을 행렬로 나타내고 각 행과 열의 의미를 설명해 보도록 한다. 각 봉사 시간에서 학년이 제각기 다르게 표시되었음을 발견하도록 하며, 행렬을 이용해 이를 어떻게 해결할 수 있을지 발문한다. −[자료2] 발문을 통해 스스로 자신의 사고와 전략을 수립하고 행렬을 이용해 나타내도록 유도한다. −[자료2] 학생의 발표를 통해 [자료2]를 하나의 행렬로 나타내고, 행은 학년, 열은 봉사활동의 유형을 의미한다는 것을 확인한다. $\begin{pmatrix} 3 & 3 & 2 & 2 \\ 2 & 3 & 3 & 2 \\ 1 & 0 & 4 & 4 \end{pmatrix}$ −[자료2] 행렬을 이와 같이 정리했을 때 알 수 있는 정보가 무엇인지 발문한다. 행렬을 통해 봉사활동별 학년당 참여 인원을 쉽게 파악하는 등 다양한 장점이 있음을 안내한다. −[자료3] 모둠활동으로 주어진 문제를 해결하도록 한다. > 1. $A = \begin{pmatrix} 9200 \\ 8800 \end{pmatrix}$, 1일 차에 동규가 9200걸음, 혜지가 8800걸음을 걸었음. > $B = \begin{pmatrix} 8200 \\ 8900 \end{pmatrix}$, 2일 차에 동규가 8200걸음, 혜지가 8900걸음을 걸었음. > $C = \begin{pmatrix} 11200 \\ 12300 \end{pmatrix}$, 3일 차에 동규가 11200걸음, 혜지가 12300걸음을 걸었음. > 2. $A+B+C = \begin{pmatrix} 28600 \\ 30000 \end{pmatrix}$, 3일 동안 동규는 28600걸음, 혜지는 30000걸음을 걸었음 > 3. $D-(A+B+C) = \begin{pmatrix} 40000 \\ 40000 \end{pmatrix} - \begin{pmatrix} 28600 \\ 30000 \end{pmatrix} = \begin{pmatrix} 11400 \\ 10000 \end{pmatrix}$. 동규는 11400걸음, 혜지는 10000걸음을 더 걸어야 함. −[자료3]을 해결하는 과정에서, 학생 간 혹은 모둠 간의 의사소통이나 학생과 교사 간의 의사소통을 충분히 드러내어 상호작용과 질문이 활발한 교실 문화를 조성하고 수학적으로 의미 있는 의사소통 이루어지도록 한다. −[자료3] 행렬의 덧셈과 뺄셈이 성분끼리의 연산임에 주목하여, 실수의 덧셈과 뺄셈과 동일하다는 것을 인식하게 한다. 이를 통해 행렬의 덧셈과 뺄셈이 실수의 덧셈, 뺄셈이 모두 결합법칙과 교환법칙이 성립한다는 것을 확인한다.
발문	−[자료1] 다음과 같이 자료를 정리하니 어떤 장점이 있나요? −[자료2] 주어진 자료를 어떻게 나타내면 보기 편할까요? −[자료3] 각 행렬이 의미하는 것은 무엇인가요? −[자료3] $A+B+C$의 각 성분의 의미는 무엇인가요? −[자료3] 행렬의 덧셈과 뺄셈이 실수의 덧셈과 뺄셈과 어떤 공통점이 있을까요? −[자료3] 4일 차에 몇 걸음 더 걸어야 하는지 행렬을 이용해 표현할 수 있을까요?
오개념 예시	−행과 열이 바뀐 행렬을 같은 행렬이라고 생각하는 경우
지도상의 유의점	−행렬의 덧셈과 뺄셈은 실수의 덧셈과 뺄셈과 마찬가지로 결합법칙과 교환법칙이 성립하지만, 이를 일반화하여 다루지 않고 구체적인 예를 통해서 알 수 있게 한다. −행렬의 덧셈과 뺄셈은 두 행렬이 같은 꼴일 때만 연산이 가능하다는 것을 유의한다.

수학 수업실연 모의평가 52회

[실연 조건 및 유의사항]

1. [수업실연 구상지]의 〈수업실연1~3〉에 해당하는 부분을 수업으로 실연하시오.
2. 〈수업실연1~3〉에 대하여 학생들과의 적절한 상호작용과 교사의 적절한 발문을 포함하여 교수·학습 활동을 실연하시오.
3. 〈수업실연1〉: [자료1]을 활용하여 탐구활동을 실연하시오.
   가. [자료1]을 통해 원과 직선의 위치 관계는 세 가지가 있음을 직관적으로 이해하도록 한다.
4. 〈수업실연2〉: [자료2]를 지도하시오.
   가. 원과 직선의 위치 관계를 파악하도록 한다.
   나. 다양한 방법이 드러나도록 하며, 구체적인 계산 과정은 생략해도 된다.
   다. 주어진 기자재를 이용한다.
5. 〈수업실연3〉: [자료3]을 활용하여 모둠활동을 하시오.
   가. 학생들의 의사소통 능력을 신장시킬 수 있는 적절한 발문을 포함한다.

[교수·학습 조건]

1. 대상 : 고등학교 1학년
2. 수업시간 : 100분(블록타임제)
3. 단원명 : 원과 직선의 위치 관계
4. 교수·학습 환경

학생 수	지도 장소	수업 형태	매체 및 기자재	평가
20명	교실	모둠학습	칠판, 분필, 태블릿, 스마트TV, 교사용 컴퓨터	형성평가

수학 수업실연 모의평가 52회

고 1-12

[자료1]

〈탐구활동〉
다음 그림은 축구공과 골라인을 나타낸 것이다. 축구공을 나타내는 '원'과 골라인을 나타내는 '직선 l'에 대하여 다음의 세 가지 상황을 말로 설명해 보자.

[자료2]

컴퓨터 프로그램을 사용하여 다음 물음에 답하시오.

(1) 원 $x^2+y^2=2$와 직선 $y=x-1$의 위치 관계를 말하시오.

(2) 원 $x^2+y^2=2$와 직선 $y=x-2$의 위치 관계를 말하시오.

(3) 원 $x^2+y^2=2$와 직선 $y=x-3$의 위치 관계를 말하시오.

(4) 원의 중심 $(0, 0)$으로부터 (1)~(3)의 직선까지의 거리를 구하시오.

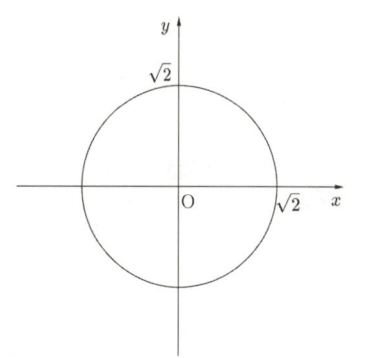

[자료3]

〈모둠활동〉
다음은 점 $A(2, 4)$에서 원 $x^2+y^2=4$에 그은 접선의 방정식을 구한 희영이의 풀이이다. 틀린 이유를 찾고 바르게 고치시오.

(희영이의 풀이)
점 $A(2, 4)$에서 원 $x^2+y^2=4$에 그은 접선의 기울기를 m이라고 하면 원의 접선의 방정식은 $y-4=m(x-2)$, 즉 $mx-y-2m+4=0$이다. 따라서 원의 중심인 $(0, 0)$으로부터 원의 접선까지의 거리를 계산하면 $\frac{|-2m+4|}{\sqrt{m^2+1}}=2$이므로 $m=\frac{3}{4}$이고, 원의 접선의 방정식은 $y=\frac{3}{4}x+\frac{5}{2}$이다.

수업실연 구상지

단원	원과 직선의 위치 관계	차시	
학습목표	• 좌표평면에서 원과 직선의 위치 관계를 이해한다. • 기울기가 주어진 원의 접선의 방정식을 구할 수 있다.			

학습단계	학습전개	교수·학습 과정
도입	주의환기	• 인사 및 출석 확인
	선수학습	• 접선의 방정식, 원의 방정식, 이차함수와 직선의 위치 관계
	동기유발	• 동기유발을 진행한다.
	학습목표	• 학습목표를 제시한다.
전개	탐구활동	〈수업실연1〉
	문제풀이	〈수업실연2〉 • '원과 직선의 위치관계'에 대한 여러 가지 문제를 해결한다.
	개념지도	• '기울기가 주어진 원의 접선의 방정식'을 지도한다.
	모둠활동	〈수업실연3〉
정리	내용정리	• 오늘 배운 내용을 정리한다.
	형성평가	• 형성평가를 실시한다.
	차시예고	• 다음 차시를 안내한다.

수업 한 페이지

문제해설	- [자료1] ① 원과 직선 l은 만나지 않는다. 　　　　② 원과 직선 l은 한 점에서 만난다(접한다). 　　　　③ 원과 직선 l은 서로 다른 두 점에서 만난다. - [자료1]을 통해 원과 직선의 위치 관계는 세 가지가 있음을 직관적으로 알도록 한다. 이차함수의 그래프와 직선의 위치 관계와 연관짓는 것도 좋다. - [자료2] (1) 두 점에서 만난다. (2) 한 점에서 만난다(접한다). (3) 만나지 않는다. 　공학적 도구를 이용하여 직접 원과 직선을 그리고, 좌표평면 위의 원과 직선의 세 가지 위치 관계를 파악해 보면 이차함수의 그래프와 직선의 위치 관계와 유형이 비슷하다는 것을 알 수 있다. 이처럼 원과 직선의 교점의 개수는 원의 방정식과 직선의 방정식을 연립한 식의 해의 개수와 같으므로, 두 식을 연립한 이차방정식의 판별식으로 원과 직선의 위치 관계를 파악할 수 있음을 추측할 수 있도록 한다. - [자료2] (4) $\frac{\sqrt{2}}{2}, \sqrt{2}, \frac{3\sqrt{2}}{2}$ (4)의 결과로부터 원의 중심과 직선 사이의 거리 d가 $d=\sqrt{2}$면 원과 직선이 접한다는 것, $d<\sqrt{2}$면 원과 직선이 두 점에서 만난다는 것, $d>\sqrt{2}$면 원과 직선이 만나지 않는다는 것을 추측할 수 있도록 한다. 이를 이용하여 r이 원의 반지름일 때, $d=r$이면 원과 직선이 접하고, $d<r$이면 원과 직선이 두 점에서 만나고, $d>r$이면 원과 직선이 만나지 않는다는 일반화된 결론을 도출한다. - [자료3] y축과 평행인 직선을 고려하지 않은 풀이이다. [자료3]에서 구한 $y=\frac{3}{4}x+\frac{5}{2}$와 더불어 $x=2$도 답이 된다. - [자료3] 원 밖의 한 점에서 원에 그은 접선은 항상 두 개가 존재한다. 그런데 희영이의 풀이처럼 접선의 기울기를 m으로 놓고 접선의 방정식을 구하면 기울기가 정의되지 않는 $x=k$(k는 상수)와 같은 형태의 접선을 구할 수 없기 때문에 $x=k$와 같은 형태의 접선이 있는지 살펴보아야 한다. 학생들이 문제 상황을 직접 그려 확인할 수 있도록 한다.
동기유발	- 축구공과 골라인의 위치관계
발문	- [자료1] 축구공과 골라인은 어떤 위치 관계를 가지나요? - [자료2] 원과 직선의 위치관계를 어떻게 알 수 있을까요? - [자료2] 이전에 배웠던 이차함수와 직선의 위치 관계를 어떻게 판별했었나요? - [자료3] 좌표평면에 원과 점 A를 나타낸 뒤, 접선이 어떻게 그려지는지 확인해 볼까요? - [자료3] 희영이의 풀이는 왜 틀렸을까요?
오개념 예시	- [자료3] 희영이가 맞다고 생각하는 경우 - [자료3] 원의 외부의 한 점에서 원에 그은 접선이 하나라고 생각하는 경우 - [자료3] (2, 4)를 원 $x^2+y^2=4$ 위의 점이라고 생각해 접선의 방정식을 $x+2y=2$로 구한 경우
지도상의 유의점	- 원의 방정식과 직선의 방정식을 연립하여 얻은 이차방정식의 판별식에 의하여 원과 직선의 위치 관계를 파악할 수 있게 한다. - 원의 반지름의 길이와 원의 중심과 직선 사이의 거리의 대소를 비교하여 원과 직선의 위치 관계를 파악할 수 있게 한다. - 원의 외부에 있는 한 점에서 그 원에 그은 접선은 두 개가 있음을 유의하게 한다. - 원의 접선과 접점을 지나는 반지름은 서로 수직임을 알게 한다.

고 1-13

수학 수업실연 모의평가 53회

[실연 조건 및 유의사항]

1. [수업실연 구상지]의 〈수업실연1~3〉에 해당하는 부분을 수업으로 실연하시오.
2. 〈수업실연1〉은 [자료1]을 이용해 집합과 원소의 개념을 지도하시오.
    가. 일상생활에서 사용하는 '집합'이라는 단어를 이용한다.
    나. 일상생활에서 사용하는 '집합'의 의미와 수학에서의 '집합'의 의미가 서로 다름을 이해하도록 한다.
    다. 집합에 대한 구체적인 예시를 1가지 이상 포함한다.
3. 〈수업실연2〉는 [자료2]를 지도하시오.
    가. 학생이 가질 수 있는 오개념을 하나 이상 포함한다.
4. 〈수업실연3〉은 [자료3]을 모둠활동으로 지도하시오.
    가. 제시된 자료를 통해 집합을 표현하는 방법에 대해서 지도한다.
    나. 집합을 표현하는 각 방법의 특징을 학생들과 함께 정리하도록 한다.
5. 학습 목표는 제시된 것으로 간주한다.
6. 교사와 학생 간의 상호작용이 드러나도록 한다.

[교수 · 학습 조건]

1. 대상 : 고등학교 1학년
2. 수업시간 : 100분(블록타임제)
3. 단원명 : 집합의 뜻
4. 교수 · 학습 환경

학생 수	지도 장소	수업 형태	매체 및 기자재	평가
20명	교실	모둠학습	칠판, 분필	형성평가

고 1-13

수학 수업실연 모의평가 53회

[자료1]

[자료2]

다음 중 집합인 것을 고르고, 집합인 것은 모든 원소를 이야기하시오.

(1) 10의 양의 약수의 모임

(2) 20보다 작은 홀수의 모임

(3) 키가 큰 사람들의 모임

[자료3]

다음은 '12의 약수'라는 집합 A를 3가지 방법으로 나타낸 것이다.

원소나열법	조건제시법	벤다이어그램
$A = \{1, 2, 3, 4, 6, 12\}$	$A = \{x \mid x$는 12의 약수$\}$	A 1 2 12 6 4 3

수업실연 구상지

단원		집합의 뜻	차시	
학습목표		• 집합의 개념을 이해하고, 집합을 표현할 수 있다.		
학습단계	학습전개	교수 · 학습 과정		
도입	주의환기	• 인사 및 출석 확인		
	학습목표	• 학습목표를 제시한다.		
전개	개념지도	〈수업실연1〉 • 원소가 속한다, 원소가 속하지 않는다, 공집합의 개념을 지도한다. • 기호 '∈', '∉', '∅'를 지도한다.		
	문제풀이	〈수업실연2〉		
	모둠활동	〈수업실연3〉		
정리	내용정리	• 오늘 배운 내용을 정리한다.		
	형성평가	• 형성평가를 실시한다.		
	차시예고	• 다음 차시를 안내한다.		

수업 한 페이지

문제해설	– [자료1] 집합이란 무엇인지 아이들에게 질문한다. 우리가 일상생활에서 '모여 있는 무언가'라는 의미로 집합을 아이들이 생각한다고 가정하고 일상생활 속 집합의 의미와 수학에서의 집합 개념이 다르다는 것을 안내한다.
	– [자료1] 집합은 그 대상을 분명하게 결정할 수 있는 것들의 모임, 원소는 집합을 이루는 대상 하나하나를 의미한다는 것을 지도한다.
	– [자료1] 집합에 무엇이 있을지 아이들에게 발문하고, 구체적인 사례를 몇 가지 제시한다.
	  예 12의 약수의 모임, 우리나라 국경일의 모임 등
	– [자료2]를 지도한다.
	  (1) 집합이다. $\{1, 2, 5, 10\}$ (2) 집합이다. $\{1, 3, 5, 7, 9, 11, 13, 15, 17, 19\}$ (3) 집합이 아니다.
	– [자료2] (3)을 집합으로 생각하는 학생들의 상황을 오개념 예시로 제시한다. 아이들에게 집합의 개념을 다시 한번 상기하도록 하며, 키가 큰 사람들의 모임은 대상을 분명하게 결정할 수 없기 때문에 집합이 아님을 지도한다.
	– [자료3] '12의 약수'를 이용해 집합을 표현하는 방법에 대해서 지도한다. 그 집합에 속하는 모든 원소를 $\{\ \}$에 나타내는 방법을 '원소나열법', 공통된 성질을 이용해 제시하는 방법을 '조건제시법', 집합을 그림으로 나타낸 '벤다이어그램'으로 설명한다.
	– [자료3] 원소나열법에서는 원소 나열의 순서를 바꿀 수 있으나 같은 원소를 중복할 수 없다는 사실을 강조하도록 한다.
	– [자료3] 집합을 표현하는 방법의 특징을 정리한다.
	
	| 원소나열법 | 조건제시법 | 벤다이어그램 |
	|---|---|---|
	| • 원소를 바로 확인할 수 있음
	• 나열해야 하는 원소의 개수가 많아지면 표현하기 어려움 | • 집합에 해당하는 원소를 바로 확인할 수 없음
	• 표현해야 하는 원소가 많을 때 효과적으로 표현이 가능 | • 집합을 한눈에 파악하기 쉬움
	• 원소 자체를 바로 확인할 수 있음
	• 표현해야 하는 원소가 많으면 사용하기 어려움 |

동기유발	– 실생활에서 마주할 수 있는 다양한 집합의 예시 – 실생활에서 사용하는 '집합' 단어를 통한 도입
발문	– [자료1] 집합이란 무엇이라 생각하나요? – [자료2] 집합의 의미가 무엇이었나요? '키가 큰 사람들의 모임'은 집합일까요? – [자료3] (원소나열법 / 조건제시법 / 벤다이어그램)에는 어떤 특징이 있을까요? (혹은 어떤 장점 혹은 단점이 있을까요?)
오개념 예시	– 일상생활 속 사용하는 집합과 수학에서 사용하는 집합의 의미를 혼동하는 경우 – 조건제시법과 원소나열법을 혼동하는 경우 – 조건제시법을 $\{x \mid x$는 자연수$\}$와 같은 형태가 아닌 $\{$자연수$\}$와 같이 표현하는 경우 – 집합을 표현할 때 중복된 원소를 모두 적는 경우 – [자료3] 0과 $\varnothing$을 혼동하는 경우, $\varnothing$와 $\{\varnothing\}$를 혼동하는 경우 – [자료3] $\{0\}$과 $\{\varnothing\}$를 공집합으로 생각하는 경우
지도상의 유의점	– 집합의 뜻은 집합을 구분하는 수준에서 간단히 다룬다. – 집합과 그 원소를 나타내는 방법은 구체적인 예를 통해 이해하고 확인한다. – 집합을 나타낼 때 원소를 나열하는 순서는 고려하지 않으며, 원소의 개수가 많아서 원소를 모두 나열하기 힘든 경우에는 공통된 성질을 제시하여 집합을 나타내는 것이 편리함을 알게 한다. – 공집합에서 '공'은 비어있다는 뜻이며 0, $\{0\}$, $\varnothing$, $\{\varnothing\}$을 혼동하지 않도록 한다. – 공집합은 모든 집합의 부분집합이며 모든 집합은 자기 자신의 부분집합임을 알게 한다. – 원소와 집합의 관계를 나타내는 기호인 $\in$와 집합과 집합의 관계를 나타내는 기호인 $\subset$을 혼동하지 않도록 주의한다.

수학 수업실연 모의평가 54회

[실연 조건 및 유의사항]

1. [수업실연 구상지]의 〈수업실연1~3〉에 해당하는 부분을 수업으로 실연하시오.
2. 〈수업실연1~3〉에 대하여 교수·학습 활동을 실연하시오.
3. 〈수업실연1〉: [자료1]을 이용해 명제의 참과 거짓에 대해 지도하시오.
   가. 구체적인 예시를 이용해 지도하도록 한다.
   나. 내용 설명을 위해 필요한 개념을 적절히 복습하도록 하며, 관련 판서는 생략한다.
4. 〈수업실연2〉: [자료2]를 이용하여 명제와 그 대우의 관계를 지도하시오.
   가. 명제와 그 대우의 관계를 판서로 정리한다.
   나. 진리집합을 이용해 학생들의 주장에 대한 결과를 추측할 수 있도록 한다.
5. 〈수업실연3〉: [자료3]을 짝 토의로 진행하시오.
   가. 학생들의 활동을 돕는 교사의 구체적인 발문을 포함한다.
   나. 학생들의 오개념 상황을 1가지 이상 포함하고 이를 해결하도록 한다.
   다. 학생들의 토의 과정이 드러나도록 한다.
6. 칠판에는 적정량 이상의 판서를 실시한다.
7. 학습목표는 칠판에 제시된 것으로 간주한다.

[교수·학습 조건]

1. 대상 : 고등학교 1학년
2. 수업시간 : 100분(블록타임제)
3. 단원명 : 명제 사이의 관계
4. 교수·학습 환경

학생 수	지도 장소	수업 형태	매체 및 기자재	평가
20명	교실	모둠학습	칠판, 분필	형성평가

수학 수업실연 모의평가 54회

[자료1]

[명제 $p \to q$ 의 참과 거짓]
조건 p, q 의 진리집합을 각각 P, Q 라고 할 때,

1. $p \to q$는 참이면 $P \subset Q$이다. 반대로 $P \subset Q$이면 명제 $p \to q$는 참이다.
2. $p \to q$는 거짓이면 $P \not\subset Q$이다. 반대로 $P \not\subset Q$이면 명제 $p \to q$는 거짓이다.

[자료2]

다음의 가영이, 나영이의 주장을 보고, 물음에 답해보자.

가영 : 어떤 명제가 참이면 그 대우는 항상 참이야.
나영 : 어떤 명제가 참이면 그 역은 항상 참이야.

Q. 위 학생들의 주장이 옳은가? 옳다면 이를 정당화하고, 그렇지 않다면 구체적인 예시를 들어보시오.

[자료3]

〈짝 토의〉
다음 그림과 같이 한 면에는 동물이, 다른 한 면에는 숫자가 쓰여져 있는 카드가 있다. 카드를 살펴본 성진이의 관찰이 옳은지 확인하기 위해 반드시 뒤집어보아야 하는 카드가 무엇인지 고르고, 그 이유를 설명해 보자.

한 면에 새가 그려져 있으면, 다른 한 면에는 5 이하의 자연수가 적혀 있네.

수업실연 구상지

단원		명제 사이의 관계	차시	
학습목표	• 명제와 그 대우 사이의 관계를 이해한다.			
학습단계	학습전개	교수 · 학습 과정		
도입	주의환기	• 인사 및 출석 확인		
	선수학습	• 선수학습을 확인한다. – 명제, 조건, 진리집합, 부정, '모든'과 '어떤'이 들어간 명제의 참과 거짓		
	학습목표	• 학습목표를 제시한다.		
전개	개념지도	• 가정, 결론에 대해서 학습한다.		
		〈수업실연1〉		
		• 명제의 역과 대우에 대해서 학습한다.		
		〈수업실연2〉		
	짝 토의	〈수업실연3〉		
정리	내용정리	• 오늘 배운 내용을 정리한다.		
	형성평가	• 형성평가를 실시한다.		
	차시예고	• 다음 차시를 안내한다.		

수업 한 페이지

문제해설	- [자료1] 명제 $p \to q$는 진리집합을 이용해 $P \subset Q$이면 참, $P \not\subset Q$이면 거짓임을 지도한다. (반대도 성립) 이때, 명제가 거짓임을 보이는 예를 반례라고 한다. - [자료1] 예시를 이용해 명제의 참과 거짓에 대해서 학습한 내용을 적용해 본다. 　예 $x^2 = 9$이면 $x = 3$이다. 　　$p : x^2 = 9$, $q : x = 3$의 진리집합을 각각 P, Q라 하면 $P = \{3, -3\}$, $Q = \{3\}$이다. 　　이때 $P \not\subset Q$이므로 명제는 거짓이다. - [자료2] 가영이의 주장은 맞고 나영이의 주장은 틀리다. - [자료2] 학생들이 구체적인 예시를 통해 자신의 주장을 하는 상황을 가정한다. - [자료2] 가영이 주장을 정당화한다. $p \to q$가 참이면 진리집합 사이의 포함관계는 $P \subset Q$이고, $P \subset Q$이면 $Q^C \subset P^C$이므로 $\sim q \to \sim p$는 참이다. (거짓일 때도 성립) 　명제와 그 대우와 관계 　1. 명제 $p \to q$가 참이면 그 대우 $\sim q \to \sim p$도 참이다. 　2. 명제 $p \to q$가 거짓이면 그 대우 $\sim q \to \sim p$도 거짓이다. - [자료2] 나영이의 주장에 대한 반례를 제시한다. '$x = 1$이면 $x^2 = 1$'와 같은 명제를 예시로 제시한다. 해당 명제는 역이 거짓인 명제이다. 이를 통해 어떤 명제가 참이더라도 역은 항상 참이라고 할 수 없음을 안내한다. - [자료3] 현재 성진이가 주장하는 명제는 주어진 카드를 뒤집지 않고는 참임을 확인하기 어렵다. 따라서 성진이의 명제와 대우명제를 이용해 반드시 뒤집어야 하는 카드를 고른다. - [자료3] 대우명제는 '한 면에 5보다 큰 자연수가 적혀 있으면, 다른 한 면에는 새가 그려져 있지 않다.'이다. 가정인 '새가 그려져 있는 카드'와 대우의 가정인 '5보다 큰 자연수가 적혀 있는 카드'를 뒤집어야 하기 때문에 반드시 뒤집어보아야 하는 카드는 새와 8이 적혀 있는 카드이다. - [자료3] 성진이의 말의 역이 참이라고 생각하여 3이 적혀 있는 카드를 뒤집거나, 대우명제를 고려하지 않고 한 면에 새가 그려져 있는 카드만 뒤집는 경우 등을 오개념 예시로 제시한다.
발문	- [자료1] 다음의 명제는 참일까요? 거짓일까요? 어떻게 판단할 수 있을까요? - [자료2] 어떤 명제가 참이면 그 대우(역)도 항상 참일까요? - [자료2] 명제의 참, 거짓은 어떻게 판별할 수 있었나요? - [자료2] 명제 p의 진리집합 P, 명제 q의 진리집합 Q의 관계가 $P \subset Q$이면 P^C와 Q^C는 어떤 포함관계를 가지나요? - [자료3] 성진이의 주장에 대한 대우명제는 무엇일까요? - [자료3] 어떤 카드를 반드시 뒤집어야 할까요?
오개념 예시	- 명제가 참이면 그 역도 반드시 참이라고 생각하는 경우 - 명제의 참, 거짓을 진리집합이 아니라 자신의 신념에 의존하여 정당화하는 경우
지도상의 유의점	- 명제, 역, 대우의 관계를 그림을 이용하여 설명하며, 용어 '이'를 사용하지 않는다. - 명제의 역, 대우 사이의 관계를 그림을 이용하여 직관적으로 이해하게 한다. - 명제의 참 거짓의 판별이 까다로운 경우 명제의 대우를 이용해 지도하도록 한다. - 명제가 참이면 그 대우도 참임을 벤다이어그램에서 조건 p, q의 진리집합 P, Q 사이의 관계를 나타내어 이해하게 한다. - 명제가 참일 때, 그 역이 참인 경우와 거짓인 경우를 모두 제시함으로써 명제와 그 역의 참, 거짓이 반드시 일치하는 것은 아니라는 것을 이해하도록 한다.

수학 수업실연 모의평가 55회

[실연 조건 및 유의사항]

1. [수업실연 구상지]의 〈수업실연1~3〉에 해당하는 부분을 수업으로 실연하시오.
2. 〈수업실연1〉: [자료1]을 이용해 수학에서 용어의 뜻을 명확히 사용하는 이유에 대해 이해하도록 하시오.
   가. 정의의 필요성과 의미에 대해서 직관적으로 이해할 수 있도록 한다.
   나. 활동 결과를 기반으로 '정의'와 '정리'의 뜻에 대해 지도한다.
3. 〈수업실연2〉: [자료2]를 수업실연 하시오.
   가. 대우 명제를 이용해 주어진 명제를 증명하도록 한다.
4. 〈수업실연3〉: [자료3]을 수업실연 하시오.
   가. 귀류법의 의미에 대해서 지도한 뒤, 이를 판서로 남긴다.
   나. 주어진 명제를 귀류법을 이용해 증명한다.
5. 학생들과 교사와의 상호작용이 드러나도록 한다.
6. 학습목표는 칠판에 제시된 것으로 간주한다.

[교수·학습 조건]

1. 대상 : 고등학교 1학년
2. 수업시간 : 50분
3. 단원명 : 명제의 증명
4. 교수·학습 환경

학생 수	지도 장소	수업 형태	교육기자재	평가
24명	교실	모둠학습	교사용 노트북, 스마트TV	형성평가

수학 수업실연 모의평가 55회

[자료1]

다음은 평행사변형의 뜻에 대해서 설명하고 있는 학생들의 대화이다.

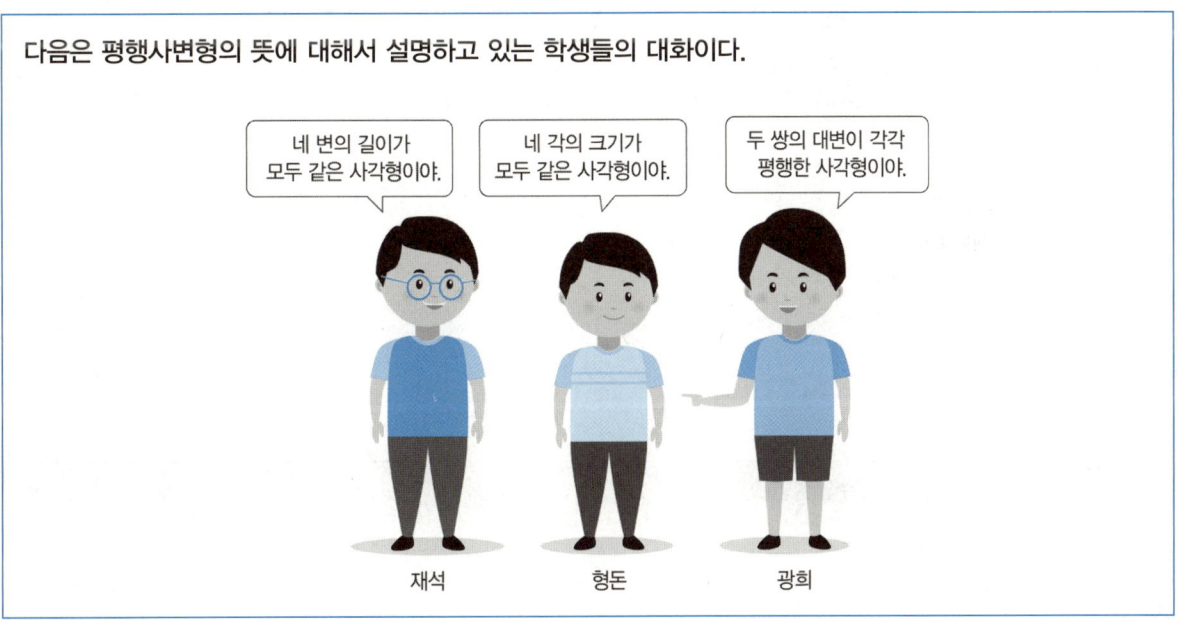

[자료2]

(명제) n이 자연수일 때, n^2이 짝수이면 n도 짝수이다.

[자료3]

(명제) $\sqrt{2}$가 유리수가 아님을 증명하시오.

수업실연 구상지

단원		명제의 증명	차시	
학습목표	• 대우를 이용한 증명법과 귀류법을 이해하고 관련 명제를 증명할 수 있다.			
학습단계	학습전개	교수·학습 과정		
도입	주의환기	• 인사 및 출석 확인		
	학습목표	• 학습목표를 제시한다.		
전개	정의, 정리 개념지도	〈수업실연1〉		
	대우 명제를 이용한 증명지도	〈수업실연2〉		
	귀류법을 활용한 증명지도	〈수업실연3〉		
정리	내용정리	• 오늘 배운 내용을 정리한다.		
	형성평가	• 형성평가를 실시한다.		
	차시예고	• 다음 차시를 안내한다.		

수업 한 페이지

문제해설	– [자료1] 평행사변형의 뜻을 학생들에게 발문한다. – [자료1] 평행사변형의 뜻을 모두 다르게 이야기한 학생들의 답변을 통해, 각 학생의 설명이 정확히 평행사변형을 뜻하는지 발문한다. – [자료1] 재석이의 경우 네 변의 길이가 같지 않더라도 평행사변형이 될 수 있음을 지도한다. 형돈이의 경우 네 각의 크기가 같지 않더라도 평행사변형이 될 수 있음을 설명한다. 이를 통해 수학에서는 용어의 뜻을 명확하게 나타내는 것이 중요함을 학생들에게 인지시키도록 한다. – [자료1]에서 평행사변형의 뜻을 정확히 이야기한 것이 누구인지를 발문한 뒤, 광희의 설명이 정확함을 설명한다. 이처럼 수학에서 용어의 뜻을 명확하게 정한 문장을 그 용어의 '정의'라 함을 지도한다. – [자료1] '평행사변형의 두 대각선은 서로 다른 것을 이등분한다.'처럼 참임이 증명된 명제 중에서 기본이 되거나, 다른 명제를 증명하는 데 이용할 수 있는 것을 '정리'로 지도한다. – [자료2] 대우 명제를 이용해야 함을 학생들이 스스로 떠올릴 수 있도록 한 뒤, 주어진 명제를 증명한다. 이때, 대우 명제에 대해서 간략히 복습한다. – [자료2] 대우 명제: 'n이 홀수이면, n^2도 홀수이다.'를 이용해 명제를 증명한다. – [자료2] n이 홀수이므로 $n = 2k - 1(k$는 자연수)라 둘 수 있다. $n^2 = (2k-1)^2 = 4k^2 - 4k + 1$로 정리할 수 있다. 이때, $n^2 = 2(2k^2 - 2k + 1) - 1$이므로 n^2은 홀수임을 알 수 있다. 주어진 명제의 대우가 참이므로 기존 명제인 'n이 자연수이고 n^2이 짝수이면 n도 짝수이다.'라는 명제는 참이다. – [자료3] 증명 방법에는 여러 가지가 있음을 안내하며, 귀류법에 대해 설명한다. – [자료3] 귀류법을 '증명하려는 어떤 명제의 부정이 참이라고 가정할 때, 이미 알려진 사실에 모순이 생김을 보임으로써 원래의 명제가 참임을 증명하는 방법'으로 설명한다. – [자료3] 주어진 명제를 바로 증명하기 어려운 상황을 가정한 뒤, 귀류법을 이용해 명제를 학생들이 증명할 수 있도록 한다. – [자료3] 명제의 결론을 부정해 $\sqrt{2}$가 유리수라고 가정한다. 유리수의 정의에 의해 $\sqrt{2} = \dfrac{n}{m}(m, n$은 서로소인 자연수)를 만족한다. 양변을 제곱하면 $2 = \dfrac{n^2}{m^2}$이므로 $2m^2 = n^2$임을 알 수 있다. 따라서 n^2은 짝수가 되며, [자료2]의 증명에 의해 n 또한 짝수가 됨을 알 수 있다. $n = 2k(k$는 자연수)라 하면, $2m^2 = 4k^2$이 되어 $m^2 = 2k^2$이다. 따라서 m은 짝수가 된다. m, n은 모두 짝수가 되어 2를 공약수로 가지므로 m, n이 서로소라는 가정에 모순된다. 따라서 $\sqrt{2}$는 유리수가 아니다. – 이와 같이 명제를 증명하는 다양한 방법이 있음을 안내하며, 수학에서 증명이 중요함을 강조하도록 한다.
탐구활동	– 용어의 정확한 의미와 필요성을 이해할 수 있는 활동
발문	– [자료1] 평행사변형의 뜻이 무엇이었죠? – [자료1] 가장 정확한 평행사변형의 뜻은 무엇일까요? – [자료1] 수학에서 왜 정확한 용어의 뜻이 중요할까요? – [자료2] 명제와 대우명제 사이에는 어떤 관계가 있었죠? – [자료2] 주어진 명제의 대우명제는 무엇인가요? – [자료2] n이 홀수인 것을 어떻게 표현할 수 있을까요? – [자료3] 왜 귀류법을 사용할까요? (or 귀류법을 사용하면 어떤 장점이 있을까요?) – [자료3] 결론을 부정하면 어떤 명제가 될까요? – [자료3] $\sqrt{2}$가 유리수라고 가정하면 어떻게 표현할 수 있을까요?
오개념 예시	– 대우명제를 정확히 구하지 못하는 경우 – 귀류법의 의미에 대해 정확히 인지하지 못하는 경우 – 대우명제와 귀류법을 혼동하는 경우
지도상의 유의점	– 명제의 증명은 간단한 것만 다루고, 대우를 이용한 증명법과 귀류법은 구체적인 예를 통해 이해하게 한다. – 증명을 지도할 때는 직관적인 이해로부터 점진적으로 형식화 하게 한다.

수학 수업실연 모의평가 56회

[실연 조건 및 유의사항]

1. [수업실연 구상지]의 〈수업실연1~3〉에 해당하는 부분을 수업으로 실연하시오.
2. 〈수업실연1~3〉에 대하여 학생들과의 적절한 상호작용과 교사의 적절한 발문을 포함하여 교수·학습 활동을 실연하시오.
3. 〈수업실연1〉 : [자료1]을 활용하여 $y=\sqrt{x}$의 그래프를 그리는 방법을 지도하시오.
4. 〈수업실연2〉 : [자료2]를 활용하여 모둠활동을 실시하시오.
   가. 순회지도를 하며 문제를 어려워하는 학생을 지도하도록 한다.
5. 〈수업실연3〉 : [자료3]을 활용하여 지도하시오.
   가. 주어진 기자재를 이용한다.
   나. 수학과 교과 역량 중 추론 능력을 함양시키도록 한다.
   다. 답을 연역적으로 정당화하는 과정을 포함한다.

[교수·학습 조건]

1. 대상 : 고등학교 1학년
2. 수업시간 : 100분(블록타임제)
3. 단원명 : 무리함수
4. 교수·학습 환경

학생 수	지도 장소	수업 형태	매체 및 기자재	평가
20명	교실	모둠학습	칠판, 분필, 교사용 컴퓨터, 스마트TV, 학생용 태블릿PC	자기평가, 관찰평가

수학 수업실연 모의평가 56회

[자료1]

역함수를 이용하여 무리함수 $y=\sqrt{x}$ 의 그래프를 그려보자.

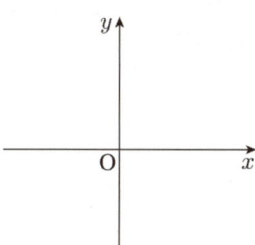

[자료2]

〈모둠활동〉

다음은 무리함수 $y=\sqrt{x+k}$ 의 그래프와 직선 $y=x+2$가 서로 다른 두 점에서 만날 때, 실수 k의 값의 범위를 구한 것이다. 아래의 풀이가 틀린 이유에 대해 모둠원들과 토의하고 올바르게 고쳐보자.

(풀이)

$y=\sqrt{x+k}$ 와 $y=x+2$를 연립하면 $\sqrt{x+k}=x+2$이다.

양변을 제곱하면 $x+k=x^2+4x+4$이고, 식을 정리하면 $x^2+3x+(4-k)=0$이다.

두 그래프는 서로 다른 두 점에서 만나므로 $D=9-4(4-k)>0$이고 따라서 답은 $k>\dfrac{7}{4}$이다.

[자료3]

공학적 도구를 활용하여 $f(x)=\sqrt{ax-p}+q$의 그래프가 제1사분면, 제2사분면, 제3사분면을 모두 지날 때 p, q의 부호를 구해보자. (단, $a>0$이다.)

컴퓨터 프로그램을 사용하는 방법
- 입력창에 'y=sqrt(ax−p)+q'를 입력하고 enter를 누르면 좌표평면에는 함수의 그래프, 대수창에는 함수식이 나타난다.
- 대수창에 있는 함수식 왼쪽에 있는 버튼을 클릭하면 함수의 그래프가 사라지면서 버튼이 하얀색으로 바뀌고, 다시 클릭하면 함수의 그래프가 나타나면서 버튼의 색이 채워진다.

예시)

● $g : y=\sqrt{x}$: 함수의 그래프가 나타남

○ $g : y=\sqrt{x}$: 함수의 그래프가 나타나지 않음

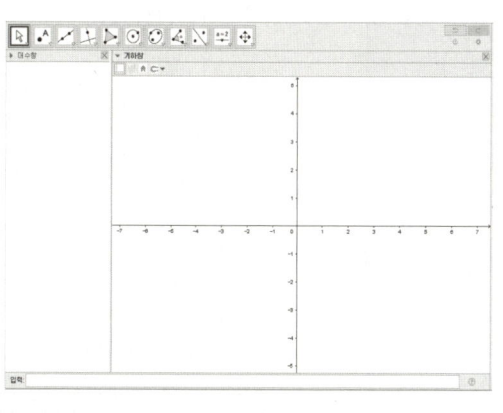

수업실연 구상지

단원		무리함수	차시	
학습목표	• 무리함수의 그래프를 그릴 수 있고, 그 그래프의 성질을 이해한다.			
학습단계	학습전개	교수·학습 과정		
도입	주의환기	• 인사 및 출석 확인		
	선수학습	• 무리식		
	동기유발	• 동기유발을 진행한다.		
	학습목표	• 학습목표를 제시한다.		
전개	개념지도	• 무리함수의 개념을 지도한다.		
		〈수업실연1〉		
		• $y=\sqrt{ax}$, $y=-\sqrt{ax}\,(a\neq 0)$의 그래프와 $y=\sqrt{a(x-p)}+q\,(a\neq 0)$의 그래프를 그리는 방법을 지도한다.		
	문제풀이	〈수업실연2〉		
	모둠활동	〈수업실연3〉		
정리	내용정리	• 오늘 배운 내용을 정리한다.		
	형성평가	• 형성평가를 실시한다.		
	차시예고	• 다음 차시를 안내한다.		

수업 한 페이지

문제해설	- [자료1] $y=\sqrt{x}$의 정의역은 $\{x \mid x \geq 0\}$, 치역은 $\{y \mid y \geq 0\}$이며 역함수는 $y=x^2(x \geq 0)$이다. $y=\sqrt{x}$의 치역이 $y=x^2$의 정의역이므로 $x \geq 0$에만 그래프가 그려짐을 강조한다. $y=\sqrt{x}$의 그래프는 오른쪽 그림과 같이 $y=x^2(x \geq 0)$를 $y=x$에 대칭이동하여 그린다. - [자료2] 주어진 풀이에서 양변을 제곱하게 되면 $y=\pm\sqrt{x+k}$와 $y=x+2$의 교점(의 개수)을 구하는 식이 되므로, 풀이에서 구한 답 $k>\frac{7}{4}$는 문제의 조건에 맞는 답이 아니다. 따라서 그래프를 그려 생각해야 한다. - [자료2] $y=\sqrt{x+k}$는 $y=\sqrt{x}$을 x축으로 $-k$만큼 이동한 그래프 이므로 $y=x+2$를 그린 뒤, $y=\sqrt{x+k}$를 이동시키면서 두 그래프가 서로 다른 두 점에서 만나기 위한 $y=\sqrt{x+k}$의 위치를 살피도록 한다. $k>2$인 경우 한 점에서 만나고, 문제에서 $k=\frac{7}{4}$인 경우에 접한다는 것을 구하였기 때문에, 답은 $\frac{7}{4}<k \leq 2$이다. - [자료3] 학생들이 a, p, q의 숫자를 다양하게 바꾸어가며 여러 가지 함수식을 많이 입력한 후 그래프를 관찰하고, 제1사분면, 제2사분면, 제3사분면을 모두 지나는 함수들을 제외한 나머지 함수의 그래프가 좌표평면 위에 나타나지 않도록 함수식 옆에 있는 버튼을 누른다. 좌표평면 위에 나타나있는 함수식들의 공통점을 찾아보며 답을 추론하도록 하여 학생들의 추론 역량을 기를 수 있다. - [자료3] 연역적으로 정당화하는 과정은 다음과 같다. 공학적 도구를 이용하여 그래프를 관찰하니 $a>0$일 때 $y=\sqrt{ax-p}+q=\sqrt{a\left(x-\frac{p}{a}\right)}+q$ 가 제1, 2, 3사분면을 모두 지나기 위해서는 $\left(\frac{p}{a}, q\right)$는 제3사분면에 위치해야 한다는 것을 알 수 있으므로 $\frac{p}{a}<0$, $q<0$ 이다. 그런데 $a>0$이므로 $p<0$, $q<0$이다. 또한 y절편이 0보다 커야 하므로 $\sqrt{-p}+q>0$이어야 한다. 따라서 답은 $p<0$, $q<0$, $\sqrt{-p}+q>0$이다.
발문	- [자료1] $y=\sqrt{x}$ 의 역함수인 $y=x^2$의 정의역의 범위는 무엇일까요? - [자료2] 그래프를 이용하여 문제 상황을 표현해 볼까요? - [자료2] $y=\sqrt{x+k}$는 k의 값의 변화에 따라 어떻게 이동할까요? - [자료2] $\sqrt{x+k}=x+2$와 양변을 제곱한 $x+k=x^2+4x+4$은 어떤 점이 다를까요? - [자료3] 제1, 2, 3사분면을 모두 지나는 함수식의 공통점은 무엇인가요?
오개념 예시	- [자료1] 역함수의 정의역이 기존의 함수의 치역이라고 생각하지 못하는 경우 - [자료2] 제시된 풀이가 맞다고 생각하는 경우
지도상의 유의점	- 무리함수 $y=f(x)$에서 $f(x)$가 실수가 되는 x값의 범위가 정의역이 됨을 이해하도록 한다. - 그래프를 그릴 때, 정의역과 치역에 주의하게 한다. - $y=\sqrt{ax}$ $(a \neq 0)$의 그래프는 역함수 $y=\frac{x^2}{a}$ $(x \geq 0, a \neq 0)$의 그래프를 이용하여 그릴 수 있다는 것을 이해하도록 한다. - $y=\sqrt{ax+b}+c$ $(a \neq 0)$의 그래프는 $y=\sqrt{a(x-p)}+q$ $(a \neq 0)$꼴로 고친 후, 평행이동을 이용해 그릴 수 있도록 한다.

수학
수업실연 A to Z

PART

부록

01 수업실연 문제지 양식
02 지도안 문제지 양식
03 수업실연 피드백 체크리스트

1 수업실연 문제지 양식

2026학년도 중등학교교사 임용후보자 선정경쟁시험 (제2차 시험)
수학 교수·학습 수업실연 문제지

수험번호 □□□□□□□   관리번호 □□□

[실연 조건 및 유의사항] (예시)

1. [수업실연 구상지]의 〈수업실연1~3〉에 해당하는 부분을 수업으로 실연하시오.
2. 〈수업실연1〉: [자료1]을 이용해 동기유발을 실연하시오.
   가. 줄기와 잎 그림의 필요성과 유용성이 활동에서 드러나도록 한다.
   나. [자료1]은 판서가 되어 있는 것으로 간주한다.
3. 〈수업실연2〉: [자료2]를 실연하시오.
   가. 주어진 공학도구를 이용해 줄기와 잎 그림에 대해서 지도한다.
   나. 줄기와 잎 그림을 그리면서 발생할 수 있는 오개념 상황을 2가지 이상 포함한다.
   다. 줄기와 잎 그림을 판서를 통해 구체적으로 드러나도록 한다.
4. 〈수업실연3〉: [자료3]을 모둠활동으로 실연하시오.
   가. 줄기와 잎 그림은 [자료2]에서 정리한 내용을 그대로 사용하도록 한다.
   나. (1), (2) 내용이 판서를 통해 구체적으로 드러나도록 한다.
5. 학습목표는 칠판에 제시된 것으로 간주한다.
6. 학생들과 교사와의 상호작용이 적극적으로 드러나도록 한다.
7. 칠판에는 적정량 이상의 판서를 실시한다.

[교수·학습 조건]

1. 대상 : 중학교 1학년
2. 수업시간 : 45분
3. 단원명 : 줄기와 잎 그림
4. 교수·학습 환경

학생 수	지도 장소	수업 형태	매체 및 기자재	평가
25명	교실	모둠학습	칠판, 분필, 태블릿PC, 교사용 노트북	동료평가, 과정중심 평가

수업실연 구상지

단원		줄기와 잎 그림	차시	1
학습목표		• 줄기와 잎 그림에 대해 이해하고, 주어진 자료를 줄기와 잎 그림으로 표현할 수 있다. • 줄기와 잎 그림으로 정리된 자료를 통계적으로 분석할 수 있다.		
학습단계	학습전개	교수 · 학습 과정		
도입	주의환기	• 인사 및 출석 확인		
	동기유발	〈수업실연1〉		
	학습목표	• 학습목표를 제시한다.		
전개	개념지도	〈수업실연2〉		
	모둠활동	〈수업실연3〉		
정리	내용정리	• 오늘 배운 내용을 정리한다.		
	형성평가	• 형성평가를 실시한다.		
	차시예고	• 다음 차시를 안내한다.		

2026학년도 중등학교교사 임용후보자 선정경쟁시험 (제2차 시험)
수학 교수·학습 수업실연 문제지

수험번호 ☐☐☐☐☐☐☐☐　　관리번호 ☐☐☐

[자료1]

[자료2]

[자료3]

2 지도안 문제지 양식

2026학년도 중등학교교사 임용후보자 선정경쟁시험 (제2차 시험)
수학 교수·학습 수업실연 문제지

| 수험번호 | | | | | | | | 관리번호 | |

단원				차시	
학습목표					
학습단계	학습전개	교수·학습 과정			
도입	주의환기	• 인사 및 출석 확인			
	선수학습	• 선수학습 내용을 확인한다.			
	동기유발	• 수업내용과 관련된 동기유발을 한다.			
	학습목표	• 학습목표를 확인한다.			
전개		[지도안 작성란 1]			
		[지도안 작성란 2]			

전개		차시예고	
		[지도안 작성란 3]	
		[지도안 작성란 4]	
정리		내용정리	• 이번 차시에 학습한 내용을 정리한다.
		형성평가	• 형성평가를 실시한다.
		차시예고	• 다음 차시를 안내한다.

3 수업실연 피드백 체크리스트

평가사항	평가관점	피드백
시간	• 정해진 시간을 지키는가?	
	• 시간 배분은 적절하였는가?	
도입	• 전시학습 상기 또는 출발점 행동 진단을 하였는가?	
	• 동기유발 내용은 본시학습과 밀접한 관련성이 있는가?	
	• 동기유발은 창의적인가? (차별화되었는가?)	
	• 구체적인 학습목표를 제시하였는가?	
	• 수업내용과 관련 있는 탐구활동을 구성하였는가?	
	• 활동을 명확히 안내하였는가?	
전개	• 적합한 수업 전략을 사용하였는가?	
	• 활동학습이 학습목표와 연관되었는가?	
	• 학습 집단 조직이 적절하였는가? (개별, 협동, 전체 등)	
	• 학생중심의 활동 구성인가?	
	• 교사의 발문은 학생들의 사고를 유발하는 발문인가?	
	• 수업 단계에 맞는 발문이었는가?	
	• 수업상의 유의점을 잘 지켰는가?	
	• 학습에 가장 효과적인 자료를 선정하여 적시에 제시하였는가?	
	• 학생의 수준을 고려한 자료를 제시하였는가?	
	• 학습 자료 혹은 활동이 창의적인가?	
	• 학생들이 어려워하는 내용을 짚어주었는가?	
정리	• 학습내용 정리를 하였는가?	
	• 형성평가를 하였는가?	
	• 학습목표 도달 여부를 확인하였는가?	
	• 차시 및 학습 과제를 안내하였는가?	
	• 판서는 구조화되어 있는가?	
의사소통	• 학생 수준에 적합한 교수용어를 사용하는가?	
	• 정확한 발음으로 교수하며, 말의 빠르기는 적절한가?	
	• 전체 학생에게 고르게 시선을 주는가?	
	• 학생들을 골고루 지명하였는가?	
	• 학생들의 답변을 적절히 피드백하였는가?	
	• 배우지 않은 용어나 개념을 사용하지는 않았는가?	
	• 밝은 표정과 몸짓으로 학생을 수용하는 태도를 보이는가?	
기타	• 자신감 있는 수업을 보여 주는가?	
	• 수업에 대한 열의가 보이는가?	
	• 수업자의 동선은 적절하였는가?	
	• 수업의 흐름은 자연스러웠는가?	
	• 문제에서 요구하는 조건에 부합하였는가?	
	• 활동 사이의 연결은 매끄러웠는가?	

- 교육부(2015). 수학과 교육과정(교육부 고시 제2015-74호 [별책 8])
- 교육부(2022). 수학과 교육과정(교육부 고시 제2022-33호 [별책 8])
- 최은미 외. 배움중심수업 2.0의 이해와 실천. 경기도교육청(교육과정정책과 2016-10)
- 황혜정 외(2019). 수학교육학신론 2. 문음사
- 김원경 외(2018). 중학교 수학1 지도서. 비상교육
- 김원경 외(2019). 중학교 수학2 지도서. 비상교육
- 김원경 외(2020). 중학교 수학3 지도서. 비상교육
- 김원경 외(2018). 고등학교 수학 지도서. 비상교육
- 장경윤 외(2018). 중학교 수학1 지도서. 지학사
- 장경윤 외(2019). 중학교 수학2 지도서. 지학사
- 장경윤 외(2020). 중학교 수학3 지도서. 지학사
- 장경윤 외(2018). 고등학교 수학 지도서. 지학사
- 황선욱 외(2018). 중학교 수학1 지도서. 미래엔
- 황선욱 외(2019). 중학교 수학2 지도서. 미래엔
- 황선욱 외(2020). 중학교 수학3 지도서. 미래엔
- 황선욱 외(2018). 고등학교 수학 지도서. 미래엔
- 박교식 외(2018). 중학교 수학1 지도서. 동아출판
- 박교식 외(2019). 중학교 수학2 지도서. 동아출판
- 박교식 외(2020). 중학교 수학3 지도서. 동아출판
- 박교식 외(2018). 고등학교 수학 지도서. 동아출판
- 류희찬 외(2018). 고등 수학(상) 지도서. 천재교육
- 류희찬 외(2018). 고등 수학(하) 지도서. 천재교육
- 고성은 외(2018). 고등학교 수학 지도서. 신사고
- 강옥기 외(2024). 중학교 수학1 지도서. 동아출판
- 고호경 외(2024). 고등학교 공통수학1 지도서. 동아출판
- 고호경 외(2024). 고등학교 공통수학2 지도서. 동아출판
- 권오남 외(2024). 중학교 수학1 지도서. NE능률
- 류희찬 외(2024). 중학교 수학1 지도서. 와이비엠
- 김창동 외(2024). 중학교 수학1 지도서. 교학사
- 김화경 외(2024). 중학교 수학1 지도서. 천재교과서
- 김동재 외(2024). 중학교 수학1 지도서. 천재교과서
- 장경윤 외(2024). 중학교 수학1 지도서. 지학사
- 황선욱 외(2024). 중학교 수학1 지도서. 미래엔
- 이진호 외(2024). 중학교 수학1 지도서. 비상교육
- 강옥기 외(2025). 중학교 수학2 교과서. 두산동아
- 황선욱 외(2025). 중학교 수학2 교과서. 미래엔
- 이진호 외(2025). 중학교 수학2 교과서. 비상교육
- 장경윤 외(2025). 중학교 수학2 교과서. 지학사

저자약력

정태진(지니쌤)

- 순천대학교 수학교육과 졸업(2016)
- 한국교원대학교 대학원 재학 중(2024~)
- 전남 수학 임용시험 합격(2017)
- 책 '교사생활교과서' 출간(2024)
- 책 '결국, 해내고야 마는 임용고시 공부법' 출간(2025)
- (現) 전라남도교육청 소속 고등학교 수학 교사
- 블로그 : blog.naver.com/jtj4454
- 인스타 : @way_to_teacher

수학 수업실연 A to Z

인　쇄	: 2025년 11월 12일
발　행	: 2025년 11월 19일
편　저	: 정태진
발행인	: 강명임 · 박종윤
발행처	: (주) 도서출판 미래가치
등　록	: 제2011-000049호
주　소	: 서울시 영등포구 선유로130 에이스하이테크시티 3 511호
전　화	: 02-6956-1510
팩　스	: 02-6956-2265

ⓒ 정태진, 2025 / ISBN 979-11-6773-615-4 13410

- 낙장이나 파본은 교환해 드립니다.
- 이 책의 무단 전재 또는 복제 행위는 저작권법 제136조에 의거하여 처벌을 받게 됩니다.

정가 33,000 원